21세기의 도전, 신학과 과학의 즐거운 동거

The challenge of the 21st century :
The joyful cohabitation of theology and science

21세기의 도전, 신학과 과학의 즐거운 동거

1판 1쇄 인쇄 2025년 1월 25일
1판 1쇄 발행 2025년 1월 31일

발행인 이상명
대표 편집 고종필
기 획 캘리포니아 프레스티지 대학교 출판부

펴낸곳 기독교문사
등 록 제2021-000090호
주 소 서울 종로구 율곡로 19가길 5
출판부 T. 02)741-5184~5 F. 02)744-1634
도매부 T. 02)741-5181 F. 02)762-2234
직영서점 기독교문사
서울 종로 40길 18
T. 02)2266-2117~9 F. 02)2266-6397

책값은 뒤표지에 있습니다.
ISBN 978-89-466-2558-7

Web www.kclp.co.kr

기독교문사는 독자와 함께 기독교 출판문화를 이끌어 가겠습니다.
공급처 기독교문사 도매부 T.02)741-5181 F. 02)762-2234

21세기의 도전, 신학과 과학의 즐거운 동거

The challenge of the 21st century :
The joyful cohabitation of theology and science

캘리포니아 프레스티지 대학교 출판부

캘리포니아 프레스티지대학교
CALIFORNIA PRESTIGE UNIVERSITY

Recommendation

추천의 글

김도일 박사

| 장로회신학대학교 기독교교육학 교수 |

    본서 『21세기의 도전, 신학과 과학의 즐거운 동거』가 암시하듯이 오랜 세월 동안 과학과 학문을 하는 사람들이 처음부터 의도한 바는 전혀 아니겠지만, 즐거운 동거는커녕 정당한 교제조차 이루어진 것 같지 않다. 동거라는 표현이 조금 낯 뜨거운 것이기는 하지만 원고를 읽고 나니 편집자의 의도를 이해할 것 같다. 과학공부도 신학공부도 다 사람들이 하는 것이다 보니 때로 불협화음이 생기는 것도 전혀 낯선 현상은 아니다. 이 책 속의 다양한 관점의 글들은 21세기를 살아가는 신앙인 비신앙인들의 관심을 끌기에 충분하다. 특별히 치열한 이 민사회에서 생존을 위해 치열하게 몸부림치는 현대인들이 종종 취하는 근본주의적인 세계관과 신학적 관점으로는 도대체 세속적인 진화론과 타협할 수 없는 하나님을 아는 지식에 속하는 창조론이 어떻게 대화를 할 수 있냐고 반문할 수도 있겠다. 그러나 과학도 신학도 다 하나님의 통치 아래 있는 것임을 기억하게 되면 과학과 신학이 상충하는 것이 아니라 오히려 상보적인 관계에 있다는 것이라고 이해할 수도 있다고 생각한다. 어떻게 상보적일 수 있는지를 파악하는 의미 탐구를 하다 보면 본서에서 추구하는 과학과 신학의 즐거운 동거의 단초를 붙잡게 될 수 있으리라 소망한다.

    성서신학자, 실천신학자, 조직신학자, 과학과 신학 둘 다를 전공한 목회자와 학자가 함께 힘을 모아 자신의 전공분야의 시각을 갖고 글쓰기에 최선을 다했다는 점에서 이 책은 충분한 협업의 가치를 지닌

다. 더욱이 이민 사회와 한국사회에서 우리의 사랑하는 다음 세대들이 학교에서는 일주일 내내 진화론 중심의 지식만을 배우고 일주일에 한두시간만을 교회학교에서 창조론을 배우고 있는 현실에서 어떻게 하면 우리의 자녀들과 부모들이 전문 과학자가 아니면서도 진화론과 빅뱅이론의 개념을 소개할 수 있을지를 고민하며 다양한 견해를 다루었다. 한 저자가 인용한 박경리 선생의 "과학은 합리적인 것에서 출발했지만 결국 이성 잃은 인간에게 칼을 쥐어 준 결과가 된 거지"의 인용은 과학이 때로는 인간을 위한 학문이기보다는 인간을 해하는 도구가 될 수도 있음을 잘 지적해 준 것이라고 본다. 최근 창조론적 세계관에 근거한 종교교육 교재가 한국에 만들어진 점은 매우 고무적이라고 볼 수 있으나, 아직도 갈 길이 먼 것이 사실이다.

인간은 여전히 불완전한 존재이며 인간이 추구하는 신학도 그리고 과학도 완전하지 않다. 오직 온 우주를 창조하시고 지탱하시는 하나님만이 완전하신 분이시다. 과학과 신학의 대화 혹은 동거는 완고한 자기 주장만을 하는 이에게는 절대 '이루어질 수 없는 사랑'이라고 본다. 자신의 부족함을 인정하고 믿음으로 창조신앙을 받아들이되, 과학적 시도에 대하여도 겸손한 배움의 정신을 견지하는 것이 중요하다고 생각한다. 본서를 진지하게 읽어 보시기를 권한다. "모든 시대의 신학자들은 당대의 세계관을 진지하게 성찰하면서 창조신앙의 핵심을 그 시대에 맞게 새롭게 고백하고 선포할 의무가 있다."는 김정형의 단호한 외침이 절실하게 필요한 시대를 우리는 살고 있다.

추천의 글

박태겸 목사
| 해외한인장로회(KPCA) 총회장 |

『21세기의 도전, 신학과 과학의 즐거운 동거』라는 주제로 책을 내게 됨을 축하 드립니다. 저는 과학과 신학, 모두에 무지한 한 목회자로서 기독교 대학에서 이런 주제를 다루어 주심을 깊이 감사드립니다. 목회가 하나님과 인간을 연결시키는 사역이라면, 신학은 세상과 교회를 연결시키는 사역이라고 볼 수 있습니다. 목회자와 신학자, 교회와 학교는 상호 공존의 관계입니다. 신학적인 뿌리 없이 교회가 설 수 없고, 교회의 부흥 없이 신학은 그 실존을 잃게 됩니다.

'가장 인간적인 것이 가장 신적인 것이다.' 저는 이 명제를 참 좋아 합니다. 인간 이해가 되지 않으면 하나님을 이해할 수 없습니다. '목회자와 신학자가 되기 전에 먼저 인간이 되어라.' 이는 예수님 안에 있는 신성과 인성의 신비로운 조화를 이루기 위한 첫 단추입니다. 첫 단추를 바로 끼면 나머지는 저절로 옷을 잘 입게 됩니다. 그래서 주님은 지극히 작은 자 하나에게 한 것이 곧 내게 한 것이라고 말씀하신 것이라 여겨집니다.

현대 신학의 가장 큰 주제는 환경 신학, 생태 신학이라고 합니다. 인류의 미래가 환경 위기, 기후 위기를 어떻게 극복하느냐에 달렸습니다. 그러므로 교회의 미래도 생태계와 환경(자연)을 어떻게 다루느냐가 다음 세대의 구속 사역에 가장 큰 영향력을 끼칠 것입니다. 인간과 환경은 분리될 수 없는 존재인데 서로 존중하지 못하고 파괴의 주역이 되었습니다. 과학은 인간에게 유익과 편리를 주는 쪽으로만 나가다 보니, 신학의 견제와 도움을 외면하고 독자적으로 발전했습니다. 그래서 친인간적이지만, 친환경적이거나 친하나님적이지는 못했습니다. 신학 또한 교회 안에, 성도 안에만 머무는 경향이 있어 세상과 환경을 외면하게 되었습니다. 참 신학은 세상과 과학이 검증하고 인정해 주어야 살아있는 참된 신학이 됩니다. 과학 또한 신학과 교회가 검증해 주어야 비윤리적이고 파괴적인 면을 극복할 수 있습니다. 둘 사이는 서로 견제하고 서로 보완함으로 더 나은 세상 더 나은 공동체를 만들어 갈 수 있습니다.

함께 공존하기 위해서는 무엇보다 즐거워야 합니다. 내 몸에 맞지 않고 즐겁지 않으면 이탈하게 됩니다. 몸에 맞지 않는 옷은 불편하여 결국 입지 않게 됩니다. 과학이 신학을 즐거워하고, 신학이 과학을 좋아하기 위해서는 연결 고리가 필요합니다. 저는 그것을 예수님의 가르침에서 찾고 싶습니다. 하나님과 동등됨을 취할 것으로 여기지 아니하시고 인간의 몸으로 낮아지신 그분만이 둘을 완벽하게 이어줄 수 있습니다. 하나님이 인간이 되신 성육신하신 주님의 가르침의 핵심은 산상수훈의 팔복입니다. 이는 구약의 율법과 선지자를 집대성한 가장 완벽한 공존의 원리입니다. 팔복의 가르침은, 심령이 가난해지고 온유해지고 애통해 하고 마음이 청결해지고 의를 위해서 고난을 받으며 평화를 만들기 위해서는 힘쓰는 자들이 되는 것입니다. 이와 반대로 교만하고 심령이 부요하고 지배하려 하고 자랑하고 질투하고 자신의 유익을 구하게 되면 행복한 동거를 할 수가 없게 됩니다. 과학과 종교의 실체보다 더욱 중요한 것은 과학과 종교를 다루는 인간의 아름다운 마음입니다. 이것이 팔복의 가르침의 핵심입니다.

이번에 『21세기의 도전, 신학과 과학의 즐거운 동거』를 통해 이민교회와 신학교에 새로운 탈출구를 찾는 기회가 되시기를 기대합니다. 이런 주제를 가지고 연구하며 하나님나라 확장에 기여하는 모든 분들께 박수를 보내고 싶습니다. 감사드립니다.

추천의 글

이영선 목사

| 미주복음방송(GBC) 사장 |

　『21세기의 도전, 신학과 과학의 즐거운 동거』는 오늘날 크리스천 공동체가 직면한 중요한 주제를 다루고 있습니다. 본서는 과학과 신학의 관계에 대한 깊이 있는 통찰을 제시하며, 두 분야가 대립하기보다는 상호 보완적일 수 있음을 설득력 있게 설명합니다. 과학은 인간이 창조 세계를 탐구하고 이해하는 중요한 도구이며, 신학은 그 창조 세계를 넘어서서 하나님의 계획과 목적을 조명하는 역할을 합니다. 본서는 바로 이 두 분야가 함께 나아갈 수 있는 방향을 제시하며, 신학과 과학이 적대적인 관계가 아니라 서로의 깊이를 더하는 유익한 대화의 동반자가 될 수 있음을 강조하고 있습니다.

　현대 사회에서 과학은 인간 삶의 거의 모든 영역에 걸쳐 막대한 영향을 미치고 있습니다. 과학의 발전은 놀랍고도 빠르게 이루어지고 있지만, 그만큼 신앙인들에게 도전이 되는 부분도 적지 않습니다. 과학의 발전이 때로는 신앙의 기반을 위협하는 듯 보이기도 하며, 많은 신자들이 신앙과 과학 사이에서 갈등을 경험합니다. 하지만 이 책은 그러한 갈등을 해소할 수 있는 중요한 열쇠를 제공해줍니다. 과학이 신앙의 적이 아니라, 신앙의 참된 이해를 돕는 도구가 될 수 있음을 보여주며, 이를 통해 신자들이 더 깊이 있는 신앙과 세상에 대한 폭넓은 이해를 동시에 추구할 수 있도록 돕고 있습니다.

　『21세기의 도전, 신학과 과학의 즐거운 동거』는 다양한 신학적 및 과학적 주제를 다룸으로써 독자들이 보다 쉽게 접근할 수 있도록 구성되어 있습니다. 창세기의 창조 이야기와 진화론 간의 논쟁, 현대 생명공학의 윤리적 문제, 우주 기원에 관한 논의 등 복잡한 주제들을 신앙적 관점에서 이해하도록 돕습니다. 이 과정에서 독자들은 과학이 단지 기술적 진보를 의미하는 것이 아니라, 하나님의 창조 세계를 더 깊이 이해하고 그분의 섭리를 경험할 수 있는 중요한 학문임을 깨닫게 될 것입니다.

더 나아가, 본서는 21세기 교회가 직면한 과제를 해결하기 위한 구체적인 해법을 제시합니다. 과학적 무지와 두려움으로 인해 신앙이 쇠퇴하지 않도록 경고하며, 오히려 과학적 지식을 활용해 신앙을 더 깊이 있게 발전시킬 수 있는 방안을 제시합니다. 이를 통해 과학과 신학이 서로에게 도전하면서도 상호 보완적으로 작용할 수 있음을 깨닫게 하며, 교회가 다음 세대와 더 의미 있는 소통을 할 수 있는 기회를 제공합니다.

특히, 청소년과 젊은 세대가 과학의 발전에 크게 영향을 받고 있는 현대 사회에서, 본서는 그들이 신앙과 과학 사이에서 조화로운 관계를 형성할 수 있도록 돕는 귀중한 자료입니다. 과학적 진보가 신앙의 본질을 훼손하지 않도록 안내하면서도, 세상과의 대화에서 소외되지 않도록 적극적인 사고를 장려하며, 신앙 공동체가 과학적 이해를 통해 더 넓고 깊은 세계관을 갖추도록 인도합니다.

마지막으로, 『21세기의 도전 - 신학과 과학의 즐거운 동거』는 오늘날 기독교 신앙인들이 필독해야 할 책으로, 과학과 신학의 조화로운 관계를 통해 세상과 소통하고 신앙을 더 깊이 있게 다져 나갈 수 있는 중요한 기회를 제공해줍니다. 이 책이 많은 이들에게 영감과 통찰을 주고, 교회가 세상과 대화하는 새로운 길을 열어가기를 기대하며 강력히 추천합니다.

추천의 글

조석필 박사
| 한국시니어과학기술인협회 부회장, 전 성결대학교 부총장 |

　　이번에 캘리포니아 프레스티지 대학교 이상명 총장이 중심이 되어『21세기의 도전, 신학과 과학의 즐거운 동거』의 출간을 하게 됨을 진심으로 축하 드리며 이 시대에 던지는 깊은 통찰에 경의를 표합니다. 오늘날 과학과 신학은 인류가 탐구해 온 가장 매력적인 학문 분야임에도 불구하고, 오랜 세월 동안 서로 배척하며 각자의 길을 걸어왔습니다. 하지만 4차 산업혁명과 함께 과학주의 무신론의 도전 앞에, 이제 교회는 과학과의 대화를 외면할 수 없는 시점에 이르렀습니다. 이 책은 과학과 신학의 진지한 대화를 통해 두 학문이 어떻게 서로를 보완하며 상호 발전할 수 있는지 모색하고 있다는 점에서 큰 의미가 있습니다.

　　첫째로, 교회가 과학주의의 도전 앞에 놓인 이 시기에 이 책은 신학과 과학 간의 열린 대화를 촉진하며, 두 영역의 관계를 새로운 시각으로 정립하려는 노력이 돋보입니다. 과학적 탐구가 신앙과 공존할 수 있음을 강조하며, 신학과 과학이 상호 보완적 관계를 형성할 수 있다는 희망을 제시합니다.

　　둘째로, 현대 크리스천들, 특히 젊은 세대는 신앙을 지키기 위해 과학을 배척해야 한다는 인식을 어느 정도 지니고 있습니다. 이로 인해 과학에 대한 무지가 깊어지고, 교회는 세상과 더 멀어질 수밖에 없습니다. "무지는 경건이 아니요, 이단의 어머니"라는 말처럼, 이 책이 담고 있는 내용은 신앙이 과학적 무지에 어떻게 대응할 것인지를 도

13

와 줄 것입니다. 각 논문들은 크리스천들이 현대 과학의 다양한 분야를 이해하고, 그 흐름 속에서 신앙을 더 굳건히 할 수 있도록 안내할 것입니다.

셋째로, 이 책은 다양한 분야의 전문가들, 성서신학자, 조직신학자, 기독교 교육학자, 크리스천 과학자 등이 공저자로 참여해 신학과 과학의 조화로운 공존을 위한 다양한 관점을 제시하고 있습니다. 각 분야의 전문가들이 과학의 특정 영역을 깊이 탐구하며, 그 내용을 신학적 시각과 조화시킴으로써 과학과 신학의 상호 존중과 협력 가능성을 열어갈 것으로 확신합니다.

마지막으로, 이 책은 과학에 대한 성경적이고 통합적인 관점을 정립하는 데 중요한 기여를 할 것입니다. 과학과 신학이 교회 안에서 불편한 동거가 아닌, 조화롭고 균형 잡힌 파트너로서 함께 나아갈 수 있음을 강조하며, 이를 통해 교회와 성도들이 과학적 사고를 신앙의 적이 아닌 동반자로 받아들일 수 있도록 인도합니다.

이 책이 교회와 신앙 공동체 안에서 신학과 과학이 함께 대화하고, 공존하며, 더 나아가 함께 발전할 수 있는 길을 열어가는 귀한 지침서가 되기를 바랍니다.

추천의 글

최정훈 박사

| 미주장로회신학대학교 외래교수, 전 한동대학교 교목실장 |

요사이 유럽 젊은이들 사이에 유행하는 단어는 "S.B.N.R"(Spiritual But Not Religious)입니다. 저는 "S.B.N.R"의 단어를 의미를 다르게 해석해 보았습니다. "과학(Science)은 원하지만 종교는 필요 없다." 이 두 개의 문장 속에서 영성과 과학의 필요성을 요구하는 인간의 보편적 속성을 발견할 수 있습니다. 하나는 영성을 통한 영혼의 만족을 추구하는 인간의 보편적인 욕구이며, 다른 하나는 인간의 이성을 통한 인간 발전의 보편적 욕구입니다. 문제는 오늘날 이 두 개의 영역이 서로 갈라져 있다는 사실입니다.

우리는 진리가 없는 시대가 아니라 "진리가 이분화" 된 시대에 살고 있습니다. '신학과 과학의 이분화', '종교와 인문학의 이분화', '교리와 진리의 이분화' 등등의 시대에 살고 있습니다. 스위스의 라브리 공동체의 창시자이며 복음주의 기독교 사상가인 프란시스 쉐퍼(Francis Shaffer) 박사가 일찍이 진리의 이분화 시대를 말했습니다. 이 시대 수많은 학자들과 대부분의 사람들은 기독교의 진리, 즉 종교적 진리란 주관적이고 문화적이기에 그것은 선택적인 진리이며 공신력이 없고, 과학적 진리는 검증 가능하고 객관적인 진리이기에 공신력이 있는 진리라는 것입니다. 과학적 진리는 사실(Fact)을 말하는 진리이고 종교적 진리는 픽션(fiction)이라는 것입니다. 문제는 오늘날 대부분의 사람들이 이러한 가르침과 사상적 흐름에 동조한다는 것입니다.

기독교는 포스트모던이라는 새로운 패러다임 시대를 향해 새로운 패러다임적 진리를 제시해야 합니다. 성서의 진리는 거룩한(holy) 진리이지만 동시에 총체적(wholistic) 진리입니다. 총체적 진리이기에 세상의 모든 영역에 진리를 새롭게 제시해야 하고 또한 제시할 수 있는 진리를 가지고 있습니다. '신학과 과학', '교리와 진리', '종교와 인문학'의 상호간의 협력(Collaboration)을 통해 진리의 이분화를 해결해야 합니다. 신학과 과학은 상호보완적 관계에 있습니다. 신학은 과학이 얻을 수 없는 것을 제시하며, 과학 역시 신학이 얻을 수 없는 것을 제공해 줍니다. 종교는 인문학에 인간의 본질과 한계성을 제시하고, 반면에 인문학은 인간에 대한 보다 깊은 이해와 구체적인 지식을 제공합니다.

이러한 상호 간의 협력(collaboration)은 단순한 통합이 아닌 변증법적(dialectic) 방식을 통해 이루어져야 합니다. 양쪽의 이질적이고 대립적인 요소들과 특성들이 상호간의 대화와 교류를 통해 비판과 포용이 이루어지면서 서로 간의 장단점과 갈등, 오해와 편견, 무지와 무관심 등에 대한 의식을 발견하면서 점진적으로 발전해 나아가야 한다고 봅니다. 이런 의미에서 이번에 출판하는 이 책『21세기의 도전, 신학과 과학의 즐거운 동거』는 '진리의 이분화' 문제를 해결하려는, 복음의 보다 깊은 이해와 넓고도 총체적인 해석을 통하여 교회와 이 시대에 꼭 필요하면서도 중요한 포괄적인 신학적 작업의 결과라고 봅니다.

교리 중심적이고 인문학적 지식의 무지로 인한 '진리의 이분화'의 상태에서 성서 진리의 총체성을 한국 기독교에 제시하며 도전하면서 동시에 기독교 복음의 새로운 방향성을 가리키는 아주 중요한 저서임을 확신하며 적극적으로 추천합니다.

발간사

발간사

이상명 박사

| 캘리포니아 프레스티지 대학교(구, 미주장로회신학대학교) 총장 |

    과학과 종교는 인간이 탐구하는 학문 가운데 가장 매력적인 분야입니다. 이 두 분야는 실제의 다른 차원을 탐구합니다. 과학은 사물이 기능하는 방식을 이해하는 데 초점을 맞춘다면, 종교는 그것들의 의미를 해석하는 일에 천착합니다. 이 둘은 존재의 다른 차원에 관여하지만, 통합하면 인간과 세계를 보다 온전하고 풍성하게 이해할 수 있는 통전적 안목을 우리에게 제공합니다.

    실재를 바라보는 관점과 통찰은 다양합니다. 이론물리학자 베르너 하이젠베르크(Werner Heisenberg)는 유일한 과학적 방법은 존재하지 않는다고 강조한 영향력 있는 과학자 가운데 한 사람입니다. 역사를 돌아보면 과학과 종교는 각자의 지성적 독특성과 고유한 탐구 방식을 인정하면서 대화하는 편을 택하기보다는 이제껏 서로 배척하면서 각자의 영역을 발전시켜 왔습니다. 이러한 폐쇄적이고 고착된 경향은 4차 산업혁명의 여파로 증폭되면서 교회는 여느 때보다 거센 과학주의 무신론의 도전에 직면해 있습니다.

    이러한 때 본교가 두 번째 학술서적으로 기획 출간하는 『21세기의 도전, 신학과 과학의 즐거운 동거』는 과학과의 열린 대화를 통해 신학과 과학의 상호관계를 어떻게 정립할 수 있는지를 진지하게 탐색합니다. 과학과 종교가 서로를 배척하는 것과 그 둘을 혼동하거나 혼합하려는 시도 모두 우리가 경계해야 할 태도입니다. 현 기성 세대 크리스천들의 의식 안에는 신앙을 지키기 위해 과학을 배척해야만 한다는 신념이 어느 정도 자리합니다. 이런 인식은 우리 자녀 세대를 교회로부터 더 멀어지게 하는 결과를 낳았습니다. 과학주의만큼 과학에 대한 무지는 교회를 세상으로부터 게토화시킵니다. 청교도 신학자 코튼 매더(Cotton Mather)는 "무지는 경건이 아니라 이단의 어머니다"라 주장했습니다. 현대 교회는 과학주의라는 외부의 적과 과학에 대한 무지라는 우리 안의 이단과 싸워야 합니다. 이 학술서적에 수록된 논문은 현대 크리스천들이 무지로부터 벗어나 과학 관련 다양한 분야의 흐름과 이슈를 이해하도록 돕는 데에도 그 취지가 있습니다.

이 학술서적에 공저자로 함께 참여한 모든 기고자들께 감사드립니다. 공저자들은 각자 신학 전공 분야의 전문성을 가지고 과학의 특정 영역을 심도 깊게 다루어 주셨습니다. 아울러 이 학술서적이 출간되기까지 출판위원장으로서 수고를 아끼지 않은 고종필 교수님에게도 감사드립니다. 이번 출판 프로젝트를 위해 재정적으로 후원해 주신 모든 분들과 교정 및 교열 작업을 도와주신 한미정 박사님과 이 책이 세상에 나올 수 있도록 적극 지원해 주신 기독교문사 대표 한동인 장로님에게도 감사의 마음을 전합니다. 본교의 두 번째 출판 프로젝트의 일환으로 세상에 나오는 이 학술서적이 교회 공동체 안에서 신학과 과학의 조화로운 통합을 가져올 수 있는 데에 미력하나마 일조할 수 있기를 바랍니다.

Introduction

머리말

머리말

고종필 박사

| 캘리포니아 프레스티지 대학교 출판위원장 겸 책임편집자 |

　　과학과 신학은 공존할 수 없는 것일까. 신학을 중심에 두는 학자들은 하나님의 특별 계시인 성경을 투사해서 과학을 바라보아야 한다고 주장하고, 과학을 중심에 두는 학자들은 드러난 근거와 증거를 기반으로 신학에 접근해야 한다고 주장한다. 오랜 시간 동안 두 그룹의 학자들은 평행선을 달려 왔고, 지금도 여전히 서로의 주장의 오류를 찾아 반박하려고 시도한다. 일부 신학자들은 과학이 제시하는 증거조차 입증하기 어려운 하나의 이론일 뿐이라고 치부하기도 하고, 일부 과학자들은 신학은 과학이 아니고 성경은 과학책이 아니라고 주장하기도 한다.

　　신학과 과학, 과학과 신학은 함께 할 수 없는 것일까. 그 두 학문은 "즐거운 동거"를 할 수 없는 것일까. 서로의 입장 차를 무조건 반박하거나 심지어 비난하면서 서로를 적으로 두는 것이 아니라, 함께 공존할 수는 없는 것일까. 상대방의 주장과 이론을 거짓과 오류로 치부하지 않으면서도 대화의 창구를 열어 소통할 수는 없는 것일까. 이러한 질문에 답을 찾아가는 과정의 첫 발걸음이 이 책의 시작이 되었다.

　　신학과 과학을 주제로 한 글들을 하나의 책으로 엮었다. 이러한 시도가 처음은 아니겠지만, 이 책이 독자들, 특히 과학이든 신학이든 한쪽 면으로 마음을 굳게 닫아 버린 독자들의 마음의 문의 빗장을 열 수 있기를 소망한다. 알리스터 맥그래스가 『도킨스의 신』에서 언급한 것처럼 말이다: "양쪽 진영에는 이미 마음의 문을 걸어 잠근 사람들도 있을 것이다. 그러나 증거와 논쟁은 그렇지 않다. 과학자와 신학자는 서로에게 배울 것이 너무나 많다. 우리가 서로에게 귀를 기울인다면 은하수가 노래하는 소리를 들을 수 있을 것이다. 하늘이 주의 영광을 선포하는 것도(시 19:1)"(p. 298).

이 책은 심리학자, 생물학자, 종교철학자, 정치철학자, 물리학자, 변증학자, 조직신학자 등의 다양한 학문 영역의 전문가들의 기고를 받아 구성되었다. 몇몇 기고자는 두 개 이상의 타이틀로도 불릴 수 있는 신학과 과학의 전문가들이다. 그들의 주장은 때로는 일치하지 않을 수도 있고, 과학에 대해 서로 다른 관점을 제시할 수도 있을 것이다. 그들의 주장과 관점을 통해 과학과 신학의 "즐거운 동거"를 위한 첫걸음을 뗄 수 있을 것이라 기대한다.

책의 출판을 위해 수고해 주신 모든 분들께 감사드린다. 대학의 사명 가운데 하나가 책을 통해 학문적 성취를 학교 밖의 독자들과 소통하는 것으로 생각하고 출판 사역에 힘을 실어 주시는 이상명 총장님과, 미주장로회신학대학교의 새로운 이름인 캘리포니아 프레스티지 대학교의 모든 교직원들에게 진심으로 감사의 말씀을 전한다. 또한, 짧은 시간임에도 출간 일정에 맞추어서 최종 교정을 담당해 주신 한미정 박사님, 출판을 위해 언제나 수고하시는 기독교문사 직원들과 한성진 과장님께 감사의 인사를 드린다. 모쪼록 과학과 신학에 대한 이러한 학문적 시도가 진정으로 "즐거운 동거"가 될 수 있기를 소망한다.

Profile

기고자 프로필

기고자 간단 프로필 (가나다 순)

■ 김경준

  현재 미국 LA에 위치한 월드미션대학교에서 기획실장 및 상담심리학 캠퍼스과정 디렉터로 섬기고 있다. 성균관대학에서 유전공학을 공부하였으며, 졸업 후 명지대학교 교직원으로 6년간 근무하였고, 총신대학교 선교대학원에서 치유상담학과 동대학교 신학대학원에서 목회학(M.Div.) 석사과정을 마쳤다. 2008년 미국으로 도미하여 사우스웨스턴 침례 신학대학교에서 기독교상담학 석사과정을 마치고 캘리포니아에 있는 풀러신학교에서 임상심리학(Clinical Psychology) Ph.D. 학위를 받았다. 2013년부터 2021년까지 충현선교교회에서 가정사역 담당 목사로 사역했으며, 한인기독교상담소(KACC) 및 산타페 상담소 소장을 역임하였다. 학문적으로 용서치유와 신학과 심리학의 통합 분야에 깊은 관심을 가지고 관련 논문을 복음과 상담 저널에 발표하기도 하였다. 현재 캘리포니아주 공인심리학자(Licensed Psychologist)이며 한국복음주의상담학회의 감독상담사로서 브릿지웨이 상담소 수퍼바이저 및 Together Mental Health 클리닉에서 박사과정 중에 있는 정신과 Nurse Practitioner 학생들의 임상 수퍼바이저로도 활동하고 있다.

■ 김명용

　서울대학교 영문과와 장로회신학대학교의 신학대학원(M.Div.) 및 동 대학원(Th. M.)을 졸업했다. 독일 Adenauer재단 초청 장학생으로 독일 튀빙엔 대학교에서 공부했다. 칼 바르트 신학을 연구해서 튀빙엔 대학교에서 신학박사(Dr. theol.) 학위를 받았다. 지도교수는 위르겐 몰트만이었다. 1985년부터 2018년까지 장로회신학대학교의 조직신학 교수로 일했다. 현재는 이 대학의 명예교수이다. 2012년부터 2016년까지는 이 대학의 총장으로 일했다. 총장 재임 시절 발표한 온신학(Ohn Theology)이 세계적으로 영향을 미치면서, 현재 온신학은 영어, 중국어, 스페인어, 러시아어, 헝가리어, 독일어, 말레이어 등 7개국어로 번역되어 있다. 온신학은 온세상을 위한 온전한 신학이라는 뜻인데, 세계로 알려지고 있는 한국신학이다. 현재 온신학아카데미 원장으로 온신학 발전을 위해 힘쓰고 있다.

■ 김연태

　김연태 박사는 싱가포르의 동아시아 신학교(East Asia School of Theology)에서 목회학 석사(M.Div. T&E)를 취득하였으며, 미국 풀러 신학교(Fuller Theological Seminary)에서 "A Study on the Contents and Effects of Science Education Programs for Defense of the Christian Wordview"라는 제목의 논문으로 목회학 박사(D.Min.) 학위를 받았다. 현재는 미국 그레이스 미션 대학교(Grace Mission University)에서 철학 박사(Ph.D. ICS) 과정을 수학 중이다. 국립 인천 대학교에서 생물학 학사(B.S.)를, 동 대학원에서 이학 석사(Master of Natural Science)를 전공하였다. 약 20여 년간 성경과 과학(특별계시와

일반계시)에 대해 연구하며 기독교 세계관을 방어하기 위해 노력하고 있다. 인도네시아에서 선교사로 봉사하였으며, 현재는 미주 지역과 동남아시아를 중심으로 강의를 통한 선교 활동을 펼치고 있다.

■ 김정형

연세대학교 신과대학/연합신학대학원에서 종교철학 교수로 학생들을 가르치고 있다. 서울대학교에서 철학을 전공하고(B.A.), 장로회신학대학교에서 신학을 공부했으며(M.Div.), 미국 버클리 연합신학대학원(Graduate Theological Union, Berkeley)에서 조직신학 및 철학적 신학 전공으로 박사학위를 취득했다(Ph.D.). 박사학위논문에서는 우주의 운명이라는 주제로 천체물리학과 그리스도교 종말론의 대화를 다루었으며, 주요 저서로는 『창조론: 과학 시대 창조 신앙』, 『예수님의 눈물』, 『분단 한국을 위한 평화의 신학』 등이 있다.

■ 김태두

현재 캘리포니아 프레스티지 대학교(구, 미주장로회신학대학교)에서 상담을 가르치고 있으며, Shalom Church & Family Ministry International 대표로 섬기고 있다. 공대를 다니던 중 뒤늦게 회심하고, 총신대 신학과(B.A.)와 동 신대원(M.Div.)에서 신학 수업을 마쳤다. 호주 Worldview Centre for Intercultural Studies에서 선교사 훈련을 받았고, 10개국에서 단기선교를 하였다. 그후 미국 텍사스 사우스웨스턴 침신대학원으로 유학 와서, 결혼가족상담학(MAMFC), 기독교교육학(MACE), 목회 리더쉽(DMin) 그리고 가족사역학/성경적 상담학으로 Ph.D.학위를 받았다. 저서로는 『흑암 중의 보화』(2014)가 있고, 『디아스포라 한인과 대학교육』(미주장신대출판부: 2023)에 "디아스포라 한인 자녀들의 신앙 교육과 정체성 함양: 언약신학을 중심으로"를 집필하였다. 학위논문으로는 출판을 준비중인 "Family in the Covenant: A Biblical-Theological Perspective on Redemption"(2020)과 "Church Conflict and Its Resolution in SBC Korean-American Churches in North Texas"(2012)가 있다. 복음과 상담, 복음과 선교에 다수의 논문을 발표했으며, 현재는 학위논문과 위기목회상담 및 결혼과 가족 관련한 책들을 집필 중에 있다.

■ 나승필

독일 쾰른공대에서 전자공학 석사과정을 졸업하고, 독일의 복음주의 신학대학인 기쎈의 자유신학대학(FTH: Freie Theologische Hochschule)에서 목회학석사(M.Div.)와 신학석사(Th.M.) 과정을 졸업했다. 기쎈 주립대에서 일반철학과 자연철학을 전공하고, 윗필드신학교(Whitefiled Theological Seminary 프로리다/독일 본)에서 세계복음주의 협의회(WEA)의 신학부 부장이며 총재인 독일 토마스 쉬어마허(Thomas Schirrmacher) 교수 지도하에 신학박사(신약학과 선교신학, 이슬람학) 과정을 마쳤다. 현재 독일에서 아내인 국루디아 선교사 그리고 아들 나사로와 함께 무슬림 난민선교와 다민족선교를 감당하고 있다. 동시에 선교지의 몇몇 신학교와 미주장로회신대학교에서 겸임교수로 섬기고 있다. 가족으로는 국루디아 사모와 아들 나현우, 딸 나찬미, 그리고 막내 아들 나사로가 있다.

■ 민종기

충현선교교회에서 2대 담임목사(2003-2022)로 사역한 후 은퇴하고 원로목사가 되었다. 현재 재미한인기독선교재단(KCMUSA) 이사장으로 교회와 목회자를 지원한다. 학문적으로는 아주사퍼시픽대학교와 미주장로회신학대학교에서 가르치며, 풀러신학교에서 목회학 박사과정의 학생을 지도하고 있다. 한국 웨스트민스터 신학대학원대학교에서 교수(1998-2002)로 사역했으며, 그 전, 한양대, 서울대, 남가주대(USC)와 풀러(Fuller)에서 공부했다. 석사학위논문으로는 "폴 리쾨르의 국가론 연구"(서울대, 1985)가 있고, 박사학위논문으로 "Sin and Politics"(Fuller Theological Seminary, 1997)를 썼다. 저서는 박사논문을 개정하여 *Sin and Politics*(Peter Lang, 2009)를 출판하였고, 『한국 정치신학과 정치윤리』(한국고등신학연구소, 2012)와 『목회세습 하늘 법정에 세우라』(대장간, 2017)를 간행하였다. 공저로 『기독교 윤리와 사회정의』, 『고엘 교회에 말 걸다』, 『요한계시록 하나님의 승전가』, 『포스트코로나 시대와 교회의 미래』 등이 있다. 역서로 오스카 쿨만의 『국가와 하나님의 나라』(여수룬, 1999)와 리처드 보쿰의 『성경과 정치』(대장간, 2024)가 있다.

■ 박일준

감리교신학대학교에서 종교철학(B.A.)을 공부하고, 보스턴대학에서 신학석사(S.T.M.)을 마친 후 드류대학교에서 철학적 신학/종교철학으로 학위(Ph.D.)를 취득하였다. 신학과 철학과 과학의 접경에서, 존재와 인간의 의미를 연구하고 있으며, 특별히 디지털 네트워크와 인공지능 및 사이보그의 존재역량을 곰팡이균과 식물 등의 존재

역량 등과 비교분석하면서, 포스트휴먼 시대의 인간의 의미를 새롭게 정의하는데 집중하고 있다. 최근 주요 업적으로는 (공저) *Stirring up Liberation Theologies*(SCM Press, 2024), *Troubling (Public) Theologies*(Fortress Academic, 2023), *Emotions in Korean Philosophy and Religion*(Palgrave Macmillan, 2022), *Nature's Transcendence and Immanence*(Laxington Books, 2017), *A Philosophy of Sacred Nature*(Lexington Books, 2015) 등을 포함한 수십 편의 논문들과 저술들이 있다.

■ 박창현

현재 미국 캘리포니아에 위치한 산호세 밸리 교회를 담임하고 있다. 과학 분야에서는 연세대학교에서 물리학(B.S.)을 전공했고, 동 대학원에서 이중 특수 상대성 원리를 연구하여 물리학 박사학위(Ph.D.)를 받았다. 신학 분야에서는 서울신학대학교 신학대학원에서 목회학 석사학위(M.Div.)를 받았고, 이후 도미하여 미국 풀러신학교(Fuller Theological Seminary)에서 목회학 박사 학위(D.Min.)를 수료하였다. 과학을 전공한 박사이자 목회를 하는 현직 목사로서 과학과 신학의 조화에 대한 많은 관심을 가지고 있다. 서로 다르게 보이는 두 분야를 어떻게 하면 성도들에게 조화롭게 가르칠 것인지를 늘 고민하고 있다. 평소에 관심 있게 보고 있는 과학 분야는 우주론이고 목회 분야는 교회론이다. 두 분야가 서로 다른 것처럼 보이지만 같은 것이라고 생각한다. 왜냐하면 교회는 하나님께서 예수 그리스도를 통하여 창조하신 소우주라고 생각하기 때문이다. 하나님께서 교회를 통해 우주 안에 있는 모든 만물을 다 구원시켜 주실 것이라고 믿는다.

■ 양정모

숭실대학교에서 산업공학(B.S.)을 공부하고 무역회사에서 기술영업을 담당했다. 이후 일본에서 정치경제학(M.A.)을 공부하고 경제학 박사학위를 위해 도미하여 NCSU에서 경제학(M.E.)을 수학하던 중 학문적 지향성과 기독교적 가치관의 충돌을 경험했다. 그 이후 기독교적 가치관과 선교에 대한 부르심을 경험하고 SEBTS에서 신학(M.Div.)을 시작했다. 그리고 SWBTS에서 기독교 윤리학(Th.M.)을 전공하고, MBTS에서 성경의 사유재산권에 관한 연구로 학위(Ph.D.)를 받았다. 학업을 위해 텐트 메이킹(Tent Making)의 필요성을 절감하고 파이낸셜 기업을 설립해 파이낸셜 어드바이저로서 재정관리에 관한 다양한 경험과 지혜를 나누고 있다. MBTS를 비롯한 많은 신학교에서 기독교 윤리학과 변증학을 가르치고 있으며, 달라스의 뉴송 교회에서 협동목사로 섬기고 있다. 특히, 포스트모더니즘과 다원주의 사회 속에 기독교 세계관의 아름다움과 선한 영향력 확대를 위해 저술에 힘쓰고 있다. 저서로는 『비블리컬 변증학』(2021, CLC), 『비블리컬 윤리학』(2022, CLC), 『재정관리 바이블』(2024, CLC)이 있다.

■ 정성욱

미국 하버드대학교에서 목회학석사(M.Div.)를 취득한 후(1996), 영국 옥스퍼드대학에서 알리스터 맥그래스(Alister E. McGrath) 교수의 지도로 조직신학 전공 D.Phil.을 취득했다(2000). King University 교수를 거쳐(2000-2005), 덴버신학대학원에서 조직신학교수 및 아시아사역 처장 그리고 한국어부(Korean Global Campus) 학장으로 섬기고 있다(2005-현재). 35권의 영문과 국문 저서, 공저, 편저, 역서를 출간했다. 대표저서로 *Admiration and Challenge: Karl Barth's Theological Relationship with John Calvin, Models of Premillennialism*, 그리고 『10시간만에 끝내는 스피드 조직신학』 등이 있다.

Contents

차 례

차 례

01

창세기 1-11장:
역사-과학적 조명과 성경의 연속성과 통일성

나승필 (성경신학/선교신학)

서문

  필자는 본서에서 창세기 원역사(原歷史, 1-11장)의 모든 성경 본문을 주석하고 논하는 것은 생략하며 동시에 성경 본문의 문헌연구나 고등비판적 주석(Exegesis)이 중점 과제가 아님을 밝혀 둔다. 오히려 가능한 범위 내에서, 창세기 원역사(창 1-11장)의 창조 당시의 창조적 속성에 초점을 맞추고자 한다. 이와 같은 연구의 중점에 따라 창조주의 독특한 창조적 행위를 인식하고 창조 이후 그에 부합하는 역사적이며 과학적인 주제들을 검토 분석한다. 이로써 각 주제의 필요에 따라 자연과학의 원리로 조명하며 동시에 실제 인류 역사를 참조한다.

  또한 창세기 1-11장의 원역사와 필연적으로 연관된 신약성경과 예수 그리스도의 복음의 연관성과 통일성을 분석한다. 이로써 성경의 창조기사와 원역사를 실제적 역사와 과학적인 관점의 빛 아래서 볼 수 있는 시각을 도출하고 창세기 1-11장의 원역사가 구약성경과 신약성경의 근본이며, 나아가 우주와 인류의 근본임을 확인한다. 동시에 창세기 원역사의 창조성 선포의 교육학적인 교수법(pedagogical didactics)상 부득불 오늘날 교과서의 대표적인 우주와 생명체 기원인 진화론의 비과학성을 조명한다. 끝으로 성경이 기록된 역사를 과학적 기술과 실제적인 인류 역사를 통하여 증명할 수 있는 고증자료에는 한계가 있으며, 이 또한 각 분야 전문가들의 평가가 필요함도 인지한다.

1. 창세기 원역사(1-11장, Primeval History)와 진화론의 상충관계

성경의 원역사인 창 1-11장의 우주적인 중요성은 이루 형언할 수가 없다. 역사적 인물인 아담과 그의 10대 후손인 노아 그리고 노아의 11대 후손인 아브라함과 그의 후손들인 이삭과 야곱의 역사를 포함하여 구약의 총체적인 역사 속에서 신약성경이 시작되고 완성된다. 신약시대 예수 그리스도의 오심과 생애 그리고 십자가의 죽음을 통한 복음의 완성, 이 복음을 온 세계에 전파한 사도들의 선교역사가 통일성 안에서 일관성 있게 하나님의 창조와 원역사(창1-11장)의 사실적 재현임을 증거하고 있다.

나아가 창조는 모든 과학에서 피할 수 없는 근본적인 원리를 제공한다. 이 사실은 성경의 창조는 이교도의 모든 신화를 경계하며, 동시에 우주 기원의 여타한 철학적 사상이나 진화론적인 사상과 세계관을 배제한다는 사실이다. 창세기의 원역사에서는 필연코 우주와 생명의 기원 그리고 그에 따른 창조의 질서와 목적을 인지해야 하는 중대한 신학적 작업이 있다. 오늘날 학문과 대중적 인식의 차원에서 익히 알려진 우주와 생명의 기원에 관한 두 개의 큰 모델은 진화론과 성경적 창조론이다. 진화론을 주장하는 학자들은 대체로 성경의 창조를 완강히 부인할 뿐만 아니라 비난하며 나아가 창조주 하나님의 존재를 부인하는 경우가 많다. 본서에서는 진화론의 수많은 자연과학적 모순 그리고 진화론이 지향하는 본질적 의미의 모순을 주제에 따라 창조와 대조하는 교육학적인 교수법(pedagogical didactics) 차원에서 조명하게 된다. 안디옥의 데오빌로(183년 사망) 감독은 훗날 사람들이 성경적인 우주의 기원을 부인하며 동시에 창조주 하나님을 부인하는 때가 오리라고 예견했다.[1]

2. 창세기 1-11장의 특성

2.1. 비유가 아닌 실제

창세기의 원역사를 이해함에 있어서 기록된 내용이 어떤 '비유'가 아님을 알아야 한다. 나아가 구약의 선조들이 생존했던 고대 시대에도 기록 문체가 있었음을 염두에 두어야 한다. 창세기 1-11장을 마치 예수님이 비유법을 사용하신 것처럼 이해하면서 역사성은 믿지 않는 경우가 있다면 이는 성경을 왜곡하고 있는 태도다. 예수님이 비유로 말씀하실 때 "천국은 마치" 용법을 사용하셨는데, 창세기 1-11장에는 이런 문구가 한 번도 사용된 적이 없다는 사실이다.[2]

예수님(마 22장 등)의 성경적 관점처럼 창조기사를 비롯한 창세기는 시편을 포함한 지혜서와 선지서 그리고 신약성경의 근본을 이루고 있다. 예수님은 하나님께서 모든 선지자들을 통하여 자신의 뜻을 계시하셨음을 전제로 하시며 성경에 기록된 선지자의 글에 순종하는 사역을 죽기까지 하셨다(마 26:56).

---

1 인용 from Theophilus, *"To Autolycus"*, 2.8, Oxford Early Christian Texts. Lavallee, L., 1986. *The early church defended creation science, Impact, Nr. 160, S. ii.*

2 Fred Hartmann, *Der Turmbau zu Babel Mythos oder Wirklichkeit?* Hänssler, Neuhausen-Stuttgart, 2002, 70f.

또한 신약성경에 이르기까지 모든 성경 저자들은 직간접으로 창세기를 비롯한 구약성경을 그 근원으로 삼는다. 창세기 1장과 2장의 창조기사(창 2:7, 22)를 사도 바울은 딤전 2:13-14에서 직접 인용한다: "이는 아담이 먼저 지음을 받고 하와가 그 후며 아담이 속은 것이 아니고 여자가 속아 죄에 빠졌음이라."

창조된 아담으로부터 시작하여 총체적인 구속사에 근거하여 유대인들에게 그리스도의 복음을 담대히 전하면서 회개를 외치다 순교했던 예루살렘교회의 스데반 집사는 예수님이 하나님 보좌 우편에 서신 것을 보면서 숨졌다. 스데반의 감동적인 설교는 단순한 감정적 언변과 비유가 아니라 창세기 원역사에서부터 시작한 하나님의 철저한 구속사에 근거를 둔 신학자적인 설교였다. 하나님이 노아의 11대 후손인 아브라함을 선택하시고 그에게 약속하신 온 인류의 구속사건을 아브라함의 아들 이삭을 통하여 구원자되신 주 예수 그리스도를 보내시기까지 경영해 가셨다고 스데반은 선포했다. 스데반이 선포한 설교의 모든 내용은 어떤 신화가 아닌 실제적 역사였음을 현장의 청중 모두가 공인했었다(행 6-7).

2.2. 성경 전체의 연속성과 통일성

창세기는 좁게는 토라의 문을 여는 관문으로,[3] 넓게는 성경 전체를 좌우와 종행으로 연결하는 근본을 제공한다.[4]

특별히 창세기 1-11장의 원역사를 통하여 창조주 하나님의 존재하심, 우주 만물의 생성과 사람의 창조, 부부와 가정의 형성, 그에 따른 전반적인 창조의 질서가 세워져 있다(창 1-2). 나아가 하나님과의 원역사적 언약을 어긴 사람(아담)의 죄의 기원과 언약에 따른 하나님의 사람과 땅의 심판(창 3-5)으로 노아시대 온 인류의 홍수로 인한 심

---

3 특별히 루터와 칼빈이 강조한다.
4 Werner Gitt, *So steht's geschrieben*, Hänssler-Verlag, 4 Auflage, 1997, 10-200; Werner Gitt, *Am Anfang war Urknall?* CLV, Bielefeld 2000, 41-42.

판(창 6-9)과 노아의 후손들의 분산과 종족의 발전을 기록하고 있다(창 10-11).[5]

이러한 역사적 진행 과정을 겪는 동안 하나님은 아담과 하와에게 여인의 후손(창 3:15)을 통한 인류 구원을 약속하신 후 노아와의 언약을 통해 확인하셨으며(창 9:1-17), 아브라함(창 12 이후)과 그 후손인 이삭(26-28장), 야곱(29-35장)과 요셉(37-50장)의 후손을 통해 섬세한 구속사를 경영해 가셨다.

하나님은 범죄하여 심판받은 인류의 구원을 위하여 아담과 하와에게 "너희의 후손"이 아닌 "여인의 후손"(창 3:15)을 약속하시고 마침내 "때가 차매 하나님이 그 아들을 보내사 여자에게서 나게 하시고"(갈 4:4-5) 십자가의 복음을 완성하셨다. 하나님은 지금도 하나님 나라 완성까지 전반적인 구속사를 이뤄가고 계신다. 하나님의 총체적인 구속사와 주권적인 경영을 익히 알고 계시는 예수님은 십자가의 죽음을 앞둔 순간 제사장적인 기도에서도 구속사의 주권자로서 하나님께 순종하심을 보이셨다(요 17장 기도 참조). 이처럼 창조와 창세기의 원역사는 구약의 문을 개방한 후 마침내 그리스도를 통한 구속의 완성까지 일관성 있게 융합되어 있다.[6]

2.3. 구조와 주제들

창세기 원역사인 1-11장의 큰 주제는 1장의 창조 기사, 2장의 창조 부연 설명, 3장의 인간의 타락과 하나님의 진노, 4장의 최초의 형제 살인 사건으로 가인과 아벨의 비극적인 역사다. 창 5장의 아담에서 노아까지의 계보와 인류의 탄식의 실제 현상, 창 6-9장의 노아 홍수 역사, 창 10장의 홍수 이후 노아의 후손 6대까지의 70의 민족계수 (Table of Nations), 창 11장의 노아 후손들의 바벨탑 사건과 언어의 혼

---

5 본서의 노아에서 아브라함까지의 계보와 사회적 특성 참조
6 Matthias Millard, *Die Genesis als Eröffnung der Tora, Kompositions- und auslegungsgeschichtliche Annäherungen an das erste Buch Mose*, WMANT, Bd.90, Neukirchen-Vluyn: Neukirchen-Verlag, 2001, 363. TETh16 82002), 217-18, 363f.

란을 통한 흩어짐의 사건 순서로 진행되고 있다. 창세기 전체(1-50장) 내용 분류로는 1-11장의 인류의 원역사, 히브리 민족의 시작과 발전인 아브라함(12-)과 그의 후손인 이삭(26-28장), 야곱(29-35장)과 요셉(37-50장)의 실제적 역사가 창세기의 원역사와 분리할 수 없는 관계를 이루고 있다.

주목할 현상은 창 10장과 11장 10-31절에서 노아의 자녀들(셈, 함, 야벳)의 계보를 포함하여 아브라함의 부친 데라와 아브라함(주전 2100경)이 하란으로 이동하기까지의 긴 역사를 비교적 짧은 단락에서 기록하고 있다는 점이다. 이에 반하여 창세기 12장부터는 아브라함과 그의 자손들의 역사를 상세히 기록하고 있다. 이로써 구약성경의 원역사 이후에 구약성경의 기록의 초점은 아브라함과 그 후손인 이스라엘 민족, 즉 예수 그리스도를 통한 인류 구속역사를 지향하고 있음을 암시하고 있다.

3. 생명체의 생성원리

3.1. 유기물과 정보의 조합

하나님의 창조적 속성 이해의 하나로서 생명체의 생성원리를 분석하고자 한다. 이 항목에서는 대부분 기트 박사의 저서인『언제나 하는 질문』(Fragen, die immer wieder gestellt werden)을 주된 문헌으로 사용한다.[7] 모든 생태계의 구성은 몸(육체)과 그 몸을 관할하는 정신적 분야인 통합정보(Information, DNA)로 구성되어 있다. 정보는 생물체들에게 필수적인 기능으로서 활동, 성장 그리고 번식의 정보를 제공한다. 지금까지 자연과학에서 실험 연구한 해답은 무생물(Nicht lebende Organismen)은 어떤 정보를 스스로 유출할 수 없고 정보를 소유한 유생물(lebende Organismen)을 생성하지 못한다는 결론을 지금

---

7 Werner Gitt, *Fragen, Die immer wieder gestellt werden*, CLV Bilefeld, 2021, 5-160.

까지의 여타한 과학적 실험이 증거했다. 세계의 그 어떤 실험실에서도 무생물 그 자체가 어떠한 생물체를 생성하지 못할 뿐 아니라, 정보를 생성하지 못한다는 사실을 입증하고 있다.

오늘에 이르기까지 정보가 무생물적 개체에서 스스로 생성되었다는 가설들, 예를 들어 아이겐의 하이퍼사이클, 큐퍼스의 분자 다윈주의적 접근(M. Eigen's hypercycle, Kueppers' molecular Darwinian approach) 등은 모두 입증되지 않았다.

빈번히 인용했던 밀러 실험(Miller-Experiments)을 통해서 단백질의 기본 요소인 아미노산이 합성될 수 있었으나 유기체 내의 어떤 정보도 결단코 생성되지 못했다는 사실을 지적한다. 결국은 이런 실험은 진화론적 실험이 될 수 없다고 기트 박사는 정의한다. 진화론자인 아이겐이 그의 저술『생명의 단계』(stages to life)에서 "정보는 정보가 아닌 곳에서 생성되었다"(Information arises from non-information)는 가설에 의해 "정보의 발생을 찾기 위해 우리는 자연법칙에 따른 알고리듬(algorithm)을 찾아야 한다"[8]는 주장은 실로 실제성이 없는 이론에 불과했다.

아이겐이 설계했던 하이퍼사이클 실험은 실제로는 아무것도 입증하지 못한 추상적 실험에 불과했다고 기트는 평가한다. 아이겐은 소위 진화의 기계를 통해서 실험상에서 진화의 상태를 진행하고자 했었다. 아이겐은 학술지「Image of science」(Bild der Wissenschaft)와의[9] 인터뷰에서 "우리의 기계 속에서 박테리를 진화시켰다. … 이 프로젝트는 성공했다. 오직 3일 안에 우리는 저항력이 있는 돌연변이를 분리시킬 수 있었는데 이는 실험실에서 진화의 과정을 재현할 수 있는 것이었다"라는 결론을 피력했다. 이는 마치 진화의 실험이 가능했던 것처럼 들릴 수 있으나 실제로는 이미 존재하고 있던 생물체를 실험대상으로 사용한 것이었다고 기트 박사는 밝힌다.

8 M. Eigen, *Stufen zum Leben*, iper-Verlag, 1987, 41, 55.
9 *Bild der Wissenschaft*, H. 8, 1988, 72.

기트 박사는 이 실험을 포함하여 지구상에서 행해진 모든 실험에서는 생물체에 필요한 그 어떤 정보도 스스로 생성할 수 없었을 뿐만 아니라 생명이 없는 무기체에서 생명이 있는 유기체를 생성시키지 못했음을 밝힌다. 과학적인 실험을 통해서도 밝혀진 사실은 모든 유기체는 주어진 정보를 통해서만 생명체로서의 기능을 한다는 원리다. 이 원리에 따라 식물은 비로소 운동과 성장과 번식을 한다. 즉, 모든 생명체의 구성(단백질의 구조와 형태, 세포 등)에는 설계가 기본이다. 이 구성 요소가 정보 이동체(einem Informationsträger)에 입력이 되어 있어야 한다. 기트 박사는 그의 독어 저술인 『창조의 언어 이해』(*Die Sprache der Schöpfung verstehen*)에서 이와 같은 생명체의 구성 원리를 정밀한 바늘침이 달린 기계에 비유하면서 진화의 비과학성을 지적한다.[10]

그러므로 정보 생성이 불가능한 무생물계에서는 어떤 재생도 번식도 불가능하다. 최근 들어 활성화되고 있는 생명공학기술 분야에서 많은 연구와 함께 실험들이 행해지고 있지만, 이 분야도 생명체를 생성하는 것이 아니라 이미 존재하고 있는 생명체를 조작하는 작업이라 할 수 있다. 정보의 발생은 정보가 없는 물질이나 무생물로부터는 유출될 수 없음을 정보의 특성을 통해서 알 수 있듯이, 지극히 과학적인 논리로서는 정보는 정보를 소유하고 있는 주체로부터만 전달 또는 입력이 가능하다는 결론에 이른다. 비록 앞으로 더욱 발전된 과학을 통하여 각종 실험을 설계하고 행한다 할지라도 결국 무생물은 자생할 수 없다는 과학적 사실에는 변동이 없다.[11] 결국 정보는 오직 멘탈 인텔리젠트 정보(Mental Intelligent Information) 소유자로부터 의지적으로 주어져야 한다.

그렇다면 모든 살아 있는 생태계의 정보는 어디로부터 왔는가 하는 질문은 생태계의 기원과 관계되는 문제로 과학 그 이상의 근원적

---

10 Werner Gitt, *Die Sprache der Schöpfung verstehen*, CLV. 2022, 33-34.
11 Werner Gitt, *Fragen*, a.a.O., 42.

연구 주제다. 오직 생명은 지혜와 명철이 있으신 창조주의 행위임이 드러날 것이라고 기트 박사는 자신의 과학적 소견을 확신한다.[12]

과학자의 시각으로는 어떠한 자연적인 과정을 통해서도 새로운 유전자 정보가 생성되는 실제적 가능성은 전무하다. 이로써 진화는 생명체의 다양 복합적 코딩(Coding)의 정보발전 생성의 근원을 규명할 수 없다. 반면에 목적과 의지가 있는[13] 정보의 근원(Mental Intelligent Originator)이신 하나님의 창조는 이미 존재하는 생물체들과 합당한 연합을 이룰 수 있는 가장 좋은 설명이 된다고 키트 박사는 주장한다.[14]

그러나 성경의 창조는 생물체 생성의 두 가지 성분 즉, 물질적인 그리고 정보적인 성분을 충족시킨다. 창세기는 생물체의 정보 기원과 생성을 정확 명료하게 전달한다. 이는 "태초에 하나님이 하늘과 땅을 만드시고"(창 1:1)에 창조주가 이미 피조 세계에 자연법칙의 질서적 정보를 제공했음을 포함한다. 그리고 모든 생물체, 특별히 인간에게 "하나님의 형상을 따라 만드신 것"(창 1:26-27)으로 하나님과 소통하는 공동체를 위해 필요한 정보가 조합되어 있음을 의미한다. 태초에 천지를 창조하신 창조주의 특별한 창조행위를 종합하면 아래와 같다.

3.2. 태초에 하나님이 천지를 창조하시니라(창1:1)

창세기 1장 1절은 "태초(베레싯, בראשית)에 하나님(엘로힘, אלהים)이 천(하샤마임, השמים) 지(하아렛츠, הארץ)를 창조하시니라(바라, ברא)"로 성경 전체를 시작하고 있다. 이와 같은 정의는 히브리 문헌과 구약의 성격상 일차적인 면에서 창세기 1장과 창세기의 주제이면서도, 2절 이후에 단계적이며 점진적으로 창조된 피조물의 세계가 어떤 형태로 생

12 Werner Gitt, *Fragen*, Ibid.
13 Werner Gitt, *Am Anfang war die Information: Herkunft des Lebens aus der Sicht der Informatik*, SCM Hänssler 2002, 25-49, 52-147, 155-59.
14 Don Batten (Hrsg.), a.a.O., 134; Spetner, L.M., 1998. Not by Chance, Judaica Press, New York.

성되었는지를 전달하고 있다.

뿐만 아니라 1절과 같은 창조적 주제의 구문론적 문맥에서 하나님은 창조주이시며 주권자로서 주격이 되신다. 창조주이신 하나님이 자신의 능력과 지혜로 피조 세계에 존재하는 우주와 생태계의 유기적인 물질을 창조하시고 각각 필요한 정보를 동시에 주셨다는 사실을 전제로 하고 있다. 이로써 식물의 삼대요소는 운동과 성장과 번식인데 이 식물에게 물질과 동시에 삼대요소의 정보를 주셔서 식물은 식물로 존재할 수 있도록 하셨음이 창조주를 주격으로 사용하는 문장의 성격이다. 어떤 유기 물질이 존재할 때 그 물질 안에 정보가 없는 것은 생명이 아니고 오직 물질일 뿐이다. 정보는 이미 정보를 소유한 주자로부터만 전달된다. 이로써 하나님의 창조가 아닌 그 어떤 방법으로도 생명체가 생성될 수 있는 길은 닫혀 있다.

창세기 1장 1절에서 천(天, 히: 샤마임)과 지(地, 히: 아레츠)는 '우주'(宇宙)라는 단어가 사용되지 않았던 모세의 고대 시대에 메타포적 표현으로 사람이 존재하는 시공간의 모든 것을 포함하는 복합적인 개념인 우주를 암시하고 있다. 하나님의 창조는 모든 피조물을 포함하는데 그 대표적인 표현이 하늘과 땅이라는 비유적 개념이다. 이처럼 창조주 하나님의 창조는 "하늘과 땅"으로 집약된다. 따라서 "하늘과 땅"이라는 용어는 세계 또는 우주로 재해석될 수 있으며 모든 생명체는 존재의 기반이 되는 이 공간에서 자신들의 생명을 유지하고 보존한다.

"태초에 하나님이 천지를 창조하시니라"(창 1:1)라는 선언적인 문장은 은유적으로나 실제적으로 모든 피조물은 물론 그 이후 전개되는 세계와 인류의 역사가 창조주의 주권적 행위임을 의미한다. 창조를 선포하는 문장인 창 1:1에서 "태초"(칠십인역 헬라어:Ἐν ἀρχῇ, En archē)의 의미는 논리적으로 창세 전을 의미한다. 신약성경에서 동일한 개념으로 예수님의 신적 선재성을 계시하는 태초의 개념은 요 1:1-2에

서 사용되고 있다: "태초에 말씀이 계시니라 이 말씀이 하나님과 함께 계셨으니 이 말씀은 곧 하나님이시니라" 등에서 복음서의 신적인 권위와 존엄의 증거로 사용되고 있다.[15]

창조주 하나님의 창조 동사인 '아사' (עָשָׂה)는 창 2:2과 출 20:11의 4번째 계명에서 하나님을 하늘과 땅을 만드신 창조주로 계시할 때 6일째 "만들고" 등의 창조 행위에 사용되고 있다. 창조의 종합성을 계시하고 정의하는 창 1:1에서 사용되고 있는 또 다른 대표적인 창조동사("창조하다")인 '바라' (בָּרָא)의 용법을 참조하는 것이 창조의 특성과 분리될 수 없는 하나의 과제다. "창조하다"의 히브리어 동사 '바라' (בָּרָא)는 무에서 유를 창조하시는 하나님의 창조행위로서 이 동사가 사용될 때에는 항상 하나님이 문장의 주어로 사용된다.[16]

구약학자 카일 델리취(Keil Delitzsch)는 창 1:1은 단순히 역사적 창조의 소제목이나 종합으로 창세기만의 표제가 아니라 창조의 역사적 총론으로 하나님은 창조의 내용물인 우주의 생성과 존재를 가능케 하신 분이시며[17] 우주 안의 모든 요소인 시간, 공간, 물질과 자연법칙(창 1-2장)을 내포하고 있다고 주석한다.[18]

카일 델리취와 다수의 언어학자와 신학자들은 우선적으로 문장의 특성으로 보아서도 창세기 1:1의 표제는 무한정의 진화를 경과한 어떤 흔적도 없는 오직 창조주 하나님의 완성된 창조임을 선언하고 있다고 간주한다.[19]

히브리서 1:2와 베드로전서 1:20에서처럼 하나님은 선재하신 그리스도를 통하여(헬: διά, dia) 세상을 창조하셨다.[20] 또한 사도 바울이 선포한 것처럼 그리스도는 하나님의 형상이며 천지를 창조하신 창조주시다(골 1:15-16). 사도 요한은 요한복음의 창을 여는 1장의 프롤로그

15 Gordon J. Wenham, *Genesis 1-15*, WBC, Word Books Publ.: Waco, Texas, 1987, 5-15.

16 Allen P. Ross, *Genesis, Bible Knowledge Commentary, Old Testament* (Ed.) John F. Walvoord and Roy B. Zuck, USA, Canada, England: Victor Books, 1989, 28.

17 Carl F. Keil und Franz Delitzsch, *Genesis und Exodus. Bd.1* Dörffling und Franke, Leipzig 1878, 8-9.

18 ibid.

에서 성육신하서서 진정한 말씀(헬: λόγος , Logos)이 되신 예수의 창조 역사를 다음과 같이 선언하고 있다(요 1:3): "만물이 그로 말미암아 지은 바 되었으니 지은 것이 하나도 그가 없이는 된 것이 없느니라." 사도 요한은 이 문장에서 '되다', '만들어지다', '발생하다'에 해당되는 헬라어 단어인 '기노마이'(γίνομαι , ginomai)를 세 번씩 강조하며 사용한다.

요한복음 1:3에서 첫 번째와 두 번째의 헬라어 동사 용법은 '기노마이'의 "아오리스트" 동사형인 ἐγένετο (egeneto)로서, 이미 과거에 완성되었음을 의미하며, 마지막 세 번째는 '기노마이'의 완료형 γέγονεν (gegonen)을 사용하여 현재 나타나 있는 모든 피조물은 그리스도(Logos)를 통해 만들어진 결과임을 강조하고 있다.[21]

만물이 그로 "말미암아(헬: διά, dia) 지은 바 되었으니"에서 전치사 "말미암아"(διά)의 방향에 따라 몇 가지의 해석학적 변수가 있을 수 있지만 세 번째 "만들어지다", "지은 바 되다"의 완료형은 이미 완성된 창조를 선포함에 틀림이 없다.[22]

즉, 예수님의 창조는 어떤 진화적 흔적이 없는 완성된 창조를 강조하고 있다.

---

19 Ralf Albrecht, "Das Ende der neueren Urkundenhypothese. Zur Einheit der Schöpfungsgeschichte der Genesis", in: *Dein Wort ist die Wahrheit*. R. Brockhaus/Brunnen: Wuppertal, 1997, 133-46; Heinz Schumacher, *Urknall und Schöpfergott*, R. Brockhaus: Wuppertal, 1991², 20-40; Henry M. Morris. *The Biblical Basis for Modern Science 6, Printing*. Baker Book House: Grand Rapids, 1988, 10-50; Werner Gitt, *Das biblische Zeugnis der Schöpfung*, Hänssler: Neuhausen, Stuttgart, 1985, 10-30; Werner Gitt, *Logos oder Chaos: Aussagen und Einwände zur Evolutionslehre sowie eine tragfähige Alternative*, Hänssler, 1980, 10-30; Werner Gitt, *In 6 Tagen vom Chaos zum Menschen. Logos oder Chaos. Woher kommt das Leben? Naturwissenschaftliche und biblische Grundfragen zur Schöpfung, Aussagen und Einwände zur Evolutionslehre*. Hänssler, 1998⁵, 10-30.

20 Donald Guthrie, *New Testament Theology*, Inter-Varsity Press: England, 1985, 79.

21 Maximilian Zerwick S. J. and Mary Grosvenor, *A Grammatical Analysis of the Greek New Testament*, Editrice Pontificio Istituto Biblico, Roma 1988, 285; Fritz Rienecker, *Sprachlicher Schlüssel zum Griechischen Neuen Testament*, Brunnen Giessen/Basel, 1970, 195.

22 Rudolf Schnackenburg, *Das Johannes Evangelium 1, Teil, Einleitung und Kommentar zu Kap 1-4*, Herder, Freiburg, 1981, 209-17.

3.3. 하나님이 말씀하시다

하나님의 창조 행위에서 중대한 구문론적인 특성인 "하나님이 말씀하시기를"의 특성을 검토 종합하고자 한다. 창세기 1장 3절: 하나님(엘로힘, אלהים)이 "말씀하심으로"(요메르, יאמר) 빛을 창조하신다.[23]

히브리서 11장 3절에서 확증하고 있는 것처럼 "하나님의 말씀으로 세상이 창조되었다"는 하나님의 표면적인 창조의 방법은 문자적으로는 "가라사대" 또는 "말씀하시기를"이다. "하나님이 말씀하시기를"은 문자적으로나 구문론적으로 분석할 때 당연히 말씀하시는 분이 주어가 된다. 여기서 말씀하시는 분은 창조주 야훼 하나님이시다. 이처럼 단순한 표현은 오직 창조주만 하시는 표현으로서 창세기 1장에서는, 사람이나 살아 있는 생명체의 대상을 향해서가 아니라, 그 말씀이 어떤 형태였든지 창조주께서 무를 향해 창조적 명령을 하시는 특수한 표현이다. 이는 창세기 1장 3절에서 하나님의 창조행위로서 주권적인 창조의 방법과 의지로 표현되는 것 외에도 "하나님이 말씀하여", "가라사대"의 용법은 하나님의 주권적 권위로서 그리고 오류가 없는 신적인 말씀의 원천으로서 이해되어 구약의 선지자들이 "하나님이/여호와가/주께서 말씀하시기를"이라는 형태로 3800번이나 사용하는 구문이다.[24]

이 사실이 창세기 1장 1절 이후에 계속되는 창조역사인 1장의 3, 6, 9, 11, 14, 20, 24절에서 "하나님이 말씀하시기를" 통해서 재확인되고 있다. 이 사실은 모든 피조물은 창조주 하나님의 주권적 계획에 따라 하나님 중심적이며, 아울러 모든 신구약 성경은 구문론적으로도 하나님 중심적이다.[25] 이처럼 창조주 하나님의 창조행위로서 10번

---

23 한글 개역개정역에는 "하나님이 이르시되"로, 한글 개역에는 "하나님이 가라사대"로 번역하고 있다. 이 모든 번역들은 "하나님이 말씀하시기를"이라는 번역의 한 형태다. 필자는 본문의 명확한 전달을 위해서 "하나님이 말씀하시기를"을 사용하고자 한다. 참고로, 대다수의 영문 성경은 "하나님이 말씀하시기를"이라는 의미에서 "God said"로 번역하고 있다.

24 A. v. Almassy, *Die Die Apokryphen-Gottes Wort? Zusammenfassung eines Kurzreferats von Rudolf Briem*, Bibel und Gemeinde. Bibelbund 2/84, 201-03.

25 Ibid., 14.

씩 반복하셨던 "말씀하시기를"은 창조주의 창조를 이루시는 주권적 의지이자 동시에 피조 세계에 유기물 생성에 정보를 주서서 생물체를 생성하게 하시는 창조주의 창조 행위가 "말씀하시기를"로 뚜렷이 명시되고 있다.

4. 창조의 속성으로 창조의 이해

4.1. 창조 속성의 이해 필요성

오늘날의 과학이나 인간의 지성과 이성에 따른 이해로는 성경의 창조는 물론 인류의 영원한 질문인 우주의 기원과 생명체의 기원에 관한 답을 찾지 못한다. 문제는 창조 당시의 창조주의 창조 행위를 결정 짓는 창조의 속성을 간과하고 인간의 지성과 이성의 기준에 따라 판단하기 때문이다. 창조성의 관점에서 창조를 이해함이 우주적 인식의 결정적 열쇠를 제공한다. 이 점에서 몇 가지 창조적 속성의 예를 검토하고자 한다.

4.2. 태양과 별들의 창조

창조성의 관점에서 창조를 이해하기 위한 하나의 예로서 넷째 날 광명(태양과 별들)의 창조와 지구의 조명 관계를 살피고자 한다.

창세기 1장에서 넷째 날의 창조를 다음과 같이 기록하고 있다(창 1:16-19) "하나님이 두 큰 광명체를 만드사 큰 광명체로 낮을 주관하게 하시고 작은 광명체로 밤을 주관하게 하시며 또 별들을 만드시고 하나님이 그것들을 하늘의 궁창에 두어 땅을 비추게 하시며 낮과 밤을 주관하게 하시고 빛과 어둠을 나뉘게 하시니 하나님이 보시기에 좋았더라. 저녁이 되고 아침이 되니 이는 넷째 날이니라."

하나님은 빛의 창조를 우선시함으로써 시간적 요소가 공간적 요소에 앞서게 하시고, 그다음은 초목(1:11-13), 천체계(1:14-19), 동물(1:20-25), 사람(1:26)의 순으로 창조하셨음을 이미 확인한 바 있다. 그렇다면 첫째 날의 빛과 넷째 날의 별의 창조는 어떤 조화를 이루고 있었는지 숙고하고자 한다.

별의 창조는 과학이 발달한 오늘날의 천문학과 비교할 때 성경을 진리로 신실히 믿고 순종하는 백성들에게도 많은 생각을 요구하는 주제 중에 하나다. 창조를 설명하는 학자들의 모델도 다양하다. 그러나 단순히 창조의 기록과 현실적인 우주의 실제 사이에 발생하는 모순을 해결하는 것이 아니라 창조의 속성을 이해하는 것이 창조 역사를 바로 이해할 수 있는 열쇠가 된다. 즉, 창조 당시의 시각으로 이해하기 위해서 창세기 본문에서 사용된 개념에 대한 주의 깊은 이해와 함께 몇 가지 사항을 전제로 해야 한다.

빛의 창조와 관련한 근본적인 이해 중의 하나는 물체 A와 B 사이의 간격은 반드시 시간의 간격이 아니라는 사실이다.[26] 오늘까지 과학적 관측을 통해 증거하는 바에 의하면(실제로 정확한 근거가 있다면) 지구에서 가장 멀리 위치한 별인 아이카러스(Icarus: MACS J1149 Lensed Star 1)의 빛이 사람이 관측할 수 있는 지구까지 도착하는 데 90억 광년이 걸린다고 한다.[27] 1광년이란 빛의 속도(초당 10만 킬로미터)로 1년 동안 빛이 오는 시간이다. 이러한 우주의 구조에서 오늘의 과학으로 계산한다면 아이카러스의 원거리의 별은 적어도 지구보다 90억 년 이전에 존재했어야 하거나 지구도 그와 동일한 시간의 범주에서 존재했어야 한다.

다른 한편으론 우리 태양계의 태양을 제외한 지구에서 가장 가까운 별인 알파-센타우리(a-Centauri/Proxima-Centauri)의 빛이 지구에까지 도착하는 데 4.3광년이 걸린다. 그리고 그다음 가까운 버나드의 다

---

26 Werner Gitt, *Fragen an den Anfang: Die Logik der Schöpfung*, 48.
27 Photo of NASA, ESA. P. Kelly University of Minnesota; Icarus는 지구에서 50억 광년 떨어져 있으며 지구와 Icarus 사이에 위치하고 있는 은하단의 중력 렌즈를 통하여 발견한 지구에서 90억 광년 떨어진 가장 먼 곳의 별이다.

트 별(barnard's dart star)은 5.9광년이 소요된다. 그렇다면 지구가 형성되고 나서(진화에 따라 지구가 형성되었다 할지라도) 지구는 적어도 4.3광년 동안은 칠흑 같은 어둠에 있어야 했다. 이런 지구를 상상할 수가 없다.

이러한 문제점을 성경적으로 이해하는 데 있어서, 이제 우리는 오늘날의 구조에서 물리적 관찰에 의한 사고가 아닌 창조 당시 하나님의 창조의 속성과 지혜의 시각에서 이해할 수 있어야 한다. 이 시각은 결코 단순히 성경과 실제적인 모순을 해결하기 위한 하나의 기술적인 옵션이 아니다. 하나님은 하늘의 별의 창조와 동시에 아담이 자신의 위치인 지구에서 별빛을 볼 수 있도록 창조하셨기 때문이다. 이로써 아담은 지구에서 가장 가까운 별인 알파-Centauri의 빛이 지구에 도달할 때까지 4.3광년을 기다릴 필요가 없었고 그동안 흑암에 살지 않았다.[28]

넷째 날 광명을 창조하기 이전인 처음 3일간의 날, 낮과 밤의 구성을 위해, 태양은 필수적으로 필요하지 않고 날의 단위를 위해서는 빛과 회전하는 지구가 필요하다. 하나님이 첫 날에 빛을 창조하신(창 1:3) 후에 "밤이 되고 낮이 되니"라고 하신 표현은 회전하는 땅(지구)을 포함하고 있어야 한다.[29]

이때 한 방향에서 오는 빛이 있고 지구가 회전한다면 낮과 밤은 이루어진다. 어디서 빛이 오는지는 기록되지 않았지만, 던 바튼(Don Batten)은 주석하기를 "창세기 1:3의 창조된 빛이 넷째 날 하나님이 태양을 만드실 때까지(창 1:16) 낮과 밤을 이루게 함을 명시하고 있다"라고 한다.[30]

던 바튼은 창조주 하나님의 창조가 아닌 이방인들의 토속종교 사상과 같은 진화론자들의 태양 생성에 관하여 코멘트하기를, 지구는

28 Werner Gitt, *Fragen, Die immer wieder gestellt werden*. 47-50.
29 Don Batten (Hrsg.), a.a.O., 47.
30 Ibid.

우주폭발로 형성된 그래서 이미 존재하고 있는 태양으로부터 생성되었다고 할 때 이는 사실상 태양숭배 사상과 일치한다고 간주한다. 일본에서 이집트까지 그리고 라틴의 남미 토속 종교들처럼 태양신을 섬기는 것으로써 이방인들이 태양을 생명의 근원으로 여기는 것과 본질적으로는 동일하다는 견해다.

안디옥의 데오빌로(183년 사망) 감독은 훗날 사람들이 성경적인 우주의 기원을 부인하면서 지구는 태양으로부터 생성되었다고 주장하는 때가 오리라 예견했으니 그의 통찰력이 놀랍다. 그는 말하기를[31] "제4일째 태양이 창조되었다. 하나님은 철학자와 학자들이 창조주 하나님을 제거하기 위하여 지구는 별(태양)로부터 생성되었다고 주장하게 될 파괴적인 사상을 아셨다. 그러므로 (성경적) 진리를 입증하기 위해 식물과 그 씨앗들은 태양 이전에 지음을 받았다. 이로써 나중에 존재하게 된 것은 먼저 존재하던 것을 생성시킬 수 없다." 그러나 창세기의 넷째 날 창조처럼 하나님은 지구를 태양보다 이전에 만드셨고 태양신이 아니라(신 4:19), 도움의 근원이신, 태양을 만드신 하나님을 경배하도록 하셨음을 가리킨다(시 121).[32]

4.3. 사람(아담)의 창조와 그 우월성

창조주 하나님은 온전을 향한 단계적이며 점진적으로 "각기 종류대로"(10번씩 반복) 창조하시고 마지막에, 마치 창조의 면류관처럼, 인간을 당신의 "형상"(selem, צֶלֶם)대로 만드셨다. 창조주 하나님은 인간을 당신의 형상대로 만드심으로 모든 창조를 완성하셨다. 창세기 1:26은 지금까지 창조역사 중에서 가장 독특한 표현으로서, "우리가 … 사람을 만들자"라는 창조주의 인간 창조계획을 설명하는 인상적인 문체가 사용되고 있다. 이 사실은 창조주는 인간의 창조를 신중하게 계획하셨다는 의미이기도 하다. 그 후 창세기 2장 7절에 "여호와

---

31 인용 from Theophilus,"*To Autolycus*", 2.8, Oxford Early Christian Texts. Lavallee, L., 1986, *The early church defended creation science*. Impact, Nr. 160, S. ii.
32 Ibid., 48.

하나님이 땅의 흙으로 사람을 지으시고 생기를 그 코에 불어넣으시니 사람이 생령이 되니라"로 부연적인 설명을 하고 있다.

창조주가 계획하시고 실행하신 인간 창조 행위에 관해 물리학자이며 신학자인 기트(Werner Gitt) 박사는 어떤 사람이 자신처럼, 엔지니어링 사고에서, 창조주의 인간 창조계획과 과정을 살펴보면 실로 기뻐할 수 있다고 한다. "이는 창 1장 26절과 부연 설명이 있는 창 2장 7절을 통해서 다음과 같은 단계를 발견하기 때문이다: 1차는 계획, 2차는 실행, 3차는 결과이기 때문이다."[33]

하나님은 물질인 흙(아다마, Adamah)으로 사람(아담, אָדָם)[34]의 육체를 만드시고 비물질인 "생기"(히브리어: "니스마트"[niš·mat, נִשְׁמַת])를 넣으셔서 사람(Adam)을 살아 있는 영적인 존재인 "생령"(히브리어: "네페쉬"[nepesh, נֶפֶשׁ])가 되게 하셨다(창 2:7). 히브리어 단어 "네페쉬"(nepesh, '생령')의 용법에서 인간의 영혼과 삶 전체를 의미하지만, 사람의 육체의 부분(목, 목구멍)을 의미하기도 한다는 연구 결과를 발표한 볼프(H. W. Wolf) 박사는 사람과 관련된 네페쉬 단어의 특별한 용법을 상기시킨다.[35]

실제로 창조의 구조에 따라서는 오직 짐승과 사람만이 숨쉬는 생명체다. 이들에게는 실제로 숨쉼이 있다(창 2:7; 7:21f.). 다른 한편으로는 생명체(Living Being)를 히브리어 단어로 "숨쉬는 존재"(Breath Being)라 정의했다. 이때 물고기는 숨쉬는 존재가 아니라 다만 "살아 있는 존재"다(창 1:20f.; 24:9, 10, 12, 15f.).

진화론의 주장처럼 인간은 영구한 시간의 흐름을 따라 물리화학으로 발전된 최종 작품이 아니며, 창조주이신 하나님의 형상대로[36] 일

---

33 Werner Gitt, *Am Anfang war das Urknall?* CLV, Bilefeld, 46-47.

34 사람(히: 아담)은 고유명사로서 최초의 인간 그리고 일반명사, 군집명사로서 사람 또는 인류를 의미함.

35 H. W. Wolf, *Anthropologie des Alten Testaments*, München, 1973, 25-48.

36 인간의 하나님의 형상의 대표적인 의미로서 하나님과 동거하는 자 그리고 하나님의 피조물을 한정된 범위 내에서 피조물의 창조주이시고 소유자이신 하나님의 영광을 위하여(다른 표현으로 선한 "청지기") 관리하는 하나님의 대권자다. 이는 바울 사도가 감독을 하나님의 청지기(헬라어 Oikonomos)라고 하는 것과 같은 맥락이다(딛 1:7; 벧전 4:10).

회적으로 창조되었음이 이 점에서도 밝혀진다. 실로 인간은 물리와 화학의 합성적 존재가 아니라 하나님의 형상으로 지음 받은 영, 혼, 육(살전 5:23)의 존재로서 본질과 가치에서 모든 피조물 그리고 동물들과 구별되는 창조주에 가장 근접하는 최고의 피조물이다.[37]

인간의 창조 본질인 하나님의 형상 자체가 인간의 본질적 존엄과 가치이며 이는 침범할 수 없는 신적인 존재다.[38]

인간의 본질인 "하나님의 형상"을 존 칼빈은 우선 영적인 면에서 인간의 능력인 지성과 의지를 가리키며, 인간의 타락 후에 하나님의 형상이 그리스도 안에서 새롭게 회복되는 것을 말한다(골 3:10).[39] 존 칼빈의 이해와 유사하게 신학자 휴즈(Philip E. Hughes)는 신약성경을 통해서 하나님의 형상을 정의한다. 하나님의 형상이 그리스도 안에서 새롭게 회복되어 그리스도 안에서 하나님의 자녀로 세워지는 것이다.[40] 창조주의 목적과 계획이 있으신 인간 창조를 통해서, 그를 창조주의 대권자로서(창 2:4b ff.),[41] 동시에 하나님의 창조세계를 관리하는 청지기로서[42] 우리 각 사람은 시편기자처럼 하나님의 계획과 뜻에 따라 존재하고 목적을 향한 삶에 감사할 수가 있다. 이런 관점에서 하나님의 형상대로 지음 받은 인간은 창조주되신 하나님께 반응하고 순종하며 경배해야 할 존재다.[43]

진화 과정에서 필연적으로 증명되어야 할 중간 연속화석의 존재 여부 외에도, 아메바에서 방향과 목적없이 무작위적으로 고등 동물로 진화한 인간은 결국 물리와 화학의 조합이라는 결론에 이르는 논리가

37 Werner Gitt, *Faszination Mensch*, 3 Auflage, 2016, CLV (Christliche Literatur-Verbreitung), Bielefeld, 91-97; Werner Gitt, *So steh's geschrieben*, a.a.O., 209.

38 Eduard Böhl, *Dogmatik, Hänssler*: Neuhausen, Stuttgart, 1995, 165-76.

39 Johannes Calvin, *Unterricht in der Christlichen Religion*, a.a.O., 94-102.

40 Hughes versucht das Ebenbild Gottes aus der Sicht vom Neuen Testament zu erläutern. Philip Edgcumbe Hughes. *The True Image: The Origin and Destiny of Man in Christ*, Eerdmans: Grand Rapids, 1989, 25-50.

41 Gordon J. Wenham, *Genesis 1-15*, a.a. O., 29-32; Erich Lubahn, *Heilsgeschichtliche Theologie und Verkündigung*, Christliches Verlagshaus Stuttgart, 1988, 38.

42 Erich Lubahn, *Heilsgeschichtliche Theologie*, a. a. O. 38.

43 Don Batten (Hrsg.), a.a.O., 59-60.

바로 진화론이다. 이와 같은 진화론은 일종의 신화적이며 극히 비과학적이다. 진화론 학자들이 비난하는 성경이야말로 진정한 의미에서 과학적이다.

아담이 어떤 짐승(호모 에렉투스, 호미니든)으로부터 발전된 고등동물이 아니라는 사실을 하나님의 창조의 속성에서 혼돈 없이 발견할 수 있다. 이로써 아담과 하와는 각각 동물이 새끼 때부터 자라면서 사람이 되고 어느 날 서로 만난 우연의 커플이 아니다. 이들은 처음부터 이성적 판단의 능력과 사회적 책임이 겸비된 한 부부로서 지음을 받았다. 언어적인 면에서도 동일하다.

언어학자이자 신학자인 로저 리비(Roger Liebi) 박사가 2007년 독어판『언어의 출처와 발전』(Herrkunft und Entwicklung der Sprache)에서 21개의 실증 또는 문헌을 포함하여 2007년 당시 세계의 언어를 지방 사투리가 아닌 독립된 음성 언어 6900종을 대상으로 연구한 결과를 발표했다. 리비 박사는 인간의 언어와 짐승의 언어적 구조 사이에 동질성이 없는 것을 재확인했다.[44] 이처럼 아담의 초기 언어는 짐승같은 원시적인 단음절이 아니라 부부끼리 그리고 하나님과 대화가 가능한 언어였다는 점이다. 인간은 진화의 시간에 따라 진화적 단계를 거치면서 비로소 인격적 성숙, 사회적 존재로서 태도, 이성적 판단과 그에 따른 책임, 그리고 언어적 발전을 이룬 것이 아니라 일회적으로 완성된 하나님의 창조물이었다.

창조 당시의 온전했던 영적인 그리고 육체적 기능을 상실한 오늘날의 사람의 기능만도 실로 감탄을 금치 못한다. 사람의 뇌신경의 정보처리는 그 방법과 범위에 있어서 실로 상상을 불허한다. 1초에 10의 18승(10^{18}, 1Trillion) 산술연산(arithmetic operations)으로 계산할 수 있다. 이 속도는 2003년 당시까지 세계에서 가장 속도가 빠른 슈퍼 컴퓨터 정보 처리 능력의 1억배가 된다.[45] 이 같은 하나님의 사람 창조

---

44 Roger Liebi, *Herrkunft und Entwicklung der Sprache, Linguistik contra Evolution*, Hänssler, Holzhausen, 2007, 200-300.
45 Werner Gitt, *Faszination Mensnch*, a.a.O., 80.

의 근본적인 이해는 창조주의 창조의 행위에 속하는 창조의 속성을 이해할 때만 가능하다.

4.4. 아담의 아내(하와)의 창조

하나님은 사람을 만드시되 남자와 여자로 만드셨다. 남자가 창조 된 후 그의 갈비뼈에서 여자를 독립적으로 만드셔서 남자를 "돕는 배 필"로 주셨다(창 2:18, 21-22; 딤전 2:13). 그 후 아담이 여자를 향해 "뼈 중의 뼈요…"라고 고백한 것은 창조적인 인식에서 기인한 것이다. 여 기서 "돕는 배필"의 속성을 살피고자 한다. 돕는 배필이란 남편인 아 담에게 있어도 되고 없어도 되는 한 도우미 정도가 아니고, 아무나 할 수 없는 신적인 도움으로 바로 창조주만이 도울 수 있는 도움이다. 즉, 여자인 아내가 무엇을 행하기 전에 존재 자체로서 '독처'(창 2:18) 하는 남편에게 '도움'이며 아내가 아니고서는 남편인 아담을 도울 수 없는 기능이다. 나아가 아담 자신은 생물학적으로는 온전하지만 사회 적인 면과 하나의 피조세계에서 대권자와 관리자로서 인간의 특별한 역할과 그리고 "생육하고 번성하여 땅에 충만하라"(창 1:28)는 하나님 목적과 약속에는 '돕는' 배필이 반드시 필요했던 것이다.

이 '돕는' 배필로서 아내인 하와가 창조주로부터 기원된 것 자체 그리고 그가 아담의 배필로서 기능을 하는 사실이 히브리어의 '도움' 에 해당하는 명사 '에제르'(ezer, עֵזֶר)의 개념이다. 여기엔 신적인 도 움이 이미 포함되어 있다. 단어 '에제르'가 명사로 구약성경에서 모 두 11회 여호와 하나님이 사람을 도우시는 분이라고 할 때 사용되고 있다. 그리고 동사 '아자르'('āzar)는 동사 변형을 포함하여 구약 내 에서 모두 80여 회 사용된다.

이 사실은 아담의 아내인 하와가 어떤 동물 조상으로부터 무구한 시간을 거쳐 진화한 존재가 아님을 명백히 증거한다. 하와는 아담이 동물에서 진화할 때 같은 장소에서 진화된 존재도 아니며, 또는 서로 다른 곳인 아프리카누스 피테쿠수(Africanus Pithecus)나 오스트랄로 피테쿠스(Australopithecus africanus)에서 진화된 후 어떤 장소에서 우연히 만난 것도 아니라 설계자이신 창조주 하나님의 주권적 의지와 비전을 따라 창조되고 거룩한 부부로 세워졌다. 이 사실 역시 오늘날 과학만을 최종적인 증거로 확증하는 인간의 이성적 기준이 아닌, 창조의 본질적 관점에서 바르게 이해할 수 있다.

5. 지구연대에 관한 고찰과 방사성 탄소(14C) 연대측정의 한계

피조물 창조를 포함하여 젊은 지구의 추정은 많은 화석이 잘 보존된 부드러운 부분을 가지고 있다는 사실에도 의미가 있다. 이러한 화석이 존재하려면 주변 퇴적물의 빠른 침강과 경화가 필요하다. 예를 들어 협곡은, 자연재해에 의한 사건에서 형성된 여러 지질학적 지층과 협곡은 "천천히 그리고 점진적"으로 오랫동안 형성되었다는 사고가 큰 오류임을 나타낸다.[46]

변수의 오차는 있지만, 과학자의 시각에 따라 현존하는 다수의 증거들이 비교적 젊은 지구와 우주에 대한 성경적 창조의 지수가 될 수 있음을 시사한다. 그 예는 다음과 같다. 지구연대 1만 년 이하를 암시하는 빠른 고자기 역전을 포함한 지구 자기장(Magnetic Field)의 붕괴에 근접한 급격한 감소다. 그리고 수백만 년 전으로 알려졌으나 실제로는 화석의 섬세한 유기 분자, 지구 대기권의 너무 적은 양의 헬륨이다. 나아가 바닷물의 너무 적은 양의 소금, 탄소-14, 수백만 년 전으로 알려진 석탄과 석유의 탄소의 불일치이며, 수백만 년의 지표라고 알려진 여러 지질학적 지층에 걸쳐 있는 다지층 화석의 "단계를 벗어난" 지질학적 지층, 그리고 극소수의 초신성 잔해와 "차가운" 행성의

---

46 Don Batten (Hrsg.), a.a.O., 40-46.
47 Humphreys, D.R., *Evidence for a Young World*, Creation 13(3): 1991, 46-50; Don Batten (Hrsg.), a.a.O., 67, 89-90.

자기장, 나선 은하계(Spiral Galaxy)의 구조 등을 열거할 수 있겠다.[47]

창조된 지구와 생명의 과거의 경과 시간을 직접적으로 측정할 수 있는 가능성이 제한되어 있다. 따라서 지구의 고령과 저연령에 대한 모든 주장은 필연적으로 간접적이며 상대적이고, 절대적인 기반을 둔 가정에 동의하는지의 여부에 따라 의존된다. 그럼에도 불구하고 다양한 자연물적인 증거들이 젊은 지구를 지향하고 있다는 사실이다.

오늘날 실행되는 방사성 탄소(14C) 연대측정 방법은 과학적인 몇 가지의 보안 요소들이 필요하다. 그럼에도 불구하고 과학적인 차원에서 종합한다면, 더구나 붕괴 물질의 초기 형성 당시 얼마나 많은 불안정한 원자가 존재했었는지를 알 수 없는 큰 미지수를 포함하여, 탄소 연대측정 방법은 수천 년 동안에만 적합하다는 점이 정직한 과학자들의 보편적 견해다.[48]

물리학자인 바움가르트(Baumgart) 박사는 연대 측정시 어떤 측정법이냐에 따라서 결과에 큰 변수가 발생하지만, 오늘날 시행되고 있는 연대 측정의 모순을 다음과 같이 종합한다.[49]

미국과 러시아에서 화산석(용암 등)의 고도의 측정 방법에 따른 결과는 1억 년에서 84억 년이다. 최근 화산의 용암 측정 결과 실제로는 70년 이내였으나, 연대 측정으로서는 27만 년에서 350만 년이 되었다. 하와이의 화산은 실제는 1800년에서 1년 후인 1801년에 측정했지만 측정 결과는 1억 6천만 년에서 28억 9천만 년의 연대가 된다. 그리고 고속도로 주변의 들풀의 연대는 항상 몇 백만 년으로 측정된다. 이처럼 연대 측정에서 생명체의 실제 연령보다 큰 변수가 발생하는 모순을 알 수 있다.

바움가르트 박사는 계속해서 방사선 동위원소 측정(방사선 탄소 측정)의 난점을 지적한다. "방사선 동위원소(eingesetzten Radioisotope)

48 Don Batten, a.a.O., 75-79.
49 Baumgart 박사의 강의 페이퍼 (2020, 6): *Nachmessung moderner vulkanischer Steine*, USA u. UdSSR: "100 Mio bis 8,4 Mrd Jahre … Bei gleichzeitigem Vulkanismus (Aufbrechen der Erdkruste) werden alle Daten verfälscht."

는 견고한 형체 자체보다는 물에 쉽게 분해되며, 물 안에서(노아홍수 같은 현상시)는 더욱 급속히 소멸된다. 이로 인해서 (연대 측정치의 수치는) 실제 연대보다 더욱 많아진다는 현상이다. 그리고 고대에는 수증기의 접촉으로 공기 중에서 방사선 탄소(14C) 생산량이 오늘날의 현상보다 훨씬 미세했다."[50]

자연과학자이며 신학자인 호스트 벡(H. W. Beck)은 그의 창세기 『인간의 최대 원칙』(maximales anthropisches Prinzip)의 연구에서 "인간 없이는 역사가 없다"는 자극적인 결론을 선언한다. 그 이유는 고대역사(원역사, 태고역사) 시대의 성격에 따르면 역사는 성별 세대 계승의 구조와 연결되어 있기 때문이라고 한다. 벡 박사는 자신의 진의를 명확히 하기 위해서 역으로 다음과 같이 질문을 한다. "하나님은 인간 없이 수십억 년 동안 지속되는 우주역사를 만드시고 경영하셨을까?"라는 것이다. 위의 연구에서 벡 박사는 우주의 기원은 진화론의 가설을 당연히 배제하고, 또한 유신적 진화론도 배제하며, 우주와 모든 생태계의 창조는 사람의 창조와 더불어 젊은 지구연대라는 결론에 이른다.[51]

6. 창조와 신약성경 그리고 예수 그리스도의 복음의 연관성과 통일성

6.1. 아담의 언약 파괴와 인류의 탄식

하나님의 창조세계에서 알 수 있었듯이 창조는 통일성과 동시에 다양성을 포함하고 또 다시 다양성은 통일성을 이루는 조화였다. 이

---

50 Die eingesetzten Radioisotope sind stärker wasserlöslich als ihre stabilen Formen: bei Formung unter Wasser (Sintflut) daher schneller weg (-> älter). Die C14-Produktion war in der "alten Welt" durch die Wasserdampfh?lle wesentlich geringer als heute).

51 H. W. Beck, *Genesis*, Neuhausen, 1983, 33; H. W. Beck, *Christlicher Schöpfungsglauben im Kontext der heutigen Wissenschaft*, Weilheim, 1933, 40f.

창조 세계의 조화 가운데서 가장 우월하게 하나님의 형상대로 지음 받아 하나님의 대권자로 그리고 창조세계의 청지기로 세움 받은 사람에게는 생명과 평강의 자유가 보장되어 있었다. 그러나 그 자유가 사람의 생명과 평강을 그리고 창조의 조화를 손상시킬 위험성 앞에서는 경계선이 있었다. 이를 위해서 사람은 모든 실과는 먹을 수 있었으나 선악을 알게 하는 실과는 먹을 수 없는 제한이 있었다.[52]

창 2:17에서 하나님은 아담을 경고하실 때 선악을 알게 하는 실과를 먹으면 "정녕 죽으리라" 하셨다. '정녕'이란 히브리어는 무트 (muth, מוּת)로서 부사적인 용법으로는 '반드시', '결코'와 같다. 뱀 (사단)도 하와에게 동일한 단어를 부사형으로 사용하여 '반드시', '결코'(무트: muth, מוּת) 죽지 않는다고 하나님의 계명을 왜곡시킨다 (창 3:4).

하나님은 아담에게 삶의 자리였던 에덴에서 그들에게 보장된 자유와 한계의 조화에 따라 모든 실과를 먹게 하시되 선악을 알게 하는 실과를 금하시고, 만일 먹으면 "정녕 죽으리라" 경고하셨다(창 2:17). 하나님은 창조를 완성하신 후 자신의 형상을 따라 만드신 아담에게 하나님의 대권자로서 그리고 창조세계의 청지기로서 사명을 주셨다. 이 사실이 아담에게 동물의 이름을 짓게 한 사실로도 증명된다. 동물의 이름을 지었다는 사실은 적어도 모든 동물의 세계는 아담의 권위 하에 있었다는 사실이다. 아담이 받은 모든 사명은 하나님과 아담 사이에 맺어진 일종의 언약적인 성격이 있다. 그러나 아담은 하와와 함께 하나님의 말씀을 혼미케 하는 뱀의 "너희가 결코('반드시', מוּת) 죽지 아니하리라"(창 3:4)는 미혹에 따라 하나님의 계명을 어기고 하나님과의 언약을 파괴했다. 이때 여자는 하나님께 "뱀이 나를 꾀므로 내가 먹었나이다"라고 변명한다(창 3:13).

사도 바울은 아담과 하와의 범죄를 역사적 사건으로 인정하며 이를 교훈 삼아 고린도교회가 진리를 거짓되게 하는 미혹의 영과 가르

---

52 Thomas Schirrmacher, *Der Römerbrief, 2, Bd.* VTR, Nürnberg 2001, 198.

침에 대하여 깨어 있도록, 즉 사단의 미혹을 강력히 경고하고 있다(고 후 11:3).

아담이 뱀의 유혹을 따라 행한 것은 권위적인 면에서는 순종의 현상이다. 즉 아담이 뱀에게 순종한 것이다. 이처럼 언약(브릿, **בְּרִית**)을 어긴 아담에게 하나님은 "먹지 말라"는 언약의 규정과 "정녕(반드시) 죽으리라"에 따라 아담 자신과 그의 후손에게 미치는 심판을 하셨다. 이 비참한 현상을 하나님은 호세아 선지자에게 아담이 '언약'을 파괴했다는 역사적 실례를 통해 이스라엘 백성을 교훈하셨다(호 6:7). 아담이 지음 받은 후 몇 천 년이 지났지만 아담은 호세아(주전 7백 년경)에게 역사적인 인물이었으며 아담의 범죄의 결과는 호세아 시대까지 지속되고 있었음을 알 수 있다.

하나님은 '정녕', '반드시'의 금령을 어기면서 언약을 파괴한 아담에게 언약대로 범법 후에 집행되는 합법적인 벌을 내리셨다.[53] 하나님은 주권적인 뜻과 의에 불순종하는 아담을 심판하셔서 육체적인 죽음을 선언하시고 생명 나무가 있는 에덴에서 추방시키셨다(창 3:22-24).

노아의 아버지인 라멕이 여호와께서 땅을 저주하셨음으로 쉼과 위로를 받고자 아들의 이름을 "노아"라 했다(창 5:28-29). 이는 당대 인류의 내적 삶의 상태를 밝히는 것이다. 즉, 아담의 10대 후손의 세대까지도 인류는 여전히 탄식하는 고난의 삶을 살았고, 오늘에 이르기까지 탄식의 삶이 지속됨을 누구도 부인할 수 없다(롬 8:19-23; 고후 5:1-4). 창세기 5장은 아담부터 노아까지의 계보다. 창 5:28-29에서 "노아"라는 이름이 최초로 나타난다. 일반적으로 자녀의 작명은 부모가 자녀를 위해서 자녀의 복된 생애를 바라면서 한다. 그러나 노아는 그의 아버지인 라멕이 아들인 노아를 위해서가 아니라 자신을 위해서 작명을 했다: "라멕은 182세에 아들을 낳고 이름을 노아라 하여

---

53 H. H. Klement, *Mensch und Sünde in der Urgeschichte*, in R. Hille & H. H. Klement (Hg): *Ein Mensch-Was ist das?* Wuppertal: R. Brockhaus, 2004, 60-88.

가로되 여호와께서 땅을 저주하셨음으로 수고로이 일하는 우리를 이 아들이 안위하리라" 했다.

'노아' (noʻach/נ֫חַ)의 히브리어의 의미는 위로와 쉼을 뜻한다. 라멕과 노아는 아담 이후부터 자신이 살던 시대까지의 삶의 고통의 원인을 익히 알고 있었음이 분명하다. 바로 "여호와께서 땅을 저주하셨음으로 수고로이 일하는" 삶이었다. 저주받은 땅의 고통은 땅 위에 사는 아담과 후손의 고통임이 경험된 사실이다. "수고로이 일하는" 삶은 단어적으로나 내용적으로 창 3장 17절과 일치한다. 너무나 정밀한 역사다.

노아 시대보다 수천 년 후인 사도시대의 사람인 바울은 현실적인 하나님의 저주의 심판이 모든 피조물과 심지어 구원받은 하나님의 자녀들에게까지 고통을 주는 '탄식'으로 정의하며,[54] 아울러 그리스도의 복음을 통한 종말론적인 자유를 선포한다(롬 8:18-23).

"생각하건대 현재의 고난은 장차 우리에게 나타날 영광과 비교할 수 없도다. 피조물이 고대하는 바는 하나님의 아들들이 나타나는 것이니 피조물이 허무한 데 굴복하는 것은 자기 뜻이 아니요 오직 굴복하게 하시는 이로 말미암음이라. 그 바라는 것은 피조물도 썩어짐의 종 노릇한 데서 해방되어 하나님의 자녀들의 영광의 자유에 이르는 것이니라. 피조물이 다 이제까지 함께 탄식하며 함께 고통을 겪고 있는 것을 우리가 아느니라. 그뿐 아니라 또한 우리 곧 성령의 처음 익은 열매를 받은 우리까지도 속으로 탄식하여 양자될 것 곧 우리 몸의 속량을 기다리느니라."

'탄식'이란 단어적으로 산모의 출산의 고통으로 창 3장 이후 육체를 지닌 사람이 갖는 최고의 고통을 묘사하며 성경에서 약 44회 사용된다. 모든 구원받은 하나님의 자녀들도 이 땅에서는 탄식한다. 이처럼 고린도교회 성도들도 탄식에서 예외가 아님을 사도는 알리면서, 장차 있을 부활의 영광까지 인내하며 이 땅에서 사명을 감당할 필요

---

54 Ham, Ken, *The Lie: Evolution*, a.a.O., 71-82.

성과 가치를 교훈한다(고후 5:1-4).

하나님의 창조의 범주 안에 포함된 아담의 창조, 그의 불순종과 타락 그리고 이로 인한 아담과 그의 직계 아들 가인을 포함하여 노아 시대까지 후손들에게 임한 저주의 심판은 하나님이 약속하시고 구속사를 경영하신 "여인의 후손"을 통한 인류 구원의 필연성에 부합된다.

6.2. 여인의 후손 예수 그리스도를 통한 인류 구원 역사

하나님과의 언약을 어기고 사단의 권위에 순종하여 그의 종이 된 인간의 범죄에 대한 하나님의 심판은 "정녕 죽으리라"(창 2:17)이다. 하나님은 아담이 사는 삶의 자리인 이 땅을 저주하시고(창 3:11) 아담에게 "네가 얼굴에 땀이 흘러야 식물을 먹고 필경 … 너는 흙이니 흙으로 돌아가라"(창 3:19). 고통이 수반된 삶을 법적으로 선언하셨던 창조주의 심판적 결과다. 땅이 아담의 범죄로 인하여 저주를 받은 결과는 아담이 사는 자연과 함께 내외적인 모든 주변환경을 포함한다. 이 심판의 결과가 이미 하나님의 심판에 포함되어 있다. "너는 네 평생에 수고하여야 그 소산을 먹으리라"(17b).

하나님의 이 저주는 결국 아담에게 임하는 저주였다는 사실이 그의 자손들로 인한 가정의 비극에서부터 시작되었다. 아담은 자신의 직계에게까지 임한 저주의 결과를 경험하며 살아야 했다. 아담은 아들끼리의 최초의 형제 살상이라는 피흘림의 참상을 아버지로서 경험해야 했고(창 4장), 동생 아벨을 죽인 가해자 가인은 하나님의 저주를 받은 인생이 되었다(창 4:11-12).

이처럼 처참한 환경에서 탄식하는 인간을 구원하시고 하나님의 영광 중에서 동거하는 영생을 약속하셨다. 하나님은 은혜와 긍휼의 약속을 "내가 너로 여자와 원수가 되게 하고 네 후손도 여자의 후손과 원수가 되게 하리니 여자의 후손은 네 머리를 상하게 할 것이요 너는 그의 발꿈치를 상하게 할 것이니라"(창 3:15) 하시고 여인의 후손이 태어날 때까지 세계 역사와 구속 역사를 운영하셨다.

　하나님은 사람에게 언약적인 계명을 왜곡하여 언약을 파괴하고 사람을 범죄로 유도한 뱀(사단)을 심판하시며 동시에 아담과 그의 후손을 위하여 뱀의 머리를 상하게 할 후손을 약속하셨다. 하나님이 약속하신 후손은 아담의 후손, 즉 "너의 후손"이 아니라 "여자의 후손"이다(창 3:15). 정죄받은 아담으로서는 불가능한 사단에 대한 정복과 승리는 아담과 하와의 후손으로서 부모를 통해서 태어날 후손이 아닌 한 여자의 특정한 후손이다. 하나님은 이 후손이 사단의 머리를 상하게 하리라고 약속하셨다. 온전한 승리다. 이 약속은 아담 이후 하나님의 구속사 전반에 걸쳐서 중단 없이 성취를 지향했다. 이처럼 중대한 창 3:15의 본문을 바로 이해하기 위해서는 섬세한 관찰과 분석이 필요하며 해석상의 특별한 주의를 요한다.

　히브리의 전통으론 어머니와 아들의 관계가 아닌 아버지와 아들의 계보가 보편적이다. 마 1장은 히브리 전통에 따른 아담의 후손인 조상들의 계보다. 나사렛 예수도 히브리 전통에 따른 계보라면 요셉의 아들이 된다(눅 3:23-24).

　창 3:15 자체에서는 뱀의 머리를 깰 자가 누구인지 구체적인 보충 설명이 없다. 창 3:15의 후손이 성경 전체적 맥락에서는 예수 그리스도를 암시하고 있지만, 구문론의 문법에서 남성과 여성 중 어떤 후손인지에 대해 결정적이지 않다.[55] 그리고 신약에서 예수님 자신이나 사도들도 이 본문을 해석하지 않는다. 히브리어의 표기인 "여인의 후손"이란 '자르아' (זרע)로서 남성과 여성 모두에게 사용이 가능하다. 이로써 보편적인 면에서 아들이나 딸이 될 수 있다.[56] 그런데 창 3:15 후반부에 여인의 후손을 3인칭 단수 대명사인 '후아' (הוא)로 대치하

---

55 Carl F. Keil und Franz Delitzsch, a.a.O., 73-74.

56 Wilhelm Gesenius, *Hebräisches und Aramäisches Handwörterbuch über das Alte Testament*, a.a.O., 207.

57 In LXX aber ist das hebräische Wort אוה als Personalpronomen der 3. Person Singular in der zweiten Hälfte von 1. Mo 3,15 in 'auto' wiedergegeben, womit für gewöhnlich ein Mann bezeichnet wird.

고 있는데, 구약이 헬라어로 번역된 칠십인역에서처럼,[57] 이 대명사는 일반적으로 남성을 가리킨다.[58] 그러나 문장 내에서 수반되는 술어에 따라 '여자', '남자'로 번역이 달라질 수 있다.[59] 그러므로 이러한 경우에는 앞뒤의 문맥과 배경을 통해서 결정하는 것이 현명한 주해다.

히브리어 표기인 후손 '자르아'가 처음에는 특별한 사람을 의미하지 않지만[60] 그러기에 뱀의 머리를 깨는 그 후손이 누구냐라는 질문이 따라왔다. 문장 자체로서는 답이 없지만 성경에서 분명한 사실은 이 문장에서 '여인'이란 개념에는 창 3:20을 통해 부연 설명되고 있는 "모든 산 자의 어머니다." 구약학자 카일 델리취는 아브라함은 노아의 후손인 셈과 그의 형제들과 함께 홍수에서 살아남은 자손의 후손이고, 노아는 셋의 후손으로서 하와의 후손임을 말한다. 그리고 아브라함은 이삭을 통해서 열방들이 복을 받게 하는 사람이다. 이러한 계보는 구속사의 영적인 계열이다. 이 영적인 후손 가운데 그리스도는, 육체적인 후손이 아니라, 하와의 영적인 후손이다.

예수 그리스도는 아담의 모든 후손들을 위해서 하나님의 약속을 성취하시는 분이며 마지막 아담으로서 예수 안에 있는 자들을 하나님의 형상으로 회복시킬 수 있는 분이다. 이 점에서도 그리스도는 여인의 후손이다. 카일 델리취는 그리스도는 사단과 싸우는 열방을 포함한 하나님의 백성의 머리가 되신다고 본다. 왜냐하면 하나님의 약속이 예수 그리스도를 통해 마침내 성취되는데 그리스도와 함께 모든 열방의 그리스도인들이 뱀(사단)을 승리하기 때문이다(롬 16:20 "평강의 하나님이 사단을 너희 발 아래 상하게 하시리라"). 이 여인 후손이 하나님의 때를 따라 여인을 통해 사람으로 이 땅에 오신 것이다(갈 4:4).[61]

58 Johannes Hollenberg, Karl Budde, *Hebräisches Schulbuch*. (Hg.) Walter Baumgartner, Helbing & Lichenhahn: Basel, Stuttgart, 1971²⁶, 21.

59 Wilhelm Gesenius, *Hebräisches und Aramäisches Handwörterbuch*, a.a.O., S. 175-76; Im Pentateuch ist die Maskulinform (er) noch gen, Communia und steht dann auch für "sie", In diesem Fall "הוא"/er und רעי (Jüngling) sind noch communia stehen auch für sie, Jungfrau, Wilhelm Gesenius, Hebräische Grammatik, Nachdruck von Hebräische Grammatik von 1842¹³, Elibron Classics, Adamant Media Co. 2006, 8, 72.

60 Carl F. Keil und Franz Delitzsch, *Genesis und Exodus*, a.a.O., 74.

신학자 토마스 킨커(Thomas Kinker)는 그가 해석한 저술에서 에덴 동산에서 언약의 본질에 관한 밀톤 테리(Milton S. Terry)의 창 3:15의 성서적 해석학의 견해를 다음과 같이 정당하게 인용하고 있다. "창세기 3장 15절의 구절은 메시아를 통한 인류 구원과 그의 나라에 대한 이후의 모든 예언과 약속의 출발점으로 이해되어야 한다. 이러한 맥락에서 이 예언은 타락한 인류에 대한 하나님의 약속의 가장 근본적이고 가장 강력한 성격을 지닌다." 이러한 배경에서 테리는 창세기 3장 15절에 나타난 하나님의 약속을 "원초적 복음"(Proto Evangelium)이라고 합당히 정의한다.[62]

사도 요한은 동일한 구속사적 맥락에서 그리스도를 인지하고 다음과 같이 선언한다(요일 3:8b): "하나님의 아들이 나타나신 것은 마귀의 일을 멸하려 하심이라." 사도 바울은 구약 학자로서 창 3:15의 언약을 갈 3:16("이 약속들은 아브라함과 그 자손에게 말씀하신 것인데 여럿을 가리켜 그 자손들이라 하지 아니하시고 오직 한 사람을 가리켜 네 자손이라 하셨으니 곧 그리스도라")과 갈 4:4-5에서 구속사의 성취적 관점에서 뚜렷이 선포한다("때가 차매 하나님이 그 아들을 보내사 여자에게서 나게 하시고 율법 아래에 나게 하신 것은 율법 아래에 있는 자들을 속량하시고 우리로 아들의 명분을 얻게 하려 하심이라"). 아멘!!

율법 아래 있는 자들을 속량하시기 위하여 하나님은 약속대로 마침내 '때'가 차매 그 아들을 보내사 여자에게서 나게 하셨다. 여기서 '때'는 헬라어의 '크로노스'다. 이 단어적인 의미는 하나님은 이미 오래 전부터 아들의 보내심을 진행해 오셨다는 뜻이다. 이로써 예수 그리스도의 복음은 창세기 원역사(1-11장)와 함께 혼란 없는 연속성과 통일성을 이루고 있다.

사도 바울은 범죄하여 탄식하는 인류를 위한 하나님의 절대적인 해결책을 갈 3:13에서 신명기 21:22-23 말씀을 인용하여 선포한다.

61 Ibid., 73-74.
62 Thomas Kinker, a.a.O., 515.

"그리스도께서 우리를 위하여 저주를 받은 바 되사 율법의 저주에서 우리를 속량하셨으니 나무에 달린 자마다 저주를 받은 자라 하셨다."

사도는 바로 이 사실이 하나님이 아브라함에게 약속하신 약속의 성취임을 전한다. 그리고 이 길이 아닌 세상의 다른 어떤 길도 인간의 해방과 자유를 위해 열려 있지 않고 하나님도 인정하지 않으심을 강조한다. "이는 그리스도 예수 안에서 아브라함의 복이 이방인에게 미치게 하고 또 우리로 하여금 믿음으로 말미암아 성령의 약속을 받게 하려 함이라"(갈 3:14).

사도 요한은 동일한 구속사적 시각에서 그리스도의 복음의 결과로 구원받은 백성들에게 더 이상 저주가 없는 새 하늘과 새 땅의 삶이 준비되어 있음을 계 22:1-3에서 계시한다. "다시는 저주가 없으며 하나님과 그 어린양의 보좌가 그 가운데 있더라"(3절; 고전 15장 비교).

그러므로 공의로운 하나님의 법정에서 화목제물이 되어 피흘리신 (신약성경에서 예수의 피가 약 50번 사용됨) 예수의 사건인 십자가의 복음 아닌 다른 복음을 전하면 전하는 자나 듣는 자 모두에게 저주가 임하게 된다(갈 1:6-9). 이는 너무나 당연한 원리다. 다른 복음을 통해서는 하나님이 범죄한 인류에게 법적으로 집행하신 저주의 형벌이 해결되지 않기 때문이다. 예수님이 바로 죄 있는 인류를 대신하여 저주의 형벌을 받으신 것으로 인간과 피조물은 하나님과 화목되어 비로소 탄식에서 해방된다(사 53:4-6; 롬 5:1-10, 21). 그렇다면 그동안 온 인류와 온 피조물의 세계에서 탄식의 고통을 주던 저주는 스스로 사라진 것인가? 아니다. 법적 효력이 있는 창조주 심판으로서의 저주는 오직 다른 법, 그리스도의 복음인 성령의 생명의 법, 화목제물 대신 예수의 속죄만을 통해서(롬 5:1-11), 즉 예수 그리스도의 복음으로만 충족될 수 있었다(갈 3:10-13).

이처럼 하나님이 독생자 예수를 통해 이루신 복음의 효력은 그야말로 신적이다. 하나님은 수많은 방해 가운데서도 아들의 보내심을 진지하게 준비해 오셨다. 마침내 독생자를 아끼지 않고(롬 8:32ff.) 화목제물(롬 5장)로 주셨다. 깨어 있는 그리스도인들은 이 진지하고 엄숙한 복음에 대해 "복음은 쉬운 것이니 쉽게 전하라"는 익숙한 오늘날의 공론에 속아서는 안 된다. 사도들은 복음을 쉽게만 전하지도 않았고, 또한 어렵게만 전하지도 않았으며, 복음을 복음되게 진지하고 엄숙하게 전했다. "다른 복음"을 전하면 "다른 예수"가 증거되고 "다른 예수"를 통해서 "다른 영"을 받게 됨을 상기해야 한다(고후 11:4).

6.3. 사회적 진화의 허구성(虛構性)

인류의 탄식과 그리고 예수 그리스도를 통한 인류의 구원의 빛 안에서 사회적 진화의 실상과 그 허구성을 살펴본다. 진화론의 이론에 따르면 생태계의 진화론은 필수적으로 인류와 직접적으로 관련된 사회 과학적 또는 사회적인 진화를 수반한다.[63] 그렇다면 인류의 사회적 진화의 결과는 무엇인가? 점차 복합적으로 발전하면서 사회적 미성숙과 모순들을 해결해 가는 일명 사회적 진화의 결과는 무엇인가? 그리스-로마시대의 전성기였던 스토아학파와 현대 진화론의 사상이 오늘날 사회적 진화론의 형태로 발전해왔다. 근대 역사 중에 가장 비참했던, 40여 개 나라가 관련되어 1700만 명의 사상자를 남긴 제1차 세계대전(1914-1918)은 독일의 빌헬름 황제가 선포했다. 전쟁의 진행 과정에서 독일의 진화론 학자들과 소수 진보주의 신학자들은 구약에서 하나님의 구속사 경영 중에 이방인에 대한 역사를 이스라엘을 통한 지배적 역사로 왜곡했다. 동시에 우수한 독일인이 세계의 타민족을 지배하고 다스리는 사회 진화론을 근거로 하는 신학과 설교를 통해 국민을 설득했다.[64] 참으로 무지하고 비참한 인간적인 사회 진화론의 결과다.

---

63 Reinhard Junker, *Lehrt die Bibel eine junge Schöpfung? Diskussionsbeiträge, Berichte, 1/94*, Wort und Wissen, 1, Schritt.

1차 대전 이후로도 사회적 진화론의 사상은 오늘 우리 사회의 정신적 토양에서, 우리 사회의 윤리와 도덕과 사회질서 측면에서도, 현대인들의 삶의 방향을 제시하면서 공존하고 있다. 그중의 한 예가 현대인의 삶에 현명하게 부합된다는 대안으로 제시한 2017년 독일 라이프치히에서 개최된 세계 도서 전시회에 제시된 기자 프리드만 카릭(Friedemann Karig)의 저술이다. 이 사회에 합당한, 진화된 사회에 적절한 사회적 착상으로, 이혼율이 많은 이 시대에『우리의 사랑: 모노가미의 종결』이라는 304페이지의 7장에 걸친 논중의 도서를 제시했다. 그는 실제적 대안으로 제한이 없는 사랑이라는 의미의 '폴리아모리'(Polyamory)라는 형태를 제시한다.[65] 이처럼 자유자제로 성이 개방되고 제한 없이 인간의 성적 삶을 추구하는 것이 최고도로 발전한 오늘의 사회적 진화에 적절한 대안이라면 이는 원시적인 어불성설(語不成說)이다.

나아가 오늘 같은 최고의 경지에 이르는 진화를 통해서 완벽하고 견고한 육체를 소유했다고 생각하는 사람은 극히 드물 줄로 생각한다. 전 지구촌을 휩쓴 바이러스의 팬데믹을 제외하고도, 또한 인간의 정신적 질병은 차치하고라도, 인간은 수많은 육체적 질병에 시달리며 탄식하고 있다. 전 세계 인간의 질병은 육체적인 질병과 심리적 질병 등 이루 셀 수가 없지만, 진료하는 종류로 집계하여 약 6만 종류가 넘는 것으로 추정한다.[66] 이 중 특별한 환경에서 진료하는 의사는 약 5천 종류의 질병을 안다고 한다. 질병에 수반하여 필요한 약품의 수는 어떠한가? 독일의 통계청에 의하면 2022년 현재 독일 내의 약품은 감기약 등 의사 처방이 없이도 구입할 수 있는 약품과 의사 처방이 필

64 Karsten Hinz, *Christ und Staat im frühen Nationalsozialismus*, unv. wissenschaftliche Arbeit bei Historische Theologie FTA, Gießen Apr. 1989; Günter Brakelmann, *Der deutsche Protestantismus im Epochenjahr 1917*, Luther-Verlag, Witten 1974, 200-20. 232-332; Ernst Christian Helmreich, *The German Churches under Hitler: Background, Struggle, and Epilogue*, Wayne State University Press, Detroit, 1979.
65 Friedemann Karig, *Wie wir lieben: Vom Ende der Monogamie*, Aufbau Taschenbuch, 2018.
66 https://www. netdoktor.de/krankheiten

요한 약품(49,700)을 포함하여 모두 104,380종이 시판되고 있다고 한다.[67]

이처럼 정신적으로 그리고 육체적으로 고통받는 오늘날 인간의 삶이 최고의 경지에 이른 사회적 진화의 열매라면 사회적 진화는 날이 갈수록 악화될 수밖에 없도록 사전 프로그래밍(Preprogrammed)이 되어 있는 것이다.

이와 같은 지구상의 실제적 현실과 '여자의 후손'인 예수 그리스도를 통한 구속사가 주는 메시지는 무엇인가? 바로 인간이 겪는 내외적 고통과 탄식과 죽음은 어떤 진화를 통해서도 결코 해결될 수 없음을 적나라하게 증거하고 있다는 사실이다.

7. 성경 기록의 고고학적 고찰-두발가인이 사용한 철기

창세기 4장에서는 가인의 후손들 계보가 기록되고 있다. 특별히 이 단락에서 놋과 철로 도구를 만들었다는 창세기 4장 22절은 가인의 6대 후손인 두발가인의 생애 동안 동과 철기 제품이 동시에 사용되고 있음을 보여준다. 가인이 아내와 동거하여 에녹을 낳은(17절) 이후 제6대 후손이 씰라의 아들 두발가인이다. 두발가인은 "구리와 쇠로 여러 가지 기구를 만드는 자"였다(22절). 여기서 당시 시대를 소급하여 성경역사와 고고학의 관계를 조명하고자 한다. 우선적으로 고고학을 통한 성경역사의 증명은 몇 가지 요소들로 인하여 한계가 있다는 사실을 염두에 두어야 한다. 예를 들어 성경과 일치하는 장소 문제와 발굴된 유물이 성경에서 언급하는 것과 일치하는지의 확인 여부다.

성경역사와 관련하여 고고학적인 증거는 성경연구에 있어서 매우 중요하고 흥미 있는 대목이다. 더구나 성경의 고대사와 고고학 증거들은 성경을 소중히 여기고 연구하는 학자들에게 더욱 관심을 갖게

67 de.statista.com/statistik/daten/studie/513971/umfrage/anzahl-zugelassener-arzneimittel.

한다. 그런데 지난 날의 고고학 연구를 통한 성경역사의 증명은 기대한 만큼 충분하지 못했다는 사실이 성경 고고학자들의 공론이다.[68]

구약학자이자 고고학자인 헬무트 펠케(Helmuth Pehlke) 박사는 고고학의 사전(초기 영문판: *Archaeological Encyclopedia of the Holy Land*)을 검토한 후에 서평한다. 이 사전에 무려 600점이나 되는 고고학 자료들이 수록되어 있고 유익한 자료들이 많으나 실제 성경의 고대사 중에서 신뢰할 수 있는 자료는 소수이며(단과 에돔 등) 그 외의 고고학 자료들은 많은 숫자가 고고학적인 증명에서 열려 있거나 또는 잘못된 정의를 내리고 있다고 지적한다.[69]

이러한 일련의 과정을 거치는 동안 고고학을 통해서는 성경역사를 완벽히 증거할 수 없고, 반면에 성경역사에 대한 반증의 결론도 내릴 수 없다는 사실이 기독교 고고학자들과[70] 구약학자들의 견해이지만 고고학을 통하여 성경역사가 뒷받침될 수 있다는 점에서는 다수의 기독교 고고학자들이 동의한다.[71]

그렇다면 고고학을 통한 성경역사의 통찰과 고고학과 연루된 성경본문의 주석에서의 참조할 내용과 유익은 무엇인가라고 질문할 때 지금까지의 고고학은 비록 성경 역사를 완벽하게 증명하진 못했을지라도 부분적으로 성경의 내용을 일반적인 학문보다 더 확실한 팩트로 밝히는 경우가 많았다는 사실이다.

---

68 Helmuth Pehlke, *Das Verhältnis der Archäologie zur Exegese, dargestellt an den Beispielen*, in Jahrbuch für evangelikale Theologie (JETh), 1996, 7-13; E. Noort, *Biblisch-archäologischen Hermeneutik und alttestamentliche Zeit, Exegese*, Vortrag an der theologischen Hochschule der reformierten Kirche in den Niederlanden am 12. Okt. 1979, Kampen 4-6; E. Noort, *"Fundamentalismus in Exegese und Archäologie. eine Problemanzeige"*, JBTH 6 (1991), 326-31.

69 Helmuth Pehlke의 영문판 *"Archaeological Encyclopedia of the Holy Land"*을 독어로 번역한 *Archäologisches Bibel-Lexikon*, Hg. Avraham Negev, Neuhausen-Stuttgart: Hänssler (1991), 1-520, in *Jahrbuch für evangelikale Theologie (JETh)* (1992), 112-17.

70 Sh. Bunimovitz, *"How Mute Stones Speak. Interpreting What We Dig Up"*, BARev 21.2 (1995), 59. 124; F. Brandforn, *"The Limits of Evidence: Archaeology and Objectivity"*, MAARAV 4:1 (1987), 5-43.

71 Alan R. Millard, *Bibel und Archäologie; Herbert Donner, Einführung in die biblische Landes-Altertumskunde*, Darmstadt, 1988, 52.

그 한 예로서, 일반적인 학문에서는 철기의 제품들은 구리제품 시대보다 후의 문명으로 인식되어 왔는데 두발가인은 창세기 4장 22절에서 동과 철기 제품을 동시에 사용하고 있다.

고고학적인 유물들에 의한 구리제품이 주전 5-6천 년 전부터 사용되어 왔음을 밝히고 있는데 그중에서도 구리로 된 장식품들이 역사가 가장 오래된 것이다.[72] 구리를 주조하여 장식품을 만든 것은 주전 6천 년 중반부터이며 청동제품은 수메르에서 4천 년경으로 알려져 있다.[73]

지금까지 발굴된 주전 3천 년경으로 추정하는 철 제품들은 14개다. 그중 가장 오래된 제품은 티그리스 강 유역인 북 이라크의 사마라 (Samarra) 지역의 발굴품이다. 이 제품은 4개 면으로 되어 있는 4.3센티미터 길이로 주조를 통해 제작된 제품으로서 주전 5천 년경의 것으로 추정한다.[74]

초기 청동시대(주전 3000-2000년)에 발굴된 철 제품들은 메소포타미아 지역, 아나톨리아 그리고 이집트에서 발견되었다.[75] 그리고 중기 청동기 시대인(주전 2000-1600년) 철기 유물 사용 지역은 아나톨리아, 이집트, 싸이프러스와 크레타이다. 후기 청동기 시대인(주전 1600-1200년) 철기 유물들의 발굴 지역은 메소포타미아, 팔레스티나, 아나톨리아, 이집트, 싸이프러스, 크레타와 그리스의 대륙이다.[76] 철 제품의 유물들이 이미 그 전부터 사용되었지만 고도의 기술을 요하는 도끼, 칼, 창들은 철기시대(주전 1100-332년)부터 발굴된다.[77] 이와 같은 고고학적인 유물들은 전래되어 온 문헌들과도 일치하고 있다. 예를

---

72 N. H. Gale, "Metal and Metallurgy in the Calcolithic Period", BAROR 282/283 (1991), 41-42.

73 Rudolf Pörtner, "Catal Hüyük. Eine Terrassenstadt in der Steinzeit," in *Alte Kulturen aus Licht gebracht, Neue Erkenntnisse der modernen Archäologie*, Düsseldorf/Wien 1989, 54; H. Klengel (Hg/Editor), *Kulturgeschichte des alten Vorderasiens*, Berlin, 1989, 38-39.

74 J. C. Waldbaum, a.a.O., 69.

75 Ibid., 70-71.

76 Ibid., 76-77.

77 Ibid., 82-91.

들면 고대 헷족속의 아니타 문헌(Anitta Codex),[78] 이집트 문헌,[79] 그리고 하투쉴리쉬가 앗시리아의 왕 살마나살 1세에게 정치적인 협상시 보상으로도 사용했던 흔적들이다.[80]

위에서 밝힌 고고학의 유물들과 오늘날 검증된 과학적인 사실로서 초기 구리 제품을 제작하던 시기인 주전 5000년 전부터 철로 된 제품들이 사용되었음을 알 수 있다. 이로써 가인의 6대 후손인 두발가인이 구리와 철로 여러 가지 기구를 만들었다는 창세기 4장 22절의 기록은 사실에 근거한 기록임을 입증한다.

8. 아담에서 노아, 노아에서 아브라함까지 후손들의 계보와 사회적 특성(창 5-11장)

창세기 5장은 창세기 4:25-26에서 시작된 계보로서, 하나님이 아담의 아들 중 죽은 아벨을 대신하여 셋을 주셨고, 셋의 아들인 에노스와 그의 후손인 노아까지를 기록하는 고대사의 계보다. 주전 약 5000년경에 살았던 가인의 6대 후손인 두발가인이 생업으로 구리와 철로 기구를 만들었다는 기록이 고고학을 통해서 사실로 증명된 상황을 보아서도, 또 고대에는 수백 년간 여러 조상들이 장기간 공존할 수 있었던 인간의 수명을 보아서도 아담의 계보가 역사의 실제임을 의심할 여지는 없다.

창세기 5장은 지금까지 진행되어 온 인류 역사에서 아담에서부터 그의 10대 자손(후손)인 노아까지의 계보다. 이 계보에 의하면 에녹은 아담의 7대손이며(유 14), 노아는 에녹의 4대손이다. 야고보의 형제이며 신약 서신서의 저자인 유다는 아담에서 에녹까지를 역사적인 인물

78 Ibid., 75.
79 J. D. Muhly, "How Iron Technology Changed the Ancient World," in: T. A. Wertime/J. D. Muhly (Hg), *The Coming of the Age of Iron*, New Haven/London, 1980, 44.
80 A. Goetze, *Kizzuwatna and the Problem of Hittite Geography*, New Haven, 1940, 29-39.

들의 계보에 포함시키고 있음을 주목해야 한다. 아담에서 노아까지의 평균 수명은 912세였다.[81] 즉 홍수 이전의 인간의 수명은, 에녹의 아들인 므두셀라가 최장수자였지만, 아담 창조부터 노아의 사망까지 약 2,000년 동안 평균 수명은 수평선을 이루면서 912년이 된다.[82] 그러나 노아(950세 향수) 이후부터 11대 후손인 175세를 향수했던 아브라함(아내 사라는 127세 향수)까지의 수명은 급격히 감소하는 지수 함수적인 곡선을 이루고 있다.

아담에서 노아까지의 연대 계보와 사람의 수명을 통해서 당시의 문화적이며 사회적인 특징을 살피고자 한다. 노아의 부친 라멕은 그의 출생 이후 아담의 930년 생애 동안 약 50년 이상 아담과 함께 동시대에 생존했던 인물이다. 이 사실을 바로 창 5장에서 개개인의 수명이 표시된 아담에서부터 노아까지의 계보의 그래프를 통해서 알 수 있다.

아담은 130세에 셋을 낳았고, 셋은 105세에 에노스를 낳았고, 에노스는 90세에 게난을 낳았으며, 게난은 70세에 마할랄렐을 낳았다. 마할랄렐은 65세에 아들 야렛을 낳았고, 야렛은 162세에 에녹을 낳았고, 에녹은 65세에 므두셀라를 낳았으며, 므두셀라는 187세에 라멕을 낳았고, 라멕은 182세에 노아를 낳았다.

아담이 셋을 낳은 이후 라멕의 출생까지를 합산하면 라멕은 아담의 874세(130+105+90+70+65+162+65+187)에 태어났다. 그 후 아담의 향수 기간인 930년까지는 약 56년이 된다. 이는 라멕과 아담의 동시대 생존기간이다. 그리고 라멕의 부친 므두셀라는 아담의 나이 687세에 태어나 아담의 930년 향수 동안 약 240년(930-687) 이상을 동시에 살았다. 아담과 동시대 동거는 라멕이 가장 짧고 다음은 라멕의 부친 므두셀라이며, 다른 조상들은 훨씬 오랫동안 아담과 동시대에 생존했다. 셋은 아담의 130세 때 출생하여 912년 향수하면서 아담의 생

81 Werner Gitt, *Wissen und Leben*, Hänssler, Neuhausen-Stuttgart, 1985, 116-17.
82 Ibid.

애 동안 가장 긴 시간 800년을 동시대에 생존했다. 노아는 비록 아담과는 동시대에 살지 못했으나 아담의 직계 후손인 셋, 에노스, 게난과 그 이후 조상들과 오랜 기간을 함께 생존했다.

이와 같은 창세기 1-5장 그리고 11장의 원역사는 당시의 독특한 사회적 현상을 보여준다. 아담에서 그의 십대 후손인 노아까지 노아를 제외한 모든 조상들은 다른 조상들과 함께 오랜 기간 동안 같은 시대에 살면서 삶을 나누고 정보를 두껍게 공유했었다는 문화적, 사회적 사실이다. 즉, 노아는 아담과 50년 이상 동시대에 살았던 아버지인 라멕을 통해서 아담과 그의 직계 후손의 역사를 익히 알고 있었음이 분명하다. 앞에서 인용한 연도가 실제 연도에 비해 다소의 공백은 있을 수 있지만, 그러나 이 계보는 어떤 신화적인 인물이 용납될 수 없는 인류 조상의 계보임이 증거된다. 이와 같은 역사적 관점에서 창세기 5장은 당시의 문화적이며 사회적인 토양에서 아담에서 노아까지의 연대 계보와 사람의 수명을 통해서도 확인할 수 있다.

앞서 언급한 대로 노아에서부터 아브라함까지 11대 후손들의 계보와 사회적 특성도, 노아 이후의 인간 수명은 급격한 변화가 있지만, 아담에서 노아 시대까지와 유사한 현상이다. 창세기 5장의 계보에서 아담에서 노아에 이르기까지, 즉 홍수 이전의 인간의 수명은 성경의 기록연대를 기준으로 할 때, 이미 본서에서 언급한 대로 아담의 창조부터 노아의 사망까지 약 2,000년 동안 평균 912년이었다. 이 기간의 평균 수명은 미소한 고저가 있는 수평이었다. 그러나 노아에서부터 노아의 11대 후손인 아브라함과 요셉까지의 수명은 평균이 아닌 지수 함수의 하향 곡선이다. 노아는 950년 향수했지만 그의 아들 셈은 600세, 그리고 셈의 아들 아르박삿은 438세를 향수함으로써 오직 3대 동안에 인간의 수명은 아담에서 노아까지의 평균 수명에 비해 474년(912-438=474)으로 단축된다. 앞서 밝힌 바와 같이, 이와 같은 지수 함수적인 곡선의 인간 수명은 노아(주전 3천 년경)에서 아브라함(주전

2100년경 생존)까지의 일천 년 동안 급격히 감소한다.[83]

이와 같은 현상은 어떤 역사적 신비나 우연에서가 아니라 분명 노아 시대에 있었던 홍수의 심판을 기점으로 삼을 수 있다. 홍수로 인하여 지구상의 생태계와 지구 그리고 대기권의 변화로 홍수 이전 평균 912년의 인간 수명이 급격히 감소하고 있던 현상을 목격하게 된다. 그러나 홍수시대가 지나고 약 일천 년 후에 살았던 아브라함(175세 향수)부터 약 4천 년이 경과한 오늘날 2천 년대의 평균 수명이 약 70세라고 할 때 그동안의 인간의 수명은 고저가 약한 수평에 가까운 곡선을 이루어 왔다. 이 사실은 노아의 홍수가 인간 수명에 얼마나 절대적인 영향을 미쳤는지를 가늠하게 한다.

창세기 10장과 11장의 조상들의 계보와 향수한 연도에서 확인할 수 있듯이 노아가 950년 향수하는 동안 아브라함은 노아 891세에[84] 출생한 후 50년 이상을 노아와 같은 시대에 생존했었다. 아브라함의 부친 데라와 조부 나홀은 아브라함보다 더 오랜 기간 동안 노아의 시대에 생존한다. 이처럼 장수 시대에 생존했던 조상들은 노아가 950년을 향수하는 동안, 그리고 노아의 자손인 셈이 600년을 향수하는 동안, 장기간 공존하던 역사적 인물이었다.[85] 나아가 장기간 동안 함께 생존했던 조상들은 서로를 알 수 있는 환경이었음을 결코 배제할 수 없다. 창세기 원역사의 조상들의 계보는 예수 그리스도의 오심과 메시아적 구속사에서 언약의 조상인 아브라함과 그의 선조들 그리고 나아가 노아까지의 역사적 관계성을 입증하고 있다.

83 Werner Gitt, *Wissen und Leben*, a. a. O., 116-17.
84 891=501+100+35+30+34+30+32+30+29+70
85 Werner Gitt, *Wissen und Leben*, a.a.O., 116-17.

9. 노아의 홍수- 역사적 사건

9.1. 인류를 향한 하나님의 진노와 심판

창세기 6장에서 9장까지는 노아의 홍수 사건에 대한 기록이다. 원인과 진행과 결과를 포함하여 단계적인 역사가 상세히 기록되었다. 창세기에서 무려 네 장에 걸쳐서 기록한 이 홍수는 당시에 그만큼 심도 있는 사건이었음을 암시한다. 노아 홍수의 주관자이신 하나님의 교훈은 오늘날의 세대들에게 예수님(마 24:37-38 "노아의 때와 같이 … 홍수 전에 노아가 방주에 들어가던 날까지 사람들이 먹고 마시고 장가들고 시집가고 있으면서")과 사도들(벧전 3:20; 벧후 2:5)을 통해서 현재형으로 경고하고 계신다. 이 사실은 예수님과 사도들은 노아와 당시 홍수를 하나님의 주권하에서 발생한 역사적 사건으로 인정함을 전제로 한 것이다.

하나님이 창 1장에서 가장 고귀하고 값지게 사람을 지으심으로 완성하신 창조는 보시기에 심히 좋은 창조였다. 그러나 창세기 6장에서는 문자적으로는 사람 지으신 것을 후회하셨다. 하나님은 사람을 창조세계의 대권자로 세우시고 청지기의 사명을 맡기셨다. 그에 합당한 은사로서 능력과 지혜와 명철을 주셨다. 그런데 1장에서 6장으로 역사가 진행되는 동안 창세기 3장에서 인간이 불순종하는 범죄를 통해서 엄청난 변화가 발생했다. 이제 하나님은 "땅 위에 사람 지으셨음을 한탄하사 마음에 근심"(창 6:6)하셨다. 전능자 창조주 하나님이 한탄하시고 근심하실 사건이 대체 무엇인가? 하나님이 사람의 죄를 미워하신다는 것을 인간의 언어로 전달하시는 표현이다. 이처럼 아담 이후 인간의 범죄는 뿌리를 깊이 내렸고 온 인류는 하나님을 떠나 세상 낙을 누렸음을 알 수 있다. 그러나 인류를 향하신 하나님의 의로운 심판은 반드시 있다. 하나님의 부르심을 거절하고 썩어질 것을 심은 인류가 거둬야 할 정당한 대가였다.

만일 하나님이 사람의 죄를 묵인하셨거나 좋아하셨다면 자신을 의로운 하나님이라 하실 수 있겠는가? 그리고 죄인들의 구원을 위해서 메시아를 보내실 필요가 있겠는가? 이처럼 하나님의 속성과 구속역사는 혼란하지 않고 일관성이 있다. 하나님이 죄를 미워하시는 정도가 한계에 달하신 상태로서 인간의 죄악이 관영한 세상에서 하나님의 의를 신실히 행하는 노아를 통해 역사 가운데 전무후무한 홍수의 심판을 무려 120년 동안 경고하셨다.

불신하는 인류를 마침내 수장시키시고 노아와 그 가족을 통해서 아담에게 약속하신 인류의 구원자 보내심을 준비하셨다. 노아는 하나님이 제시하신 구조물 양식과 규격대로 방주를 바닷가가 아닌 산 위에서 만들었다. 이 태도만 보아도 노아는 필경 우둔하리만큼 믿음과 순종의 사람이었다. 방주를 제작하면서 이웃에게 120년 동안 하나님의 심판을 경고했지만 노아의 메시지를 받아 순종한 사람은 노아의 가족 7명뿐이었다. 이 점에서 노아는 죄악이 관영한 극적인 상황에서 온 가족을 구원한 전도자였다.

노아와 그의 가족을 방주로 들어가라 명하신 하나님은 그 후 40주야 동안 하늘의 창을 열고 비를 부으셨다. 산들이 물로 덮이고 방주는 물에 뜨기 시작했다. 지상에 가득 찬 물 외에는 그 어떠한 지형물도 보이지 않아 동서사방을 가늠할 수 없었다. 선장이 배의 키를 잡고 항해하는 것이 무의미하다. 그래서 하나님은 키가 없는 방주의 구조를 주셨을 것이다. 방주가 아라랏 산에 머물고, 지구의 물이 바람으로 마르고 마른 땅이 나타나기까지 375일이 걸렸다(창 6:17; 7:19-24). 이 40주야에는 폭우만 온 것이 아니라 지진을 포함하여 복합적인 지형의 변화가 있었을 것으로 간주한다. 이로써 지형의 변화는 물론 오존층 파괴와 같은 대기권의 변화 현상도 유발되었을 것은 타당한 추측이다.

9.2. 인간 수명의 변수로써 증거

범지구적인 노아 홍수 이후 이 땅의 생태계에 변화가 왔다. 하나님은 인간에게 채소만이 아니라 어떤 이유에서인지 짐승의 고기도 식물로 허락하시는 환경의 변화가 왔다(창 9:2-4). 창조의 질서를 따라 채소와 열매를 식물로 취했던 인간에게 변화된 환경을 통한 새로운 변수의 흔적들이 있었음에 틀림이 없다. 그중 하나가 바로 인간의 수명의 급격한 단축이다(노아에서 아브라함, 요셉까지의 수명 참조). 이 결과로써, 거듭 언급한 것처럼, 아담에서 노아까지 10대 후손들의 평균 수명이 912년이었으나 그 이후 노아부터 아브라함(향년 175세)에 이르는 후손들의 평균 수명은 급격히 감소했다. 이런 변화는 노아 홍수 사건을 경계선으로 발생한 것이 분명하다.

성경의 비평가들이 비평하는 노아의 방주기사에 관한 논란은 분분하다. 어떻게 모든 동물들이 방주에 들어갈 수 있었을까? 방주 내부는 어떻게 온도를 유지했으며 환기 및 조명은 어떻게 했을까? 어떻게 단 8명이 16,000마리의 동물을 관리할 수 있었을까 등이다. 이 같은 일련의 의문들을 제기하는 것은 노아의 방주를 제작하시고 관리하시며, 홍수를 통한 자연 재해로 전무후무한 대대적 심판을 하신 하나님의 경영하심을 단순한 인간의 지성으로 판단하기 때문이다.

일부 성경 비평가들은 노아 홍수는 바벨론 신화의 성경상의 재현으로서, 실제적으로는 발생하지 않았던 사건이라는 명제로 노아 홍수 자체를 부인한다. 이 같은 이론을 위해 추가적으로 제시하는 대표적 증거 중에 하나는 홍수 이전과 이후의 지질이 동일하며 지질층에서 그와 같은 흔적이 없다는 것을 제시한다. 그러나 옥스포드의 히브리어 교수인 제임스 바(James Barr)는 어떤 히브리어 교수라 할지라도, 창세기의 성경 기록자가 계보를 초기부터 나중까지 역사적인 순서에 따라 일반적인 감산(symple Addition)에 의해서 계산한 것을 의심할 수 없을 것이라고 한다.[86] 제임스 바는 이와 같은 관점에서 홍수를 세계

적인 사건으로 정의한다.[87]

9.3. 세계적인 홍수설의 암시

창세기의 원역사 내에서 중심적 역할을 했던 조상 노아가 결코 신화 속의 한 인물이 될 수 없고 홍수 또한 신화적인 설이 아닌 역사적 사실임을 방증하는 증거로서, 전 세계에 홍수의 구전이 북미와 남미, 지구의 남부지방 섬들, 오스트레일리아, 파푸아 뉴기니, 일본, 중국, 인도, 중동, 유럽과 아프리카 등 여러 대륙의 100여 개의 나라에 오늘날까지 전래되고 있다는 사실을 든다. 이와 같이 놀라운 세계적인 전래는 전 세계 민족들이 노아의 혈통으로부터 출발했다는 한 증거가 될 수 있다.[88] 또한 전 세계 대륙의 일백여섯여 개의 민족들 가운데 바벨론의 길가메시 서사시(Gilgamesch-Epos) 같은 홍수의 구전들이 있는 것은 우연이 아니다. 북미와 남미, 지구의 남부지방 섬들, 오스트레일리아, 파푸아 뉴기니, 일본, 중국, 인도, 중동, 유럽과 아프리카 등지에서 홍수의 전설과 관련된 100여 개의 신화들을 수집할 수 있다는 사실은 "놀라울 정도로 전 세계 민족들이 조상 노아로부터 출발했다는 증거가 될 수 있다"고 한다.[89]

노아 홍수의 역사적 실제는 부분적인 지역을 초월한 지구상의 홍수로 인하여 여러 곳에 분포되어 있는 동질성의 대량의 동물 암석층 화석의 생성원인을 설명할 가능성을 제공한다.[90] 테켓(Del Tackett) 박사는 2017년 자신의 주관으로 진행된 주제 토론 "창세기는 역사인가?"(Is Genesis History?)에서 다양한 과학자들과 토론했다. 여기서 그는 분명한 자료에 의하여 창조에서 노아의 홍수까지 지층과 화석들(화석, 그랜드 캐년의 흔적들, 공룡의 공동묘지 발굴 등)을 통해서도 노아

---

86 Don Batten (Hrsg.), a.a.O., 39-40; 비교: Barr James. *Brief an David C. C. Watson*, 1984, 23.

87 Ibid., 40.

88 Ibid., 155-56.

89 Ibid., 155-56.

90 Ibid., 226.

홍수는 신화가 아니라 실제 역사임이 과학자들로부터 검증될 수 있다고 주장한 바 있다.[91]

9.4. 노아의 방주에 관한 조선공학적 고찰

노아 홍수의 역사적 사실과 함께 홍수 사건의 중심 방패였던 노아의 방주의 기술적 점검은 큰 의미가 있다. 전문가들은 선박(船舶)의 주요 3대 특성은 부양성(浮揚性), 적재성(積載性) 그리고 이동성(移動性)으로서, 이 모두가 선박의 구조와 재료를 통해서 결정된다고 한다. 이 점에 관하여 과학자이며 신학자인 기트(Werner Gitt) 박사는 그의 저서 『세계 역사에서 가장 독특한 배』(*Das sonderbarste Schiff der Weltgeschichte*)의 15개 부분별 방주 구조의 물리와 응용역학적 연구 그래프에서 성경에 기록된 노아의 방주를 물리학과 응용역학으로 점검한다. 그 결과 성경의 노아 방주는 적재성과 관련하여 수면의 안정성(부양성) 면에서 가장 좋은 구조로서, 기술적인 면에서 응용역학적 수학으로 점검이 가능한 하나님의 온전한 작품이라고 평가한다. 이 점에서도 성경은 독자가 신뢰할 수 있는 하나님의 말씀이라고 확신한다(행 14:24).[92]

이에 반하여 바벨론의 길가메시(Gilgamesh) 열한 번째의 서판에 있는 홍수신화의 내용 자체는 실로 이교도의 설화 그뿐이며, 이 신화에 등장하는 방주는 기술적인 측면에서 점검했을 때 어떠한 조선공학적 근거도 없는 형태라고 물리학자인 기트 박사는 물리학과 응용역학에 따른 시뮬레이션의 점검을 통해서 평가한다. 바벨론 신화인 길가메시의 배의 규격에 관한 기록은 다음과 같다.

---

91 Del Tackett, "Nichts in der Welt sinnvoll-außer im Licht der Genesis: von Naturwissenschaftlern bestätigt."; Werner Gitt, *Am Anfang ar Urknall*, a. a. O., 24-27.

92 Werner Gitt, *Das sonderbarste Schiff der Weltgeschichte*, Bruderhand, 47.

네가 만들 배의 규격의 수치는 이러하니라. 길이와 너비가 같아야 한다. 그 높이는 일백이십(120) 규빗이요, 덮개의 네 모서리의 길이는 각각 백이십(120) 규빗이라. 네가 설계하고 제작한 공간은 여섯 개의 중간 바닥을 칠 층으로 나누어야 한다.[93]

이 방주는 각 변이 120규빗인 정육면체의 주사위 형체의 7층으로 된 구조로서, 배의 수면 안전성(부양성)으로 보아 가장 불안전한 최악의 형태라고 밝힌다. 그 결과 하중의 무게 중심이 수면에서 상층으로 아주 멀리 떨어져 있다는 것이다. 이 관점에서 볼 때 길가메시는 작가가 오직 방주의 외모만을 염두에 두고 기록한 신화일 뿐이라고 평가한다.[94]

기트 박사는 일부의 성경 비평가들이 성경의 노아의 방주기사를 일방적으로 바벨론의 길가메시 서사시(열한 번째 테이블)의 한 종류인 홍수신화로 분류하는 실태를 강력히 반증한다.

10. 바벨탑 사건(창 11:1-9)의 역사적 고찰

창세기 11장(1-9절)의 바벨탑 사건이 당시의 지역으로 보아서는 수메르와 메소포타미아 지역 내의 사건이었으나, 오늘의 인류 문명을 고대사의 순으로 추적할 경우 "메소포타미아 다음으로는 이집트, 인디아, 중국, 일본, 마야제국, 잉카제국 등으로서 이는 창세기 원역사(1-11장)의 역사성의 증거가 되고 있다"고 프레드 하르트만(Fred Hartmann)은 메소포타미아 고대사 연구를 통해서 주장한다.[95]

하르트만은 바벨탑 사건은 세계 역사에서 독립적인 사건이 아니라 창 1-11장과 연결된 구속사적 사건으로서 사람의 창조와 타락, 가

---

93 Ibid.
94 Ibid., 46-47.
95 Fred Hartmann, a.a.O., 22.

인의 형제 살인, 노아의 홍수 그리고 마침내 그리스도를 통한 새로운 창조의 구속사적 연결선에서 이해할 때 표면적 사건 배후의 맥락을 이해할 수 있다고 권고한다. 창세기의 원역사 내에 있었던 이 바벨탑 사건 역시 결코 어떤 신화가 아니라 실제 역사였음을 이런 관점에서도 증거할 수 있다고 강조한다.[96]

유대인의 역사가 플라비우스 요세푸스는 그의 저술인『유대 고대사』에서 바벨탑 사건을 역사적인 팩트로 인정하고 있으며,[97] 또한 고대 문헌인『사이빌라』(Sibylla)를 인용하면서 "사이빌라는 바벨탑과 언어의 혼잡을 기억한다"[98] 라고 기록하는데 '기억하다' 는 반드시 역사적인 실례를 소급하고 있다는 용법이다. 실제 역사가 아닌 신화를 '기억하다', '기억하라' 는 문구나 가르침은 없기 때문이다.

바벨탑 사건에서 유래한 것으로 판단되는 구전들이 여러 민족들에게 전래되고 있다는 사실은 이미 알려진 바 있다. 이미 알려진 하나의 예로서 한자의 '탑'(塔)이 창세기의 바벨탑 사건과 동일한 의미를 전달할 수 있다는 추정은 예사로운 일이 아니다. 한자에서 합할 합(合)자의 구성은 사람(人)의 입(말, 口)이 하나(一)라는 의미를 보여 주는 것으로서, '탑'(塔)은 모든 사람이 뜻과 힘을 합(合)하여 흙(土)에 풀(艸), 짚을 넣고 말려서 벽돌을 만들어 쌓았다는 바벨탑 사건의 역사적 반영일 수 있다. 그런데 한자인 '탑'(塔)의 역사적인 유래에서는 한(같은) 언어의 사람들이 합하여 진흙과 풀로 부정적인 공사를 했다는 의미로 해석되고 있다고 한다.[99]

"온 땅의 언어가 하나요 말이 하나였더라. 이에 그들이 동방으로 옮기다가 시날 평지를 만나 거기 거류하며 서로 말하되 자, 벽돌을 만들어 견고히 굽자 하고 이에 벽돌로 돌을 대신하며 역청으로 진흙

96 Ibid., 70.
97 F. Josephus, *Jüdisches Altertum 3*. 31-32.
98 Ibid., 32.
99 C. H. Kang und E. R. Nelson: *Erinnerung an die Genesis. Chinesen und die biblische Urgeschichgte*, Hännlser, Neuhausen-Stuttgart, 1998, 50, 109-10.

을 대신하고 또 말하되 자, 성읍과 탑을 건설하여 그 탑 꼭대기를 하늘에 닿게 하여 우리 이름을 내고 온 지면에 흩어짐을 면하자 하였더니" (창 11:1-4).

11. 세계 인구성장률을 통한 노아 후손 시대 인구성장 조명

통계에 여타의 공백이 있지만 인구성장의 경향을 추정하는 것만으로도 성경의 계보와 실제 역사의 비교에서 큰 도움이 될 수 있어서 유엔의 인구성장 통계를 참조하여 노아 시대 인구를 역으로 추적하고자 한다. 유엔의 세계 인구성장 통계인 기원 전 10000년에서부터 기원 후 2050년대까지 세계 인구성장의 비율, 그리고 유엔의 세계 인구성장 통계인 기원 후(0-2021년)의 비교적 집계가 가능한 실제 세계 인구와 인구성장률이다. 이 통계는 비교적 가능한 집계로서 기원 전의 인구 통계보다는 정확성이 높다. 위의 것보다 더 정확한 유엔 통계로서 기원 전 1000년에서 기원 후 2000년까지의 유엔 통계에 따르면 주후 200년까지 세계 인구는 약 2억 5천만이었다. 그 후 주후 1000년경 3억 5천, 1600년경은 5억이었다. 세계 인구는 1800년대에 이르러 비로소 10억이 되었으며, 2000년대 이후 70억으로 급성장했다. 즉, 세계 인구증가는 일정한 상수나 함수적 방정식이 아니었다.

1500년까지 세계 인구가 배로 증가하는 데 약 1100년이 소요되었지만, 1800-2000년 사이 약 200년 동안 인구는 7배로 성장한다.[100] 만일 큰 변수가 없이 이와 유사한 상수의 비율로 성장한다면 2천 년대 이후 세계 인구는 70년 만에 배로 증가할 수 있다고 예상한다. 이와 같은 비율에 따라 역으로 추적할 경우 바벨탑 사건 이후 세계로 분산

---

100 https://www.science-at-home.de/wiki/index.php/Bev%c3%b6lkerungsentwicklung_
     seit_10.000_v._Chr; https://de.statista.com/statistik/daten/studie/1717/umfrage/prognose-
     zur-entwicklung-der-weltbevoelkerung/; https://weltbevoelkerung.info/prognosen/un.aspx

된 노아의 후손 시대(창 10-11장에서 70개 종족)의 인구에 근접하는 통계를 추정할 수 있게 된다.

인구가 아닌, 세계 종족별 성장과 관련하여, 통계에 편차 문제가 있지만, 일반적인 통계 기관에서 세계 인구를 종족별로 구분하면 큰 단위로서는 5,000에서 최대 7,000정도로 추정한다.[101] 그러나 세계의 모든 민족 구원을 열망하며 다수의 기독교 기관들이 협력하고 있는 한 선교기관의 예로서 "여호수아 프로젝트"는 전 세계 종족을 2만 4천으로 계수하고 있다.[102] 이는 미접촉 원시 민족까지를 포함하는 것으로 사료된다.

12. 오늘의 인류 - 노아의 후손

창세기의 원역사에서 시작하여 신약시대에 이르기까지 전체적인 인류 구속사에 따르면 모든 인류는 노아 홍수 이전에 아담으로부터 시작했고(창 4:17-26; 5:1-31), 노아 홍수 이후로는 노아의 후손들로부터 번성했다(창 10:1-32; 창 11). 만일 모든 세계 종족들이 노아의 후손들로부터 번성했다면 현재 우리의 지구촌, 특히 대륙별로, 어떻게 피부색이 다를 수 있는가 하는 타당한 질문을 하게 된다. 이 질문과 관련하여 일명 미토콘드리아-DNA를 분석하고 그로부터 돌출되는 관점에서 노아의 후손을 추정하고자 한다.

이러한 현상적인 질문이 있음에도 불구하고, 실제적으로는 지금까지 인간의 생태계가 어떤 종족이 타 종족과 분리되어 자체적으로 진화된 흔적도 증거도 없다는 사실이다. 성경의 기록은 우리에게 이 비밀을 알려주고 있다. "온 땅에 번성하고 충만하라"(창 9:1; 11:4)는

---

101 https://www.planet-wissen.de/kultur/voelker/naturvoelker/index.html
102 *"How many People Groups are there in the world?"*, in joshuaproject: https://joshuaproject.net/resources/articles/how_many_people_groups_are_there.

창조주 하나님의 명을 어긴 노아의 후손들에게 하나님은 바벨탑 사건을 통해서 그들의 언어를 혼잡케 하심으로써 언어가 상통하는 그룹들끼리 분리되어 세상으로 흩어지게 하셨다(창 11:1-9).

표면적인 현상은 흑인과 백인과 황색 인종일지라도 온 인류가 노아의 후손들로부터, 즉 동일한 선조로부터 출발하고 번성했다는 사실을 현대 과학적 기술인 유전자 연구와 다른 기술들을 참조하여 여러 각도에서 세계 종족들의 분포를 추적할 수 있다. 이로써 변화된 사람의 피부색깔은 비교적 짧은 세대에 걸쳐 발전될 수 있음을 알 수 있고(피부와 멜라닌 참조),[103] 아울러 현존하는 인류의 다양한 종족들이 실상은 오래되지 않은 시간 내에 서로 분리되었다는 연구 결과도 있다.

대표적인 유전자 연구 결과인 일명 미토콘드리아-이브(Mitochondrial-Eva)에 따르면 전 세계의 모든 종족들은 7만 년경에 살던 소그룹의 한 모태로부터 출발했다는 사실이다. 여기서 더 섬세한 연구가 이뤄진 미토콘드리아-DNA(Mitochondrial-DNA) 내의 돌연변이 비율에 의해 이 기간이 보정이 가능한, 즉 성경적인 기간으로 급격히 짧아질 수 있다는 점이다.[104] 진화론자들도 인류의 다른 인종들(유럽의 백인들, 중국인, 이누잇(Inuit/에스키모), 인디안, 흑인, 오스트레일리아의 원주민 애버리지니 등)이 서로 다른 선조가 아닌 동일한 선조의 후손들이라고 하는 데는 동의하면서[105] 동일한 동물 선조의 후손들이라고 주장한다. 그러나 진화론의 시각에서는 중국인과 오스트레일리아의 원주민 애버리지니는 서로의 다름의 발전이 있기까지 오랜 시간 분리되어 살았다고 주장한다.[106]

---

103 Don Batten (Hrsg.), a.a.O., 236-37.

104 Loewe L., und Scherer S., *Mitochondrial Eve: The Plot Thickens. Trends in Ecology and Evolution 12(11)*, 1997, 422-23; Wieland C., *A Shrinking Date for Eve, CEN Technical Journal 12(1)*, 1998, 1-3; Don Batten (Hrsg.), a.a.O., 226.

105 Don Batten (Hrsg.), a.a.O., 227. 235-39.

106 Ibid., 228-29.

13. 창조신학의 인식과 선포

우주의 기원과 관련된 맥락에서 다소의 방법론적인 차이는 있으나 본질에서는 대동소이한 물질사관의 진화론을 주장했던 이들로는 고대의 에피쿠로스(기원 전 341-271, 아덴)와 근대의 사상가들로서 바룩 스피노자(Baruch Spinoza, 1632-1677)를 언급할 수 있다. 그리고 변증법 이론의 주자인 프리드리히 헤겔(Friedrich Hegel, 1770-1831), 나아가 영국의 철학자 허버트 스펜서(Herbert Spencer, 1820-1903) 등을 열거할 수 있다. 그 누구보다, 헬라의 이방인 사상가로서 에피쿠로스보다 먼저 로고스 원리를 통해서 인간의 역사를 포함하여 무신론적 진화론 사상을 주장했던 철학자 헤라클리투스(Heraclitus, 주전 450경, 에베소)는 그 시조로 주목된다.[107]

이처럼 유구한 인류 역사를 지나는 동안 창세기의 원역사는 각종 우주관 또는 세계관적인 모델들의 공격과 비난과 조롱 속에서 때로는 성경적 변증(biblical apologetics)이 요구되는 계시이기도 하다. 모든 성경 해석에 있어서 대소의 공통분모가 있지만 창세기의 원역사는 더욱 그렇다고 하겠다.

여호와 하나님의 창조 기사와 말씀은 진화론과 무관하게 항상 진리의 말씀이다. 진화론이나 기타 다른 가설과 이론에 모순이 있기 때문에 상대적으로 성경이 성경되는 것이 아니라, 성경은 항상 성경이며 독자들이 신뢰할 수 있는 창조주 여호와 하나님의 말씀이다. 성경은 과학 백과사전이 아니고, 거기에 초점이 조율되어 있지도 않으나 다분히 과학적이다. 성경은 자연법칙인 과학을 결단코 반대하지 않고 다만 초월한다. 인류가 연구하고 응용하는 과학은 발전할 수밖에 없으나 성경 그 자체는 발전이 불필요한 완성된 진리의 말씀이다.[108] 이

---

107 Hans J. Störig, *Kleine Weltgeschichte der Philosophie*, Fischer Verlag, Frankfurt, 1988, 135-38; Johannes Hirschberg, *Geschichte der Philosdophie Bd.1, Alltertum und Mittelalter*, Komet Herder, Freiburg, 1988, 27-37.

성경은 수많은 선지자들이 수천 년의 실제적 역사 가운데서 경험하고 확신했으며 마침내 예수님과 사도들을 통해서 검증되고 확신된 사실이다. 성경은 과학 그 이상으로 길 잃고 방황하는 인생들에게 대안을 제공하며 그리스도의 복음 안에서 자유케 하고 삶의 의미와 미래를 약속하는 총체적 진리의 말씀이다.

이제 깨어 있는 그리스도인들은 외부의 비난과 공격에 주저하지 않고 계몽적인 차원에서라도 창조와 원역사를 세상에 알려야 한다. 이 점에서 독일의 신학자인 헬무트 틸리케(Helmut Thielicke)의 지혜 있는 신학활동이 그 한 예가 된다. 그는 성경의 과학성과 역사적 실제를 세상의 현실 속에서 도외시하고, 두 영역의 현실 속에서, 성경은 종교나 과학은 실제라고 편견하는 영역 속에서, 충돌하고 갈등하는 이웃과 그리스도인들에게 교회의 장벽을 깨고 접근했다. 그들의 눈높이에 맞추어 계몽적인 설교와 강의를 함으로써 큰 열매를 얻었던 것이다.[109]

14. 글을 마치면서: 올바른 분별과 순종으로 자유하라!

본 글에서 이미 확인한 바와 같이 창세기는 현대 과학적인 시각으로 세계를 이해하는 사람들로부터 그리고 잡다한 이론들과 가설들-신화의 결집, 편집설과 안식일 첨부설 등을 근거로 수많은 도전을 받고 있음이 자명한 사실이다. 그중에서도 창 1-11장의 원역사는 더욱 비난과 공격의 대상이다. 그 만큼 본문의 기록과 내용은 극과 극을 나누는 경계선이 되고 있다. 창세기와 함께 성경은 고증자료 없는 이미

108 Werner Gitt, *Fragen an den Anfang: Die Logik der Schöpfung*, Ken Ham, Jonathan Sarfati, Carl Wieland, cLv. Bielefeld, 2004, 9-11. Original: *The Most-asked Questions about Creation, Evolution, & the Book of Genesis Answered*, Acacia Ridge Queensland 4110, Australia, 1999.

109 Don Batten (Hrsg.), Ken Ham, Jonathan Sarfati, Carl Wieland, *Fragen an den Anfang: Die Logik der Schöpfung*, cLv. Bielefeld, 2004, 135.

지나간 영향력 없는 기사로 비난을 받으며 폄하를 당하기도 한다.

　이미 언급한 사회적 현상으로서 오늘날 성경을 바로 알고 믿고 신실하게 행하는 그리스도의 사람들은 창조의 실제를 의심하고 거부하는 강력한 시대적 흐름에서 직접, 간접으로 거대한 저항력에 부딪히고 있는 현실이다. 여기서 우리는 예수님이 엠마오로 가던 두 제자에게 영적인 눈을 열어 성경 말씀을 알게 하신 것처럼(눅 24:45) 성경의 바른 이해를 위해서 힘써야 한다. 그리고 살아 계신 하나님의 창조적 능력과 지혜의 말씀을 액면 그대로 받아들일 것인지 아니면 인간의 사고와 지성을 성경보다 더 추구할 것인지의 위험에서 올바른 분별력을 잃지 않아야 한다. 그리고 담대히 진리를 고수해야 한다.

　오늘날과 유사한 성경 비난의 저항과 방해는 이미 고대로부터 있어왔고 근세에는 프랑스 혁명과 더불어 전성기를 맞았던 계몽주의 사상의, 즉 합리주의, 인간의 이성과 그 논리적 사고에 기반을 둔 사상과 세계관의 착탄지가 되기도 했다. 그러나 복음의 능력은 여전히 역사하여, 계몽주의의 선구자적인 르네 데카르트(Rene Descartes, 1596-1650)의 실존주의적 주장을 강력히 반론하며 성경을 믿고 설파했던 과학자이며 철학자이자 신학자였던 블레이즈 파스칼(Blaise Pascal, 1623-1662)의 생애가 있었다. 불치의 병으로 투병하다 39세에 숨진 천재 파스칼의 성경적 믿음에 대한 저술은 그의 사망 이후 8년(1670년)만에 『종교에 대한 사고』로 출판되었다.[110] 그리고 18세기 이후 독일의 경건주의 운동과 선교를 통해 유럽의 부흥이 발발하여 마침내 북미와 전 세계의 선교역사에 획을 그었던 역사를 기억할 수 있다.

　오늘날 수많은 지성인 그리스도인들과 지성적인 비그리스도인들의 지적인 요구가 충족될 수 있는 근본적 지식은 바로 성경의 창조와 그리스도의 복음을 깨닫고 인정하고 자기 것으로 수용하는 것이다.

---

110 Blaise Pascal, *Gedanken über die Religion*, Henricus, 2019.

창조의 보화는 깨닫고 나면 실로 경이롭고 장엄하며 신묘막측하다는 말 외에 달리 표현할 길이 없다. 인류가 하나님의 창조가 아닌 무작위적으로 발생하여 목적도 방향도 없이 그 역사가 진화론적으로 진행되는 것이라면, 필자를 포함하여 많은 사람들은 인생의 아무런 의미와 가치를 발견하지 못할 것이다. 오직 총체적인 인식론의 근본과 방향에서, 무엇보다 자신의 삶 자체에서, 하나님의 창조와 그 원역사에 근거한 예수 그리스도의 복음을 통해서만 자유함을 경험하게 될 것이다. 아멘!

02

만물(萬物)과 동행하시는 하나님:
진화론과 창조론 논쟁에서 누락된 물(物)의 행위주체성에 대한 신학적 재해석

박일준 (종교철학)

"… 이는 하나님이 만유의 주로서 만유 안에 계시려 하심이라"

(개역개정, 고전 15:28)

"… so that God may be all in all" (NRSV, 1 Cor. 15:28).

진화론과 창조론은 과학과 신학의 관계에서 가장 뜨거운 주제로 부각되어 왔지만, 당시의 논의들을 돌아보면, 진화론을 주장한 이들이나 창조론을 주장한 이들이나 당대의 지식담론의 한계 속에서 제한된 정치적 입장들만을 반복했던 것으로 보인다. 이 과정을 통해 기독교 신학은 '신 없는 진화'에 대항하여 유신론적 진화 모델을 모색하기도 했고, 혹은 진화 자체를 비성서적으로 배타시하기도 하였다. 하지만 어느 쪽의 시도든 21세기 기후변화와 생태위기 시대에 재해석의 필요성을 갖는다.

본고는 진화론과 창조론의 논쟁들을 되돌아보면서, 그 논쟁 자체가 갖는 '행위자-네트워크'(actor-network)에 주목하며, 그 논쟁 담론의 행위주체성이 새로운 시대적 상황 속에서 새로운 담론의 네트워크를 형성할 가능성을 탐문한다. 기후변화와 생태위기에 직면하여, 진화론이나 창조론 모두 하나의 신학적 모델로서 지금과 같은 거대한 위기들에 대한 신학적 대안을 만들어 내기에는 이론적으로 그리고 실천적으로 무척 부족하며, 이 신학적 빈곤을 오늘의 눈으로 읽어내며 대안적 신학모델을 제시하고자 한다. 이는 당대의 논리들이 빈곤하기 때문이 아니라, 그 논리적 담론들이 적용되는 시대적 상황이 급격히 변했기 때문이다. 본고는 만물의 고통에 아파하시는 하나님을 전하는 바울의 신학과 땅과 바다와 더불어 만물을 생성하시는 하나님을 전하는 창세기의 텍스트에 근거하여 결론적으로 만물과 동행하시며, 물(物)의 행위주체성을 품고 동행하시는 신학적 모델을 궁리할 것이다.

1. 진화론과 창조론, 그 갈등을 돌아보다

　　종교와 과학, 보다 정확히 말하자면, 신학과 과학의 관계는 늘 갈등의 관계로 얽혀온 것만은 아니었다. 오히려 신학의 논리나 주장을 뒷받침하기 위해 과학이나 철학의 증거나 논리가 활용되어온 예가 신학의 역사 속에 상당수 존재한다. 대표적인 것이 바로 터툴리아누스의 "나는 불합리하기 때문에 믿는다"는 유명한 말이다. 발언의 맥락을 생략하고 들으면, 터툴리아누스의 이 말은 종교란 근원적으로 '불합리' 한 것이고, 종교적 믿음은 바로 이 '불합리성' 을 믿는다는 말로 들리지만, 이 발언의 맥락을 살펴본다면, 본래 의도는 오히려 그 정반대다. 터툴리아누스가 '불합리' 하다고 말하는 것은 바로 '죽은 자의 부활' 사건이다. 죽은 자가 다시 살아나는 것은 합리적으로 믿기 어려운 일이다. 그런데 상식적으로 믿을 수 없는 이 일을 사실이라고 주장하고 믿는 이가 있고, 그것을 주장하는 이도 다른 사람들이 자신의 주장을 비합리적이며 어처구니없는 일로 여길 것이라는 것을 알고 있다면 상황이 달라진다. 다른 사람들에게 '미친 사람' 취급을 받을 각오를 하고서라도, 누군가 그 불합리한 일이 사실이라고 주장한다면,

이제는 오히려 그 불합리한 것을 믿어보아야 할 논리적 근거가 생기는 것이다. 이는 종교 혹은 신학의 비합리적 역설을 강조하는 논리가 아니라, 오히려 아리스토텔레스의 삼단논법을 적용하여 신앙의 합리성을 변증하려는 시도였던 것이다.[1] 다시 말해서 부활에 대한 믿음의 근원적 불합리성과 역설을 논증하는 것이 아니라, 그 불합리한 것을 믿어보아야만 할 합리적 근거를 논변하고 있었던 것이다. 여기서 우리는 신학이 자신의 주장들을 논변하기 위해 세속의 논리, 특별히 철학의 논리들을 가져와 활용하고 있음을 주목하게 된다. 그렇게 종교와 과학, 보다 정확히는 신학과 과학은 상호작용하고 있었고, 신학은 철학 혹은 과학의 논리를 통해 자신의 이야기를 세상에 전달하고 있었다.

신학과 과학의 관계를 "갈등"이나 "전쟁"이라는 전투적인 어휘로 표현하기 시작한 것은 19세기 중반 존 윌리엄 드래이퍼(John William Draper, 1811-1882)의 『종교와 과학의 갈등사』(History of the Conflict between Religion and Science, 1875)와 앤드류 딕슨 화이트(Andrew Dickson White)의 『기독교 신학과 과학의 전쟁사』(History of the Warfare of Science with Theology in Christendom, 1896)에서 주창한 '갈등 이론' 이었다.[2] 드래이퍼는 한 손에 성서를, 다른 한 손에는 과학의 선구자들을 사냥하는 횃불을 들고 있는 신학자의 모습을 그려주었다. 화이트는 종교는 과학을 길러냈지만, 신학자는 과학을 질식시킨다는 논제를 전개해 주었다. 하지만 이런 갈등사와 전쟁사의 눈으로 종교 혹은 신학과 과학과의 관계를 조명하는 것은 주로 학문권력을 장악하고 있던 중세 신학자의 모습을 논쟁에 투사하여, 과학의 선구적 모습을 강조하는 도식으로 진행되며, 근대 문화의 큰 흐름이었던 '세속

---

1 데이비드 린드버그(David C. Lindberg) & 로널드 넘버스(Ronald L. Numbers), 『神과 자연: 기독교와 과학, 그 만남의 역사』(God and Nature: Historical Essays on the Encounter between Christianity and Science) 上卷, 이정배 · 박우석 역 (서울: 이화여자대학교 출판부, 1998), 52-53.
2 린드버그 & 넘버스, 『神과 자연』 上卷, 18.

화'의 줄기 속에서 신학에 대한 학문적 혐오가 무의식적으로 문화 차원에서 일어나고 있었다고 보는 것이 정당할 것이다. 말하자면, 당대의 학문권력을 놓고 신학의 주도권을 찬탈하고 싶었던 세속 인문학자들과 과학자들이 신학을 중세의 암흑권력으로 투사하면서, 종교와 과학의 갈등이나 전쟁이라는 이미지가 생산되고 소비되었던 측면이 강했던 것이다.

그런 와중에 1920년대 일어났던 소위 '원숭이 재판'은 이러한 세속 지식인들의 신학적 이미지를 결정적으로 정당화시켜 주는 사건이 되었다. 이 사건은 신학과 과학 간의 갈등을 가장 극적으로 표현하는 사건이 되었다. 1920년대 대선 후보로 세 번이나 출마할 만큼 정치력이 있었던 윌리엄 제닝스 브라이언(William Jennings Bryan) 검사는 1925년 미국 내 15개 주에서 진화론을 가르치는 것을 금지하는 법안을 통과시켰고, 테네시 주에서는 1925년 3월 13일 통과되었다.[3] 당시 24살의 과학교사이면서 풋볼코치였던 존 스콥스(John Scopes)는 이 테네시 주의 법을 무시하고 학교에서 진화론을 가르쳤고, 그로 인해 재판을 받게 된다. 이 재판의 구도를 선명하게 보여주는 장면은 이 재판의 검사인 브라이언이 데이튼 감리교회에서 재판이 있던 주에 설교를 하게 되는데, 이때 그 재판의 판사인 라울스턴(John T. Raulston)이 회중석에서 설교를 듣고 있었다는 점이다. 이는 재판이 일방적이라는 사실보다, 당대의 사회적 분위기가 어떻게 경도되어 있었는지를 보여주는 상징적 사건이다. 1심 재판에서 스콥스와 변호사는 이 재판을 주 법원으로 갖고 가 전국적 관심을 끌기 위한 전략을 구사했고, 이를 위해 배심원들에게 유죄판결을 요청한다.[4] 그리고 바라는 대로 100불의 벌금형을 받고 항소심으로 갔다. 하지만 테네시 주 법원은 판사가 아니라 배심원들이 벌금형을 부과하는 것이 적법치 않다는 이유로 판

3 Edward J. Larson, "The Scopes Trial" in Gary B. Ferngren ed., *Science & Religion: A Historical Introduction* (Baltimore: The Johns Hopkins University Press, 2002), 291.
4 Ibid., 293-94.

결을 번복하고, 주 대법원은 재판 자체를 '무의미하다'는 이유로 기각시킨다. 그럼에도 불구하고 이 재판은 전국적인 주목을 받았고, 피고측의 전략은 나름대로 성공을 거둔 셈이다. 당시 민주당의 거물급 정치인이었던 윌리엄 제닝스 브라이언이 검사였고, 스콥스의 변호인은 미국 시민자유연합의 클래런스 대로우(Clarence Darrow)였다는 사실만으로 이 재판이 얼마나 큰 이목을 주목시키고 있었는지를 가늠케 한다.[5] 재판이 전국으로 라디오 생중계되었다는 사실은 이 사건이 얼마나 세간의 주목을 끌었는지를 보여주는 정황적 증거다. 결론적으로 스콥스는 재판에서 패했다. 왜냐하면 당시 법은 진화론을 가르치는 것이 불법이었기 때문이다. 하지만 이 반진화론 법의 불공정성을 미국시민사회에 적극적으로 알리는 계기가 되었기 때문에 이 재판은 정치적으로 스콥스의 승리이기도 했다. 브라이언 검사는 "만약 진화론이 이긴다면, 기독교는 없어진다"고 강변했고, 대로우 변호사는 "스콥스 선생이 재판받고 있는 것이 아니라, 문명 자체가 재판받고 있다"고 호소했다. 하지만 현재 시점에서 당시를 되돌아본다면, 스콥스와 변호인의 전략은 드래이퍼와 화이트가 전개한 신학과 과학의 갈등사의 이미지를 현실적으로 확인해 주는 계기가 되었고, 결과적으로 신학과 교회는 진화론과 과학에 반대하는 몽매주의자의 이미지를 그대로 뒤집어쓰게 되었다.[6] 드래이퍼와 화이트의 갈등사에서 중세교회가 마녀재판과 이단재판을 통해 얻게 되는 바로 그 몽매주의자의 이미지 말이다.

비록 반진화론 법은 스푸트니크 쇼크의 영향을 받아 1968년에야 위헌판결을 받았지만 이 재판은, 종교 아니 정확히 말해서 기독교와 과학이 극심한 갈등과 대립관계 속에 있음을 모든 사람에게 각인시키는 결정적인 계기가 되었다. 하지만 기독교의 진리와 진화론이 대립한다는 극단적인 관점은 그때나 지금이나 극단적 보수주의 진영에서

---

5 Ibid., 290-92.
6 Larson, "The Scopes Trial," 297.

나 유통되는 관점일 뿐, 기독교 전체의 관점은 아니다. 아울러 과학이 신학에 의해 탄압받고 있다는 입장도 종교에 대해 강경한 입장에 서 있는 일부 과학자들의 입장일 뿐 과학자들 전체의 입장을 대변하는 것도 아니다. 하지만 이 재판은 종교와 과학을 서로 대립적인 입장에 세워두는 일반적 구도를 확립했다는 점에서 오히려 기독교 보수진영의 정치적 승리였는지도 모른다. 보수적 기독교인들을 내부적으로 결집하는 효과 면에서 보자면 말이다. 하지만 동시에 이는 세속 과학자와 지식인들의 승리이기도 했다. 호전적인 기독교와 신학의 몽매함에 맞서, 과학적 이성의 합리성을 주장할 수 있는 명분이 제공되었으니 말이다.

이 '원숭이 재판'을 통해, 이후 종교와 과학 간의 대립과 갈등은 흔히 '창조 대 진화'의 구도로 표현되었다. 소위 많은 보수적 기독교인들은 여전히 브라이언 검사의 말 즉 "만약 진화론이 이긴다면, 기독교는 없어진다"는 논리의 틀 속에 갇혀 있다. 그러한 강박관념이 소환한 아이디어가 바로 '지적설계론'(intelligence design)이었다. 본래 이 논증은 윌리엄 페일리(Willaim Paley, 1743-1805)의 유명한 목적론적 증명이었다. 그는 여기서 누군가 길에 떨어진 시계를 발견한다면, 그것이 우연의 산물일 수 없으며, 반드시 그것을 만든 시계제작자가 있다는 사실을 알게 된다는 논증을 통해 창조세계는 우연의 산물이 아니라, 하나님이 목적을 가지고 창조한 세계라는 논리를 전개하였다. 과학적으로 보아 이 세계는 매우 정밀한 법칙들이 작용하고 있고, 이 절묘한 법칙들이 결코 우연으로 만들어진 것으로 보기는 거의 불가능하다는 말이다. 사실 우주와 자연은 시계보다 더 정밀하게 조율된 시스템이다. 이러한 세계였기 때문에 인간이 출현할 수 있는 세계가 되었다. 왜 우주가 이렇게 인간이 출현하기에 적합한 지구를 갖게 되었는지를 단지 우연으로만 설명하기에는 한계가 있다. 이를 '인간원리'(anthropic principle)라고도 하는데, 지적설계론은 이런 시대적 분위기와 맞물려 신의 존재를 증명하는 논리적 증명으로 보수적 기독교인들에게 많이 인용되었다.

하지만 지적설계론은 안셀무스의 존재론적 신존재 증명이나 토마스 아퀴나스의 우주론적 신존재 증명과 마찬가지로, 그렇게 증명된 신이 우리가 믿는 기독교의 하나님이냐의 문제를 해소하지 못한다. 즉 지적설계론이 증명하는─설혹 증명한다면 말이다─신이 우리가 신앙적으로 믿는 기독교의 하나님인가는 별도의 또 다른 논리적 증명이 필요한 문제다. 하지만, 이 결론적인 문제와는 별도로 지적설계론을 기독교 신앙의 변증으로 사용하기에는 보다 심각한 결함이 내재되어 있었다. 지적설계론은 본래 근대 이신론주의자들이 우주의 합목적성을 증명하기 위해 고안한 논리였다. 즉 우주가 창조주 하나님이 계획하신 대로 돌아가도록 운행이 되고 있고, 도처에서 그 하나님의 오묘한 능력을 볼 수 있다면, 이 세계를 구원하기 위한 예수 그리스도의 대속은 필연적일 수 없으며, 성육신도 불필요하다는 논리였다. 그래서 근대의 이신론자들은 우주의 합목적성을 예수 그리스도의 대속사역과 삼위일체론을 부정하기 위해 사용했다. 즉 지적설계론은 계몽기 철학자들의 철학이론이지, 신학이 아니었다는 말이다. 이신론은 세계가 하나님 혹은 신에 의해 합목적적으로 창조되었다는 것을 인정한다. 하지만 이 창조주는 물리와 생물의 법칙으로 세계를 완전하게 창조한 후, 개입하지 않는다. 따라서 하나님의 초자연적 개입과 같은 것을 믿는 것은 미신이지 신앙이 아닌 것이다. 이런 맥락에서 예수 그리스도의 구원적 개입 또한 초자연적 하나님 신앙의 도착(perversion)이지, 올바른 신앙이 아니라고 이신론자들은 주장한다. 지적설계론은 이러한 이신론자들의 신 개념에 매우 적합한 논증이었고, 이는 비기독교인들에게는 논리적 설득력이 있었다. 또한, 다른 한편으로 기독교 신앙인들에게는 '하나님의 창조'를 긍정한다는 점에서 호소력이 있었다. 정치적으로 하나님은 창조세계에 개입하지 않으신다는 이미지는 계몽기 이후 세속정부의 수립 속에서 정교분리의 원칙이 제창되던 시절 여러 정치인들에게 매우 설득력있고 호소력있는 모델로 여겨졌다. 그래서 미국 건국의 아버지들이라 불리는 존 애덤스, 존 퀸시 애덤스, 토머드 제퍼슨 및 벤자민 프랭클린 등이 이신론자였다.

이 이신론적 신존재 증명이었던 지적설계론은 1980년대 후반 딘 케년(Dean Kenyon)의 『판다곰과 인간: 생물학적 기원의 핵심문제들』(Of Pandas and People: The Central Question of Biological Origins, 1989)에서 다시금 소환되면서 주목을 받는다. 그보다 일찍 마이클 덴튼(Michael Denton)은 『진화: 위기에 처한 이론』(Evolution: A Theory in Crisis, 1985)을 출판했는데, 여기서 그는 유전자 차원의 무작위적 변화의 결과로 복잡한 생명체가 생성된다는 다윈주의의 핵심을 정면으로 비판한다. 유전자 연구는 한 문에서 다른 문으로 넘어가는 분명한 전이를 보여주지 못하고 있으며, 골격구조에 대한 단순 비교나 생명의 계통수는 실제 증거와 들어맞지 않는다고 주장했다. 그렇지만 진화론의 위기가 정말 위기인 것은 과학적으로 이를 대체할 만한 이론을 아직 발견하지 못한 것이라고 덴튼은 주장했다. 딘 케년은 진화를 통해 설명이 되지 않는 부분들을 맞출 수 있는 유일한 개념이 바로 '지적설계'라고 주장했고, 이를 이어 법학교수 필립 존슨(Philip E. Johnson)은 1991년 『법정에 선 다윈』(Darwin on Trial)에서 진화를 법정에 선 피고로 심리하는 설정에서, 과학과 진화의 기본교리를 논쟁하고, 창조론을 홍보하면서 지적설계론 운동을 전개하였다. 이 운동에 결정적인 힘을 보탠 것은 생화학자 마이클 베히(Michael Behe)의 『다윈의 블랙박스: 진화에 대한 생화학의 도전』이었다. 법학자였던 필립 존슨과 달리, 마이클 베히는 생물학 연관 분야의 전공자였다는 점에서 그의 지적설계론 지지는 매우 강력한 지적 호소력이 있었다. 생물 유기체의 생화학 시스템에는 "환원불가능한 복잡성"(irreducible complexity)[7] 이 존재하며, 이는 생명과정은 진화과정의 산물이 아니라 지적설계의 결과임을 보여준다는 것이 그의 주장의 핵심이다.

이 지적설계론이 창조론 운동의 일환으로 전개되면서, 논쟁은 더욱 더 뜨거워져만 갔는데, 진화생물학자 리처드 도킨스(Richard Dawkins)가 진화론자의 입장에서 이 논쟁에 뛰어든 것이 결정적인 계기였다. 무신론자로서 도킨스는 창조과학과 지적설계론의 맹렬한 비판자였다. 1986년 출판된 그의『눈 먼 시계공』(The Blind Watchmaker)은 지적설계론이 자주 예화로 인용하는 페일리의 시계제작자 비유를 조롱조로 패러디하고 있는 데서, 도킨스의 의도를 한 눈에 알아볼 수 있다. 시계처럼 혹은 그보다 훨씬 복잡한 유기체가 초자연적 설계자에 의해 만들어졌다는 논증에 반대하여, 도킨스는 그 시계공은 눈이 멀었다(blind)고 표현하면서, 자연선택은 결코 어떤 설계자에 의해 이끌려 가는 과정이 아니라고 강변한다. 더 나아가 도킨스는 초자연적 설계자가 있다는 신앙적 믿음을 "신 망상"(God delusion)이라고 표현하는데, 2006년 출판한 그의 책 The God Delusion의 제목이기도 하다. 착각(illusion)은 A라는 대상을 B라고 혼동하는 데서 오는 착오이지만, 망상(delusion)은 '없는 것을 있다고 믿는 오류'라고 정의하면서, 자연과정에 초자연적 설계자로서 창조자가 존재하고 개입한다는 믿음은 그저 '신 망상'에 불과하다고 비난한다.[8] 그가 1976년『이기적 유전자』의 저자로 이미 널리 알려진 유명한 과학자였기에 그의 창조론과 지적설계론 비판은 매우 큰 주목을 받았으며, 한국에서도 '신 망상'은『만들어진 신: 신은 과연 인간을 창조했는가?』(2007)로 번역 출판되면서, 수만 권의 책을 팔았을 만큼 주목을 받았고, 전 세계적으로 300만 부 이상의 판매고를 올렸다. 2002년 2월의 TED 강연에서는 스스로를 "투사적 무신론자"(militant atheist)라고 자처하며, 불합리한 종교적 믿음과의 투쟁의 선봉에 선다. 그는 정치적 이데올로기만큼이나 종교적 믿음이 인류에게 유해하다고 믿는다.

---

7 Michael J. Behe, *Darwin's Black Box: The Biochemical Challenge to Evolution*, 10th Anniversary Edition (New York: Free Press, 2006), 42-45.

8 Richard Dawkins, *The God Delusion* (London: Black Swan, 2006), 27-28.

창조론과 지적설계론에 대한 그의 반감은 상대적으로 진화론에 대한 그의 확고한 신봉 때문이다. 도킨스의 진화에 대한 이해는,『이기적 유전자』에 나와 있는 대로, 유전자-중심의 관점이다. 그는 진화의 진정한 주체는 유전자이고, 유기체는 그의 운반체(vehicle)에 불과하다고 본다. 그래서 유기체가 담지한 생존과 번식의 본능이란 결국 그 유기체가 담지한 유전자들을 다음 세대로 전달하기 위해 유전자들이 만들어낸 욕구와 충동에 불과하다. 또한 유기체들의 이타주의적 협동도 그 종의 유전자들이 만들어낸 마음에 불과하다. 하지만 도킨스의 이러한 진화 이해가 진화에 대한 다양한 관점들과 매우 잘 어울리고 있는 것은 아니며, 그렇기 때문에 그에 대한 학문적 반론과 논쟁이 필요하지만, 그는 진화 혹은 더 정확히 말해서 자연선택의 다양하게 가능한 방식들에 대한 깊은 토론으로 나아가지는 않는다. 이런 점에서 그의 유전자-중심의 진화이해는 '과학적'이라기보다는 오히려 '과학주의'(scientism)에 더 가까워 보이기도 한다.

그럼에도 불구하고, 우리는 도킨스의 전투적인 무신론을 통해 기독교에 대한 시대적 반감의 정도를 볼 수 있다. 따라서 신학과 교회에 대한 반감을 창조론이나 지적설계론을 통해 누그러뜨리거나 제압할 수 있다는 생각은 매우 비효율적인 전략임을 예감한다. 오히려 도킨스의 전투적 무신론은 미국의 보수적인 기독교 집단에서 보여주는 전투적 창조론에 대한 반작용으로 보는 것이 더 설득력이 있다. 기독교가 문화의 바탕이 되는 미국에서의 상황이 이렇다면, 기독교가 문화의 주류가 아닌 한국에서의 상황은 더욱 더 위험할 수 있다. 2021년 한국갤럽의 종교인구 통계조사에 따르면, 현재 종교를 갖고 있다고 대답한 사람은 조사집단의 40%였고, 종교가 없다고 답한 사람의 비율이 60%였다. 말하자면 현재 한국 문화지형의 주류는 종교인이 아니라 무종교인인 셈이다.[9] 한때 각 종교의 종교인구를 합하면 대한민

---

9 한국갤럽, "한국인의 종교 1984-2021 (1) 종교현황",「갤럽리포트」. Online: https://www.gallup.co.kr/gallupdb/reportContent.asp?seqNo=1208. 접속일: 2022.09.15.

국 인구보다도 많다면서, 대한민국은 문화적으로 매우 종교적이라고 간주되었던 문화지평이 최근 급격하게 바뀌고 있는 것이다. 이 통계 중 개신교 신자의 비율은 전체 통계에서 약 17%를 차지하는데, 여기 에도 '허수'가 있다. 즉 개신교 사이비 단체들, 예를 들어 '신천지' 나 '통일교' 혹은 'JMS' 같은 단체들의 신자들은 자신을 '개신교인' 이라고 답할까 아니면 '기타 종교의 신자'로 대답할까? 말하자면 개 신교 17%에는 개신교 유사종교집단의 통계가 함께 포함되어 있을 것 으로 생각될 수 있기 때문에 개신교 인구는 10-15% 내외일 것으로 추 론할 수 있다. 전체 인구의 60%가 무종교인이고, 개신교 인구는 인구 평균 10명 당 1.5명 정도 수준이라면, 한국에서 개신교가 문화의 주 류라고 말하기는 어려울 것이다. 이런 상황에서 창조론이나 지적설계 론을 통해 기독교의 우월성을 변증하는 선교전략은 실효성이 없을 뿐 만 아니라, 자칫 내부결집을 강화하면서, 외적으로 배타적인 반응들 을 불러 일으킬 가능성이 더 높다. 실제로 개신교 집단을 '개독교'라 부르는 일들이 빈번하다는 것은 개신교에 대한 인구 다수의 거부감이 점점 더 높아지고 있다는 것을 반증한다. 따라서 창조 대 진화의 이분 법이라는 구조와 틀 속에서 개신교 신자들의 내부적 결집을 위해 제 시되는 창조론과 지적설계론은 선교적으로 매우 비효율적일 수밖에 없다.

2. '자연선택'(natural selection) 개념의 재구성: 자연을 해석하는 적자생존과 무한경쟁 개념을 넘어서

우리는 진화론과 창조론의 대립과 논쟁이 정치적인 보수와 진보 의 전선과 중첩되고 있음을 주목해 보아야 한다. 즉 우리의 신앙이 정 치적 이데올로기로 변질되는 지점을 말이다. 물론 정치가 신앙을 통해 순수성을 회복하는 순간이 있을 수도 있지만, 정치와 신앙이 중첩되는 대목은 대개 신앙이 정치적 이데올로기로 전락하는 순간인 경우가 많다. 개신교가 이 이분법적 함정에 빠지게 되면, 혐오의 정치와 팬덤정치의 수단으로 신앙이 전락하고 말 것이다. 이런 맥락에서 진화론에 대한 과학적 이해에 기반한 신학적 대안구상이 절실하다고 볼 수 있다.

에른스트 메이어(Ernst Meyer)는 자연선택은 적자생존과 약육강식을 설명하는 것이 아니라, 변이(variation)와 선택(selection proper)의 두 메커니즘으로 구성되어 잠재적인 미래의 환경변화에 대한 종의 적응력을 높이는 데 목적이 있다고 말한다.[10] 유기체 개체들은 가급적 미래의 환경변화를 고려하여 다양한 유전적 변이들을 만들어 대비하고, 변화된 환경에 적합한 개체들이 자연의 선택을 받아 생존을 이어가는 과정이 자연선택이라는 것이다. 환경은 계속해서 변화하지만, 현재 시점에서 유기체가 미래의 환경을 정확히 예측하기란 거의 어렵다. 환경변화를 야기하는 변수들이 너무나도 많이 존재하기 때문이다. 기후변화를 예측하기 어려운 것도 마찬가지로 아주 작은 변수가 큰 변화를 야기할 수 있기 때문이다. 이를 "나비효과"(butterfly effect)[11] 라고 부른다. 아마존 숲 속의 작은 나비의 날갯짓이 다른 요인들과 함께 얽히고 증폭되어, 텍사스만의 거대한 허리케인으로 발전할 수 있다고 비유적으로 설명한다. 물론 이러한 변화가 일어나기 위해서는 나비의 날갯짓 외에 수많은 변수들이 함께 작용해야 하고, 그 많은 변수들을 아주 엄밀하게 예측하고 통제하기란 거의 불가능하다. 환경의 변화도 마찬가지다. 유기체와 환경이 서로 엄격하게 구별된 것이 아니라, 다른 유기체는 그와 다른 유기체의 환경적 조건이 되고, 이는 모든 유기체들에게 공히 동등히 적용되는 원리라서, 환경변

---

10 Ernst Mayr, *This Is Biology: The Science of the Living World* (Cambridge, MA: Harvard University Press, 1997), 188.
11 제임스 글리크(James Gleick), 『카오스: 현대과학의 대혁명』(*Chaos: Making a New Science*), 박배식 · 성하운 역 (서울: 동문사, 1993), 21-46.

화를 야기하는 조건들도 기후변화만큼이나 무척 복잡하고 정교하다. 따라서 현재를 살아가는 유기체가 예를 들어 30년 후의 환경과 기후의 변화를 예측하고, 그에 대비하여 후손을 만들어 낸다는 것은 불가능한 시나리오다. 현재의 유기체가 할 수 있는 최선의 전략은 다양한 환경변화들에 대비해서 가급적 많은 수의 '변이들'을 만들어내는 것이다. 이 변이들 중에서 미래의 환경변화에 가급적 많은 개체들이 살아남기를 바라면서 말이다. 그리고 환경에 적합한 개체들이 살아남는 과정을 메이어는 "적절한 선택"(selection proper)[12] 이라고 부른다. 물론 이는 환경이 주체적으로 개체를 선택한다는 단순한 의미가 아니다. 유기체와 환경의 상호작용을 통해 서로가 공생에 적합한 삶의 조건들을 함께 만들어 나간다는 의미일 것이다.

메이어의 변이와 선택으로서의 자연선택 개념은 적자생존과 약육강식의 관점으로 자연선택에 대한 이해를 몰고갔던 극단적 관점들에 일침을 가한다. 사실 다윈은『종의 기원』을 저술하면서, 생명체의 기원을 의도했던 것은 아니다. 창조세계가 시작된 시점부터 지금까지 직선적인 진화를 통해 생명체가 발전하고 진보해 왔다는 관점은 사실『종의 기원』에 담겨있지 않다. 오히려 다윈이 말한 '종의 기원'은 바로 한 종 내에서 변이들이 일어나는 곳, 즉 그 종의 경계를 말한다. 종의 경계를 넘나들 만한 변이들이 계속 발생하는 거기에서 새로운 '종'이 기원한다는 사실을 말한다. 즉 종의 기원은 적자생존과 약육강식의 법칙 아래서 생존을 향한 경쟁을 통해 발생하는 것이 아니라, 오히려 모든 생물 유기체가 다양한 환경과 세계의 변화를 대비하여, 종의 다양성을 증가시켜 종의 미래를 대비하는 과정에서 일어난다. 그리고 환경이 변화되어 선택압력이 가중되면, 지금까지 주류 종이었던 종류가 멸종하고, 변화한 환경에서 살기에 더 적합한 변이 종이나 새로운 종이 주류를 차지하게 된다. 이 과정은 유기체와 환경의 끊임없는 상호작용의 일환이지, 결코 적자생존과 약육강식의 법칙에 따른

12 Mayr, *This Is Biology*, 188.

것이 아니다.

  메이어의 자연선택 개념은 '자연선택'이 적자생존과 약육강식이
아니라, 환경과의 상호작용이라는 생각의 문을 열어주었다. 이를 다
른 말로 표현하자면, 자연선택은 유기체가 환경의 변화에 '주체적으
로 적응'하는 과정이 아니라는 것이다. 즉 '적응'(adaptation) 개념을
사용할 때, 개별 유기체가 환경에 적응하여 살아남는다는 의미로 쓴
다면, 이는 잘못된 용어 사용이다. 개별 유기체가 주체적으로 환경의
변화에 '적응'하도록 노력하거나 시도할 방법은 처음부터 없다. 유
기체는 한 번 태어나면, 자신의 타고난 구조와 체질을 바꾸는 데에는
절대적인 한계가 있다. 유기체가 수십 년 후의 환경변화를 미리 예측
하여 준비하기란 불가능하기 때문이다. 단지 현재의 환경적 조건이
지속된다는 전제 하에서 유기체가 기존의 적응된 형태를 유전을 통해
다음 세대로 전달하려는 성향을 갖고 있을 뿐이다. 하지만 유기체가
주도적으로 적응을 위한 유전적 설계를 시도하거나 학습을 통해 재설
계를 시도할 수는 없다. 즉 이 관점에서 보자면, 선택의 주체는 유기
체가 아니라 환경인 셈이다.

  하지만 유기체는 환경에 '적응'(adaptation)하는 대신, 주어진 환
경을 자신의 삶에 이로운 환경으로 재구성하며 살아간다. 이를 "적소
구성"(niche construction)[13] 이라고 한다. 에스토니아 출신의 생물학자
야콥 폰 웍스퀼(Jacob von Uexküll)은 유기체는 환경을 자신의 감각인
지에 맞게 "주변세계"(Umwelt)[14] 로 재구성한다고 밝혀준다. 이는 유
기체가 바깥 세계를 있는 그대로 받아들이는 것이 아니라, 자신이 갖
고 있는 감각기관들의 한계 내에서 외부 세계를 감지하고 인지할 수
있기 때문이다. 즉 자신의 감각적 역량들 내에서 외부세계를 자신의

---

13 Andy Clark, *Supersizing the Mind: Embodiment, Action, and Cognitive Extension* (Oxford: Oxford University Press, 2011), 61.
14 Jesper Hoffmeyer, *Biosemiotics: An Examination into the Signs of Life and the Life of Signs* (Scranton: University of Scranton Press, 2008), 171-76.

'주변세계'(Umwelt)로 재구성하는 셈이다. 예를 들어 진드기는 시각과 청각을 갖고 있지 않다. 따라서 진드기는 시각과 청각에 많이 의존하여 세계를 인식하는 인간과는 다른 모습의 세계를 구성한다. 진드기는 포유류의 열이 발산될 때 방출되는 부티르산을 감지하는 데 감각이 특화되어 있다. 그래서 진드기는 나무 위로 올라가 매달려 있다가 그 아래를 지나가는 포유류의 열을 부티르산 감지를 통해서 인식하고 뛰어내려, 포유류의 피부층을 뚫고 들어가 서식하며 포유류의 피를 통해 식량을 얻는다.[15] 박쥐의 경우도 시각을 통해 세계를 인식하지 않는다. 박쥐는 초음파를 사용한다. 따라서 박쥐가 인식하는 세계도—비록 우리 인간과 동일한 시공간에 존재한다 할지라도—우리 인간이 인식하는 세계와는 다른 모습으로 인식하게 된다. 주위환경에 대한 서로 다른 인식은 주어진 환경에서 자신의 생존과 번식에 중요한 정보들을 중심으로 환경을 재구성하여 인식한다는 것을 의미한다.

하지만 유기체의 환경의 재구성, 즉 자신의 주변세계(Umwelt) 구성은 단지 서로 다르게 '인식'하는 차원에 그치지 않는다. 예를 들면, 비버는 자신의 서식지 주변 강가에 댐을 지어 집을 짓고 먹이감을 찾으며 살아간다. 숲에서 적당한 나무의 밑동을 갉아 쓰러뜨리고 물가로 끌고 가 적당한 위치에 배치하는 과정을 수도 없이 반복하면서 비버는 댐을 짓고, 빈틈에는 진흙을 발라 틈새를 채운다. 이 댐을 만들고 보수하고 확장하는 일이 비버의 생애에서 가장 큰 비중을 차지하는 일이다. 비버가 댐을 짓는 이유는 수심을 깊게 하여 포식자가 자기 주변으로 접근하는 일을 막기 위해서다. 댐을 만들어 수심을 깊게 할수록 포식자가 집으로 쳐들어올 가능성이 줄어들기 때문에 가급적 댐을 크게 만들어 수심을 깊게 한다. 이 비버의 댐은 유기체가 '주변세계'를 자신에게 적합한 '적소'로 재구성해 나가는 과정(niche construction)에 잘 들어맞는 예가 된다. 비버가 들어와 댐을 짓기 시작한 숲은 이제 습지라는 환경으로 결정적으로 바뀌게 된다. 비버 댐으

---

15 Ibid., 171.

로 가두어진 물이 주변환경을 습지로 바꾸어 버리는 것이다. 따라서 비버댐은 유기체들이 주어진 환경을 자신의 삶의 역량에 맞게 만들어 나가는 것을 보여준다.

　이는 사실 인간 세계에서도 흔하게 일어난다. 똑같이 물품을 회사 로부터 지급받아도, 각자의 일하는 스타일에 맞게 자기 책상을 만들 어가는 것도 '적소 구성'의 한 예가 된다. 이렇게 유기체와 환경은 서 로 상호작용을 주고받는다. 그리고 아마도 한 유기체의 존재는 다른 유기체에게 환경의 일부가 되고, 주변 유기체들의 서식상태에 따라 자신에게 맞는 생존의 방식들을 구사하며 살아가는데, 이 모든 과정 은 단순히 '적자생존'과 '약육강식'의 관점만으로는 설명되지 않는 다. 유기체와 환경의 상호작용은 오히려 '얽힘'(entanglement)의 관점 으로 조망하는 것이 더 적절할 것 같다. 즉 환경은 주어진 자연적 배 경으로서, 그 위에서 우리는 유기체들의 상호작용만으로 자연이나 환 경을 고찰하는데, 사실 유기체와 환경은 생명있는 존재들과 생명없는 존재들이 함께 어울려 구성하는 것으로, 비버의 댐으로 인해 숲의 환 경이 습지로 바뀌면서 거기에 살아가는 생태 구성원들의 모습이 달라 지는 것을 통해 우리는 무엇이 유기체이고 무엇이 환경인지를 규정하 기란 쉽지 않다는 것을 알 수 있다.

　여기서 우리는 '자연선택'이 적자생존과 약육강식으로 구성된다 는 관점의 오류를 보게 된다. 자연선택은 유전자-유기체-환경의 상호 얽힘 속에서 일어나는 상호작용 혹은 "내적-과정"(intra-action)[16] 이 다. 적자생존과 무한경쟁 그리고 약육강식이 부각되어 보였던 이유 는 진화를 오로지 유기체중심주의의 눈으로 혹은 유전자중심주의로 읽어낼 때에만 가능한 일이다. 따라서 적응이 아니라 적소 구성의 관 점으로 자연선택의 과정을 읽게 된다면, 주변세계와 다른 유기체들의

---

16 Karen Barad, *Meeting the Universe Halfway: Quantum Physics and the Entanglement of Matter and Meaning* (Durham: Duke University Press, 2007), 178. 바라드는 존재의 상태 를 '얽힘'(entanglement)이라고 본다. 그래서 모든 상호작용은 이 '얽힘' 안에서 일어나기 때문에 'inter-action'이라기보다는 'intra-action'(내적 작용)이라고 주장한다.

생리에 어떻게 반응하느냐가 관건이 된다. 물론 포식자에 대한 대응도 이 과정에 포함될 것이다. 그렇다면, 우리는 원숭이 재판과 그 이전의 진화론 논쟁에서 논쟁거리가 되었던 대목, 즉 '우리가 원숭이의 후손이란 말인가?' 라는 물음제기와 '왜 현시대를 살아가는 원숭이는 인간으로 진화하지 않는가?' 라는 물음이 자연선택을 과학적으로 전혀 이해하지 못한 데서 나오는 질문임을 알 수 있다. 사실 자연선택은 유기체의 '진보'(progress)를 말하는 것이 아니라, 다양성의 증가를 설명하고 있었고, 그 다양성의 증가는 환경의 선택압력에 따라 새로운 종을 만들어 낼 수도 있다는 사실을 설명하고 있었다.[17] 그리고 그 환경의 선택압력 하에서 유기체는 자신의 주변환경을 '주변세계'로 '적소 구성'해 내면서, 적응이 아니라 환경과의 상호작용을 통해 함께 '삶' 혹은 생명의 과정을 구성해 나아가는 것이다. 따라서 이런 맥락에서 유기체를 '자가생산'(autopoiesis)이 아니라 '함께-만들기' 혹은 '공-생산'(sympoiesis)[18] 으로 정의해야 한다고 주장한 도너 해러웨이의 말은 적실한 표현이라고 말할 수 있다.

3. 함께- 만들기(sympoiesis)의 과정으로서 진화

현대 진화생물학에서는 자연선택의 단위에 대한 논쟁이 있다. 우리가 통상 알고 있는 자연선택 개념, 즉 적자생존과 약육강식이라는 틀 속에서 생각되는 자연선택의 기본 단위는 개체(individual)다. 여러 개체들이 생존을 위한 경쟁을 하고, 그 경쟁에서 승리한 적자(the fittest)가 살아남는다는 개념 말이다. 그리고 이때 '적자'란 늘 우리

---

17 스티븐 제이 굴드(Stephen Jay Gould), 『풀하우스: 진화는 진보가 아니라 다양성의 증가다』 (Full House: The Spread of Excellence From Platon to Darwin), 이명희 역 (사이언스북스, 2002), 특별히114, 190. 아울러, Richard Lewontin, The Triple Helix: Gene, Organism, and Environment (Cambridge, MA: Harvard University Press, 2000), 41.
18 Donna J. Haraway, Staying with the Trouble: Making Kin in the Chthulucene (Durham: Duke University Press, 2016), 58.

인간들이 갖고 있는 경쟁 개념의 틀 속에서 생각되기 때문에 '강한 자가 살아남는다'는 문화적 무의식이 생물의 세계에 투사되어, '약육 강식'이라는 생각을 갖게 된다. 하지만 자연선택 과정은 '적자생존'이 아니라 "비적자 제거과정"(the elimination proess of the unfit)[19] 이라고 메이어는 말한다. 다양한 변이들이 만들어지고, 변화하는 환경에 부적합한 개체들이 제거되는 과정이 자연선택의 과정이라는 말이다.

특별히 리처드 리원틴(Richard Lewontin)은 변이와 선택으로 이원화되어 있는 듯이 표현되어 있는 자연선택의 과정에 유기체의 발달 과정을 포함시켜, 실제로 자연선택은 유전자와 환경 간의 상호작용에 그치는 것이 아니라, 유기체의 발달과정이 상호과정의 '소음'으로 작용하면서―유전자를 이중나선으로 표현한 것에 빗대어―삼중나선(Triple Helix)으로 작용한다고 역설한다.[20] 다시 말해서, 변이와 선택으로 구성된 자연선택 과정에 유기체의 발달과정은 교란을 야기하는 발달적 소음을 일으키는데, 이를 통해 자연선택 과정이 결과가 정해진 과정이 아니라, 창조성이 개입하는 과정임을 의미한다. 즉, 이는 곧 유기체가 진화과정에 참여하는 주체들 중 하나라는 말이다. 다시 말해서 유기체는 주어진 환경에 적응할 뿐만 아니라 자신이 살아가는 환경을 자신의 역량에 맞게 개조하고 바꾸어 나갈 수 있는 역량이 있고, 이러한 과정들이 유전적으로 전달될 수 있음을 암시한다.[21] 말하자면 진화는 결코 약육강식과 적자생존 개념으로 획일화시킬 수 없는 복잡성을 담지하고 있다는 말이다.

게다가 '약육강식'은 포식자가 피식자를 잡아먹는 과정을 가리키는 말인데, 이 포식자-피식자 시스템은 결코 '약육강식'이 아니라, 오히려 자연 생태계의 자연스런 조절작용의 일부다. 즉 동물들의 먹고 먹힘의 관계도 생태계의 상호작용 안에서 작동하고 있다. 배부른

19 Mayr, *This Is Biology*, 188-89.
20 Lewontin, *The Triple Helix*, 36.
21 Alfred N. Whitehead, *Science and the Modern World: Lowell Lectures, 1925* (New York: The Free Press, 1967), 111-12.

사자는 결코 먹이를 사냥하지 않는다. 언제나 자신의 생존에 필요한 만큼만 사냥할 뿐만 아니라, 이 포식 유기체는 생태계 조절과정에 참여한다. 이를 방증하는 실험이 1995년 미국 옐로스톤 국립공원에서 있었다. 1800년대 미국인들은 가축을 잡아먹는 늑대와 같은 포식자들을 사냥했고, 1926년경 옐로스톤 지역의 늑대는 사라졌다. 포식자가 사라지자 초식동물의 수가 급격히 증가하면서, 먹을 것이 부족한 초식동물들이 묘목까지 먹어 치우면서, 숲은 황폐화되었고 생태계는 파괴되었다. 이의 심각성을 인지한 환경단체들이 생태계 복원을 위해 캐나다에 서식하던 늑대 14마리를 국립공원에 방사하였고, 25년이 지나면서 생태계는 다시 본래의 모습을 찾아갔다. 포식자 없는 생태계가 '낙원'을 의미하는 것이 아니라, 생태계의 황폐화를 의미한다는 사실을 이 사례를 통해 알 수 있으며, 또한 포식자라는 존재도 이 생태계의 조절작용 안에서 존재한다는 것을 알려주는 예인 것이다. 물론 생태계 복구가 비단 포식자인 늑대를 방사하는 것만으로 해결되었다고 쉽게 이야기하기는 어려우나, 이 사례는 생태계 혹은 자연이 단지 '포식자-피식자'의 관계로만 구성되는 것이 아님을 알려준다. 즉 포식자-피식자 관계는 생태계의 일부인 것이지, 결코 그 단순한 이분법적 관계를 통해 생태계나 자연을 전부 설명할 수는 없다는 말이다.

그래서 해러웨이는 살아있는 유기체들의 관계를 '함께-만들기'(sympoiesis, 'making-with')의 관계라고 주장한다. 이는 유기체들의 고유한 특성을 '자가생산'(autopoiesis)이라고 보는 관점의 결함을 보완하기 위해서 제안된 개념이다. 일찍이 칠레의 생물학자 움베르토 마투라나(Umberto Maturana)와 프란시스코 바렐라(Francisco Varela)는 유기체의 고유한 특성을 '자가생산'(autopoiesis)이라고 규정했는데, 이는 살아있는 유기체는 자신의 생존을 위해 스스로 필요한 것을 만들어내는 시스템이라고 본 것이다. 그리고 이 점이 무기물과 유기체의 결정적인 차이라고 생각했다. 하지만 해러웨이가 보기에 유기체에 관한 이 정의는 유기체들이 갖는 정말 근원적이고 결정적인 특성을 간과하고 있었다. 즉 그 어떤 유기체도 홀로 존재하지 않는다. 우리가 생물학적으로 '개체'(individual)라고 정의해 왔던 것들은 사실 개체라기보다는 집합체(the collective)라고 불려야 마땅할 만큼 다양한 생물존재들과 함께 공생하고 있으며, 이 공생의 관계는 결코 낭만적인 상호호의의 관계만은 아니다. 예를 들어, 인간은 음식물을 섭취하여 소화하기 위해 수많은 미생물들과 더불어 공생하고 있다. 하지만 이 미생물들과 박테리아가 인간에게 결코 우호적인 존재들만은 아니다. 인체의 면역기능이 정지하면 이 박테리아들은 인간의 내장벽을 파먹어 들어가기 시작하는데, 사체에서 심한 악취가 나는 것은 이 때문이다. 즉 그 미생물들은 인체에 매우 해로울 수 있는 위험한 존재들이다. 그런 존재들과 더불어 '나' 아니 보다 정확히 말해서 '우리'는 함께 살아가면서 삶을 만들어 나간다.

해러웨이는 '함께-만들기' 즉 "심포이에시스"의 예로서 꿀벌과 꿀벌난초를 든다. 프랑스 남부지방에는 꿀벌난초(bee orchid)가 서식하고 있는데, 이 식물의 꽃이 암벌의 생식기 모양을 닮았다고 한다. 그래서 이 꽃을 보고 날아오는 꿀벌들은 이 꽃을 암벌로 인식하고 날아오는 셈이다. 이 꿀벌이 다가오면, 꿀벌난초는 수분(polination)을 위해 꽃가루를 꿀벌에게 묻히고 꿀벌이 원하는 꿀을 제공한다. 꽃은 수분을 위해 꿀벌이 필요하고, 꿀벌은 꿀이 필요하기 때문에 꽃이 원하는 수분을 해주는 대신 꿀을 얻는다. 자연계의 모든 관계가 다 이렇다고 말할 수는 없겠지만, 이 꿀벌난초와 꿀벌의 관계를 예로 들면서 해러웨이가 하려는 이야기는 매우 분명하다. 자연 생태계 속 유기체들 간의 관계는 결코 '적자생존'과 '약육강식'으로만 설명할 수 없는 훨씬 더 복잡한 관계들 속에 있고, 그 관계들이 지향해 나아가는 것은 '함께-살아가기'(sympoiesis)라는 것이다. 그리고 포식관계는 그 중 극히 작은 일부일 뿐이라는 것이다. 또한 유기체들은 자기 스스로 필요한 것들을 만들어내는 시스템이기보다는 오히려 다른 존재들 혹은 다른 종들과 더불어 '함께 삶을 만들어나가는 존재들'이라는 것이다. 만일 기후변화와 생태위기로 꿀벌이 멸종한다면, 꿀벌난초에게는 어떤 일이 일어날까? 마지막 한번은 자가수정을 통해 꿀벌난초가 꽃을 피울 수 있다고 한다. 그리고 그 꽃은 멸종한 꿀벌들에게 암벌이 어떻게 보이는지에 대한 마지막 기억이 될 것이고, 이후 꿀벌난초도 멸종의 길을 걷게 될 것이다. 수분의 다른 매개자를 찾지 못한다면 말이다.[22]

자연선택(natural selection)이란 이처럼 복잡한 생태적 얽힘의 과정을 동반하며, 그것은 '적자'를 선택하는 과정이 결코 아니며, 또한 강한 자의 승리를 의미하는 과정도 결코 아닌 셈이다. 사실 도킨스의 유전자적 관점의 자연선택은 자연선택 과정이 기존에 생각해왔던 유기체들 간의 생존경쟁을 통한 선택과정이라는 통념을 허무는 한 계기가 되기도 했지만, 동시에 자연선택의 과정이 유기체나 유전자의 차원에서만 이루어지는 것이 아니라, 매우 다중적인 차원에서 동시에 이루어지는 과정일 것이라는 사실도 명확히 암시하고 있었다. 도킨스의 『이기적 유전자』를 읽다 보면, 자연스레 드는 의문인데, 책 제목이 '이기적 유전자'라서 이 책에는 유전자의 이기적인 행태에 대한 많은 설명들이 들어있을 것 같은데, 의외로 책의 내용들은 유기체들의 이타적인 행동들에 대한 예들을 가득 담고 있다. 물론 도킨스는 이 유기체들의 이타적인 행위들을 '이기적' 유전자의 관점으로 해설하고자 노력한다. 하지만 사실 '이기적'(selfish)이라는 말이 이미 유전자의 관점이 아니라, 인간의 관점이라는 사실을 염두에 둔다면, 도킨스의 설명은 자연선택 과정에 대한 결정적인 해설이라기보다는 오히려 하나의 물음이 담긴 제안임을 함축하고 있다. 유전자가 진화과정에서 행위자(agency)로 작용한다는 것과 그렇다면 진화를 유전자의 눈으로 해석할 수 있는 것은 아닐까? 라는 물음 말이다. 하지만 도킨스의 이

22 Haraway, *Staying with the Trouble*, 69.

러한 시각에는 현대과학자들이 공유하고 있는 환원주의자의 관점이 자리잡고 있고, 그래서 자신이 알고 있는 지식과 정보의 한정된 관점에서 전체를 논리적으로 설명해 버리고 싶은(to explain away) 욕망이 작동하고 있음을 보게 된다.

작고한 생물학자 스티븐 제이 굴드(Stephen Jay Gould)는 자연선택의 단위가 유기체 개체가 아니라 '종'(species)일 것이라고 추론했다. 일찍이 동료 나일즈 엘드릿지(Niles Eldredge)와 더불어 "단속평형이론"(theory of punctuated equilibrium)을 발표했는데, 이는 종분화가 기존의 계통 점진이론으로 충분히 설명되지 않는다는 사실을 지적하면서, 화석기록에 의하면 종분화는 점진적으로 이루어지기보다는 매우 급격하고 빠르게 이루어진다는 사실을 지적한다.[23] 이후 상당한 기간 동안 안정적인 상태를 유지하게 되는데, 이는 기존의 계통 점진이론이 설명하는 종분화 과정과 다르다. 계통적 점진이론에 따르면, 종분화는 생물의 계통을 따라 점진적으로 서서히 이루어진다는 관점이다. 하지만 종분화는, 엘드릿지에 따르면, 이소적 종분화(allopatric speciation)의 형태로 대표적으로 이루어지는데, 이는 종의 특정집단이 무리에서 떨어져 나와 지리적으로 격리되어, 종 내 상호간 유전자이동이 불가능해지고, 자체 무리 내의 돌연변이들이 이루어지면서 종분화가 가속화된다는 이론이다. 그래서 서로 다른 종의 수준까지 변이들이 이루어졌을 때 자연선택의 압박이 더해지면 기존 집단과는 다른 새로운 적응이 이루어진다. 이 종분화는 상대적으로 급격하고 빠르게 이루어지며, 일단 종분화가 이루어지고 일정 수준 이상의 집단을 형성하게 되면 집단 내 개체들 간의 번식 등의 행위로 인한 유전자의 상호교환이 이루어지면서, 종은 상당기간 동안 유전적 안정성을 유지한다는 것이다. 즉 종분화 과정은 결코 점진적인 과정이 아닌 것이다.

---

23 Stephen Jay Gould, *The Structure of Evolutionary Theory* (Cambridge, MA: Harvard University Press, 2002), 765-84.

여기서 굴드의 단속적 평행설을 소환하는 이유는 이 종분화 이론이 자연선택의 단위를 개체가 아니라 "종"(species)으로 설정하고 있기 때문이다. 자연선택의 단위가 '종'이라면, 우리가 다윈 진화론의 핵심으로 알고 있는 '적자생존'과 '약육강식'의 메커니즘은 자연선택의 핵심이 아니게 되는 것이다. 왜냐하면 종이나 집단은 생존을 위해 함께 협력하며 공생하는 단위이기 때문이다. 그렇다면 종이나 집단의 자연선택 과정을 약육강식과 적자생존으로만 묘사하는 것은 전체 과정에 대한 적절한 설명이 아닌 것이다. 아울러 이 이론에 따르면, 왜 현시대의 원숭이는 인간으로 진화를 하지 않는가라는 물음은 잘못된 물음이 될 수밖에 없다. 새로운 종의 출현이란 일정한 소규모 집단이 여러 가지 이유로 지리적으로 격리되어, 집단 내 번식과정을 통해 본래 집단과 유리된 유전자 교환을 하던 중에 일어나는 변이들이 축적되고, 여기에 환경에 의한 '선택'(selection proper)이 작용하면서 일어나는 현상이며, 각 개체(원숭이)가 점진적으로 인간의 형태로 (혹은 고등한 유기체의 형태로) 발전적으로 진화하는 것이 아니기 때문이다.

자연선택이 어느 차원에서 이루어지는가는 여전히 열려진 물음이다. 도킨스에 따르면, 자연선택은 유전자들 간의 생존을 위한 경쟁을 통해 이루어지는데, 이는 대립형질 유전자의 표현형이 해당 유기체의 번식을 성공적으로 촉진함으로써 대립형질 유전자의 빈도수를 증가시키는 방식으로 이루어진다. 즉 생존을 위한 경쟁이 적어도 도킨스의 유전자 중심의 관점에서는 개체 유기체 수준에서 이루어지는 것이 아니라, 유전자 수준에서 이루어지는 것이다. 물론 우리가 눈으로 확인할 수 있는 것은 표현형의 행동을 관찰함을 통해서만 가능하기 때문에 얼핏 개체 간 경쟁으로 보일 수도 있지만, 도킨스는 동물 유기체들의 행동이 '적자생존'과 '약육강식'의 틀 안에서는 설명되지 않는 부분들이 많다는 사실을 처음부터 간파하고 있었다. 그래서 개체들

간의 이타주의적 협동이 활발히 존재하며, 이를 자연선택의 관점에서 설명할 수 없다면 자연선택 이론은 치명적인 약점을 갖게 될 것이라고 본 것이다. 도킨스는 유기체들의 이타주의적 행동이 실은 유전자들의 경쟁에 바탕을 둔 것으로서, 유전자들이 다음 세대로 확실하게 전달될 수 있도록 유기체가 번식과 생존에 유리한 행동양식을 택하도록 한 것이라고 설명한다. 즉 이타주의적 유기체들의 행동은 '이기적' 유전자들의 경쟁을 통한 선택 때문이라는 것이다.

여기서 우리는 다윈의 진화론이 본래부터 개체의 진화를 설명하는 이론이 아니라, 그의 책 제목에서도 드러나듯이, 『종의 기원』을 설명하는 책이었음을 주지할 필요가 있다. 그런데 문득 자연선택이 적자생존과 약육강식으로 이루어진다는 내용으로 알려지게 된 이유는 무엇일까? 애초 다윈은 적자생존과 약육강식으로 자연선택을 설명하려 하지는 않았다. 자연선택 과정에는 분명 적자생존과 약육강식의 과정들이 포함되지만, 그렇다고 그것들로 자연선택 과정 전체를 설명할 수 있다고 느끼지는 않았다. 그런데 동시대인이었던 토머스 맬서스(Thomas Robert Malthus, 1766-1834)의 책 『인구론』(*An Essay on the Principle of Population*, 1826)을 접하고 나서, 『종의 기원』 5번째 개정판에서부터 다윈은 '적자생존'이라는 용어를 도입하기 시작했다.[24] 『인구론』에 따르면, 식량생산증가는 산술적으로 증가하고, 그에 따른 인구증가는 기하급수적으로 증가하기 때문에, 종국에는 식량과 에너지의 부족으로 사람과 집단 사이에는 생존을 건 투쟁이 벌어지게 될 것이고, 그 투쟁을 이겨낸 적자들만이 살아남을 것이다. '적자생존'(the survival of the fittest) 개념은 바로 여기서 유래한다. 다윈은 이 개념을 통해 자연선택을 보다 효과적으로 설명할 수 있다고 생각을 한 것으로 보이며, 그래서 자연선택과 적자생존 개념을 결합시키게 되었다. 그렇게 두 개념이 연결되면서, 이제 생존의 세계는 약육강

---

24 박성관, 『종의 기원: 생물의 다양성과 인간 소멸의 자연학』(서울: 그린비, 2010), 206, 212.

식이 지배하는 승자독식의 세계라는 개념으로 자연스럽게 나아갈 수 있었고—다윈이 의도했든 안 했든 간에—이는 당대 번성하고 있었던 서구제국주의를 과학적으로 정당화할 수 있는 이론적 기반이 되어 버렸다.

서구 제국주의가 성장하여 전 세계로 팽창하던 시절, 생물학적 진화론은 소위 '사회진화론'(social evolution)으로 발전하여, 강한 나라가 약한 나라와 민족을 잡아먹는 것은 '자연의 법칙'과 같은 순리라는 이데올로기적 정당성을 제공하게 된다. 이 서양제국주의의 성장을 목도하면서, 근대말 현대초엽의 동북아시아 지식인들 사회에서는 이 급변하는 시대에 살아남기 위해서는 강자가 되어야 한다는 자강론(自強論)이 큰 공감대를 형성하게 되었다. 진화론의 사회적 영향력은 사실 창조론 대 진화론 논쟁보다, '개체 간 경쟁'에 기반한 적자생존과 약육강식이라는 개념적 이미지로 더 많은 영향력과 파급효과를 가졌다. 이것이 '사회진화론'으로 발전하면서 문명을 민족국가 간의 생존을 향한 경쟁과 투쟁으로 설명하는 식으로 확장되면서, 서구 제국의 식민지 침탈을 정당화했을 뿐만 아니라, 일본제국주의가 정치적으로 논리적 정당성을 획득하는 구실이 되기도 했다.[25] 그리고 오늘날 이 경쟁에 기반한 생존투쟁이라는 틀은 현재의 자본주의적 경제구조 속에서 더욱 더 우리 모두 그리고 각자를 생존을 위한 무한경쟁으로 몰아세우고 있다. 생존이라는 명분하에 모든 부도덕과 부정의가 정당성을 이데올로기적으로 획득할 수 있는 풍토를 창출하고 있다.

하지만 다윈 스스로는 개체 간 경쟁에 기반한 적자생존과 약육강식으로만 자연선택을 설명하기보다는 다른 진화의 방식들도 염두에 두고 있었는데, 예를 들면 '성 선택'(sexual selection) 같은 경우는 개체 간 경쟁을 통한 적자생존과 약육강식으로는 도저히 설명이 안 된다. 예를 들면, 공작 새 수컷은 생존에 매우 부적합한 매우 화려하고

---

25 이연도, 『근현대 중국 이상사회론: 오래된 미래, 중국식 사회주의의 기원을 찾아서』 (부산: 산지니, 2018), 97-103.

큰 긴 꼬리를 갖고 있는데, 공작 새 수컷이 이런 모습을 갖게 된 것은 적자생존과 약육강식의 자연선택 때문이 아니라, 배우자 선택을 통해서 이루어진 것이다. 공작 새 암컷의 배우자 선택은 더욱 더 화려하고 멋진 꼬리를 가진 수컷이었지만, 아이러니하게도 이런 모습의 수컷은 생존에 그다지 유리할 수 없는 모습이다. 하지만 우리가 보고 있는 공작새 수컷은 멋지고 아름다운 꼬리날개를 가졌으며, 이는 자연선택에 의한 진화의 결과가 아니라, 성선택의 결과다. 따라서 진화의 방식은 단지 자연선택만 존재하는 것이 아니라는 말이다.[26] 아울러 자연선택은 최소한 유전자 선택, 개체 선택, 그리고 종 선택 등의 작용을 통해 다양한 수준에서 이루어지고 있으며, 이는 생태계 안에서 이루어지는 얽힘의 내적-작용(intra-action)의 결과이지, 그 역은 아니다. 즉 '자연선택'이라는 개념은 개체 간의 경쟁이나 상호작용을 토대로 진화의 과정을 조망하지만, 사실 진화는 그보다 훨씬 더 복잡하고 중층적인 과정으로부터 비롯되는 것으로서, 다윈은 이 다양한 상호작용들을 훨씬 더 복잡하고 중층적으로 관찰하고 있었다.

다윈은 『종의 기원』 출간 이후 생물세계의 다양한 모습들을 관찰하고 있었는데, 『지렁이의 행위들을 통한 식물성 곰팡이의 형성과 서식에 대한 관찰』(*Formation of Vegetable Mould through the Actions of Worms with Observations on Their Habit*, 1881)도 그중 하나다. 이 책에서 다윈은 영국의 지렁이들에 대한 상세한 관찰들을 예시하면서, "지렁이가 인간문명을 발족시켰다"[27]는 충격적인 발언을 한다. 지렁이들은 땅 속 깊은 곳 흙에 담긴 식물성 곰팡이를 먹으면서, 배설물을 땅 표면 굴 입구에 쌓아두는데, 이 과정을 통해 토양을 정화하는 기능을 한다. 지렁이들에 의해 표층으로 옮겨진 식물성 곰팡이층을 통해 여러 종류의 실생이 가능해지고, 사람들은 정화된 토양에서 작물을 재배하고 경작함으로써 수확을 거둘 수 있었고, 이를 통해 문명과 역

26 박성관, 『종의 기원』, 229–32.
27 Jane Bennett, *Vibrant Matter: A Political Ecology of Things* (Durham: Duke University Press, 2010), 96.

사를 일궈왔다. 이런 맥락에서 다윈은 '지렁이가 인간문명을 발족시
켰다(inaugurated)'고 표현했는데, 이는 생명의 과정이 단지 생명을 지
닌 존재들과의 작용만이 아니라 비유기체적 존재들과의 상호작용까
지도 포함하고 있다는 사실을 예시해 주고 있는 것이다. 즉 인간문명
의 발전에는 토양, 지렁이, 식물성 곰팡이, 경작자 인간, 잉여농산물
을 통해 문화적 삶을 창출하는 문화의 기제 등 수많은 행위자들이 함
께 개입하고 있는 것이다. 생명이란 혹은 삶이란 이렇게 다양한 행위
자들이 함께 이루어가는 것이며, 이 복잡한 얽힘의 세계는 결코 약육
강식이나 적자생존과 같은 말로 환원되어 설명되지는 않는다. 비록
그러한 환원론적 설명들이 얽힘의 삶의 일면을 조명해 주는 데 기여
할 수는 있으나, 그 일면에 대한 설명을 통해 전체를 다 설명해 버릴
수는 없는 것이다.

4. 만물과 동행하시는 하나님: 물(物)의 행위주체성에 대한 신학적 성찰

　진화는 생물 유기체들만이 관여하는 작용이 아니다. 그리고 자연
선택은 어느 한 수준에서 획일적으로 이루어지지 않는다. 지금까지
서술한 진화는 오로지 '자연선택'의 관점에서 진술되었는데, 이 자연
선택을 말하면서, 우리는 무의식적으로—메이어의 이론을 따르자면
—이 선택이 환경에 의해 이루어지기보다는 유전자적 생존과 번식의
목적을 무의식적으로 따르는 유기체들의 선택, 즉 그들 간의 경쟁으
로 보려는 관점이 개입되어 있음을 보게 된다. 하지만 '환경'은 결코
유기체만으로 설명되지는 않는다. 거기에는 토양과 물 그리고 대기
와 기후가 관여하고 있으며, 그 자연의 내적-작용(intra-action) 속에 유
기체들이 스스로의 생존과 번식을 추구하려는 행위주체적 개입이 더

해지면서, 진화는 복잡하게 나아간다. 그리고 그 진화의 목적은 '진보'(progress)가 아니라, 예측할 수 없는 미래의 시간에 임할 여러 가지 환경적 변수들에 대비하여 가급적 유전적으로 다양하게 종을 유지하는 것이다. 그런데 이 과정은 유기체들 간의 상호작용뿐만 아니라 비유기체적 존재들과의 상호작용도 함축하고 있고, 기후 시스템과의 상호작용도 포괄하고 있어서 매우 방대한 과정이다. 이미 언급한 바, 다윈이 '지렁이가 인간문명을 발족시켰다'고 말한 것은 바로 생명의 과정은 비생명적 존재들과의 복잡한 얽힘과 상호작용을 통해 이뤄진다는 말이다. 여기서 비유기체적 과정들은 생명과정들을 단지 보조하고 있는 것에 그치는 것이 아니다. 예를 들어, 기후 시스템의 변동은 지구 위에 살아가는 유기체들 모두에게 엄청난 영향을 미치고 있음을 우리는 지구 온난화와 기후변화를 통해 실감하고 있다.

진화의 이 복잡한 상호작용 속에서 유기체는 혹은 유전자는 스스로의 생존과 번식을 위한 '이기적' 적응패턴만을 반복한다고 보는 도킨스의 견해는 진화를 너무 환원론적으로 고찰한 것이다. 이 복잡하고 중층적인 과정에서 우리는 또한 개체와 집단의 역학을 고려해야 한다. 왜냐하면 유기체는 통상 홀로 존재하지 않는다. 즉 모든 경쟁자들을 물리치고, 홀로 살아남는다면, 위에서 예를 들었던 꿀벌난초와 꿀벌의 경우처럼, 생존과 번식이라는 궁극적인 목표를 달성하는 데 실패할 가능성이 매우 높아지기 때문이다. 적어도 이성생식을 통해서 번식하는 유기체라면, 번식할 배우자 개체가 최소한 살아남아 있어야 한다. 그렇기에 유기체들은 집단 단위로 함께 생존과 번식을 도모할 경우가 많은데, 아마도 '가족' 단위가 가장 기초적인 집단 단위일 것이다.

엘리엇 소버(Elliott Sober)와 데이비드 윌슨(David Sloan Wilson)은 『타자들을 향하여: 비이기적 행위의 진화와 심리학』(*Unto Others: The Evolution and Psychology of Unselfish Behavior*, 1999)에서 이기적 생존

경쟁과 이타주의적 행동을 개체선택과 집단선택의 중층성을 통해 설명한다. 개체 간 경쟁에서는 이기적 개체가 절대적으로 유리하지만, 집단 간 경쟁에서는 이기적 개체들을 더 많이 갖고 있는 집단일수록 불리하다. 집단 간 경쟁에서는 서로를 위해 희생하고 헌신하는 개체들이 더 많을수록 단결된 힘을 갖고 경쟁하는 집단을 물리칠 가능성이 높아지기 때문이다. 하지만 개체 간 생존경쟁에서는 이기적 개체가 절대적으로 유리하다. 왜냐하면 이기적 개체는 언제나 다른 개체를 경쟁에서 이길 궁리만 하고 있고, 이타적 개체는 상대방과 우선 협력하려는 성향을 갖고 있기 때문이다. 따라서 개체 간 경쟁에서 이타적 개체는 언제나 이기적 개체에게 착취당할 가능성이 매우 높다. 그래서 우리의 도덕적 윤리적 심정과는 달리 개체 간 경쟁에서는 이기적 개체가 언제나 유리하다. 그렇기에 만일 개체 간 경쟁만이 자연선택의 유일한 기제라면, 아마도 이기적 개체들만이 살아남았을 것이다.

하지만 우리가 경험적으로 목격하고 있듯이, 세상의 모든 유기체 집단은 이기적 개체들로만 구성되어 있지 않으며, 특별히 집단 단위로 생존을 모색하는 동물 유기체들은 집단 내 다른 개체들을 향한 이타적 행위와 헌신을 통해 생존의 가능성을 높이는 성향을 담지하고 있다. 그래서 도킨스는 『이기적 유전자』에서 유기체 집단의 이타적 행위들을 이기적 유전자의 관점으로 설명하는 데 많은 시간을 할애하고 있는 것이다. 역설적으로 이는 '이기적 유전자의 관점을 통해서' 진화와 자연선택을 설명하는 것이 그만큼 쉽지 않다는 것을 방증하는 증거이기도 한 것이다. 개체와 집단의 역학관계 속에서 살펴보자면, 개체 간 경쟁은 개체들의 생존을 위한 이기적 행동을 촉진하는 성향을 갖고, 집단 간 경쟁은 집단 내 개체들 간의 협동과 이타주의적 행동을 촉진하는 성향을 갖는다. 따라서 개체 간 경쟁과 집단 간 경쟁은 이기주의적 행동과 이타주의적 행동 간의 균형을 유지하는 생태계

'항상성'(homeostasis) 기능을 감당하고 있는 것이다.

아울러 인간의 문화들은 모두 집단을 위한 헌신과 충성을 강조하는 도덕을 발달시키고 있는데, 이를 통해 그 문화집단의 적응력과 생존가능성을 높이고자 하기 때문이다. 그리고 이런 목적을 후천적으로 교육하고, 세대를 넘어 문화적으로 유전할 수 있도록 하는 데 종교가 결정적인 역할을 한다. 그래서 축의 시대의 거의 모든 종교들은 도덕성의 함양을 종교의 매우 중요한 과제로 삼는다. 그리고 종교의 이런 의도를 가장 잘 반영하고 수행할 수 있는 매체가 '이야기'이기 때문에, 종교의 이야기들은 그 집단의 도덕규칙들을 반영하여, 다음 세대로 전달하고 학습시키는 중요한 역할을 감당한다. 특별히 데이비드 윌슨은 『다윈의 대성당: 진화, 종교 그리고 사회의 본성』(*Darwin's Cathedral: Evolution, Religion, and the Nature of Society*, 2003) 부록에서 미국의 한인교회들을 예로 들면서, 현대 사회에서도 낯선 나라로 이민 온 한인들이 교회라는 시공간에서 서로를 돕고, 정보를 공유하면서 미국사회에서 서로 더 잘 적응하며 살아갈 수 있도록 협력하는 모습을 그려주면서, 종교의 이런 역할은 지난 시대의 유물이 아니라는 점을 분명히 밝혀주기도 하였다.

이타주의의 진화를 개체 간 경쟁과 집단 간 경쟁의 중층성으로 설명하는 소버와 윌슨의 작업은 자연선택의 과정들이 결코 개체 간 경쟁에 기반한 적자생존과 무한경쟁 그리고 약육강식의 구조로만 진행될 수 없다는 것을 가리켜 주고 있다. 더 나아가, 개체 선택과 집단 선택을 넘어, 유기체들은 생태적 얽힘 속에서 '내적-작용'을 통해 서로의 삶을 함께 만들어 나간다. 이렇게 '서로 함께의 삶'을 만들어나가는 '심포이에시스'의 관계는 수풀류와 나무류 그리고 미생물과 박테리아 및 광물류 등을 포함한다. 여기에는 강과 기후도 물론 포함될 것이다. 지렁이가 인간문명을 발족시키는 데 식물성 곰팡이류, 흙, 미네랄 등이 함께 참여했듯이 말이다. 즉 생명의 진화는 결코 인간만으로 혹은 유기체만으로 이루어지지 않으며, 그 진화의 과정은—아마도 이 것이 신학적으로 가장 논쟁점이 될 것이지만—인간을 창조의 면류관 으로 삼는 과정이 아니었다.

말하자면 지금까지의 진화론은 소위 생물류만을 중심으로, 특별 히 유기체 중심으로만—거기에는 인간중심주의의 시간이 변형되어 적용된 모습도 있다—기술되고 있다는 것을 알 수 있다. 자연선택 개 념 자체가 개체 간 경쟁이나 집단 간 경쟁을 주요인자로 고려하고 있 고, 여기에는 비유기체적 존재들을 고려할 수 있는 여지가 거의 또는 전혀 없었다. 그런데 오늘날 우리가 기후변화와 생태위기의 시대에, 특별히 팬데믹의 시대에 새삼 다시 떠올리게 된 사실은 생명의 과정 은 결코 생명체들과만 이루어지는 것이 전혀 아니라는 것이다. 생명 은 넓게 보면 물(物)의 작용 속에 있고, 그래서 우리는 '흙에서 태어나 흙으로 돌아간다' 라는 말을 한다. 미국의 정치신학자 클래이튼 크로 켓(Clayton Crockett)은 '에너지의 관점'으로 생명의 과정을 보자고 촉 구하는데, 태양으로부터 도래하는 빛을 에너지원으로 삼아 우리의 모 든 생명의 과정들이 이루어지고 있음을 주지시킨다.[28] 그 태양의 에 너지원을 통해 식물은 광합성을 하면서 생명의 에너지를 가공하고, 동시에 그 에너지원의 변환과정을 통해 미생물류와 박테리아가 참여 한다. 식물은 태양에너지를 통해 생산한 탄소 생산물을 곰팡이 균류 (fungi)에 제공하고, 곰팡이 균류는 바위와 암석 등에서 채취한 미네 랄을 식물에게 공급하면서, 함께 삶을 만들어 나간다. 한 유기체의 생 명은 수명을 다한 다른 유기체들이 다시 대지로 환원시킨 에너지들 을 바탕으로 이루어지는데, 이 과정에서 곰팡이 균류가 수명을 다한 유기체의 신체를 분해하여, 다른 유기체들과 생물들을 위한 에너지로 변환시킨다. 그래서 에너지의 관점으로 보자면, 삶은 죽음과 더불어 함께 큰 생명의 반복순환을 이루고 있는 것이다.

---

28 Clayton Crockett, *Energy and Change: A New Materialist Cosmotheology* (New York: Columbia University Press, 2022), 76.

이 생명의 순환과정에는 단지 생명체로 간주되는 유기체들만이 함께 하고 있는 것이 아니라, 유기체로 분류되지 않는 무기물과 원소 등이 함께하고 있음을 기억해야 한다. 다시 말해서 존재는 생물진화의 자연선택의 틀을 넘어 존재들의 '상호연결성'(interconnectedness) 안에서 이루어지는, 카렌 바라드(Karen Barad)의 용어를 차용하자면, '내적-작용'(intra-action)의 표현형이라고 볼 수 있을 것이다. 카렌 바라드는 『반쪽의 우주를 만나기: 물질과 의미의 얽힘 그리고 양자역학』(*Meeting the Universe Halfway: Quantum Physics and the Entanglement of Matter and Meaning*, 2007)에서 우리는 존재를 언제나 개체의 눈으로 조망하는 버릇이 있어서, '얽힘'(entanglement)의 실재를 언제나 주체 혹은 객체 간의 상호작용 즉 개체들 간에 상호작용으로 환원시키는 오류를 저지른다고 지적한다. 그녀가 보기에 '상호작용'(interaction)은 언제나 주체와 객체를 미리 전제하는 개념이다. 상호작용이 가능하려면, 그것을 가능케 하려는 개체적 존재가 있다고 전제해야 하기 때문이다. 이런 통념을 뒤집어, 그녀는 모든 존재는 '얽힘의 실재' 안에 존재하며, 이를 자신의 감각과 인지의 한계 내에서 파악하는 인간 유기체는 행위주체적 개입을 통해 얽힘의 실재의 단면을 절개해 들어가 특정 측면들을 부각하며 이해할 뿐이라고 주장한다. 그렇기에 우리는 존재하는 것들이 언제나 주체 아니면 객체로 보여지고, 그 결과 얽힘의 실재는 주체나 객체 같은 개체들에 부수적인 상호작용으로 환원된다고 비판하면서, 이러한 개념의 틀을 뒤집어 오히려 실재는 '얽힘'이며, 우리가 보는 상호작용은 실재로는 얽힘의 실재 안에서 이루어지는 '내적-작용'(intra-action)이라고 주장한다. 따라서 핵심은 전체의 얽힘이라는 상호적 내적-작용이 개체에 우선하여 존재하고, 우리가 개체라고 인식하는 것들은 그 내적-작용의 산물이라는 것이다. 그렇게 본다면, 자연선택은 결코 개체 간 생존경쟁이 아니며, 모든 것이 모든 것과 얽혀있는 상호적 내적-작용 속에서 함께 살아가는 '심포이에시스'(sympoiesis)인 것이다.

만일 존재하는 모든 것이 얽힘의 내적-작용(intra-action) 안에 있는 것이라면, 여기서 우리는 모든 존재가 일종의 행위자성(agency) 혹은 행위자적 능력(agential power)을 갖는다고 할 수 있을 것이다. 이를 바라드는 현대 양자물리학의 고전적인 이중슬릿 실험으로 돌아가서, 닐스 보어(Niels Bohr)의 상보성 이론의 관점으로 재해석한다. 익히 알고 있듯이, 양자역학에 따르면, 모든 입자들은 동시에 파동이다. 이는 물론 문장으로 서술은 되지만, 마치 동그란 사각형처럼 형용모순이다. 입자는 파동이 될 수 없고, 파동은 입자가 될 수 없기 때문이다. 그리고 각각의 운동을 서술하는 방정식 자체도 완전히 다르다. 하지만 이중슬릿 실험은 입자는 동시에 파동임을 거듭해서 증명해 주고 있다. 이를 베르너 하이젠베르크(Werner Heisenberg)는 불확정성의 원리(uncertainty principle)로 설명해 주었는데, 1925-1929년 사이 코펜하겐 대학교에서 닐스 보어와 하이젠베르크의 해석들을 중심으로 이 입자/파동의 이중성은 물질의 근본적 성질에 속하는 것으로 결론이 지어졌다. 하이젠베르크는 이 이중성을 불확정성의 원리로 설명하는데, 말하자면 입자의 위치와 운동량은 동시에 측정이 불가능하다는 것이다. 처음에 하이젠베르크는 이 동시측정 불가능성이 관측장치의 한계로 인한 것으로 생각하였지만, 후일 닐스 보어와의 만남을 통해 이 불가능성을 물질의 근원적 성격에 속하는 것으로 생각을 전환하였다. 이중슬릿 실험은, 매우 거칠고 단순하게 요약하자면, 전자가 측정 이전에는 여러 가지 상태가 확률적으로 중첩되어 있는 파동함수의 형태로 존재하다가, 관측자가 개입하여 측정을 하면, 그와 동시에 파동함수의 붕괴가 일어나 전자의 파동함수가 중첩된 상태가 아닌 하나의 상태로만 결정된다는 것이다. 여기서 중요한 것은 인간 관측자의 개입이 물질이 현시하는 형식에 중요한 영향력을 미친다는 함축성이다.

그런데 닐스 보어는 상보성의 원리를 통해 물질 자체는 입자/파동의 이중성을 갖고 있지만, 우리가 어떤 측정을 시도하려느냐에 따라 입자 혹은 파동의 형태로 나타난다고 본 것이다. 얼핏 하이젠베르크나 코펜하겐 해석과 거의 동일한 말을 반복하고 있는 듯 하나, 여기서 보어의 해석이 갖는 결정적인 차이는 바로 '물질' 혹은 물(物)이 인간 행위자의 개입에 반응(response)하여 스스로의 모습을 드러낸다는 점이다. 즉 물(物)의 행위주체성(agency)을 보어는 보고 있는 것이다. 즉 바라드에 따르면, 물(物)은 전체적으로 얽힘(entanglement) 상태에 있으며, 이 얽힘의 상태 속에서 모두가 모두와 함께 '내적-작용'을 통해 모습을 드러낸다. 우리가 보고 있는 객체들과 현상들은 우리가 그 얽힘의 과정 속에 "행위주체적 절단"(agential cut)[29]을 수행하여, 그 얽힘의 전체 중 일부를 절단면으로 들여다보는 것이다. 우리는 그 얽힘을 전체적으로 조망할 수 없다는 점에서 칸트는 옳다. 즉 우리는 물 자체(das Ding)에 다가갈 수 없다. 우리가 그 물을 만나는 것은 우리가 관찰자로서 행위주체적 절단을 해 들어간 결과다.

카렌 바라드의 논의에서 중요한 것은 우리가 지금까지 수동적이고 죽어있는 것으로 간주한 물질이 실은 스스로의 행위주체성을 갖고 있고, 이를 통해 인간의 개입에 '반응'한다는 것이다. 바라드는 전자의 입자/파동 이중성을 하이젠베르크의 불확정성 원리보다는 닐스 보어의 상보성 원리를 통해 재해석하며, 물(物)의 행위주체성과 그에 대한 인간의 응답-능력(response-ability) 개념을 구성해 주었다. 하이젠베르크는 입자/파동의 이중성이 측정장치가 전자라는 물질의 상태를 측정하는 데 갖는 물리적 한계의 측면에서 이 이중성 현상에 접근하였다. 그러다 이 이중성이 물질의 근본상태에 가깝다는 사실을 확인하면서, 불확정성(uncertainty) 개념을 사용하여 입자/파동의 이중성을 표현하였는데, 말에서 나타나듯이 불확실(uncertain)하다는 뜻이 강하다. 그리고 하이젠베르크만 이렇게 접근하는 것은 아니다. 사실 입자/파동의 이중성 개념은 말로 듣고 이해하는 척은 할 수 있어도 사

---

29 Barad, *Meeting the Universe Halfway*, 174-75.

실상 이를 우리가 개념적으로 명확하게 이해하고 접근할 방법은 전혀 없다. '동그란 사각형', 말로 표현은 된다. 그런데 이것을 이해할 수 있는 방법이 있는가? 이런 의미에서 하이젠베르크는 '불확실'하다는 표현을 썼는지도 모른다.

하지만 닐스 보어는 이를 다른 관점으로 접근했다. 입자/파동의 이중성이 '불확실'하다는 것은 인간 관찰자를 중심으로 보았을 때 적실한 표현이다. 그런데, 만일 인간 관찰자가 아니라, 전자의 관점으로 즉 물(物)의 관점으로 이 현상을 본다면 어떨까? 바라드가 보기에 우리는 '물'(物)의 근원적 상태에 대해서 직접적으로 접근할 수 없다. 왜냐하면 우리가 세계를 인식한다는 것은 언제나 인간이 갖고 있는 감각능력의 한계 안에서 이루어지는 것이기 때문이다. 감각 능력을 능가하는 현상을 우리는 감지하거나 지각할 수 없다. 바라드의 논지를 요약하자면, 물(物)의 근본상태는 얽힘(entanglement)이다. 그 얽힘의 정확한 복잡성은 인간의 관측과 접근 너머의 영역이지만, 이 얽힘 상태의 물질은 관측자가 전자를 어떻게 측정하려 하느냐에 따라 반응(response)한다. 즉 입자 상태를 측정하고자 하면, 전자는 입자로 행동하고, 파동으로 측정하고자 하면, 파동으로 행동한다. 따라서 물질은 자신의 행위주체성을 가지고 인간 관측자와 관측장비와 '내적-작용'을 하는데, 바라드는 이를 '상호작용'(interaction)으로 표현하기 보다는 오히려, 존재란 근본적으로 '얽힘'의 상태 속에서 상호-작용을 하기 때문에 '내적-작용'(intra-action)이라고 표현한다.

내적-작용이라는 표현을 도입하는 이유는 통상 상호작용이란 상호작용의 주체들 혹은 객체들이 상호작용에 앞서 존재하고, 상호작용은 그들 간의 상호적 반응들로 간주되기 때문이다. 즉, 바라드에 따르면, 모든 존재는 근원적으로 '얽힘'의 상태 속에서 상호작용하며, 각 개체로 분화 혹은 차연화(differentiation)하며, 입자/파동의 이중성은 그 반응이 상대방의 작용에 따른 것임을 의미한다고 바라드는 보어의 상보성의 원리를 재해석하였다. 말하자면 바라드는 보어의 상보성의 원리를 인간 관측자의 관점으로가 아니라 물질 존재의 응답-능력(response-ability)으로 보았던 것이고, 이를 통해 바라드는 물(物)의 행위주체성 개념을 신물질주의(new materialism) 개념으로 발전시켰다. 신물질주의는 전통적으로 유물론(materialism)이 물질 혹은 물(物)을 정치/경제/사회적 수준에서 계급갈등으로 환원론적으로 이해하던 것을 비판하면서, 물질이 담지한 '행위자성'을 통해 '유물론'을 '물질론'으로 재구성하려는 철학적 시도라고 할 수 있다. 이러한 맥락에서 정치학자 제인 베넷(Jane Bennett)은 물(物)의 행위주체성을 "사물-권력"(thing-power)[30] 이라고 해석하면서, 물(物) 혹은 사물이 우리의 정치적 행위에 개입해 들어오는 현상을 조명한다. 특별히 기후변화와 생태위기 그리고 팬데믹의 시대에 우리는 '바이러스' 같은 물질/유기체의 경계에 놓인 존재가 인간문명의 정치-경제-사회-문화에 미치는 영향력을 잘 알고 있다. 하지만 제인 베넷은 이를 그 존재들이 미치는 영향력이라는 차원을 넘어서, 그 존재들이 우리들의 인간중심적 정치에 개입해 들어오는 것이라고 해석하고 있다.

우리들의 진화/창조론의 이분법적 대립 속에는 바로 이 '물'의 행위주체성과 사물정치의 가능성이 배제되어 있다. 진화가 생명의 발전/전개 과정을 의미한다면, 그 생명의 작용들과 함께 얽혀 작용하는 물(物)의 행위주체성이 고려되어야 할 것이고, 마찬가지로 창조론도 하나님의 창조의 의미와 목적을 신학적으로 전개해 내는 데 이 물(物)의 행위주체성을 정초해야 할 것이다.

---

30 Bennett, *Vibrant Matter*, 2.

5. '모든 것 속의 모든 것' (all in all) 되시는 하나님

감리교신학자 캐서린 켈러(Catherine Keller)는 『지구정치신학』에서 고전 15장 28절의 "모든 것 안에 모든 것"(all in all) 되시는 하나님이라는 바울의 개념을 인용하면서, 상호적 관계성의 눈으로 실재를 신학적으로 재조명할 것을 요청한다.[31] 언급했듯이, 다윈이 '지렁이가 인간문명을 발족시켰다'는 주장 속에는 진화의 과정이 단지 생물 유기체들 간의 상호작용에 한정된 것이 아니라, 토양과 대기 그리고 유기체들의 삶에 함께하는 미생물과 박테리아류들도 진화의 참여자임을 가리킨다. 개역개정 번역성서는 'all in all'이라는 표현이 담긴 구절을 "… 이는 하나님이 만유의 주로서 만유 안에 계시려 하심이라"고 번역했지만, NRSV 성경은 이를 "… so that God may be all in all"로 번역하고 있다. 국역성서는 '모든 것 안에 모든 것' 되신 하나님 개념에 대한 신학적 우려 때문에 "만유의 주로서 만유 안에 계시려 하심"으로 번역하지 않았을까 추측해 본다. 하지만 영어성경은 간단히 하나님이 '모든 것 안에 모든 것'이 되실 수도 있음을 분명히 표현하고 있다. 말하자면, 이 '모든 것'은 결코 인간이나 유기체만을 의미하지는 않을 것이다. 물론 고전 15:28은 '모든 것 안에 모든 것'으로만 하나님을 표현하고 있는 것은 아니다. 28절 앞부분은 "만물을 그에게 복종하게 하실 때에는 아들 자신도 그때에 만물을 자기에게 복종하게 하신 이에게 복종하게 되리니"라고 되어 있어서, 사실 "all in all"은 '모든 것 중의 모든 것' 즉 모든 것 위의 모든 것 되시는 하나님을 가리키는 것에 더 가깝다. 하지만 우리는 기후변화와 생태위기 및 팬데믹의 위기를 통해서 우리가 지금까지 인간중심적으로 해석해 왔던 창조론과 구원론의 문제를 깨닫게 된다. 여섯 번째 대멸종

---

31 캐서린 켈러(Catherine Keller), 『지구정치신학: 지구적 비상사태와 새로운 생태신학의 전환점을 위한 투쟁』(*Political Theology of the Earth: Our Planetary Emergency and the Struggle For a New Public*), 박일준 역 (충남, 논산: 도서출판 대장간, 2022), 231.

으로 나아가고 있는 현재 문명의 상황 속에서 우리는 '공멸'(共滅)의 위협을 모든 존재와 더불어 당면하고 있기 때문이다. 게다가 이 여섯 번째 대멸종으로 나아가는 과정은 지금까지 있었던 자연적 대멸종의 과정이라기보다는 인간이 지구와 지질학적 역사에 개입하여, 충적세(Holocene)을 대치하는 인류세(Anthropocene)를 통해 촉발되었다. 이는 인간이 창조의 면류관이라는 종래의 신학적 인간론에 대한 큰 도전이 된다.

진화론과 창조론의 이분법적 논쟁과 갈등 속에는 오늘 우리가 당면한 문제의식이 결여되어 있다. 이는 어쩌면 당연한 결과인지도 모른다. 서구로부터 촉발된 근대는 '휴머니즘'의 기치를 높이 들고 나왔고, 여기에는 비인간 존재를 위한 의미와 가치의 자리가 결여되어 있다. 종교의 몽매한 권력으로부터 인간해방을 기치로 선봉에 선 철학적 입장에서는 당연한 귀결인지도 모른다. 이 휴머니즘의 시대에 자연과학적 정당성을 부여한 결정적 계기가 바로 진화론이었다. 진화론은 생명의 의미와 목적을 삭제해 버렸기 때문이다. 진화론이 신을 삭제한 것은 의미와 목적의 관점에서 자연을 설명하려는 노력의 정치적 오남용을 경험한 역사적 경험의 결과였다. 그런데 그렇게 종교적 폭력에 대한 반작용으로 일어난 휴머니즘이 구축한 세계에 '적자생존'과 '무한경쟁', 그리고 '승자독식'의 세계가 강고하게 구축된 것은 역설이 아닐 수 없다.

그렇게 의미와 목적이 삭제된 자연현상에 대한 서술을 통해 우리는 무엇을 얻게 되는가? '아름답고 선한 것이 승리하는 것이 아니라, 승리하는 것이 진리이며 선이고 아름다움이다'라는 우리 시대의 풍조를 생물학적으로 정당화하는 진화론의 남용은 결코 인간중심주의와 정치적 이데올로기의 만연에 그치지 않으며, 오히려 이 인류세 시대의 모든 존재의 공멸의 위기를 초래한 원인에 바로 이 사회생물학적으로 해석된 승자독식의 체제가 있음을 기억해야 할 것이다.

이 인류세의 위기는 우리에게 이제 물(物)의 행위주체성을 도입하여, 현재 문명의 위기를 조명해야 한다고 촉구한다. 부르노 라투르(Bruno Latour)는 이제 존재를 '개체'(individual)가 아니라, '행위자-네트워크'(actor-network)를 통해 규정해야 하며, 이를 통해 존재의 행위란 언제나 다른 존재들과 더불어 '행위' 속에 함께-이루어가는 것임을 주지시킨다.[32] 이렇게 존재 개념을 전환하고 나면, 인류는 결코 스스로의 힘으로 문명을 일구어 온 것이 아니며, 다른 비인간 존재들과 더불어 함께 삶과 문명을 일구어 왔음을 보게 된다. 비인간 존재들은 지금까지 정치적 비존재로 자신의 정치적 목소리를 소거당해 왔지만, 이제 기후변화와 생태위기, 지구온난화, 매년 이어지는 생태재난들 등은 그들의 행위주체성이 더 이상 침묵하지 않고 있음을 증언한다. 그렇게 물(物)이 그들의 소리와 입장을 자연재해라는 현상을 통해 전해주고 있는 시대에 우리는 인간문명의 의미와 목적이 무엇인지에 대한 물음을 던지지 않을 수 없다. 그리고 이 의미와 목적에는 비인간 존재들의 의미와 목적도 담겨야 한다는 점을 '물의 행위주체성' 개념은 역설해 주고 있다. 바로 여기에 사도 바울의 'all in all'의 의미를 "만유의 주로서 만유 안에 계시"려 하는 것으로 해석하기보다, '모든 것 안에 모든 것 되신 하나님'으로 재해석해야 할 신학적 이유가 놓여있으며, 그렇게 신학적으로 재해석된 하나님 개념을 통해 우리는 진화론과 창조론의 논의를 다시 읽어보며, 그 논쟁들의 오류 즉 존재가 삭제당한 비인간 존재들의 정치적 목소리를 듣고, 그에 대한 우리의 신학적 응답-능력(response-ability)을 발휘해야 할 것이다.

---

32 Bruno Latour, *Reassembling the Social: An Introduction to Actor-Network-Theory* (Oxford: Oxford University Press, 2005), 9-11.

03

진화 이론이 인접 학문과 현대 사회에 미친 영향

김연태 (성경신학/선교신학)

I. 진화 이론의 탄생과 성장

"진화란 무엇인가?"라는 질문에 대해 각자의 생각을 알아보기 위해 상당한 시간 동안 많은 사람들에게 반복적으로 질문했다. 개인의 견해는 약간씩 다르지만, 대체로 '생물이 오랜 시간 동안 점진적으로 변화하여 새로운 생물이 형성되는 과정'이라고 대답한다. 이러한 유사한 견해는 학교 교육 과정에서 진화를 공통적으로 학습했기 때문일 것이다.

그러나 이 질문과 대답 속에는 한 가지 흥미로운 사실이 있다. 진화에 대해 질문하면 전부는 아니지만 대부분의 사람들은 생물학적 범위 내에서 대답한다. 그럼에도 불구하고, 이들 대다수는 일상생활 전반에 걸쳐 '진화'라는 단어를 사용한다. 가장 좋은 예는 스마트폰이다. 전화기가 통화 중심 기능에서 스마트폰으로 발전한 것을 '진화했다'라고 말하는 것이다. 현재는 자동차, 전자기기 등을 넘어 정치, 경

133

제, 법 등 문화 전반에 걸쳐 어떤 것이 변하면 '진화'라는 단어를 사용한다. 사람들의 의식 속에서 '진화'라는 단어의 정의는 생물의 변화로 한정되지만, 실제 생활에서는 무의식적으로 거의 모든 영역에서 발전적 변화를 '진화'라고 표현한다.

진화 이론은 현대를 살아가는 우리에게 이미 과학이론 중 하나의 지식을 넘어 사람들이 세상을 이해하는 원리로 자리 잡았다. 그럼에도 불구하고 진화에 대하여 생물학적으로 찰스 다윈(Charles Darwin)이 『종의 기원』(*The Origin of Species*)을 통해 진화 이론을 발표했다는 것을 설명할 수 있는 사람도 진화 이론이 인류의 역사 속에서 지대한 영향을 미친 사상의 근간이라는 것을 생각하는 사람은 많지 않아 보인다.

이 글은 진화 이론이 인접 학문에 끼친 영향과 현대 사회에 미친 영향을 알아보는 것을 목적으로 한다. 이를 위해 진화 이론의 탄생과 성장 배경을 살펴보는 것을 시작으로 인접 학문으로 확산 그리고 현대 사회에 미친 영향을 살펴보려 한다. 이 글에서 진화 이론이 맞는 것인지 또는 틀린 것인지에 관하여 논하지는 않는다.

1. 진화 이론의 탄생

많은 사람들이 '진화는 찰스 다윈이 처음 발견한 자연법칙이다'라고 생각하는 것 같다. 그러나 이는 진화 이론에 대한 선입관이 반영된 대표적인 오해다. 단순히 학문적 입장에서만 보아도 진화 이론은 동시대 인물인 알프레드 월리스(Alfred Wallace)와 1859년에 공동으로 발표하였다.[1] 즉, 역사적, 학문적으로 '진화 이론'은 다윈 혼자만의 업적이 아니다. 또한 학문이 아닌 생물이 변한다는 일반 개념에서 살펴보면 이 역시 다윈부터 시작된 것이 아니라 고대 그리스 철학에서 시작되었다. '만물은 물로 되어 있다'라고 주장한 탈레스의 제자 아

---

[1] 오진곤, 『과학자 360 인물로 엮은 과학의 역사』(전파과학사, 2018), 176.

낙시만드로스가 처음으로 주장했다. 그는 스승의 가르침을 따라 만물의 근원은 물이며 "생물도 물에서 시작하였으며 시간이 지남에 따라 육상 동물이 생겨났다"고 말했다. 그는 이 개념을 다음과 같이 체계적으로 주장하였다.

세계들은 영원한 운동 속에서 최초로 발생했으며, 유대교나 그리스도교 신학에서 말하듯 창조되지 않고 진화를 거쳐 생겨났다. 동물의 왕국에서도 진화가 일어났는데, 생물은 습기가 태양의 열기로 증발하듯이 습한 요소에서 발생했다.[2]

위의 문장을 자세히 살펴보면, 분명히 '최초의 생물'을 언급하고 난 후 '생명의 기원'과, 수중생물에서 육상생물로의 변화를 언급하였다. 짧은 문장임에도 불구하고 '생명의 기원'과 '종의 기원'을 모두 언급하고 있다. 그뿐만 아니라 습기가 태양의 열기로 증발하듯이 습한 요소에서 발생했다는 언급을 통해 원인과 발생까지 모두 학문적으로 정확한 체계를 가지고 설명하고 있다. 이렇게 생물이 변한다는 개념은 이미 고대부터 있었던 생각이지 다윈 시대에 와서 새로 생긴, 다윈 혼자의 독창적 생각은 아니다. 설령 고대가 아니더라도 다윈 이전 18세기에 이미 "돌바크, 괴테, 뷔퐁, 린나에우스(린네) 등이 진화론적 사고를" 하였다. 그러나 이들은 진화 이론을 "명확하게 체계화시키는 단계에는 이르지 못하였다."[3]

다윈의 진화에 대한 두 번째 오해는, 그가 생물학적 진화를 증거와 체계적인 설명으로 제공했다고 생각하는 것이다. 생물학적 진화를 설명하려면, 다음의 세 가지 문제를 모두 다루어야 한다. 첫째, 생명이 어떻게 형성되었는지를 다루는 '생명의 기원' 문제다. 둘째, 생명이 다양한 형태로 분화하였는지를 다루는 '종의 기원' 문제다. 셋째,

---

2 버트런드 러셀, 『서양 철학사』, 서상복 역 (을유문화사, 2019), 66.
3 차하순, 『새로 쓴 서양사 총론』 (탐구당, 2015), 867.

생명이 변화하는 과정과 메커니즘을 다루는 '진화의 작동 원리' 문제다. 하지만 다윈의 『종의 기원』은 이 세 가지 문제를 모두 만족스럽게 해결하지 못하였다. 첫째, '생명의 기원' 문제에 대해서는 과학적인 근거를 제시하지 못하고, 단지 추측과 가정에 기반하였다. 이 책은 현재의 다양한 종이 어떻게 분화하였는지를 설명하는 책이지, 생명이 처음에 어떻게 형성되었는지를 설명하는 책이 아니다. 둘째, '종의 기원' 문제에 대해서도 설명이 불완전하다. 그는 화석 자료를 바탕으로 생물의 변화를 추적하려고 하였으나, 화석 자료는 불 연속적인 발견으로 불완전하였다. 따라서 생물의 변화 과정을 연속적으로 재구성하지 못하였다. 셋째, '진화의 작동 원리' 문제에 대해서는 아예 설명하지 못했다. 그에게는 진화의 작동 원리를 설명할 수 있는 유전자의 개념이 없었기 때문이다. 유전자의 개념은 다윈이 『종의 기원』을 발표한 1859년 이후에, 유전학의 아버지라고 불리는 멘델이 1865년에 발견하였다.

위와 같은 오해에도 불구하고, 진화 이론을 그가 발견하고 완성한 것으로 여기는 몇 가지 이유가 있다. 『종의 기원』이 출판되기 이전의 19세기는 헤겔, 스펜서, 니체, 마르크스 등의 철학자들이 활동하던 시대였다. 이 시기는 중세 이후로 이어져 온 기독교 세계관 외의 다른 세계관을 탐구하고자 하는 갈망이 있었다. 특히 '생물은 창조된 이후로 변하지 않는다'는 세계관이 붕괴되고 있었다. 다윈이 활동하기 바로 전에 활동하던 헤겔의 핵심 철학은 '정(正)', '반(反)', '합(合)'에 의해 새로운 것이 생긴다는 "합목적적(合目的的) 진화론"이었다.[4] 이것만 봐도 알 수 있듯이, 다윈의 종의 기원에 대한 이론은 이 시대 사람들이 기독교 세계관에서 벗어나 객관적인 사고를 하고자 하는 갈증을 해소해주었다. 화석 연구를 통한 종의 기원은 기독교 세계관 외의 다른 생각을 하고 싶어하는 사회적 욕구에 대한 해답을 제공한 것이었다. 이는 다윈 개인에게도 마찬가지였다. 다윈은 여론을 두

---

4 차하순, 『새로 쓴 서양사 총론』 (탐구당, 2015), 836-39.

려워하며 논문 발표를 주저하고 있었다. 그러나 1858년에 자신의 연구와 동일한 내용의 월리스 편지를 받고, 그와 공동으로 린네 학회의 정기 회의에서 발표했다. 그리고 그다음 해인 1859년에는 원래 계획했던 것의 5분의 1 분량으로 『생존경쟁에서 유리한 종의 보존 또는 자연선택의 방법에 의한 종의 기원』(*On the Origin of Species by Means of Natural Selection or the Preservation of Favoured Races in the Struggle for Life*)이라는 긴 제목으로 이 책을 발표했다. "종의 기원"이라는 이름은 이후에 이 책의 이름을 줄인 것이다.[5]

『종의 기원』이 출판 당일에 1,250부가 모두 완판되고, 2판 3,000부 역시 출간 즉시 매진된 사실은[6] 당시 사람들이 얼마나 이 이론을 갈망하고 있었는지를 보여준다. 다윈의 진화 이론이 흥행에 성공한 주된 이유는 당시 사람들의 '객관적 사고'에 대한 갈망을 충족시켜 주었기 때문이다.

다윈의 진화 이론은 이론 자체로도 흥행에 성공하였으며, 흥행의 또 다른 원인 중 하나는 진화논쟁에 불을 붙인 사람이 있었기 때문이다. 그 사람은 다윈의 불도그 또는 진화 이론의 전도사라 불리는 토마스 헨리 헉슬리(Thomas Henry Huxley)이다. 그는 1860년 6월 30일 옥스퍼드 대학에서 당시 옥스퍼드 대학의 주교였던 사무엘 윌버포스(Samuel Wilberforce)와 진화 이론에 관하여 논쟁을 벌였다. 이 논쟁은 상당히 유명하다. 강의실에서 시작하였으나 많은 사람이 몰려와 어쩔 수 없이 넓은 도서관으로 옮겨야 할 만큼 사람들의 관심을 끌었다. 이곳에서 윌버포스는 "다윈의 이론은 귀납 과학의 원리를 충족시키지 못하며, 원인과 결과 사이의 연결점을 찾을 수 없는 가설"일 뿐이라고 주장하였다. 문제는 토론을 마친 주교가 헉슬리에게 "대체 할아버지 쪽이나 할머니 쪽 중 어느 쪽이 원숭이로부터 시작되었느냐"는 질문을 던졌는데, 헉슬리는 이에 원숭이가 조상인 것은 부끄러운 것이

---

5 허정윤, 『과학과 신의 전쟁』(메노라, 2017), 119.
6 오진곤, 『과학자 360 인물로 엮은 과학의 역사』(전파과학사, 2018), 175-76.

아니라 "부끄러워해야 할 사람이 있다면, 그렇게나 훌륭한 지적 능력을 자신이 잘 알지도 못하는 과학적 논쟁에 뛰어들어 종교적 편견에 호소하는 내용 없는 수사를 동원하여 청중을 사안의 본질로부터 이탈시키는 그런 사람"이라고 말한 것이다. 이후에 헉슬리는 리차드 오웬 (Richard Owen)과 또 다시 논쟁을 벌였다. 이 논쟁은 인간과 원숭이와의 차이점에 대한 것이었는데 이는 인간을 다른 유인원과 같은 그룹에 넣을 것인지 따로 구분 지을 것인지에 대한 논쟁이다. 다윈의 진화 이론을 숭배한 헉슬리는 인간 역시 다른 유인원과 신체 구조와 기능이 다르지 않다고 주장하는 반면, 오웬은 인간과 원숭이에게는 뇌 구조의 차이가 있으므로 다른 부류라고 주장하는 논쟁이었다.[7]

위의 두 논쟁은 차이는 있지만 본질적인 차원에서 현재까지도 여전히 논쟁의 대상이다. 그러므로 당시에도 사실상 승패를 가르기는 어려웠을 것이다. 이 논쟁은 그 당시에 이미 새롭지 않았지만, 새롭게 대두되는 진화 이론에 관하여 학술적으로 접근하는 양쪽 진영의 노력으로 볼 수 있다. 따라서 이 논쟁은 승패를 떠나서 당시 사람들이 가지고 있던 종의 기원, 즉 인간 또는 생물의 기원에 관한 호기심을 충족시키는 논쟁거리였다. 위에서 언급했듯이 헉슬리와 윌버포스의 논쟁은 강의실에서 시작하여 넓은 장소인 도서관으로 옮겨야 할 만큼 당시 대중에게 커다란 관심을 끌었다는 것을 알 수 있다. 이런 관심과 유명세를 힘입어 진화 이론은 사람들의 인식 속에 천천히 학술적인 위치를 확보하게 되었다.

진화 이론에 대하여 기독교 진영에서 반대하는 입장만 있었던 것은 아니다. 당시에도 기독교 내부에서 진화 이론을 받아들이려는 시도가 있었다. 칼 가이버슨(Karl W. Giberson)[8]의 기록에 따르면, 영국 왕립협회의 회원이자 웨슬리 교단의 목사 그리고 웨슬리 대학의 총장을 역임한 윌리엄 달링거(William H. Dallinger)는 "진화론의 조건 없

---

7 김기윤, 「토머스 헉슬리와 자연에서 인간의 위치」(역사학연구, 2016), 224-34.
8 칼 가이버슨은 유신진화론을 주장한다.

는 수용"을 인정하였다고 한다. 또한 그는 1849년부터 1930년까지 케임브리지 대학의 수학과 루카스 석좌교수였던 조지 스토크스(George Stokes)의 주장인 진화와 유신론은 양립 가능하다는 이론을 인용하였다.[9]

혁슬리가 반기독교 세력으로 보이지만 신적 존재에 관하여서는 실상 그는 불가지론자였다. 그는 스스로 이 불가지론이라는 단어를 만들어 사용했다.[10] 그의 불가지론은 인간의 지식으로 절대 신적 존재를 알 수 없다는 것이 핵심 주장이다. 신적 존재를 알 수도 없다는 그의 말은 반대로 신의 존재를 반박하는 것도 불가능하다는 뜻이다. 그는 신적 존재를 부정하고 싶었던 것이 아니다. 단지 그가 믿는 진화 이론이 옳다는 것을 주장하고 싶었던 것이다. 그러므로 기독교 진영의 논리를 들어 진화 이론과 대립적 논쟁을 한 것이 결과적으로는 진화 이론과 종교가 대립하는 상황을 만들어 버린 것이 되었다.

2. 진화 이론의 성장

허버트 스펜서(Herbert Spencer, 1820-1903)는 19세기 말에 철학을 통해 생물학과 사회과학을 통합한 종합 철학 체계(System of Synthetic Philosophy)를 구축함으로써 대중적인 명성을 얻었다. 이런 이유로, 만약 우리가 다윈의 진화 이론을 단지 생물학적 관점에서만 다룬다면, 이 글에서 스펜서를 언급할 필요는 없을 것이다. 그러나 만약 우리가 사회학과 철학의 관점에서 진화 이론을 살펴본다면, 스펜서를 언급하지 않고 진화 철학을 논의하는 것은 불가능할 것이다. 이는 특히 현대에 와서 거의 모든 학문 분야와 일상 생활에서 그가 정립한 '진화'의 개념이 사용되고 있기 때문이다. 그가 생물학과 사회과학의 통합을 통해 더욱 발전된 인간 사회를 꿈꾸며, 진화를 윤리에 접목

---

9 칼 가이버슨, 프랜시스 콜린스, 『과학과 하나님의 존재』, 김정우 역 (새물결플러스, 2019), 220-21.

10 Huxley, T. Huxley. *Agnosticism versus Christianity. Free Inquiry*; Buffalo Vol. 18, Iss. 2 (Spring 1998): 50.

시켜 진화 사회학의 창시자가 되었음을 의미한다.

스펜서는 "진화(進化)란 물질의 완성이며, 또 이에 수반하는 운동의 소산이다. 진화가 있는 동안에 물질은 불확정적이고 고르지 않은 동질성으로부터 확정되고 잘 어울린 이질성으로 넘어간다. 그리고 진화가 있는 동안에 지속되는 운동은 하나의 평행적인 변형을 겪는다"[11] 라고 주장하였다. 이는, 서로 연관이 없는 동일한 세포들이 모이는 운동 과정 중에 통합과 소멸을 통해 새로운 기능(이질성)이 생겨나며, 이로 인해 새로운 조직이 형성되는 것을 진화라고 보는 것을 의미한다. 생물계뿐만 아니라 모든 만물이 운동 과정 중에 통합 또는 소멸을 통해 새로운 것이 나타나는 변화를 진화라고 보는 것이다. 이 정의가 다윈의 진화 이론과 다른 점은, 생물학적 진화를 넘어서 모든 만물이 서로 모여 새로운 것으로 변한다는 우주적 진화의 개념으로 발전시킨 것이다. 현재 우리는 빅뱅을 통해 원시 우주에서 현재의 우주로 진화했다고 말하고 있으며, 인간이 만든 컴퓨터와 같은 기계도 새로운 기능이 추가되면 진화했다고 말하고 있다. 이때 우리가 사용하는 '진화'라는 개념은 스펜서가 주장한 진화의 개념이다. 이 글의 서문에서 언급한 것처럼, 일반 사람들이 일상생활에서 '진화'를 다윈의 생물학적 변화로 이해하고 있지만, 사실은 우리가 '진화'라는 말을 사용할 때는 스펜서가 만물에 적용한 우주적 진화의 개념을 사용하고 있다.

스펜서가 사용한 진화의 개념은 사실 다윈의 종의 기원 이론이 나온 후에 확고한 이론으로 자리 잡았다. 그러나 스펜서의 진화 개념은 다윈으로부터 시작되어진 것은 아니다. 스펜서는 다윈과 동시대의 인물이었다. 그는 다윈이 진화 이론을 발표하기 이전에 프랑스 생물학

---

11 스틸링 램프레히트, 『서양철학사』, 김태길 윤명로 역 (을유문화사, 2008), 574. 원어는
"An integration of matter and concomitant dissipation of motion, during which the matter passes from an indefinite incoherent homogeneity to a definite coherent heterogeneity"(from *The Concise Encyclopedia of Western Philosophy*, Jonathan Ree, J. O. Urmson, 2005, 362) 로 표기되어 있다.

자 장 바티스트 라마르크(Jean-Baptiste de Lamarck)[12] 의 진화 이론에 이미 영향을 받았다. 라마르크의 진화 이론은 한국과 미국의 중, 고등 학교 교과서에도 나오는 '용불용설'을 중심으로 하는 이론이다. 한 개체가 어떤 특정 기관을 자주 사용하면 그 사용 부위가 발달하여 진 화한다는 개념이다. 학창 시절 교과서에서는 목이 짧은 기린이 높은 나무의 잎을 먹이로 계속 먹다 보면 목이 길어진다는 그림으로 설명 되었다. 그러나 이 이론은 잘못된 것으로 현대 진화 이론에서는 퇴출 당한 이론이다. 생물이 살아가면서 후천적으로 얻게 되는 형질은 자 손에게 유전되지 않기 때문이다. 부모가 사고로 팔다리를 잃어도 자 손에게 그 팔다리 없는 특징은 유전되지 않는다. 특히 부모가 생을 통 해 배운 지식은 자식에게 유전적으로 전달되지 않는다. 이는 생물학 적으로 '획득형질은 유전하지 않는다'라고 말하는 것이다. 스펜서는 이렇게 잘못된 생물의 진화 이론을 통해 자신의 철학을 만들어 가던 중 다윈이 자연선택을 핵심으로 하는 진화 이론을 발표하게 되었고, 스펜서는 자신의 철학을 담아 다윈의 자연선택(Natural Selection)이라 는 용어를 적자생존(適者生存 Survival of the fittest)이라는 용어로 바꾸 었다.

스펜서가 바꿔 사용한 '적자생존'이라는 용어는 원래 다윈이 사 용한 용어 '자연선택'과 비교하여 생물학적으로는 같은 용어로 혼용 해서 사용할 수 있지만, 철학적으로 그 안에 담고 있는 의미는 커다 란 차이가 있다. 스펜서는 생물이 가지고 있는 생명 또는 삶의 정의 를 "삶이란 내적 관계에 대한 부단한 적응인 것"이라고 설명했다. 이 를 윌 듀랜트(Will Durant)는 "이 적응은 단순히 수동적인 적응이 아니 다. 생명의 특색은 예를 들면 동물이 타격을 피하기 위해 몸을 움츠리 거나, 인간이 음식물을 데우기 위해 불을 피우는 것처럼 외적 관계의 변화를 예상하여 내적 관계를 적응시키는 것"이라고 해석했다. 그러 나 듀랜트는 스펜서의 이러한 생각이 "유기체의 환경에 미치는 형성

12 스틸링 램프레히트, 『서양철학사』, 김태길 윤명로 역 (을유문화사, 2008), 573.

력을 무시하는 경향이 있을 뿐만 아니라, 유기체가 미리 앞을 내다보고 내부를 조절하는―이것이 생활력의 특징이지만―그런 일을 시키는 매우 정교한 능력의 본성을 설명할 수 없다"는 결점이 있다고 지적했다.[13] 스펜서의 말과 듀랜트의 비평을 간단히 정리하면, 스펜서는 생물의 생명 또는 삶을 '외부 환경에 대한 변화에 대해 생물체가 내부에서 적응하려는 노력'으로 설명하고 있다. 그리고 듀랜트는 이것이 생물의 적응이 수동적인 것이 아니라, 생물이 스스로 미래를 예측하고 변화해야 하는 능동적인 적응이기 때문에 올바른 정의가 아니라고 비평하고 있다.

자료에서 언급한 두 용어를 비교하면 큰 차이점을 볼 수 있다. 다윈의 '자연선택'은 생물이 도태되지 않고 계속 살아남는 것은 자연환경이 선택했기 때문이라는 개념이다. 즉 생물의 생존은 자연환경에 의해 수동적으로 결정된다는 철학이다. 반면 스펜서의 '적자생존'은 생물의 생존은 생물 자신이 환경에 잘 적응하는 데 달려 있다고 한다. 이 적응하는 과정에서 생물은 환경에 맞춰 몸이나 기능을 바꾸거나 강화하면서 진화한다는 것이다. 스펜서는 이런 관점으로 생명을 보았기 때문에 생명의 삶(Life)을 외부 환경에 대한 내적 적응의 과정으로 해석한다. '적자생존'이라는 말은 생물이 환경과 자연에 대응하는 것이 수동적 삶이 아니라 미래 환경마저도 예측 가능한 능동적 삶이라는 생각을 담고 있다.

살펴본 바와 같이 진화 이론은 찰스 다윈에 의해 학술적으로 발표된 것은 사실이지만, 생물이 변한다는 개념은 다윈 혼자만의 생각이 아니었다. 진화의 정의에 따라 달라질 수 있지만 생물이 변한다는 개념에서의 진화는 고대로부터 내려오던 인간의 사유이며, 진화 이론이 발표되던 당시에도 널리 알려진 개념이다. 그리고 진화 이론이 발표되었을 당시 기독교와 대충돌 현상이 있었던 것처럼 묘사되지만 토마스 헉슬리가 스스로는 불가지론자라 말한 것으로 보아 종교와 충돌하

---

13 윌 듀랜트, 『철학이야기』(동서문화사, 2019), 358.

고 싶은 생각은 없었을 것이다. 또한 진화 이론에 대하여서 기독교 안에서도 서로 다른 의견이 있었다. 다만 진화 이론을 반기독교 세력이라 낙인찍고 부정하려던 기독교의 시도는 희망과는 반대로 흘러 버렸다. 기독교의 반진화 이론 운동이 결국 대중에게 더 많은 관심을 불러일으키게 되었고 이는 반기독교 사상으로 자리 잡는 계기가 되었다.

진화 이론은 스펜서와 같은 철학자를 만나면서 생물계뿐만 아니라 우주 만물과 인간의 사회에도 적용되는 철학으로 성장하였다. 진화라는 개념이 스펜서에 의해 만물과 인간 사회 속으로 들어온 것이다. 그리고 사회철학이 된 진화 이론은 다른 학문과 병합되기 시작하였다. 20세기를 지나면서 진화 이론은 학문적으로 거대한 성장을 이룬다.

II. 인접 학문으로 확장

생물들이 살아가는 환경을 우리는 생태계라고 부른다. 이 생태계에서 생물들은 교미와 먹이 사슬을 통해 각 개체는 자신의 생명을 유지하고, 한 집단은 종족을 보존한다. 이 모든 행동은 생물들 간의 상호 작용 속에서 일어난다. 이런 생물들의 상호 작용을 하나의 사회로 보고, 이를 인간의 사회에 적용하려는 노력이 있다.

스펜서는 생물학적 진화에서 영감을 받아 사회학을 만들었다. 이를 사회 진화론(Social Darwinism)이라고 부른다. 그는 생물의 행동 양식을 인간 사회에 적용하려는 노력으로 『종합철학』을 발간했다. 그의 진화 이론에 기반한 종합적인 철학은 인간의 여러 학문에 영향을 미치기 시작했다. 그의 사회 진화론은 생물이 살아가는 환경(생태계)과 인간이 살아가는 환경(사회)을 동일 선상에 놓고 생물학적 진화와 사회의 진화 사이를 연결하고 있는 것이다.

진화 이론이 인간의 사고 체계에 처음으로 도입된 것은 윤리학과 사회학이었다. '윤리적'이라는 말은 학문적으로 정확한 답이 없다. '무엇이 선한가?'라는 질문에 답하기 위해서는 기준이 필요하다. 종교에서는 신의 말씀을 기준으로 선과 악을 구분한다. 그러나 스펜서는 생물의 행동 양식에서 이 기준을 찾으려는 학문적 노력을 했다.

스펜서의 적자생존 이론은 다윈의 자연선택과 비교해 볼 때 생물학적으로는 문제가 되지 않지만, 철학 용어로 보면 완전히 다른 생각을 불러일으키는 용어다. 스펜서는 자신의 윤리 철학을 '적자생존'이라는 용어에 담았다. 그의 생각은 다음과 같이 설명할 수 있다.

스펜서가 가장 중요하게 생각한 철학은 '자유주의'와 '진화 이론'이었다. 그는 이 두 가지가 서로 관련이 없는 것처럼 보이지만, 윤리라는 개념을 통해 연결할 수 있다고 생각했다. 정창인은 스펜서의 진화 이론을 세 가지 핵심으로 요약했다. 스펜서는 자유주의와 진화주의가 서로 대립하는 것이 아니라 서로 같은 방향을 가리키는 것이라고 보았다. 정창인은 스펜서의 진화 이론을 "(1) 진화가 모든 것에 적용된다고 주장하는 보편적 발전이론, (2) 비유로 쓰인 생물의 적응을 설명하는 생물적 적응이론, 그리고 (3) 사회의 진화를 설명하는 도덕적 적응이론"[14]으로 나누어 정리했다.

위 세 가지는 다음과 같은 뜻이다. 스펜서는 진화란 생물이 적응하는 과정에서 나타나는 보편적인 진리라고 생각했다. 그리고 이 진리를 사회에 적용하는 것이 도덕적으로 옳다고 생각했다. 여기서 윤리라는 개념이 스펜서가 자유주의와 진화를 연결하는 키워드로 작용했다. 스펜서는 공리주의의 입장에서 다수의 행복을 추구했다. 그는 인간 행복의 근원은 자유에 있다고 보았다. 그래서 개인의 자유를 위해 인간 사회가 발전해야 한다고 주장했다. 인간 사회는 생물이 세포가 모여 유기체를 만드는 것처럼 개인이 모여 유기적인 사회를 만든다고 생각했다. 인간 사회도 자연법칙에 따라 살아가면 발전적인 진

14 정창인, 「스펜서의 진화론적 자유주의」 (한국정치학회, 2004), 1-2.

화를 이룬다고 믿었다. 그는 더 진화된 사회를 만들면 더 많은 개인이 행복한 사회를 만들 수 있다고 생각했다. 그래서 그는 자연에서 본 진화를 인간의 사회에도 적용할 수 있는 보편적 이론이라고 생각했다. 그는 생물이 생존을 위해 환경에 적응하는 것처럼 인간도 생존을 위해 변화하고 발전하고 진보해야 한다고 말했다. 그는 이 과정에서 생물이 생존을 위한 행위에 정당성을 부여하는 것처럼 인간도 생존을 위한 행위에 도덕적 정당성을 부여하려고 했다.

스펜서는 윤리 개념을 적자생존 이론에 녹여냈다. 철학자 스털링 램프레히트(Sterling P. Lemprecht)는 스펜서의 생각을 간단하게 요약했다. 스펜서는 심리학을 생물학의 일부로 보았다. 그는 '심리'란 생물이 진화하면서 생기는 행동이라고 생각했다. 그래서 모든 생각은 경험에서 나오고, 경험은 자식에게 전해진다고 믿었다. 이런 생각은 라마르크의 잘못된 용불용설을 따랐기 때문이다. 스펜서는 사회학에서도 사회를 진화하는 유기체로 다뤘다. 또한 진화의 원리를 윤리학에 적용했다. 그는 사회와 개인의 이기주의(利己主義)는 '인간의 본성'이라고 보았다. 그리고 이것이 진화하면서 이타주의(利他主義)로 바뀐다고 주장했다. 즉, 악은 진화하지 못한 것이고, 선은 진화한 것이라고 생각했다. 이것이 스펜서의 윤리학의 핵심이다.[15]

스펜서는 '옳고 그름'을 진화 이론으로 설명하려고 했다. 그리고 이 윤리학을 통해, 인간 행동의 근거이자 원인인 심리도 진화 이론으로 설명하려고 했다. 이것이 스펜서가 만들어낸 진화 심리학이다.

램프레히트가 말한 대로 스펜서는 인간의 이타주의 행동을 진화의 결과로 보았다. 인간이 왜 이타적으로 행동하는지 궁금하다면, 그 행동을 하는 사람들의 심리를 살펴봐야 한다. 이것이 심리학이다. 스펜서는 적자생존과 윤리를 결합시켜서 인간의 행동의 원인을 심리에서 찾으려고 했다. 이런 방식으로 발전한 학문이 진화 심리학이다. 이 학문은 여러 분야에서 적용되고 연구되고 있다. 예를 들어, 인간이 행

---

15 스털링 램프레히트, 『서양철학사』, 김태길, 윤명로 역 (을유문화사, 2008), 577-81.

복이라는 감정을 느끼는 이유를 생각해 볼 수 있다.

'행복'이라는 개념은 심리학에서 중요한 역할을 한다. 이전의 연구는 '어떻게 하면 행복해질 수 있을까?'라는 질문에 초점을 맞추었다. 하지만 이제는 이 질문이 '왜 우리는 행복을 경험하는가?'로 바뀌었다. 이 질문에 대한 답으로, 서은국은 우리가 생존을 위해 행복을 경험한다고 주장한다. 이는 행복의 방향을 찾는 방식에서 행복의 원인을 찾는 방식으로의 전환을 의미한다. 저자는 행복의 근본적인 해답을 진화 이론에서 찾았다고 주장한다. 즉, 특정한 경험을 통해 행복해지는 것이 아니라, 생존을 위해 행복을 경험한다는 것이다. 그는 강하게 주장한다. "행복은 진화의 산물이다." 그는 자신의 책의 두 번째 장에서 "인간은 100% 동물이다"라는 제목으로, 인간의 심리는 진화 과정 중에 발생했다고 주장한다. 그러면서 자신의 그러한 생각은 비록 인정하기 싫지만, 다윈의 찬물 세례를 받았기 때문이라 말한다.[16]

인간의 행동의 근원을 진화의 과정에서 얻어진 산물로 보는 것은 심리학에서 발전하다가 사회 생물학으로 전환되어 생물학에 영향을 미쳤다. 사회 생물학의 대표적인 인물은 에드워드 윌슨(Edward O. Wilson)이다. 그는 미국의 생물학자로, 개미 사회의 연구와 다른 동물들의 사회에 대한 지식을 종합하여 『사회 생물학』을 저술했다. 그의 주요 주장은 인간의 이타주의와 같은 행동 양상도 진화 과정 중에 소속 집단을 보호하기 위한 전략이라는 것이다. 벌과 개미처럼 전체를 위해 일의 분배, 적의 공격으로부터의 희생, 효율을 위한 번식 포기, 그리고 먹이 양보 등 모든 행동은 환경에 적응하고, 즉 생존하고 종족을 보호하는 전략이며, 이것이 유전된다는 것이다.[17] 이는 스펜서의 주장을 한 단계 더 나아가 이타주의가 발생하는 원인과 예를 적자생존을 통해 설명한다. 1975년에 윌슨이 사회 생물학을 창설하였고, 그

---

16 서은국, 『행복의 기원』(21세기북스, 2014), 2장.
17 에드워드 윌슨, 『사회생물학1』, 이병훈 외 역 (민음사, 1993), 156-63.

때 진화 심리학이 탄생했다. 이렇게 발전한 진화 심리학에 대해 윌슨의 제자 최재천은 "많은 사회 생물학자들이 기꺼이 진화 심리학으로 전향했다"라고 말한다. 이렇게 전향한 학자들은 두 학문의 차이점을 "사회 생물학이 행동의 진화를 연구하는 학문이라면, 진화 심리학은 그런 행동을 유발하는 심리 메커니즘의 진화까지 분석하는 학문"이라고 설명한다.[18]

진화 심리학은 치료 의학에도 영향을 미쳤다. 그중에서도 스트레스에 관한 연구가 가장 대표적이다. 이는 진화 생리학의 발달과 함께 이루어졌다. 현대 사회에서는 모든 병의 원인을 스트레스로 돌리곤 한다. 진화 과정에서 생물이 적과 마주칠 때 스트레스를 받게 되는데, 이때의 반응은 싸우거나, 도망치거나, 아니면 멈추는 것이다. 이런 행동 패턴은 유전적으로 남아 있어, 현재도 인간이 스트레스를 받으면 그 원인과 싸우거나, 도망가거나, 아니면 아무것도 하지 않게 된다. 1914년에 발행된 미국 생리학 저널(*American Journal of Physiology*)에서는 이런 반응을 '투쟁 도피 반응'(Fight-or-flight response)이라고 명명했다. 이런 작용은 진화 과정에서 경험되었고, 유전적으로 후손에게 전달되었다. 따라서 이제는 이런 행위가 교감신경과 부교감 신경, 아드레날린과 아세틸콜린 그리고 코티솔과 같은 호르몬에 의해 조절된다고 설명하고 있다.[19]

심리학은 인간의 사회에서 발생하는 현상을 다룬다. 이는 관계 속에서 일어나는 것으로, 생태계에서 발생하는 생물의 상호작용을 인간 사회에 적용하는 것이 진화 사회학의 핵심이다. 스펜서의 적자생존 개념은 처음부터 인간의 행동을 옳고 그름에 대한 윤리적 개념에서 그 행동의 원인을 분석하는 심리학, 그리고 관계를 이해하는 사회학으로 구성되었다.

스펜서의 진화 사회학은 넓은 의미에서는 생물이 진화 발전하는

---

18 데이비드 버스, 『진화심리학』, 이충호 역 (웅진지식하우스, 2012), 최재천 추천사.

19 Jansen, Arthur S., *"Central command neurons of the sympathetic nervous system: Basis of the fight-or-flight response"* (Science, 1995), 644.

것처럼 인간의 사회도 진화 발전한다는 개념이다. 생물의 진화가 적자생존을 통해 이루어지는 것처럼, 인간의 사회도 자연의 법칙인 적자생존의 원리가 적용된다는 것이다. 좁은 의미에서는 생물의 각각의 행동 습성을 진화의 결과로 해석하고 이를 인간의 사회에 적용하는 것이다. 이는 윤리학, 교육학, 심리학 등에 큰 영향을 미치는 생각이다. 언급했듯이, 인간의 이타적 행위가 개미나 벌과 같이 집단을 위한 생존 전략으로 해석되는 것이다. 사회관계 속에서 인간의 행동을 종의 종속을 위한 전략으로 바라보는 것이다.

스펜서와 윌슨 등의 이러한 생각은 옳고 그름을 판단하기 이전에 인간 사회와 동물 사회가 동일한 원칙이 적용 가능한 것인지 먼저 검증해야 한다. 하지만 이들은 인간이 동물의 진화 과정 중에 발생한 한 종족이라고 가정하며, 영혼 등과 같은 요소는 고려하지 않았다. 그럼에도 불구하고, 스펜서에서 시작하여 윌슨에게서 정리된 이 이론은 이제 윤리학, 법학, 정치학, 경제학, 교육학, 예술 등 인류의 거의 모든 문화 정신 영역으로 확대되고 있다. 넓은 의미에서는 모든 것이 진화한다는 생각을 하며, 좁은 의미에서는 적자생존의 원리가 윤리의 기준이 되어 법을 만드는 기초 철학으로 반영되며, 사회관계를 생물학적으로 이해하면서 인간의 사회를 운영하는 정치의 개념으로 적용되고 있다.

경제학에서도 진화의 개념이 들어가 '진화 경제학'이라는 학문이 존재한다. "이 이름은 19세기 말부터 20세기 초에 걸쳐 활약한 미국의 경제학자 베블렌(Thorstein Bunder Veblen)이 만들어 사용하였다"라고 이요섭은 말한다. 그는 진화 경제학의 정의에 대해 "연구자들 사이에서도 명확한 합의가 있는 것은 아니다"라고 말한다.[20] 그럼에도 불구하고 그는 『진화 경제학』을 통해 진화 경제학의 시작과 역사, 정의 등을 설명하고, 최종적으로 진화 경제학을 기반으로 한 행복경제학의 발전에 관하여 설명하고 있다. 이 책의 설명에 따르면, 진화

20 이요섭, 『진화 경제학』(연암사, 2018), 제1장.

경제학은 사회를 살아있는 하나의 유기체로 보는 관점에서 시작한다. 하나의 유기체이기 때문에 생물이 진화하는 것처럼 사회 경제도 유기적 관계 속에서 진화 발전한다고 설명하고 있다. 그러나 이렇게 넓은 의미의 개념이 있지만, 좁은 의미에서의 진화 경제학은 생물의 생존 전략인 적자생존에서 찾을 수 있다. 생물은 험한 자연환경에서 종을 보존하기 위해 필요 이상의 후손을 낳으며 살아남기 위해 할 수 있는 모든 전략을 가진다. 이런 원리를 경제에도 적용하여 기업이 살아남기 위해서는 과잉생산과 같은 전략을 쓰기도 하며, 기업은 살아남는 것이 선하다는 생각을 가진다. 그 때문에 기업이 살아남기 위해 노동자의 무분별한 해고나 합병, 인수, 분할 등이 쉽게 용인되기도 한다.

　교육학의 영역에서는 장 피아제(Jean Piaget)의 행동주의 교육방식이 주목받는다. 대학에서 교육학 관련 과목을 수강한 사람이라면 피아제의 인지발달 이론을 들어봤을 것이다. 그는 교육학 분야에서 잘 알려진 학자로, "심리학자이자 철학자이며 자연과학자이다. 원래 연체동물을 연구하던 생물학자였다."[21] 피아제의 인지발달 이론은 행동주의에 기반을 두고 있다. 이 행동주의 교육 방식은 생물학에서 시작하여 심리학을 통해 교육학으로 발전한 이론이다. 대상자에게 자극(S: Stimulus)을 주어 그에 대한 반응(R: Response)을 연구하는 학문이다.[22] 이는 파블로프의 조건반사 실험에서 시작되었다. 개에게 먹이를 줄 때 동시에 종을 치면, 나중에는 먹이를 주지 않아도 종소리에 위액이 분비되는 것이 관찰되었다. 이처럼 교육에서도 학습 대상자에게 자극을 주고 그 반응에 적절한 보상 또는 벌을 주는 것을 반복적으로 하는 것이 효과적이라는 학습이론이다. 이러한 방식은 '당근과 채찍'이라는 용어로 교육 현장에 널리 사용되고 있다. 교육학의 인식론에도 진화 이론이 영향을 미쳤다. 정호범은 「진화론을 수용한 듀이와 포퍼

21 나무위키, '장 피아제' (Accessed September 6, 2022), https://namu.wiki/w/%EC%9E%A5%20%ED%94%BC%EC%95%84%EC%A0%9C.
22 다음백과, '행동주의' (Accessed September 2, 2022), https://100.daum.net/encyclopedia/view/185XX76700035.

의 인식론—사회과 문제해결학습과 관련하여」라는 논문을 통해 "듀이는 철학자이면서 교육학자로서 사회과 교육에 지대한 영향을 미쳤다. 또한 그의 프래그머티즘 인식론은 오늘날까지도 사회과 문제해결학습을 비롯하여 탐구 방법 등에 뿌리 깊이 남아 있다"라고 평가하면서 그의 인식론은 진화론의 "적응과 성장", "인간의 진화: 언어와 교육을 통한 문화의 진보", 그리고 "상호작용을 통한 인식"으로부터 기인한다고 말한다. 또한 "포퍼의 진화론적 인식론에 바탕을 두고 있는 문제해결(problem solving), 지식의 성장(the growth of knowledge) 이론 등은 사회과 교육에 의미 있는 함의를 제공할 수 있다"라고 설명하는데, 이 역시 인간의 문제 해결 능력을 생물의 진화 과정에서의 "시행착오"를 통한 "지식의 성장"에서 그 이론의 근거를 찾은 것이다.[23]

스펜서는 19세기에 태어나 20세기의 문을 열었던 철학자로 볼 수 있다. 그는 생물이 변화하고 발전한다는 개념을 사회와 윤리에도 적용하여 진화 이론을 확장하였다. 그의 모든 철학은 '적자생존'이라는 개념에 집약되어 있었다. 이 핵심 이론은 그의 저서인 『종합철학』을 통해 심리학, 사회학, 윤리학에 반영되었고, 인간의 마음, 인간과 인간 사이의 관계인 사회 그리고 인간 사이에 형성되는 윤리를 이해하는 방법론의 기준으로 진화 이론이 이용되는 것이다. 이렇게 확장된 진화 이론은 이후 정치, 경제, 교육, 예술 등 인류의 거의 모든 문화 영역으로 확장되었다. 이렇게 진화 이론은 인류가 살아가는 데 깔려 있는 기본 철학이 되어 20세기와 21세기 사람들의 삶에 큰 영향을 미치는 기본 세계관으로 자리 잡았다. 결국, 스펜서의 사회 진화론은 20세기의 문을 여는 윤리와 철학의 핵심이 되었다.

---

23 정호범, 「진화론을 수용한 듀이와 포퍼의 인식론 – 사회과 문제해결학습과 관련하여」
(학습자중심교과교육연구, 2020), 597-606.

III. 진화 이론이 인류에 미친 영향

우리는 지금까지 19세기에 형성된 다윈의 다윈주의(Darwinism)의 태생과 성장 그리고 스펜서의 사회 다윈주의(Social Darwinism)가 어떻게 인류의 핵심 철학이 되며, 확장되었는지를 살펴보았다. 이 19세기에 시작된 다윈주의는 20세기의 문을 열어준 기본 철학이 되었다. 20세기를 한마디로 정의하기는 어렵지만, 그중 하나의 키워드는 '대량 살상'이다. 19세기 이전에도 노예제도나 전쟁 등 학살의 개념은 존재했지만, 이 글에서 다루고자 하는 공산혁명, 독일과 일본에 의한 세계 1차, 2차 대전, 유대인 학살 등과 같은 대량 살상은 광범위한 지역에서 이루어졌다. 과거 단순한 무기에서 비행기와 폭탄 등의 기술 문명의 발달이 이용되었다. 이처럼 광범위하고 거대하며 일정 시간 동안 지속되는 사건이 일어나기 위해서는 몇 가지 조건이 만족되어야 한다. 광범위한 지역에서 소통과 교통을 할 수 있는 발달된 기술과 국가 규모 또는 그 이상의 큰 조직이 필요하다. 그러나 이런 거대한 조직을 일정 기간 동안 움직이게 하려면 많은 사람들을 마치 하나의 조직처럼 움직이게 하는 핵심 사상이 필요하다. 즉, 정치적 명분으로 사용될 이데올로기가 반드시 필요하다. 진화 이론은 이 20세기 대량 학살의 이데올로기를 형성하는 데 기반이 되었다. 그래서 이곳에서는 대량 학살이라는 키워드의 관점에서 진화 이론과 나치주의를 포함한 제국주의와 공산주의가 인류에게 어떤 영향을 미쳤는지를 찾아보고자 한다.

1. 진화 이론과 제국주의

20세기에 일어난 대량 학살의 원인으로 강대국의 팽창정책을 들 수 있다. 제국주의라는 개념은 한마디로 정의하기 어렵지만, 국립국어원 표준국어대사전에 따르면 우월하고 강력한 군사력을 기반으로 다른 나라 및 민족을 징벌하고, 지배권을 확대하여 대국가를 건설하려는 침략주의적 경향을 가리킨다. 일반적으로 15세기부터 18세기 중반까지 유럽 국가들이 아메리카와 인도 대륙을 침략하여 식민지를 확보하였고, 이후 19세기와 20세기에는 이탈리아, 독일, 소련, 미국 그리고 아시아에서 유일하게 일본이 제국주의 정책을 추진하였다. 제국주의 또는 국가의 팽창정책은 고대 로마제국과 같이 고대에도 존재하였지만, 20세기의 제국주의가 인간의 삶에 미친 영향은 전 지구 규모로 매우 거대하다. 근접한 국가가 아닌 자국의 대륙을 넘어서 침략과 살인이 이루어졌다. 제국주의가 이러한 대규모 침략과 확장의 정책 행위를 수행할 수 있었던 것은 그 팽창정책을 뒷받침하는 사상이 있었기 때문이다.

20세기의 제국주의는 영국에서 시작되었다. 영국에서 제국주의가 발전할 수 있었던 이유는 증기 기관의 발달과 이로 인한 산업혁명 때문이었다. 기계 문명의 발달로 인해 인간은 필요한 물자를 대량으로 생산하기 시작하였고, 대량 생산을 위한 원자재 공급과 생산물의 판로를 위해 강대국은 식민지 확장을 시작하였다. 강대국의 식민지는 원자재와 노동력 수탈, 그리고 생산물의 강제 판매를 자유롭게 할 수 있었다.

버나드 젬멜(Bernard Semmel)은 그의 저서인 『제국주의와 사회 개혁』(Imperialism and Social Reform)에서 당시 영국이 이미 다윈의 『종의 기원』을 통한 생물의 진화 이론과 스펜서의 사회진화론이 시대의 지식으로 자리 잡았으며, 이 지식이 제국주의의 확장에 정신적 공헌을 하였다고 기록하였다.[24]

영국인 칼 피어슨(Karl Pearson)은 그의 저서인 『과학의 관점에서 보는 국민 생활』(National Life from the Standpoint of Science)에서 어떤 종족이 다른 종족의 정복과 같은 행위를 진화 과학의 입장에서 표현하였다. 그는 "더 나은 인종의 생존에 대한 진보의 의존은 여러분 중

---

24 Bernard semmel, *Imperialism and Social Reform* (Harvard University Press, 1960), 18-42.

일부에게는 끔찍하게 검은색으로 보일지 모르지만, 생존을 위한 투쟁에 구원의 특징을 부여합니다"라고 말하였다. 만약 미국인, 독일인 그리고 영국인이 시장에서 음식과 물질 공급에 관한 경쟁을 멈춘다면, "그날이 오면 인류는 더 이상 발전하지 않을 것입니다. 열등한 종의 번식력을 확인할 수 있는 것은 아무것도 없을 것"이기 때문이라고 설명하였다.[25]

피어슨(Karl Pearson)은 'Struggle'이라는 영어 단어를 사용하였다. 이 단어는 갈등, 투쟁, 싸움으로 해석될 수 있으며, 문맥상으로는 국가 규모의 전쟁을 의미하고 있다. 그리고 그는 우열을 따지는 배경 속에서 백인이 세상의 짐을 지고 발전시키고 있다고 주장하였다.

진화 이론에 입각한 제국주의의 탐욕은 영국에서 시작하여 유럽 전역으로 퍼져 나갔다. 미국을 포함한 유럽의 강대국들은 경쟁적으로 식민지 확장에 열을 올리는 당위성을 제공하였다. 그 결과 아프리카와 아시아의 국가들은 식민 통치를 당하는 불운의 역사를 가지게 되었다.

한편, 백인들의 잔치였던 우열에 관한 적자생존 개념이 아시아에서는 일본에 전해졌다. 일본은 적극적으로 유럽의 문화를 받아들이며 발전하였다. 김성근은 당시 일본의 상황을 다음과 같이 설명하였다. 근대화 과정 중 일본 역시 인권 개념이 싹트고 있었다. 그러나 메이지 시대의 계몽주의자였던 가토 히로유키(1838-1019)의 '인권신설 人權新設'은 당시 일본에서 싹트고 있던 인권 사상을 사회 진화론의 입장에서 비판하였다.[26] 승자가 모든 것을 누려야 한다는 우승열패의 개념을 진화 이론의 적자생존에서 가져오고 있다. 우수한 민족이 열등한 민족을 다스리는 것이 자연의 법칙이라는 논리다. 그래서 김성근은 진화 이론을 "제국주의의 식민지 침탈을 정당화하고자 했던 제국

25 Karl Pearson, *National Life from the Standpoint of Science* (Cambridge University Press, 1919), 26-27.
26 김성근, 『교양으로 읽는 서양과학사』(안티쿠스, 2009), 243.

주의 이론가들에게 최고의 선물이었다"라고 평가하였다. 진화 이론은 일본 제국주의의 침략을 정당화하는 이론으로 사용되었다.[27]

2. 진화 이론과 나치주의

아돌프 히틀러(Adolf Hitler)를 지도자로 세운 독일은 20세기에 대량 학살의 문을 열었다. 이들은 수백만 명의 유대인을 학살한 홀로코스트의 주범이다. 독일은 제국주의를 넘어서 민족과 사회 국가 또는 전체를 강조하게 되었다. 이로 인해 독일은 국가 사회주의 또는 전체주의로 불리며, 이 개념을 통합하여 독일식 전체주의를 나치주의라고 부르게 되었다.

독일의 나치주의는 그 근간을 진화 이론에서 찾았다. 김성근은 헤겔의 "정치는 생물학의 응용이다"라는 말을 인용하며, "헤겔의 우생학은 나치에 의해 인종차별 정책에 이용되었다"라고 말하였다.[28] 김성근의 이런 기록은 충분한 증거를 제공하며, 이는 지금도 육성으로 남아 있는 나치의 홍보 영상 본문에서 확인할 수 있다.

우리 인간은 지난 수십 년 동안 자연선택의 법칙을 위반해 왔다. 뿐만 아니라 열등한 인간들을 지원해 왔다. 우리는 이 병약한 사람들의 후손이 만연하도록 장려했다. 이와 같은 수천 명의 침 흘리는 얼간이들을 어디서 먹여 주고 보살펴 줘야 하는가? 짐승보다 못한 하등한 인간들을 말이다.[29]

분명하게도, 약자를 돌보는 것이 자연선택의 법칙을 위반했기 때문에 잘못된 선택이라는 주장이 제기되었다. 이에 따라 열등한 인간은 그만 돌보아야 한다는 주장이다. 이들은 짐승보다 못한 존재로 여겨져, 그들을 죽이는 것이 자연법칙이라는 주장이 제기되었다. 이 이

---

27 Ibid.
28 Ibid.
29 Fingerprint, '진화론에 세뇌된 히틀러의 장애인 및 유태인 학살' (Accessed June 11, 2022), ttps://www.youtube.com/watch?v=81sur7-x9Bk&t=1s.

론은 확장되어 우수한 게르만 민족을 지키는 것과 게르만 민족이 세상을 통치하는 것이 자연법칙이라는 논리를 제시하였다. 독일 전체 국민에게 이러한 사상을 심어준 지도자는 아돌프 히틀러(Adolf Hitler)였다. 독일 전체의 생각일 수도 있겠지만, 한 사람의 사상이 전체에게 강하게 영향을 주고 있다. 히틀러라는 지도자의 생각이 마치 독일 전체의 생각인 것처럼 되어 버리고, 독일 전체는 자연법칙이라는 말에 현혹되어 집단이 마치 하나와 같이 학살을 진행한 것으로 보아야 할 것이다. 그 한 사람인 히틀러는 진화 이론에 강한 영향을 받았는데, 1952년에 발간한 히틀러의 자서전격인 그의 저서 『나의 투쟁』(*Mein Kampf*) 제4장에서 독일의 미래를 위한 4가지 정책의 필요성을 강조하고 있다. 그 첫 번째가 자연은 가혹하지만 현명하게 인구를 조절한다, 여러 재난으로부터 살아남은 종족에게 생존권을 부여하는 것이다. 그리고 이렇게 혹독한 과정을 통해 종족은 강해진다고 말한다.[30] 그는 이 가혹한 재난을 통해 인구 조절이 이루어지기 때문에 전쟁을 통해서라도 방법을 가리지 않고 살아남아야 자연법칙에 의해 독일 민족이 더 강해진다고 말하고 있다. 독일 민족의 성공을 적자생존이라는 진화 법칙에 적용하고 있다.

조지 스테인(Georgy J. Stein)은 그의 논문 「Biological Science and the Roots of Nazism」(생물 과학과 나치의 근간)에서 나치주의는 생물학이 근간이라고 주장하였다. 그는 이 논문에서 아돌프 히틀러(Adolf Hitler)가 어렸을 때부터 진화 이론에 사로잡혔으며, 그의 저서와 연설문 등을 통해 역사 속에서 항상 우수한 인종이 열등한 인종을 정복하고 다스렸다고 주장했다고 설명하였다. 히틀러 자신도 독일 사회주의의 근간은 진화 이론이라고 말하였다. 이렇게 진화 이론은 히틀러에 의해 사상이 되어버렸고, 이 사상은 독일을 20세기 학살의 주인공으로 인도하는 지팡이로 사용되었다.[31]

---

30 Adolf Hitler, 1927, *Mein Kampt*, Trans. by Ralph Manheim, A Mariner Book: Boston, 131-33

31 George J. Stein, 「Biological Science and the Roots of Nazism」, Sigma Xi, 50-58.

3. 진화 이론과 공산주의

칼 마르크스(Karl Marx, 1818-1883)는 1841년에「데모크리토스와 에피쿠로스 자연철학의 차이」라는 제목의 논문으로 박사학위를 받았다. 당시 그의 나이는 24살이었다. 논문의 핵심은 세상의 모든 물질은 더 이상 쪼갤 수 없는 입자로 되어있다는 원자설을 주장한 데모크리토스와 그의 제자 에피쿠로스의 물질관을 비교한 것이다. 그가 물질에 대하여 관심을 가진 이유는 '물질은 무엇인가?' 또는 '물질은 어떻게 생성, 운행되었는가?' 라는 질문은 이 세상과 인류는 어떻게 생겨났는지에 대한 질문이기 때문이다. 이는 사실상 인류가 가지고 있는 궁극의 질문에 해당한다. 그렇기 때문에 마르크스가 궁금해했던 물질의 근원에 대한 사유는 학문적으로는 고대 그리스 때부터 시작되었고, 학문이 아닌 인간의 호기심 차원에서는 인류가 출발했을 때부터 시작되었다.

물질의 근원 또는 세상 만물의 출처를 고민해 오던 철학자는 고대 철학자 탈레스부터 시작하였으나 가장 큰 두 핵심 이론은 아리스토텔레스와 데모크리토스에 의해 완성되었다. 아리스토텔레스는 세상은 물, 불, 흙, 공기로 구성되었다는 4원소설을 주장했다. 이에 반해 데모크리토스는 모든 물질은 더 이상 나눌 수 없는 입자로 구성되어 있다는 입자설을 주장했다. 다윈과 칼 마르크스가 살던 당시 과학계는 이 논쟁에 관하여 모든 물질은 원자로 되어 있다는 존 돌턴(John Dalton, 1766-1844)의 원자설이 받아들여진 시기다. 고대로부터 믿어 오던 4원소설이 잘못된 이론이라는 것을 깨닫고 돌턴의 원자설이 우주의 근본을 이해하는 기본 지식이 되어 있던 시기다.

마르크스는 우주의 기본 물질이 무엇이냐는 세계관으로 돌턴의 원자설이 받아들여지는 시기의 인물이다. 이러한 시대 상황 속에서 입자설의 두 핵심 인물 데모크리토스와 에피쿠로스 생각의 차이를 비교한 것이다. 물질의 생성과 운행 속에서 신적 존재를 인정할 것인지 인정하지 않을 것인지가 핵심 논쟁이다. 데모크리토스는 세상의 모든 만물이 더 이상 쪼갤 수 없는 물질로 되어 있는데 이 물질이 생성, 운행되려면 초월적 존재, 제1원인이 있어야 한다고 생각하였다. 이에 반하여 에피쿠로스는 세상의 모든 물질은 더 이상 쪼갤 수 없는 물질로 되어 있는 것은 맞지만 그것이 생성, 운행되는 데 신적 존재가 없어도 가능하다고 생각하였다. 그의 논문이자 책으로 발간된『데모크리토스와 에피쿠로스 자연철학의 차이』를 읽어보면 그가 이 비교 연구를 통해 에피쿠로스의 생각을 지지하였고 그에 따라 그는 이 세상은 신 또는 영적인 존재가 없이 오직 물질로만 되어 있다는 유물론자가 된 것을 알 수 있다.[32]

세상은 오직 물질로만 되어 있다고 생각한 청년 마르크스는 그의 친구 엥겔스와 함께 인간의 삶을 좀 더 발전적으로 바꾸고 싶었다. 그는 모두가 함께 일하고 공평하게 나누어 가지는 세상을 만들고 싶어 했다. 유물사관을 가진 그가 보는 세상은 물질적 부를 가진 자가 가지지 못한 노동자를 착취하는 불공평한 세상이었기 때문이다. 그는 이를 부르주아와 프롤레타리아의 대립 구조로 보았다. 착취의 주체인 부르주아를 제거하면 아름다운 세상을 건설할 수 있는데 그들을 제거할 도덕적 명분이 없었다. 유토피아를 건설하는 데 있어서 이 문제점을 해결하지 못하던 차에 1856년 다윈의『종의 기원』이 발간되었다.『종의 기원』을 엥겔스가 먼저 읽고 이 책을 마르크스에게 보냈다. 이후 "마르크스와 엥겔스는 다윈의 진화 이론에서 사적 유물론을 접목하고서 자신들의 공산주의를 과학적 사회주의라 주장하였다."[33] 이들은 진화 이론을 공산주의 이론의 과학적 근거라고 생각했던 것이다.

이런 이유로 다윈의 진화 이론은 공산주의의 기초가 되었다. 마

---

33 허정윤,『과학과 신의 전쟁』(메노라, 2017), 95.
32 칼 마르크스,『데모크리토스와 에피쿠로스 자연철학의 차이』, 고병권 역 (그린비, 2001).

르크스는 1872년『자본론』을 발표하였다. 그는 자신의 책에 친필로 "존경하는 다윈 선생께 드립니다"라는 글을 써서 다윈에게 보냈다. 결국 다윈이 제시한 '생물의 발전―진화―자연선택'이라는 자연법칙을 '인류의 발전―혁명―계급투쟁'이라는 공식으로 바꾸어 변화의 물결을 일으켰으며, 그 변화의 물결은 "구소련에서 2천만 명, 중국의 마오쩌둥(毛澤東) 치하에서 6,500만 명, 베트남에서 100만 명, 북한에서 200만 명(300만 명의 아사자 제외), 캄보디아의 폴 포트 정권하에서 200만 명, 동구 공산정권하에서 100만 명, 아프리카에서 150만 명 등 총 1억 명"[34]의 1차 피해자를 만들었다. 그리고 이 물결은 인류 문화의 손실, 이산가족, 산업 기반 시설 파괴와 같은 헤아릴 수 없는 2차 피해를 만들었다.

마르크스는 에피쿠로스의 물질관을 연구한 후 유물론자가 되었고 생물의 생존 투쟁을 핵심 이론으로 다루는 다윈의 진화 이론을 통해 과학적 사회주의 투쟁의 당위성을 확보하게 되었다. 그리고 적자생존 또는 생존을 위한 투쟁의 당위성을 진화 이론으로부터 찾은 공산주의는 무엇이든지 자르고 죽일 수 있는 절대검을 갖게 되었다. 그리고 이 칼은 20세기의 가장 잔인한 공산주의 혁명의 가장 강력한 무기로 사용되었다.

진화 이론은 19세기와 20세기에 걸쳐 자연선택이란 용어가 적자생존이란 말로 바뀌면서 그 안에 포함된 철학도 바뀌었다. 신의 존재가 부정되고 절대 선의 기준이 자연이 되었다. 생물학의 범위를 넘어 윤리와 철학이 된 이 이론은 다시 정치적 이데올로기와 사상으로 옮겨졌다. 나치주의와 공산주의는 이 이론을 자기들의 목적에 맞게 해석하고 적용해 인류 역사상 큰 비극을 정당화하는 데 사용했다. 자연선택과 적자생존의 개념이 왜곡되어 인간 사회의 윤리적 기준을 재정립하고, 열등하다고 여겨지는 인간들에 대한 차별과 학살을 정당화했

---

34 Courtois, S., Werth, N., Panné, J. L., Paczkowski, A., Bartošek, K., & Margolin, J. L. (1999), *The Black Book of Communism: Crimes, Terror, Tepression*, Harvard University Press, 4.

다. 이는 과학적 이론이 어떻게 잘못된 해석과 적용을 통해 인류에게 해를 끼칠 수 있는지 보여주는 사례다. 과학과 정치, 윤리가 어떻게 상호작용하는지에 대한 깊은 성찰을 요구하며, 과학적 지식의 발전이 인류에게 긍정적인 영향을 미치려면, 그 지식이 어떻게 사용되는지에 대한 철저한 윤리적 고려가 필요하다.

IV. 결론

"진화란 무엇인가?"라는 질문은 간단하게 대답할 수 있는 문제가 아니다. 진화의 정의는 사람마다 다르기 때문이다. 어떤 이는 생물이 조금씩 변하는 것을 진화라 보고, 다른 이는 새로운 종의 탄생을 진화라 한다. 또한, 진화를 생물학적 범위에서만 생각하기도 하고, 만물에 적용하기도 하며, 단순히 조금 변한 것을 진화로 보는 견해도 있다. 이렇게 다양한 정의가 존재하는 이유는 진화라는 개념이 한 번에 확정된 것이 아니라, 시간이 흐르면서 받아들이는 각자에게 다른 의미로 해석되며 현대 사회의 기본 세계관으로 자리 잡았기 때문이다.

19세기 사람들은 생물이 변한다는 사실을 이미 알고 있었다. 기독교 세계관을 가지고 있던 사람들에게 뭔가 새로운 가르침을 원했다. 이런 분위기 속에서 다윈과 월리스는 다양한 종의 존재 이유를 과잉생산과 자연선택으로 설명했다. 그리고 스펜서는 이를 더 나아가 만물과 인간 사회의 변화 발전을 적자생존으로 설명, 확대시켰다. 그러나 이 과정을 거치면서 적자생존에 담긴 철학과 윤리는 다윈의 자연선택과는 다른 의미로 발전했다. 생존경쟁에서 우위를 점하는 종이 살아남고, 살아남은 종은 발전한다는 철학이다. 그리고 살아남은 종이 선한 것이라는 윤리가 형성되었다. 이 윤리는 20세기에 들어서 인간이 인간을 대량 학살하는 무기로 사용되었다. 약한 것이 악한 것이라는 해석이 가능해졌기 때문이다. 스펜서는 진화가 통합과 소멸을 통해 이루어진다고 주장했다. 이제 진화는 심리학, 법학, 경제학 등 다양한 분야에 영향을 미치며, 문화와 예술에도 깊이 녹아 들었다.

　　진화 이론과 적자생존은 부족한 논리를 가지고 있음에도 현대를 살아가는 우리에게 인간의 본성과 행복 등과 같이 세상과 인간을 이해하는 근본 원리 또는 기준인 보편적 진리의 개념처럼 사용되고 있다. 그러나 본문에서 역사를 살펴본 것처럼 진화 이론은 인류를 대량 학살의 무대로 인도하였다. 사람들의 삶에 물질적 풍요를 공급했을지는 몰라도 행복과는 거리가 멀다. 현대를 살아가는 우리는 『토지』의 저자 박경리가 과학에 관하여 언급한 것을 다시 한번 고민할 필요성이 있다. 그녀는 "과학은 합리적인 것에서 출발했지만 결국 이성 잃은 인간에게 칼을 쥐어 준 결과가 된 거지"[35] 라고 말하였다. 우리는 진화 이론과 같은 과학이 어떻게 인류에게 사용되어야 하는지에 대한 깊은 고민을 요구한다.

---

35 표준국어대사전, '과학' (국립국어원, n.d.), (Accessed September 6, 2022) https://stdict. korean.go.kr/search/searchView.do.

04

유신진화론의 과학적, 철학적, 신학적 비판은 적실한가?

양정모 (변증학/윤리학)

1. 들어가는 말

유신진화론(Theistic Evolution)은 말 그대로 신의 존재를 인정하면서 진화론을 주장하는 이론이다. 이 이론은 하나님의 창조를 무시하지 않으면서 생물학적 진화에 대한 과학적 이해가 양립 가능하다는 전제를 가지고 있다. 더 나아가 그러한 양립이 가능하도록 만들어야 한다는 신념을 가지고 있다. 그러한 전제와 신념은 과학기술의 발달로 힘을 얻고 있는 듯 보이지만, 증거의 불충분이나 논리의 비약으로 인해 많은 비판을 받고 있는 것이 현실이다. 이러한 비판은 크게 과학적, 철학적, 신학적 비판의 3가지로 나눌 수 있다.[1] 지면 관계상 여기서는 이 3가지의 비판에서 가장 많이 거론되는 핵심적인 논쟁을 중심으로 그러한 비판이 얼마나 적실한가를 살펴볼 것이다.

---

1 J. P. Moreland외 4인 편집, 『유신진화론 비판(상)(하)』, 소현수 외 3인 역 (서울: 부흥과개혁사, 2019). 지금까지 유신진화론에 대한 비판서 가운데 최고의 책이라고 할 수 있는 이 책은 기독교가 취해야 할 입장을 잘 정리하고 있으며, 유신진화론을 과학, 철학, 신학의 3가지 관점에서 비판하고 있다.

2. 과학적 비판 — 지구 연대에 관한 논쟁

유신진화론은 대체적으로 오래된 지구 창조론(Old Earth Creationism)을 지지한다. 왜냐하면 진화가 이루어지기 위해서는 최소한의 시간이 필요한데, 약 만 년 정도로 추측되는 젊은 지구 창조론(Young Earth Creationism)으로는 그러한 진화들을 설명하기 어렵기 때문이다. 그러므로 유신진화론자들은 젊은 지구론이 지질학, 생물학, 생화학, 빅뱅이론과 같은 학문을 의도적으로 무시하거나 반대하며, 이러한 학문들을 기초로 하는 현대과학 전체를 부정하는 것이라 공격한다. 이러한 공격이 가능하게 된 것은 방사성 탄소 연대 측정법(radiocarbon dating)과 같은 과학이 만 년보다는 훨씬 더 긴 기간을 추정하고 있기 때문이다. 반대로 젊은 지구론자들은 대체적으로 오래된 지구론이 성경의 암시나 전제에 역행하는 것이라며 젊은 지구론을 고수한다. 그리고 방사성 탄소 연대 측정법이 그렇게 신뢰할 만한 것은 아니라고 주장한다. 그렇기에 지구 연대에 관한 논쟁은 진화론자나 창조론자에게 아직도 격렬한 전투를 벌이고 있는 전투장이라 할 수 있다. 그러므로 우리는 유신진화론에 대한 과학적 비판들이 얼마나 유효한지 다음과 같이 질문할 수 있다.

(1) 오래된 지구론에 대한 과학적 증거들이 존재하는가?

오래된 지구론은 과학적인 자료나 증거들을 더 많이 확보한 듯 보이고, 해마다 그에 대한 자료나 증거들이 쌓이고 있어 젊은 지구론보다 더 설득력을 가지고 있는 듯하다. 미국장로교의 장로이자 물리학자인 데이비드 스노크(David Snoke)는 그의 책 『오래된 지구를 위한 성경적 사례(A Biblical Case for an Old Earth)』에서 성경적 사례를 제시하기에 앞서 오래된 지구론에 대한 과학적 사례들을 제시한다.

첫 번째 사례는 별들까지의 거리이다. 이러한 거리를 재는 것은 부트스트랩(bootstrapping) 방식과 시차(parallax)[2]를 사용한다. 이러한 방법을 사용할 수 있는 것은 별이 빛나기 때문인데, 우리 모두가 알고 있듯이 빛은 수십억 광년 떨어진 곳에서 수십억 광년을 달려 우리에게 도달한다.[3] 비록 이러한 방식과 시차를 사용하는 것은 빛의 휨이나 에너지의 손실 없이 빛의 속도가 일정하다는 가정 위에 기초하지만, 젊은 지구론으로는 이러한 엄청난 거리를 설명하기 어렵다.

두 번째 사례는 창조에서의 시간 시계(time clocks)이다. 아담과 하와의 창조 시에 오랜 기간 동안 묻혀 있었을 동물의 뼈나, 매년 쌓여 층들을 이루었을 호수 바닥의 침전물이나, 대서양의 바닥에 있는 마그네틱 띠(magnetic stripe)와 같은 증거들은 오래된 지구론을 지지하는 강력한 사례라고 말한다.[4]

세 번째 사례는 동일과정설(uniformitarianism)이다. 젊은 지구론자들이 과거의 지질학적 과정들이 현재와 같은 방법과 속도로 진행되었다는 동일과정설을 거부하는 것이 잘못되었다는 것이다. 왜냐하면 이러한 동일과정설의 전제에 의하면 지구의 나이가 수십억 년이 되었다는 결과를 가져오기 때문이다. 그래서 젊은 지구론자들은 홍수로 인한 격변설을 지지한다. 하지만, 스노크는 현실 세계에서 목격되는 것을 무시할 수 없으며, 실제로 그러한 지층 세트가 발견될 때 젊은 지구론자들의 해석은 상당히 문제가 될 수밖에 없다고 말한다.[5]

이 외에도 스노크는 비그리스도인 과학자들이 음모론에 연루되어 있다고 보는 것이나 지적설계(intelligent design)를 받아들이지 않으면

---

2 부트스트랩(bootstrap)은 원래 부츠 달린 끈을 뜻하는 단어로, 자기 혼자 노력으로 어떤 일을 해낸다는 의미를 가지고 있다. 이 단어는 주로 통계학에서 사용하는데, 표본을 통해 모집단의 성질을 추정할 수 있는 것처럼, 표본(sample)을 여러 번 추출해서 평균이나 분산이 어떤 분포를 나타내는지 알아보는 과정을 통해 표본의 성질을 추정하는 방법을 말한다. 시차(parallax)는 서로 다른 두 개의 시선을 따라 보이는 물체의 외관상 위치의 변위 또는 차이를 말한다. 예를 들어, 지구가 태양의 반대쪽 궤도에 있을 때 관찰되는 두 별의 시선과 별 사이의 경사각의 반각이다.
3 David Snoke, *A Biblical Case for an Old Earth* (Grand Rapids, MI: Baker Books, 2006), 25.
4 Ibid., 32-38.
5 Ibid., 41.

진화에 대해 항복하는 것이라고 생각하는 것 등이 젊은 지구론자들이 취하는 잘못된 방식이라고 주장한다.

(2) 젊은 지구론에 대한 과학적 증거들이 존재하는가?

과학적 증거들은 오래된 지구론에만 호의적인 것은 아니며, 젊은 지구론에도 상당한 양의 과학적 증거들이 쌓이고 있다. 예를 들면, 현대 지질학의 근간을 이루고 있는 동일과정설에 대항하고 있는 홍수 지질학이 그것이다. 웨인 그루뎀(Wayne Grudem)은 노아의 홍수를 기초로 하는 홍수 지질학을 젊은 지구론에 호의적인 하나의 사례로 보고 있다. 홍수지질학은 노아의 홍수 때에 엄청난 자연의 힘이 가해져서(창 6-9장) 지면에 심각한 변화를 가져다주었고, 그 예로 엄청난 수압으로 인해 수백만 년이 걸려야 만들 수 있는 다이아몬드와 산호초가 단 일년 만에 생길 수 있다는 것이다. 홍수지질학설은 신ー재난설(neo-catastrophism)이라 불리기도 하는데 이는 지상의 현재의 지질학적 구조의 대부분이 홍수의 재난으로 인해 발생한 것으로 보기 때문이다.[6]

젊은 지구론자이자 현대 창조과학의 아버지라고 불리는 헨리 모리스(Henry Morris)는 진화론의 허구성은 적어도 다음의 열 가지 증거들에 의해 명백해진다고 주장한다. 1) 분류에 의한 증거, 2) 비교해부학에 의한 증거, 3) 태생학에 의한 증거, 4) 생화학의 증거, 5) 생리학의 증거, 6) 지리학적 분포의 증거, 7) 퇴화기관의 증거, 8) 실험 사육의 증거, 9) 돌연변이의 증거, 10) 고생물학의 증거[7] 등이다.

여기서 생각해 보아야 할 것은 진화론자들 또한 1)부터 5)까지 많은 증거들을 가지고 있다는 점이다. 하지만 이러한 증거들은 단지 한두 가지 종류의 유사성에 대한 증거일 뿐이다. 그러나 모리스는 이런 유사성들은 진화론적 혈연 관계보다는 오히려 동일한 창조주 하나님

---

6 Wayne Grudem, 『조직신학 (상)』, 노진준 역 (서울: 도서출판 은성, 2006), 445.
7 Henry Morris, 『진화론과 현대기독교』, 서철원 역 (서울: 생명의 말씀사, 1973), 11.

에 의한 창조론에 의해서 더 잘 설명될 수 있다고 본다.[8] 그리고 6)부터 9)까지의 증거는 일정한 생물학적 변화가 발생할 수 있고, 또 발생한다는 사실에 주의해야 한다. 하지만 이러한 사실은 모든 기본 유기체의 종류를 특별히 창조하되, 그 각 혈연구조 안에서, 미래의 상이한 환경에 적응할 가능성을 내포한 것으로 설명하는 것이 더 탁월하다고 본다.[9] 10)의 증거와 관련하여, 대진화에 대한 역사적인 증거를 오직 고생물학만이 제공해 줄 수 있다는 점이다. 그러나 유감스럽게도 고생물학의 증거도 그 본질에 있어서는 추정적인 성질에 불과하며,[10] 상이한 두 집단의 유기체가 다른 지질연대의 두 세기 동안에 생존했다는 사실은 한 집단이 다른 집단으로 진화했다는 것을 결코 증명해 주지 못한다.[11] 이처럼 오래된 지구론에 입각한 진화론은 많은 단점을 가지고 있다.

이와 관련하여 분자생물학자인 더글라스 액스(Douglas Axe)는 전통적인 신앙의 틀 안에서도 다윈의 이론을 수용할 수 있다고 일반적으로 정당화하는 것은 혼동된 개념이라고 말한다.[12] 비록 진화론이 과학의 발전을 이루는 데 많은 도움을 주고 있다고 하더라도 복음주의자들이 진화론을 수용할 수는 없다. 왜냐하면 진화론은 수많은 신학적 문제를 양산하기 때문이다. 하지만 진화론의 허구성을 밝히는 데에 성공한다고 해도, 그것이 젊은 지구론을 지지하는 것은 아니라고 지적당할 수 있다는 것은 문제다.

(3) 점진적 창조론은 과학과 성경을 조화시킬 수 있는가?

점진적 창조론(Progressive Creationism)은 지구의 나이에 대한 지질학적 증거들, 소진화와 같은 생물학, 오래된 지구론에 기초한 우주론

---

8 Ibid., 11.
9 Ibid., 11.
10 Ibid., 12.
11 Ibid., 12.
12 Douglas Axe, "신앙인이 생물에 대한 다윈의 설명을 거부해야 하는 세 가지 좋은 이유", 『유신진화론 비판(상)』, 소현수 외 3인 역 (서울: 부흥과개혁사, 2019), 93.

적 가설 등을 받아들이면서 하나님께서 수억 년에 걸쳐 점진적으로 새로운 형태의 생명체를 창조하셨다는 종교적 믿음이다. 즉, 오래된 지구론을 기초로 하여 신의 창조를 적극적으로 수용하는 이론이다. 예를 들어, 스노크는 젊은 지구론에 반대되는 물리적 증거들에 기초하여, 오래된 지구론을 반대하는 3가지의 주요 성경적 사례를 논박함으로써 오래된 지구론을 지지한다.

첫 번째 사례는 동물의 죽음에 대한 것이다. 그는 아담과 하와의 타락 전 동물의 죽음 가능성에 관해 다양한 논증을 사용하여 논의한다.[13] 왜냐하면 젊은 지구론자들은 인간의 타락 이후 피조물은 하나님의 저주를 받았는데, 이 저주가 육식 동물이 나타나는 등의 주요한 변화의 요인이라고 주장하기 때문이다. 스노크는 노아 홍수 이후 하나님께서 노아의 육식을 허용(창 9:3)한 사실을 들어, 만일 어떤 동물도 사람이 먹지 않았다면 어떤 동물도 죽지 않았다고 말하는 것이 매우 높게 떠받들어진(highly leveraged) 논증이라고 말한다.[14]

두 번째 사례는 성경의 균형이라는 주제에 대한 것이다.[15] 그는 성경이 창조의 아름다움만 언급하는 것이 아니라 위험한 힘(dangerous forces)에 대해서도 언급하고 있다는 사실에 주목한다. 예를 들어, 욥 38장에는 창조에서 위험한 힘에 대해 묘사하고 있다고 말한다.[16]

세 번째 사례는 창조 주간과 안식일 간의 관계에 대한 것이다.[17] 그는 안식일 규례의 본질에 대해 논하면서, 히브리서 4:3-4은 분명하게 하나님의 안식은 끝나지 않았다고 말한다고 주장한다.[18] 즉, 하나님의 안식은 오늘날까지 지속되고 있다는 것이다.

---

13 David Snoke, *A Biblical Case for an Old Earth*, 47-75.
14 Ibid., 65.
15 Ibid., 76-98.
16 ■ The bounding of darkness by light (38:19-20), ■ Snow and hail, which are kept in storehouses (38:22), and "reserved for the time of trouble" (38:23), ■ Drought and harvest (38:26-27), ■ Wind and storms (38:34-35) that send "lightning bolts" (cf. 렘 10:13), controlled by the voice of God, ■ Predator and prey (38:39-41)
17 David Snoke, *A Biblical Case for an Old Earth*, 99-113.
18 Ibid., 103.

이런 사례들을 통합적으로 고찰할 때, 그는 창조에 대한 성경적 설명이 수십억 년의 지구 역사를 허용하는 것으로 정당하게 해석될 수 있다고 믿는다. 그는 책 말미에 아담과 노아의 역사성, 모든 생명의 특별한 창조, 마지막 날에 임박한 지구와 물리 법칙 등을 언급하면서 성경이 우리에게 유지해야 한다고 요구하는 타협할 수 없는 진리를 오래된 지구론으로 제시하고 있다. 그럼에도 불구하고 그는 다윈주의적 진화론의 전제를 받아들일 수 없다는 점을 분명히 한다. 그리고 유신진화론과 젊은 지구론 사이의 간극을 해결하기 위해 성경 외의 증거가 성경을 해석하는 데 왜 그리고 언제 사용될 수 있는지를 훌륭하게 설명하고 있다. 그러한 설명을 위해 성경의 해석에 최종적으로 주의를 기울이고 있다는 점은 칭찬할 만하다.[19]

이처럼 점진적 창조론은 창세기의 창조 기사에 대한 성경의 무오성을 고수하면서 현대 과학에 대한 일치된 이해를 수용하기 위해 노력하고 있다. 사실 웨인 그루뎀(Wayne Grudem)은 젊은 지구론의 입장에서 오래된 지구론이 제시하고 있는 창 1장에 대한 해석은 "본문을 볼 때 가능하기는 하지만 자연스럽지가 못하다"[20] 라고 주장한다. 그러나 오래된 지구론이 제시하는 수많은 과학적 증거들을 보노라면, 젊은 지구론자들이 해석하는 성경의 방식이 합리적이지 않다고 여겨질 수 있다. 그렇기에 많은 그리스도인 과학자들과 신학자들은 오래된 지구론의 기초 위에서 창세기의 천지창조에 대한 해석을 일치(align)시키려고 노력하고 있다.

그 예로, 밀라드 에릭스(Millard Erickson)은 지구의 외관상의 연대와 성경의 자료를 일치시키려는 5가지의 시도들이 있다고 말한다: (1) 간격설, (2) 홍수설, (3) 관념적 시간설, (4) 시대-하루설, (5) 그림-하

---

19 이렇게 해석하게 되면 창세기 1장이 비록 연대순으로 나열되지만 24시간의 일-시대(day-age) 관점이 유효한 대안이라고 여긴다. 즉 창조에 있어 프레임워크(framework) 해석보다는 일-시대(day-age) 해석이 보다 적절하다는 것이다.
20 Wayne Grudem, 『조직신학 (상)』, 노진준 역 (서울: 도서출판은성, 2006), 447.

루설.²¹ 이 중에서 로이드 존스(Llyod Jones)²²는 복구이론을 지지하는데 이는 간격설에 해당한다. 간격설(The Gap Theory)은 수십억 년 전에 완전한 지구 창조가 있었으며, 창세기 1:1에서 언급된 창조라고 본다. 그러나 어떤 일종의 격변이 일어났고, 창조는 공허하고 형태가 없어지게 되었다(1:2). 그리고 나서 하나님은 수천 년 전에 6일의 기간 동안 지구를 재창조하셨으며, 그곳에 모든 종들을 거주하게 하셨다. 그것이 창세기 1:3-27에 묘사된 바로 이 창조세계다.²³ 그렇기에 존스는 '날'에 해당하는 'yom'이라는 히브리어 단어에 대해서 이 단어가 하루 24시간을 의미한다고 보는 것과 긴 기간의 시간을 의미한다고 보는 두 가지 견해에 대해 "똑같이 훌륭한 기독교인들 사이에 이 주제에 대한 상당한 의견 차이가 있다. 그러나 결정적으로 그 정확한 의미는 어느 쪽으로도 증명할 수 없다"²⁴고 말한다. 이처럼 창세기의 '날'(day)에 대한 성경적 논쟁은 치열하다.

하지만 에릭슨은 복구이론 또는 간격설에는 너무 많은 주석상의 문제점들이 결부되어 있다고 비판하고 있다.²⁵ 에릭슨의 견해를 간략히 살펴보면, 하나님은 오랜 기간을 거치는 일련의 행동 속에서 창조하셨다. 하나님은 각 "종류"의 최초의 일원을 창조하셨다. 그런 다음 그 집단의 첫 번째 일원으로부터, 진화에 의하여 다른 것들이 발전한다. 발전의 기간 사이에는 중첩이 있을 수도 있으며, 따라서 하나님께서 다음 종류의 첫 일원을 창조하신 후에, 한 종류 내에서 새로운 종이 계속해서 나타나게 되었다. 다양한 종류들 사이에는 진화론적인

---

21 Ibid., 431.
22 Lloyd Jones는 진화론자들을 무신론적 진화론자(atheistic evolution), 이신론적 진화론자(deistic evolution), 그리고 유신론적 진화론자(theistic evolution)로 나눈다.
23 Millard Erickson, 『복음주의 조직신학(상)』, 431.
24 Lloyd Jones, 『성경교리 강해시리즈 I: 성부 하나님, 성자 하나님』(서울: 기독교문서선교회, 2000), 184.
25 Millard Erickson, 433.

발전에 의하여 메워지지 않는 틈이 있다는 것이다.[26]

　에릭슨과 같이 점진적 창조론에 입각하여 해석하게 되면 하나님의 창조와 오래된 지구론에 입각한 과학적 증거를 동시에 수용할 수 있는 장점이 있다. 그렇기에 점진적 창조론을 지지하는 사람들이 늘어가는 듯이 보인다. 그러나 결정적으로 점진적 창조론 또한 아래에 논의되고 있는 신학적 문제에서 자유로울 수 없다. 그러므로 과학과 성경의 관계가 상충관계인지, 상보관계인지를 모색하는 것이 중요한 문제가 된다.

3. 철학적 비판 ― 방법론적 자연주의 논쟁

　유신진화론에 대한 철학적 비판의 대부분은 유신진화론이 즐겨 사용하고 있는 방법론적 자연주의(Methodological Naturalism)가 적절한 것인가에 관한 것이다. 방법론적 자연주의는 말 그대로 자연현상을 설명함에 있어 관찰과 실험, 복제와 검증과 같은 과학적인 방법을 사용해야 한다는 주의다. 유신진화론자들은 자신들이 과학적으로 신뢰할 수 있는 방법론적 자연주의를 사용하고 있기 때문에 자신들의 성과는 아무런 문제가 없다고 자부한다. 따라서 진화론은 과학적인 것이며 창조론은 과학적 방법론을 따르지 않거나 과학과는 관계가 없는 유사 과학(Pseudo-science)으로 치부한다. 그렇다면 방법론적 자연주의는 정말로 과학적이며 아무런 문제가 없는 것일까? 여기에 우리는 3가지 질문을 던질 수 있다.

---

26 Millard Erickson, 『복음주의 조직신학(상)』 (고양: 크리스천다이제스트, 2008), 436.

(1) 방법론적 자연주의는 자연현상을 설명하는 최선의 규칙인가?

방법론적 자연주의는 과학이 어떻게 기능해야 한다는 중립적 규칙이다.[27] 그러나 이러한 규칙은 진화론자들이 주장하는 대로 그렇게 중립적이지는 않다. 왜냐하면 방법론적 자연주의는 신이 자연현상에 전혀 간섭하지 않는다고 가정하기 때문이다. 사실 자연주의는 크게 방법론적 자연주의와 존재론적 자연주의의 2가지로 나눌 수 있다.[28] 그것은 일반적으로 방법론적 자연주의는 자연적 현상을, 존재론적 자연주의는 초자연적 현상을 설명하는 데 적합하다고 볼 수 있다.

그러나 방법론적 자연주의를 선택하게 되면, 자연적 현상에서 신의 간섭은 배제되어야 한다. 왜냐하면 자연주의 자체가 가설을 세우고, 예측하고, 실험하고, 그 과정을 반복하여 검증할 수 있어야 하며, 그것만이 과학적이며 진실을 규명하는 효율적인 방법이라고 말하기 때문이다. 그러므로 신이 자연적 현상에 간섭하는 것은 그러한 방법론을 만족시키지 못한다. 왜냐하면 초자연적 현상들은 실험하고 반복해서 검증할 수 있는 것이 아니기 때문이다.

그렇기에 과학과 종교를 조화시키려고 노력하고 있는 마이클 루스(Michael Ruse)는 과학적인 창조론이 완전히 성공적이었다고 해도 기원에 대한 과학적 설명은 나오지 않을 것이며, 과학이 기원에 대한 과학적 설명이 불가능하다는 것을 증명할 수 있다고 말한다. 창조론자들은 세상이 기적적으로 시작되었다고 믿지만, 기적은 정의상 자연스럽고 반복 가능한 법에 의해 규율되는 것만 다루는 과학 외부에 있다고 말하며, 방법론적 자연주의 또는 그 일부가 정의상 사실이라고 제안한다고 말한다.[29]

27 Stephen C. Meyer & Paul A. Nelson, "유신진화론은 방법론적 자연주의에 의존해야 하는가", 『유신진화론 비판(하)』, 소현수 외 3인 역 (서울: 부흥과개혁사, 2019), 27.
28 여기서 존재론적 자연주의를 철학적 자연주의 혹은 형이상학적 자연주의라고 부르기도 한다.
29 Michael Ruse, *Darwinism Defended* (Reading, MA: Addison-Wesley, 1982), 322.
30 H. J. Van Till, When Faith and Reason Cooperate, *Christian Scholar's Review 21* (Sep. 1991): 42.

반 틸(Van Till)에 따르면, 신은 기능적 무결성을 특징으로 하는 세상을 창조했다.[30] 그는 과학적 가설로서는 하나님이 어떤 일이나 다른 일을 즉시 또는 직접적으로 하신다고 적절하게 주장할 수 없다고 말한다. 그러니까 방법론적 자연주의는 신이 직접적으로 세상에서 아무것도 하지 않는다고 제안할 뿐이라는 것이다. 그러나 우리는 특별한 신적 활동은 경험적 과학으로 식별할 수 없음을 겸손하게 인정해야 한다. 그렇기에 알빈 플란팅가(Alvin Plantinga)는 방법론적 자연주의에 대한 이러한 순종에 대해 다른 무언의 이유가 있다고 제안한다. 그것은 간격의 신 신학에 대한 두려움과 혐오이다.[31] 그런 의미에서 플란팅가는 과학은 종교적으로 중립이 아니라고 말한다. 그런 의미에서 C. S. 루이스는 초자연적 요소가 기독교의 본질이라고 힘주어 선언한다.[32]

더 나아가 신학자인 존 스텍(John Stek)은 방법론적 자연주의가 초자연적 현상을 배제하는 것이 잘못이라는 구체적인 이유를 적시한다. 그에 의하면, 신은 창조된 영역 내의 내부 구성요소가 아니다. 왜냐하면 (1) 하나님은 창조된 영역의 경륜 내에서 내부 구성요소가 아니기 때문이며, (2) 그렇게 하는 것은 하나님에 대한 권세를 행사하는 것이라고 가정하는 것이기 때문이다.[33] 즉, 창조된 영역은 불완전하지도 않고 결함도 없는 자체적인 경륜으로 가득 차 있다는 것이다. 다시 말해서, 스텍은 창조된 영역의 경륜에 대한 우리의 이해에서 "우리는 직접적인 신적 인과성에 대한 모든 개념을 방법론적으로 배제해야 한다"고 주장한다.

이상의 논의를 종합해 보면, 방법론적 자연주의는 초자연적인 현

---

31 Alvin Plantinga, "Methodological Naturalism?" *Perspectives on Science and Christian Faith 49* (Sep. 1997): 143-54.

32 C. S. Lewis, 『개인기도- 말콤에게 보내는 편지 (*Letters to Malcom: Chiefly on Prayer*)』, 홍종락 역 (서울: 홍성사, 2007), 174.

33 J. H. Stek, What Says the Scriptures? In *Portraits of Creation: Biblical and Scientific Perspectives on the World's Formation*, edited by H. J. Van Till, R. E. Snow, J. H. Stek, and D. A. Young (Grand Rapids: William B. Eerdmans Publishing Company, 1990), 261.

상이나 신적 인과성에 대한 개념을 인정하지 않는다. 이는 필연적으로 방법론적 자연주의가 자연의 현상을 설명하는 최선의 규칙이 될 수 없음을 보여준다. 왜냐하면 자연계에서 초자연적 현상이나 신적 개입으로 인한 기적이 발생할 가능성은 언제나 존재하기 때문이다. 그러므로 방법론적 자연주의는 자연 현상의 원리나 진리를 발견하기 위한 하나의 방법론으로는 유용할지 모르지만, 실질적으로 진리가 무엇인지 규정할 수는 없다.

(2) 방법론적 자연주의의 구획 기준은 정당한가?

구획 기준이란 스티븐 마이어(Steven Meyer)와 폴 넬슨(Paul Nelson)에 의하면 (1) 과학이론들은 관찰 가능한 자료를 기반으로 삼아야 하고/하거나, (2) 시험 가능하거나 반증 가능해야 하며/하거나, (3) 자연법칙을 근거로 설명해야 한다는 것이다.[34] 좀더 쉽게 말하자면, 구획 기준은 과학적인 것과 유사과학적(혹은 초자연적)인 것을 나눌 수 있는 기준을 의미한다. 사실 과학자들이 신에 대한 언급 가능성을 피하는 것은 표준 관행이 되었다. 왜냐하면 과학적인 것과 유사과학적인 것을 나누는 기준에 대해 대답해야 하기 때문이다.

마이어와 넬슨은 구획 기준의 실패를 보여주는 대표적 사례로 1982년 1월에 아칸소 주의 공립학교에서 진화와 더불어 창조과학도 가르치라는 법을 연방판사인 윌리엄 오버톤(William Overton)이 기각해 버린 사건을 제시하고 있다. 오버톤 연방판사는 자신의 판결에 대한 정당성을 주장하기 위해 구획 기준을 인용하여, 창조과학은 과학이론으로 승인될 수 없다고 판결을 내렸다. 그 이유는 과학이론은 (1) 자연법칙에 따라 전개되며, (2) 자연법칙으로 설명하고, (3) 경험되는

---

34 Stephen C. Meyer & Paul A. Nelson, "유신진화론은 방법론적 자연주의에 의존해야 하는가", 『유신진화론 비판(하)』, 소현수 외 3인 역 (서울: 부흥과개혁사, 2019), 35.
35 McLean v. Arkansas Board of Education, 529 F. Supp. 1255, 50 U.S. Law Week 2412 (1982) Decision by U.S. District Court Judge William R. Overton.

세계에서 검증될 수 있으며, (4) 반증될 수 있어야 하는데,[35] 창조과학은 과학이론을 규정하는 위와 같은 특성들을 보여 주지 못했기 때문이라는 것이다.

하지만 이러한 판결에 대해 과학철학계에서 맹렬한 비판이 쏟아졌는데, 과학의 역사에 등장한 수많은 이론들이 그러한 기준으로 간단하게 기술될 수 없으며, 그러한 수많은 이론들 또한 의심의 여지없이 과학이론이기 때문이다. 마이어와 넬슨에 의하면 구획 기준이란 프로그램은 20세기 과학철학을 사로잡은 중심기획임에도 불구하고, 적합한 기준을 마련하여 과학을 그 기준에 따라 정의하는 데 실패했다고 말한다.[36] 그렇다면 방법론적 자연주의가 이러한 구획 기준과 관련하여 어떻게 실패하고 있는지 질문할 수 있다.

스티픈 딜레이(Stephen Dilley)는 그의 논문「전투에서 지는 법: 방법론적 자연주의는 왜 유신진화론을 붕괴시키는가」에서 오히려 유신론적 진화론자는 방법론적 자연주의를 거부해야 한다고 주장한다. 왜냐하면 방법론적 자연주의는 과학적 논의에서 신학에 의존하는 주장들을 사용하지 못하게 하며, 창조과학과 지적설계론 같은 이른바 "비과학적" 이론들이 과학적으로 관여하는 것도 금지하기 때문이라는 것이다.[37] 딜레이는 유신론적 진화론자들이 주로 두 개의 경로를 통해 진화 이론을 지지하고 진화 이론과 경쟁하는 신학적 이론들을 논박한다고 말한다.[38] 문제는 두 경로는 서로를 배제하는데, 이는 하나를 선택하면 다른 하나는 버려야 한다는 점이다.

---

36 Stephen C. Meyer & Paul A. Nelson, "유신진화론은 방법론적 자연주의에 의존해야 하는가", 41.

37 Stephen Dilley, "전투에서 지는 법: 방법론적 자연주의는 왜 유신진화론을 붕괴시키는가", 『유신진화론 비판(하)』, 소현수 외 3인 역 (서울: 부흥과개혁사, 2019), 66.

38 Ibid., 78.

경로 1 :	경로 2 :
방법론적 자연주의를 도입하는 방법	방법론적 자연주의를 도입하지 않는 방법
허용되는 것	**허용되는 것**
■ 신 가설은 "과학적"이지 않다고 주장하는 구획 기준 논증 ■ 다른 자연주의적(이차 원인 기반의) 이론보다 진화 이론을 선호하는 과학적 논증	■ 신 가설에 대한 과학적 비판 ■ 신 가설보다 진화 이론을 선호하는 과학적 논증 ■ 진화 이론을 지지하는 과학적 주장 안에서 사용된 신학적 주장들
금지되는 것	**금지되는 것**
■ 신 가설에 대한 과학적 비판 ■ 신 가설보다 진화 이론을 선호하는 과학적 논증 ■ 진화 이론을 지지하는 과학적 주장 안에서 사용된 신학적 주장들	■ 신 가설은 "과학적"이지 않다고 주장하는 구획 기준 논증

〈표 1〉 진화 이론을 지지하고 신학적 이론들을 반박하는,
서로 배제하는 두 경로[39]

딜레이에 의하면, 유신론적 진화론자는 2가지의 경로를 가지고 있다. 첫 번째 경로는 방법론적 자연주의를 도입하는 것이다. 이렇게 방법론적 자연주의를 도입하게 되면, 초자연적인 현상이나 이론들은 배제되어야 하며, 심지어 초자연적 이론들을 과학적으로 분석하는 것도 금지하게 된다는 것이다. 그러나 여기에 모순이 발생한다. 왜냐하면 유신진화론자들은 그들이 과학적이라고 여기는 방법론적 자연주의를 사용함에 있어 신 가설(God Hypothesis)은 과학적이지 않다고 주장하는 구획 기준 논증은 허용하면서도 신 가설에 대한 과학적 비판은 금지하기 때문이다.

두 번째 경로는 방법론적 자연주의를 거부하는 것이다. 이렇게 방법론적 자연주의를 거부하게 되면, 신 가설보다 진화 이론을 선호하는 과학적 논증은 허용하면서도, 신 가설은 과학적이지 않다고 주장

39 Ibid., 80.

하는 구획 기준 논증은 금지된다. 즉 유신론적 진화론자는 진화 이론을 지지하고, 그것과 경쟁하는 초자연적 이론을 비판할 때 두 이론을 동등하게 경쟁시킨다.[40] 그러나 여기에도 모순이 발생한다. 왜냐하면 이러한 경쟁 하에 진화 이론이 그것과 경쟁하는 신학적 이론보다 경험적으로 더 우월하다고 주장할 수는 있지만, 그 주장은 그들이 즐겨 사용하는 방법론적 자연주의의 기초 위에 있지 않기 때문이다. 그러므로 유신진화론자들이 내세우는 구획 기준은 매우 자의적일 수밖에 없으며, 어떤 경로를 선택하더라도 모순적일 수밖에 없다.

(3) 방법론적 자연주의는 유신진화론자들의 전유물인가?

세상에는 창조론이 과학이 아니라고 주장하는 사람이 많다. 또한 유신진화론자들은 자신들은 방법론적 자연주의를 사용하여 진화론을 지지하며, 창조론자들은 방법론적 자연주의는 사용하지 않고 신앙에만 의지하여 창조론을 지지한다고 주장한다. 하지만, 과학을 연구할 때는 방법론적 자연주의를 적용하고, 성경을 연구할 때는 반자연주의를 적용해야 한다고 생각하는 것은 매우 잘못된 오류다. 그런 의미에서 헤르만 바빙크(Herman Bavinck)는 일찍이 그런 오류가 잘못이라고 지적한다.

> 누구든지 계시를 하나님이 인간에게 자신을 알리는 의식적이고 자유로운 행위로 이해하는 자는, 예언과 기적 가운데 있는 특별 계시의 가능성을 수용하든 수용하지 않든 간에, 원칙적으로 초자연주의자다. 자연주의와 초자연주의의 문제는 일차적으로 소위 초자연적 계시가 아니라, 사실상 이미 여기 시작부터, 일반적 의미의 계시 개념에서 결정된다. 이신론은 옹호될 수 없고, 단지 유신론과 범신론(유물론) 사이의 선택이 있을 뿐이다.[41]

---

40 Stephen Dilley, "전투에서 지는 법: 방법론적 자연주의는 왜 유신진화론을 붕괴시키는가", 『유신진화론 비판(하)』, 소현수 외 3인 역 (서울: 부흥과개혁사, 2019), 79.

41 Herman Bavinck, 『개혁교의학(*Reformed Dogmatics*)』, 박태현 역 (서울: 부흥과개혁사, 2012), 1: 409.

바빙크가 초자연주의의 원리를 강하게 주장하는 이유는 특별계시의 필연성과 실재를 증명하기 위함이다. 이신론은 이미 종교로서의 계시 개념을 지지할 수 없으며, 범신론은 초자연적인 요소를 긍정하지만 궁극적으로 계시의 객관적 타당성을 상실하여 자연주의의 첫 번째 경향인 유물론과 맥을 같이 한다. 그러므로 초자연주의의 문제는 일반적 의미의 계시 개념에서 결정되어야 한다고 힘주어 말한다. 그런 의미에서 바빙크는 "과학이 대상을 더 많이 침투해 들어갈 때 그것은 신비에 그만큼 더 다가간다"라고 말한다.[42] 그것은 방법론적 자연주의를 사용하면 할수록 진리에 더 가깝게 도달할 수 있다는 것을 표현한 말이다. 하지만 초자연주의를 방법론적 자연주의로만 재단하는 것은 일반계시와 특별계시의 연속성, 혹은 자연적 현상과 초자연적 현상의 일관성을 고려하지 못하는 사려깊지 않은 행동이다.

게다가 창조론자들 또한 방법론적 자연주의를 사용하여 창조론을 지지할 수 있다. 방법론적 자연주의의 규칙 안에서도 창조론을 긍정할 수 있는 부분은 매우 많다. 그러한 예로 지적설계(intelligent design)의 논증을 들 수 있다. 지적설계는 유기체가 환원불가능한 복잡성을 가지고 있으며, 자연선택과 같은 무방향 과정이 아니라 지적인 원인에 의해 가장 잘 설명된다고 주장한다. 위키백과에서는 지적설계를 사이비 과학적 주장 중 하나로 분류하고 있으며,[43] 또 어떤 이는 형이상학적 논증이기 때문에 신뢰할 수 없다고 주장하기도 한다. 하지만, 지적설계는 유사과학이나 사이비 과학적 주장이라고 볼 수 없다. 왜냐하면 지적설계 논증 또한 방법론적 자연주의를 적극적으로 사용하고 있으며, 확률을 가지고 씨름하고 있기 때문이다. 중요한 것은 우리가 생명의 역사나 기원과 같은 설명하기 어려운 주제를 대할 때에 오

---

42 Herman Bavinck, *Reformed Dogmatics*, ed. John Bolt, trans. John Vriend, vol. 1 (Grand Rapids, MI: Baker Academic, 2003), 619. "The farther a science penetrates its object, the more it approaches mystery."

43 WIKIPEDIA, "Intelligent Design" [인터넷자료] https://en.wikipedia.org/wiki/Intelligent_design (Accessed September 11, 2022).

직 방법론적 자연주의만을 가정했는가 아니면 지적설계의 가능성과 같은 다른 가정을 허용했는가라고 질문을 던져야 한다는 점이다.

4. 신학적 비판 ― 인류의 시조 논쟁

유신진화론의 생성과 발전은 신학에도 엄청난 영향력을 미치고 있다. 그러한 영향력 중 가장 파괴적인 것은 인류의 조상에 대한 논쟁이다. 유신진화론자들은 아담과 하와를 역사적인 인물로 보기는 하지만 인류의 시조라고 보지는 않는다. 심지어 George L. Murphy, Denis O. Lamoureux, R. J. Berry와 같은 유신진화론자들은 성경에 나온 첫 번째 남자와 여자는 절대 존재하지 않았다고까지 주장한다. 문제는 이렇게 아담과 하와를 인류의 시조로 여기지 않게 되면, 원죄론과 같은 성경 상의 많은 교리들이 타격을 받을 수밖에 없다.[44] 이들의 전제는 다음과 같은 논리적인 구조로 진행된다.

1. 인류를 낳은 조상인 아담과 하와라는 개인들은 존재하지 않았다.
2. 인류가 "타락"한 사건도 존재하지 않았다.
3. 우리가 사는 세계 안에 있는 "악"은 궁극적으로 "타락"에서 기인한다고 볼 수 없다. 자연적 악은 "타락" 후에 신이 피조물을 "저주"한 결과가 될 수 없다.
4. 45억 5천 년의 지구 역사와 38억 년의 지구 생명체의 역사에서 자연의 격변과 포식, 고통, 죽음이 생물의 진화에 반드시 동반되었다.
5. 지금까지 제시된 주장들을 고려할 때, 자연적 악은 신이 창조하기로 결정한 방식에 내재되어 있다고 볼 수 있다. 그래서 신정론이나 방어 전

---

44 웨스트민스터 대요리문답 제22문답을 보라. [문22] 모든 인류는 그 첫 범죄로 타락하였습니까? [답] 공인(公人)인 아담과 맺은 언약은 아담 자신뿐만 아니라 그의 후손들을 위한 것이기도 했기 때문에 보통 생육법으로(1), 아담에게서 난 모든 인류는 그 첫 범죄로 아담 안에서 범죄하였고, 그와 함께 타락하였습니다(2). (1) 행 17:26 (2) 창 2:17; 롬 5:12-20; 고전 15:12-20.

략은 필요하지 않다.**45**

　이러한 논리의 진행을 따라가다 보면 필연적으로 아담의 역사성 부정은 인류 타락의 부정, 세계에 존재하는 악의 기원 부정, 진화론의 수용, 신정론의 부정과 같은 문제로 확대된다. 그러므로 아담의 역사성에 관한 논쟁은 신학적으로 매우 중요한 이슈다. 이와 관련하여 데니스 라무뤼(Denis Lamoureux)는 아담의 역사성을 바라보는 4가지의 견해를 소개한다.**46**

1. 진화적 창조론 (Evolutionary Creation)	Denis O. Lamoureux	1만 명 정도의 공동체가 아담이었다고 보는 견해
2. 원형적 창조론 (Archetypal Creation)	John H. Walton	아담을 역사적 인물로 보지만 모든 인류의 조상은 아니라고 보는 견해
3. 오래된 지구 창조론 (Old Earth Creation)	C. John Collins	아담을 역사적 인물로 보지만 동시대에 다른 사람들의 존재 가능성을 인정하는 견해
4. 젊은 지구 창조론 (Young Earth Creation)	William D. Barrick	아담을 역사적 인물로 보고 진화가 아닌 특별한 창조로 만들어졌다고 보는 견해

〈표 2〉 아담의 역사성을 바라보는 4가지 견해

　유신진화론자들은 대체적으로 첫째, 둘째, 셋째 견해는 수용할 수 있지만, 넷째 견해는 수용할 수 없을 것이다. 왜냐하면 넷째 견해는 진화를 설명할 수 없기 때문이다. 여기서 첫째, 둘째, 셋째 견해는 전

---

45 Garrett J. DeWeese, "유신진화론과 자연적 악", 『유신진화론 비판(하)』, 소현수 외 3인 역 (서울: 부흥과개혁사, 2019), 183-87.
46 Denis O. Lamoureux et al., 『아담의 역사성 논쟁(*Four Views on the Historical Adam*)』, 김광남 역 (서울: 새물결플러스, 2015), 231-33.

통적으로 신학적인 문제를 발생시킨다. 그러므로 아담의 역사성 부정이 가져오는 신학적 문제를 풀기 위해 우리는 다음과 같은 2가지의 질문을 던질 수 있다.

(1) 인간의 타락은 존재했는가?

이 질문은 원죄론에 있어서 매우 중요한 문제다. 왜냐하면 인간의 타락으로 인해 구속사가 시작되었고, 예수 그리스도의 성육신이 정당성을 부여받기 때문이다. 여기서 "인간의 타락은 존재했는가?"라는 질문은 "인간의 타락 전 죽음이 존재했는가?"라는 질문으로 치환할 수 있다. 왜냐하면, 전통적으로 원죄론은 인간의 죽음을 죄의 결과에서 연유하는 필연적 결과로 보기 때문이다.[47] 또한 우리는 인간의 죽음을 통해서 타락의 여부를 판가름할 수 있기 때문이다.

하지만 유신진화론에서 인간의 죽음은 죄의 결과라기보다는 자연적인 현상이다. 급진적인 유신진화론자들은 아예 처음부터 인류가 타락한 것은 아니었다고 주장하기도 한다. 특히 오래된 지구론자들은 인간의 타락 전에 죽음이 존재했다고 본다. 그들은 죽음이 창조의 필연적 요소이며 선한 창조 또는 선한 하나님의 속성에 아무런 충돌을 일으키지 않는다고 주장한다.[48] 문제는 아담을 인류의 시조로 여기지 않게 되면, 이는 필연적으로 아담 시대 혹은 이전에 수많은 사람들의 존재를 인정할 수밖에 없다. 그러나 그 사람들이 영원토록 사는 것이 아니었기에 아담의 타락 이전에도 죽음이 존재했었다고 할 수밖에 없다. 오래된 지구론자인 패틀 펀(Pattle P. T. Pun)은 타락 후 죽음을 주장하는 이론이 두 가지의 심각한 오류를 가지고 있다고 비판한다.

---

47 Berkhof, 『조직신학(*Systematic Theology*)』, 권수경 이상원 역 (서울: 크리스천다이제스트, 2000), 462-69.

48 J. P. Moreland & John Mark Reynolds, eds., *Three Views on Creation and Evolution* (Grand Rapids, MI: Zondervan Publishing House, 1999), 21-22.

첫째, 그것은 자연선택이론과 지구의 오래된 연대설을 지지하는 엄청난 양의 과학적 증거들을 부인하며 경시한다.
둘째, 많은 창조론자들의 저술들이 '이신론적' 함의를 내포하고 있다.[49]

오래된 지구론자들은 하나님의 창조 활동을 자연선택이라는 원리로 설명한다. 즉 자연선택에 의한 적자생존이나 돌연변이에 의한 새로운 생물의 발생 등은 하나님의 계속적인 창조 활동 혹은 하나님의 섭리라는 것이다. 심지어 돌연변이에 의한 자연선택이 바로 자신의 창조세계에 관여하시는 하나님의 섭리활동인 데 반해서 돌연변이에 의한 소진화를 부정하는 최근 창조론자들은 하나님의 섭리를 부정하는 이신론적 경향을 갖게 된다는 비판이다.[50] 그러므로 타락 후 죽음을 주장하는 것은 자연선택의 원리에 기초한 하나님의 섭리활동을 무시하는 것이 된다. 이러한 무시는 서로 상반된 두 가지 신관의 오류에 빠질 위험성을 초래한다. 하나는 하나님께서 창조하신 피조물들에 대하여 어떤 직접적인 개입을 하지 않기에 이신론의 위험성을 낳는다. 다른 하나는 하나님께서 창조하신 피조 세계에서 일어나는 자연선택의 작용원리가 하나님의 직접적인 창조활동과 동일한 것이 되기에 범신론의 위험성을 초래한다.

여기서 인간의 타락 전 죽음이 존재했다고 하면 동물들이 타락 이전에도 죽었을까라는 질문이 제기될 수 있다. 이에 대해 펀은 새 하늘과 새 땅의 모습을 근거로, 첫 창조 때에는 동물들 간의 포식관계가 없었다고 말하거나, 인간의 타락 이전에라도 죽음이 없었다고 주장하는 것은 잘못이라는 것이다.[51] 또한 웨인 그루뎀은 "만일 아담과 하와가 식물을 먹도록 되어 있었다면, 식물이 죽었을 것임은 자명한 사실이다. 그리고 만일 하나님께서 원래 동물들이 영원히 살도록 만

---

49 Pattle P. T. Pun, "A Theology of Progressive Creationism," *Perspectives on Science and Christian Faith* 39 (March, 1987): 14.

50 Ibid., 17.

51 Ibid., 13.

드셨다면, 지구는 곧 절망적으로 포화상태가 되었을 것이다"[52] 라고
말한다.

그러나 타락 전 동물의 죽음이 타락 전 인간의 죽음과 직접적 상관
성을 갖는다고 보기는 어렵다. 존 스토트(John Stott)는 "우리는 동물
이 아니기 때문에 성경에서는 인간의 죽음을 자연법칙에 반하는 것,
이질적인 어떤 것의 침입, 죄에 대한 벌, 인간 피조물에 대한 하나님
의 원래 의도가 아닌 것으로 여긴다"[53] 라고 말한다. 즉, 인간의 죽음
은 그것이 하나님의 의도가 아니었기 때문에 논리적으로 죄의 결과라
고 보는 것이 타당하다는 것이다. 게다가 자연선택이 환경의 제한 속
에서 적자만 생존한다는 개념을 가지고 있지만, 창세기 1:29-30의 말
씀은 자연선택의 방식을 필요로 할 만큼의 어떤 경쟁을 암시하지 않
으며, 오히려 더욱 더 풍성한 환경을 말한다. 뿐만 아니라 창세기 9:7
의 말씀 중 "너희는 생육하고 번성하며 땅에 가득하여 그중에서 번성
하라 하셨더라"의 말씀은 부족과 결핍 또는 빈곤의 상황에서 경쟁의
승자가 번식하여 번성할 것이라는 자연선택의 논리를 전혀 함축하지
않고 있으며, 오히려 그 반대의 상황인 번성에 적합한 풍요와 안정을
약속하고 있다고 볼 수 있다.[54] 또한 타락 후 죽음은 성경의 일관성에
기초한다. 성경은 일관성을 가지고 있기 때문에 원죄론과 관련하여
토드 빌(Todd S. Beall)은 창조 기사를 문자적으로 해석해야 한다고
주장한다. 왜냐하면 신약에서 적어도 25단락이 창세기 1-11장을 언급

---

52 Wayne Grudem, 『조직신학 (상)』, 노진준 역 (서울: 도서출판은성, 2006), 426.

53 John R. W. Stott, 『BTS 로마서 강해(Romans: God's Good News for the World)』, 정옥배
　 역 (서울: IVP, 1996), 212.

54 Fred van Dyke, "Theological Problems of Theistic Evolution," *Journal of the American
　 Scientific Affiliation*, 38 (1986)을 참조하라.

55 Richard Averbeck, 『창조 기사 논쟁(Reading Genesis 1-2: An Evangelical Conversation)』,
　 최정호 역 (서울: 새물결플러스, 2016), 133-39. 예를 들면, 예수님께서 마가복음
　 10:6-9에서 이혼 문제에 대답하기 위해 창세기 2장을 언급하는데, 아담과 하와의 창조
　 와 그들의 결혼의 연합을 모두 문자적으로 해석한다(마태복음 19:4-6도 참조). 또한 디
　 모데전서 2:11-14에서 바울은 남자와 여자의 역할에 대해 논하면서, 아담이 먼저 지음
　 을 받고 하와가 그 후에 지음 받았다고 명시한다. 이처럼 예수와 바울의 창세기 이해는 진
　 화 창조론으로 도무지 설명하기 힘든 해석이다.

하기 때문이다.[55] 그러므로 인간의 타락 사건이 존재하지 않았다고 주장하는 유신진화론자들의 주장은 타락 전 동물의 죽음을 전제로 인간에게까지 그 전제를 일반화시키는 일반화의 오류를 범하고 있는 것은 아닌지 의심된다. 또한 그러한 주장은 성경의 일관성에 의해 무력화되며, 신학적 상상력의 결과에 불과하다고 할 수 있다.

(2) 인간은 한 혈통으로 이루어졌는가?

창세기 1-3장에서는 하나님께서 인류의 시조를 창조했다고 말하며, 사도행전 17:26에서는 모든 인간은 한 조상으로부터 나왔으며 한 혈통을 이룬다고 증언한다. 만일 아담을 인류의 시조로 받아들이지 않으면, 첫 번째 아담으로부터 시작된 원죄가 전달되어 모든 인류가 죽을 운명에 처해진 사실을 설명하기 어렵고, 마지막 아담인 예수 그리스도의 구속사의 정점인 십자가 상의 희생이 큰 의미를 갖지 못하게 된다. 즉, 첫 번째 아담과 마지막 아담의 대표성에 큰 문제를 가져온다. 게다가 보편적인 도덕이나 하나님의 특별 계시를 설명하기는 더 어렵다. 그럼에도 인류의 시조에 대해 유신진화론자들은 모든 사람이 아담의 후손이라고 생각하지는 않는다.

그렇기에 그루뎀은 이 문제를 창세기 1-3장에 있는 창조 설명과 어긋나는 12가지 유신진화론의 주장으로 보고,[56] 이에 대해 반박하고 있다. 그들이 그렇게 주장하는 근거는 가인의 아내(창 4:17)가 다른 어떤 곳에서 와야만 하고, 또 가인은 자신을 죽이고자 하는 다른 사람들이 있을 것(창 4:24)이라는 예상을 했다는 것이다. 창세기는 심지어 가인이 "성"을 쌓았다고 말한다(창 4:17). 그런데 성은 많은 사람이 거주하는 장소이어야 한다는 것이다.[57]

---

56 "모든 사람이 아담과 하와에게서 유래한 것이 아니다. 하나님이 아담과 하와를 사람들 가운데서 선택하실 때 지구에는 수천 명에 이르는 다른 사람들이 있었다." Wayne Grudem, "유신진화론은 12가지 창조 사건과 몇 가지 중요한 기독교 교리의 기반을 허문다",『유신진화론 비판(하)』, 소현수 외 3인 역 (서울: 부흥과개혁사, 2019), 300-01.

57 Ibid., 332.

하지만 성경은 아담이 930년 동안 살면서, "자녀들을 낳았으며"(창 5:4-5)라고 말한다. 얼마나 많이 낳았는지에 대해 성경은 함구하지만, 그루뎀은 셋이 태어났을 때 아담은 130세였고(창 5:3), 아담과 하와는 그 이전에 또 그 이후에 수십에 이르는 자녀들을 낳았을 가능성이 충분하다고 말하며, 그 자녀들은 자신들의 자매들과 결혼했을 것이며, 하나님은 근친상간을 금하는 명령을 훨씬 시간이 지난 나중에서야 주셨다(레 18:6-8, 20:11-20; 신 22:30)고 말한다.[58]

이러한 인류의 혈통적 단일성과 연대성에 관해 미토콘드리아 이브(Mitochondria Eve)는 빠짐없이 거론되는 사례다.[59] 지리적으로 다른 전 세계의 5군데 위치에서 살고 있는 147명의 미토콘드리아 DNA를 비교 연구한 결과, 그들 147명 모두는 같은 여성 조상을 가지고 있다고 결론을 내릴 수밖에 없었다는 것이다. 왜냐하면 여성에게만 유전되는 미토콘드리아 DNA의 서열이 인종에 관계없이 굉장히 비슷했는데, 이는 이 모든 여성이 한 명의 공통 조상을 갖고 있다는 증거가 되기 때문이다.[60]

인류의 혈통에 관한 신학적 논쟁은 아담의 역사성 논쟁에 있어 매우 중요한 역할을 한다. 왜냐하면 인류의 혈통이 하나라면, (1) 진화적 창조론, (2) 원형적 창조론, (3) 오랜 지구 창조론의 주장을 일거에 반박할 수 있기 때문이다. 생명의 기원과 다양성에 대한 진화론적 설명은 유신진화론을 과학적인 것으로 여길 수 있게 만들 수 있다. 그러나 유신진화론을 받아들이게 되면 창조에서 신의 주도권은 사라지고, 모든 주도권은 자연에게 양보해야 한다. 그러므로 이런 사실과 성경의 진실성을 전혀 고려하지 않고 유신진화론을 무조건 수용하는 자세는 과학자의 자세가 될 수 없다.

58 Ibid., 333.
59 양정모, 『비블리컬 변증학』(서울: CLC, 2021), 333-34.
60 WIKIPEDIA, "Mitochondria Eve", [인터넷자료] https://en.wikipedia.org/wiki/Mitochondrial_Eve (Accessed September 11, 2022).

5. 나오는 말

오늘날 많은 그리스도인들은 성경과 과학이 충돌할 때 유신진화론이 그 중재 역할을 해 줄 수 있으리라고 기대한다. 하지만 유신진화론은 온건하게 과학의 입장에서 성경을 재해석함으로써 둘 사이의 충돌을 피하는 방식을 택하거나, 급진적으로는 성경보다는 과학 편에 손을 들어줌으로써 과학적, 철학적, 신학적 문제를 발생시킨다.

첫째, 가장 많이 논의되는 과학적 비판은 지구의 연대에 관한 것이다. 오래된 지구론과 젊은 지구론은 모두 나름대로의 과학적 증거들을 가지고 있다. 그러나 오래된 지구론에 대한 과학적 증거가 수적으로 많은 듯 보인다. 게다가 진화론에 관한 수많은 성서학적 성과가 있음에도 불구하고, 창세기를 문자 그대로 해석하는 관점에만 의지하여 진화론이 모순적이라고 주장하는 것은 매우 부당하다고 여길 수 있다. 그렇기에 오래된 지구론에 입각하여 성경의 해석을 일치(align)시키려고 노력하는 점진적 창조론에 매력을 느낀다. 그러나 진화론에 대한 증거의 수적인 우세가 오래된 지구론이 진리라는 것을 보장하지는 않는다. 게다가 화석기록을 송두리째 부인하지 않기에 창세기를 오래된 지구론을 기초로 해석하고, 메워지지 않는 틈을 창조론으로 메꾸는 것은 임시변통적 처방이라고 할 수 있다.

둘째, 가장 많이 논의되는 철학적 비판은 방법론적 자연주의에 관한 것이다. 방법론적 자연주의는 자연현상을 설명함에 있어 기본적으로 과학적인 설명을 추구하기 때문에 종교를 가진 과학자들이라고 할지라도 그들의 종교적 신념에 얽매이지 않고 연구를 수행할 수 있는 장점이 있다. 그것은 방법론적 자연주의가 가지고 있는 전제가 합리적이라고 여기기 때문이다. 그러나 방법론적 자연주의는 자연현상을 설명하기에는 부족한 수단이 될 수밖에 없으며, 방법론적 자연주의 자체는 위에서 논의한 대로 붕괴될 수밖에 없다. 왜냐하면 자연계에서는 초자연적 현상과 신의 개입으로 인한 기적이 발생할 가능성이 언제나 존재하며, 인간의 지식과 인간이 인식할 수 있는 범위의 한계가 존재하기 때문이다. 또한 창조론자라고 해서 방법론적 자연주의의 유용성을 무시하고 방법론적 자연주의를 무조건 배척하는 것은 아니기 때문이다. 그러므로 지적설계 운동이 방법론적 자연주의에 반대할 필요는 없다.

셋째, 가장 많이 논의되는 신학적 비판은 인류의 시조에 관한 것이다. 인류의 시조에 관한 이슈는 신학적으로 많은 문제를 발생시킨다. 특히 원죄론과 관련하여 인류의 시조를 아담과 하와로 보지 않는 유신진화론의 견해는 받아들일 수 없다. 유신진화론자들은 타락 전 인간의 죽음 가능성과 다양한 인간의 혈통을 논함으로써, 인간의 타락 가능성과 아담의 인류 시조 가능성을 원천적으로 봉쇄하려고 노력한다. 그러나 타락 전 인간의 죽음 가능성은 동물의 죽음이라는 전제와 연결될 수 없으며, 인류 혈통의 단일성과 연대성은 성경적으로 과학적으로 많은 증거들을 가지고 있기 때문에 유신진화론은 전통적인 원죄론과 전혀 조화될 수 없다.

결론적으로 과학은 개인의 종교적 신앙을 위협하지는 않지만, 유신진화론은 복음주의자들의 선택지가 될 수 없다. 왜냐하면 유신진화론은 복음주의자들이 과학적, 철학적, 신학적으로 받아들일 수 없는 전제와 신념을 가지고 있기 때문이다. 그중에서도 특히 신학적으로 받아들일 수 없는 문제를 발생시키기 때문이다. 그러므로 유신진화론의 과학의 증거나 논리에 압도되어 성급하게 굴복할 필요는 없다. 오히려 유신진화론의 공격에 대비하여 합리적인 근거들을 더 많이 연구하여 수비하고, 치명적인 공격을 위해 더욱 설득력 있는 많은 과학적 증거를 수집하는 것이 필요하다. 그것이 오늘날 벌어지고 있는 전제 전쟁과 세계관 전쟁에서 승리하는 길이다.

05 _____

알리스터 맥그래스의 『과학신학』으로 살펴본 신학과 자연과학의 관계

정성욱 (조직신학)

1. 들어가는 말

알리스터 맥그래스(Alister McGrath, 1953-)는 최근까지 옥스퍼드 대학 신학부의 과학과 종교 분야의 안드레아스 이드레오스 교수(Andreas Idreos Professor in Science and Religion)로 재직하였고, 2023년 초부터 은퇴하여 현재 명예교수로 재직하고 있다. 맥그래스는 옥스퍼드대학에서 분자생물리학(molecular biophysics) 전공으로 박사학위 과정을 밟으면서 신학작업을 수행하였다. 분자생물리학으로 박사학위를 받은 후 자연과학자로서 상당한 업적을 이뤘지만 끝내 자연과학자로서의 길에서 돌아서게 된다. 그리고 더 깊은 신학연구를 통해 조직신학, 역사신학, 변증학, 영성신학 분야의 다양한 연구서와 저술들을 출간했다. 그럼에도 불구하고 자연과학자로서의 그의 학문적 배경으로 인해 그는 끝내 과학주의자들과 새로운 무신론자(New Atheists)들과의 학문적 논쟁에 뛰어들게 되었다.

특별히 옥스퍼드대학의 동료 교수였던 리처드 도킨스(Richard

Dawkins)와의 논쟁은 수많은 사람들의 관심 거리가 되었다. 맥그래스는 도킨스가 자신의 책『만들어진 신』(*The God Delusion*)에서 피력한 무신론적 주장을 반박하는『도킨스의 망상?』(*The Dawkins Delusion?*)이라는 책을 출간하였다. 그는 도킨스 외에 크리스토퍼 히친스(Christopher Hitchens), 피터 앗킨스(Peter Atkins), 수전 블랙모어(Susan Blackmore), 데이빗 헬펀드(David Helfand), 스티븐 로(Steven Law) 등과도 논쟁을 벌였고, 이 논쟁들을 통하여 유신론과 기독교 신앙의 정당성과 정합성을 변호해 왔다.

맥그래스는 그의 교수사역 후반기 동안 자연과학과 종교 혹은 자연과학과 신학의 상호관계에 대하여 집중적으로 연구하였다. 그 과정에서 그는 지난 교회 역사 동안 기독교 신학은 서양철학과의 깊은 대화를 통해 진행되어 온 반면, 과학과의 대화는 일천하고 피상적이었다고 분석한다. 그는 결국 과학과의 깊은 대화에 기초한 신학적 작업의 필요성을 주장하면서 '과학적 신학'(scientific theology) 또는 '과학신학'이라는 새로운 분야를 개척하게 된다.

물론 그의 개척 작업이 선대의 노력과 무관한 완전히 새로운 혁신적 작업은 아니었다는 점을 이해하는 것은 중요하다. 맥그래스는 자연과학과 기독교 신앙, 자연과학과 신학의 관계에 대해서 연구했던 선대 학자들의 업적을 비판적으로 수용하면서 '과학신학' 작업을 수행하였다. 대표적인 선대 학자로는 존 폴킹혼(John Polkinghorne, 1930-2021), 이안 바버(Ian Barbour, 1923-2013), 아서 피콕(Arthur Peacocke, 1924-2006) 등이 언급될 수 있을 것이다.

필자는 이 짧은 논문을 통해서 맥그래스가 그의 주저『과학신학』을 통해 전개한 주요 주장들을 분석하고, 그 주장들에 기초해서 신학과 자연과학의 상호관계를 어떤 방향으로 정립해 가야 할지에 대해서 탐구해 보고자 한다.

2. 맥그래스의 『 과학신학 』

『과학신학』(*A Scientific Theology*)은 맥그래스가 2001년부터 2003년까지 출간한 총 세 권으로 이뤄진 작품이다.[1]

1권의 부제는 '자연', 2권의 부제는 '실재,' 3권의 부제는 '이론'이다. 『과학신학』은 일종의 신학방법론에 관한 책이다. 즉 신학적 서론 '프롤레고메나'(prolegomena)에 관한 책이다. 그것은 '과학적 교의학'(A Scientific Dogmatics)이 아직 아니다. 만일 맥그래스의 과학적 신학의 방법론에 근거한 교리신학, 조직신학 또는 교의학을 기대하는 독자라면 『과학신학』은 실망스러운 작품일 것이다. 왜냐하면 『과학신학』은 과학적 방법론에 근거해서 맥그래스 자신의 교리적 확신과 주장을 펼친 책이 아니기 때문이다. 그러나 앞으로 맥그래스가 '과학적 교의학'이라는 작품을 내게 된다면, 그 작품의 방법론은 『과학신학』에서 전개된 방법론을 따르게 될 것이라는 점은 의문의 여지가 없다.

『과학신학』을 이끌어가는 대전제는 자연과학의 방법론과 신학의 방법론 간에 상당한 접점 또는 유사점이 있다는 맥그래스의 확신이다. 이것은 자연과학을 깊게 연구한 적이 없는 사람들에게는 다소 생소한 확신일 것이다. 그러나 자연과학을 깊이 연구한 바 있는 맥그래스의 입장에서 볼 때 자연과학과 신학은 방법론에 있어서 일반적으로 사람들이 인식하지 못하는 중요한 유사점들이 있다.

맥그래스는 『과학신학』이라는 3부작을 출간하기 전, 학문적 정지작업을 위해서 몇 권의 책을 출간한 바 있다. 그것은 『교리의 기원』(*The Genesis of Doctrine*),[2] 『과학과 종교간 대화의 기초』(*The Foundations of Dialogue in Science and Religion*),[3] 그리고 『토

---

1 Alister E. McGrath, *A Scientific Theology: Nature, Reality, Theory*, 3vols. (Grand Rapids: Eerdmans, 2001-3).
2 한국어로는 『알리스터 맥그래스의 교리의 기원』, 류성민 역 (서울: 생명의 말씀사, 2021)이라는 제목으로 번역 출간되었다.

마스 토렌스: 지성적 전기』(*Thomas F. Torrance: An Intellectual Biography*)[4] 이다.

『과학신학』을 저술하면서 맥그래스가 증명하고자 한 자신의 확신들 중 하나는 기독교 신학 작업을 더 정당성과 타당성을 가지고 수행하기 위해서는 자연과학 작업을 통해 검증된 전제들과 방법론들을 활용해야 한다는 것이다. 그리고 신학의 연구 대상이 모든 실재를 창조하신 하나님인 것처럼, 자연과학 역시 직접적으로는 피조된 실재 즉 자연질서를 연구하지만, 궁극적으로는 그 실재를 창조하신 하나님을 기술하려는 노력이라는 것이다. 물론 이점에 대해서 불신자들인 자연과학자들은 동의하기 어려울 것이다. 하지만 적어도 신앙을 가진 자연과학자들은 자연과학 역시 궁극적으로는 '신학적' 목적 또는 의미가 있음을 부인하지 못할 것이다. 그런 의미에서 신학과 자연과학은 접촉점이 완연하다.

맥그래스의 두 번째 확신은 신학이 객관적 실재로서의 하나님을 연구하듯이, 자연과학은 객관적 실재인 자연 질서를 연구한다. 그런 의미에서 신학은 실재를 연구하는 자연과학적 방법과 접근을 통해 도움을 받을 수 있다는 것이다. 결국 기독교 신학과 자연과학은 양자 모두 객관적 실재에 대한 인간의 연구이며, 따라서 실재에 대한 관찰로부터 시작해서 교리나 이론으로 나아가는 후험적(a posteriori) 방법론을 활용한다.[5] 바로 이점이 신학과 자연과학의 유사점이다. 신학은 계시를 관찰하고 해석한 후 교리로 나아가고, 자연과학은 자연질서를 관찰하고 해석한 후 과학이론으로 나아간다.

맥그래스의 세 번째 확신은 자연과학자들이 자연질서를 관찰하고 해석한 후 정리한 과학이론들과 실재를 동일시하지 않는 것처럼, 신

---

3 Alister E. McGrath, *The Foundations of Dialogue in Science and Religion* (Oxford: Wiley-Blackwell, 1991).

4 Alister E. McGrath, *Thomas F. Torrance: An Intellectual Biography* (London: T. & T. Clark, 2006).

5 Alister E. McGrath, *A Scientific Theology*, Vol. 1, 4.

학자들 역시 그리스도 예수 안에서 주어진 하나님의 자기 계시를 관찰하고 해석한 후 정리한 교리들과 하나님의 실재를 동일시하지 않아야 한다는 것이다. 또한 자연과학 분야에서 과학이론들이 계속해서 테스트와 검증의 대상이 되듯이, 기독교 교리 역시 지속적으로 하나님의 계시의 빛 아래서 테스트와 검증의 대상이 되어야 한다는 것이다. 물론 그렇다고 해서 맥그래스는 교리들이 지극히 일시적인 가치만을 가진다고 믿지 않는다. 대체로 정통교리들의 중심은 시간이 지나더라도 큰 변화를 겪지 않는다. 하지만 그 교리들의 주변부는 시간의 변화에 따라 상당한 변화와 수정을 겪게 될 수 있다. 맥그래스는 교리의 수정과 변화의 과정 역시, 과학이론의 수정과 변화의 과정과 유사한 측면을 가진다고 주장한다.[6]

2.1.자연

맥그래스는 『과학신학』 1권에서 자연이라는 개념을 추적하면서 자연신학의 재구성을 시도한다. 큰 틀에서 볼 때 자연신학(natural theology)은 토마스 아퀴나스에 의해서 집대성되었다. 아퀴나스는 사람이 자연질서를 탐구할 때 하나님의 존재에 대한 여러가지 증거 또는 증명들을 확인할 수 있다고 주장하였다. 소위 "신의 존재증명"(proofs of God's existence)을 자연신학의 본질 또는 목적으로 규정한 것이다. 종교개혁자 칼빈은 아퀴나스의 자연신학적 착상에는 동의했지만, 인간 본성의 전적 타락으로 인하여 인간이 자연을 통해서 하나님에 대해서 알 수 있는 것은 극히 제한적이라고 주장하였다. 제한적일 뿐만 아니라 인간은 고의적으로 자연계시를 통해 드러나는 하나님에 관한 진리를 억압한다고 주장하였다. 따라서 로마서 1장 18절 이하에 나타나는 자연계시에 대한 칼빈의 입장은 아퀴나스의 입장보다 훨씬 부정적이다. 그럼에도 불구하고 칼빈은 아무리 혼란스럽고

---

6 과학이론들의 수정과 변화의 과정을 다룬 과학철학자들 중에 토마스 쿤, 임레 라카토스 등이 있다.

부족하더라도 모든 자연인은 자연질서를 통해 드러나는 하나님의 어떠하심에 대해서 어느 정도는 인식할 수 있다고 주장하였다. 칼빈에게 있어서 자연질서는 하나님의 영광이 극장이요, 거울(the theater and mirror of God's glory)이기에 그러하다. 동시에 하나님은 인간의 심령에 종교의 씨앗(semen religionis)을 심으셨기에 자연계시를 통해서 하나님에 대한 어느 정도의 지식을 가질 수 있다는 것이다. 물론 하나님에 대하여 인간이 가지는 자연적인 지식은 결코 그들을 구원에 이르게 할 수 없음을 칼빈은 확증하였다.

칼 바르트는 아퀴나스의 입장에 반대하면서 동시에 칼빈의 입장을 넘어가는 듯한 극단적 입장을 취했다.[7] 바르트에 따르면 자연질서는 하나님의 영광의 극장이나 거울도 아닐 뿐 아니라, 인간은 본질상 자연만물을 통해서 하나님을 알 수 없다고 주장했다. 바르트는 자신의 주장을 내세우면서, 칼빈의 견해가 마치 자신의 견해와 일치하는 것처럼 칼빈을 해석하고 인용했다. 특별히 에밀 부르너가 『자연과 은총』(Natur und Gnade)이라는 책에서 칼빈의 로마서 주석을 인용하면서 자연신학의 제한적 가능성을 주장했을 때, 바르트는 『아니오!』(Nein!)라는 책을 통해 부르너의 입장을 반박하고, 칼빈을 자기주장의 근거로 내세웠다. 당시 유명했던 바르트와 부르너의 논쟁은 결과적으로 두 사람 중 누구의 칼빈해석이 옳은 것인가라는 질문으로 귀결되었다.

바르트는 아퀴나스와 칼빈이 공히 인정했던 자연세계와 피조만물의 "계시적 성격"(revelatory character)을 완전히 거부한다.[8] 하나님의 자기계시는 오로지 성육신하신 하나님의 말씀인 예수 그리스도뿐이다. 바르트는 종교개혁의 "오직 그리스도"를 구원론을 넘어 계시론에까지 확대한다. 그럼에도 불구하고 맥그래스는 바르트의 창조신학을 통해 우리가 반드시 확인해야 할 진리가 있다고 주장한다. 첫째,

---

7 Alister E. McGrath, *A Scientific Theology*, Vol 1, 279.
8 Alister E. McGrath, *A Scientific Theology*, Vol 1, 178.

무로부터의 창조(creatio ex nihilo) 교리는 피조물이 하나님의 존재와 목적에 의존하고 있음을 확증한다. 자연만물은 자존성을 가지지 못한다. 자연만물의 근본적인 성격은 의존성이다. 둘째, 따라서 자연만물은 창조주 하나님 앞에서 자율성을 가지지 못한다. 도리어 자연만물은 하나님의 자유와 자율성에 의해서 그 의미가 결정된다. 하나님은 자연질서 위에서 그리고 그 안에서 자유롭게 역사하시는 주권자이시다.[9]

맥그래스는 아퀴나스의 견해와 바르트의 견해 모두를 거부한다. 그러면서 자연 또는 피조세계에 대한 신학적 이해라는 의미에서의 자연신학은 가능할 뿐 아니라 필수적이라고 주장한다. 맥그래스의 이러한 주장은 사실상 아퀴나스의 자연신학적 전통을 거부하고, 칼빈을 넘어 T. F. 토렌스의 견해를 수용하는 단계까지 나아가는 것이다. 맥그래스는 자연이라는 개념이 사회적으로 또는 문화적으로 구성된 개념임을 인정하면서, 기독교 신학에서 '자연'이라는 개념을 대체할 수 있는 것은 '창조물' 또는 '피조물'이라는 개념이라고 주장한다.[10] 그런 의미에서 진정한 의미의 자연신학은 창조물에 대한 신학, 피조물에 대한 신학이라고 맥그래스는 주장한다. 다시 말하면 자연신학이 계시신학에 종속되고, 계시신학에 의해 정당화된 어떤 신학적 분야로 이해하고 추구한다면 얼마든지 자연신학은 그 가치와 정당성을 확보할 수 있다.[11] 다시 말하면 자연신학의 근거와 정당성은 신적 계시 자체 안에서 발견된다.[12] 결과적으로 맥그래스는 신앙의 관점 즉 신적 계시에 반응한 사람의 관점에서만 자연만물은 하나님의 창조물이 되고, 그런 의미에서 자연만물은 그것을 창조한 하나님을 지시할 수 있다는 토렌스의 주장을 수용한다.[13]

9 Ibid., 180.
10 Ibid., 133.
11 Ibid., 281.
12 Ibid., 281.
13 Alister E. McGrath, *A Scientific Theology*, Vol 1, 284.

2.2. 실재

맥그래스는 『과학신학』 제2권에서 피조세계, 창조세계라는 개념에 기초하여 실재에 대한 논의를 진행한다. 그 과정에는 맥그래스는 모든 종류의 비실재론(non-realism)과 반실재론(anti-realism)을 반박한다. 그렇다고 해서 맥그래스가 주창하는 실재론은 '순진한 실재론'(naïve realism)이나 '상식 실재론'(common sense realism)이 아니라, 비판적 실재론(critical realism)이다. 즉 하나님에 의해 창조된 세계이면서 동시에 인간의 외부에 객관적으로 실재하는 피조세계에 대한 인간의 지식과 이해는 언제나 비판적으로 평가되어야 한다는 것이다. 인간의 의식과 인식은 실재를 있는 그대로 반영할 수 없다. 그럼에도 불구하고 인간은 피조세계와 창조세계를 상당한 정도로 바르게 인식하고 이해할 수 있다.

맥그래스가 수용하는 비판적 실재론은 사회과학자 로이 바스카(Roy Bhaskar)가 주창해온 것이다.[14] 바스카에 의하면 사람들은 처음부터 과학 또는 일반적으로 과학적이라고 인정되는 활동들의 이해 가능성을 전제하고, 이러한 활동들이 가능하려면 세계는 어떤 모습이어야 하는가라고 노골적으로 질문한다. 따라서 맥그래스에 의하면 관찰 가능한 세계에 대한 많은 가능한 설명들이 있을지라도, 기독교 신학은 그 설명들 중에서 신적 계시에 일치하는 설명들에만 개연성(probability)이라는 특권을 부여한다고 주장한다.

맥그래스는 비판적 실재론의 관점에서 과학신학을 규정한다. 우선적으로 과학신학은 실재에 대하여 반응하는 학문이다.[15] 둘째, 과학신학은 선험적이 아니라 후험적인 학문이다.[16] 셋째, 과학신학은 특별한 관찰 대상에 대한 반응이다.[17] 넷째, 과학신학은 실재에 대한 설명

---

14 Alister E. McGrath, *A Scientific Theology*, Vol 2, 209-23.
15 Ibid., 246-67.
16 Alister E. McGrath, *A Scientific Theology*, Vol 2, 268-78.
17 Ibid., 279-93.

을 제공한다.[18] 다섯째, 과학신학은 그리스도중심적이다.[19]

2.3.이론

맥그래스는 기독교 교리의 의미와 가치를 폄하하고 폄훼하는 수정주의자들의 주장을 반박한다. 그는 계시를 통해 드러난 하나님의 모습에 대해 반성하고 숙고할 때 나타나는 자연스러운 결과물이 교리들이라고 주장한다. 물론 교리를 확립하고, 제시하고, 가르치는 어떤 사람들의 태도가 교조주의적이거나 독단주의적이거나 권위주의적일 수는 있다. 그렇다 하더라도 맥그래스에게 있어서 교리는 본질상 교조주의적이거나, 독단주의적이거나, 권위주의적일 수 없다. 교리는 본질상 청중을 침묵하게 하거나, 청중의 비판적 사유를 억압하거나, 청중의 자유를 위협하지 않는다. 도리어 교리는 청중으로 하여금 하나님에 대한 깊은 사유를 자극하며, 그들이 하나님에 대한 경외심을 가지고 하나님을 예배하도록 이끈다.[20]

그렇다면 교리는 어떻게 생성되는가? 맥그래스에 의하면 교리는 후험적으로 형성된다. 다시 말하면 교리는 신적 계시에 대한 관찰과 관여와 해석이라는 단계로부터 시작해서, 그 활동들의 결과물로 만들어진다. 그런 의미에서 기독교 교리는 과학이론들과 긴밀한 유사점을 가진다. 과학이론들 역시 과학적 추구의 대상인 자연질서 또는 피조세계에 대한 관찰에서 시작된 과학자들의 활동의 마지막 단계에 생성되는 것이기 때문이다. 더 나아가서 과학이론들은 지속적인 과학적 연구 결과에 의해서 테스트되고, 검증된다. 마찬가지로 기독교 교리 역시 지속적인 테스트와 검증의 과정을 거쳐야 한다. 왜냐하면 교리는 하나님이 직접적으로 주시고 인간이 받아 적는 것이 아니라, 인간이 계시를 관찰하고 해석한 결과물이기에 언제라도 인간적인 한계와 오류를 담고 있다. 또한 인간은 하나님과 같이 실재의 전면모를 볼

---

18 Ibid., 294-96.
19 Ibid., 297-314.
20 Alister E. McGrath, *A Scientific Theology*, Vol 3, 60-61.

수 없다. 따라서 교리 역시 불가피한 한계를 품고 있다. 그런 의미에서 교리는 여전히 지속적인 테스트와 검증의 대상이 되어야 한다.

3. 기독교 신학과 자연과학의 유사성

3.1. 객관적인 실재에 대한 탐구

맥그래스에 의하면 기독교 신학과 자연과학 간에는 중요한 접점과 유사성이 있다. 첫째, 신학과 자연과학은 공히 객관적인 실재에 대한 탐구라는 것이다. 신학이 탐구하는 객관적인 실재는 직접적으로는 신적 계시다. 이 신적 계시는 여러가지 방식으로 주어졌다. 그러나 여전히 우리에게 가장 접근가능한(accessible) 계시는 성경이다. 기독교 신학은 우선적으로 신적 계시인 성경을 탐구한다. 성경은 객관적인 실재다.

기독교 신학은 우선적으로, 그리고 직접적으로 신적 계시로서의 성경을 탐구하지만, 신학의 궁극적 탐구 대상은 신적 계시가 지시하는(pointing) 혹은 신적 계시를 창출한(creating) 주체인 하나님이다. 성경은 우리 눈으로 볼 수 있는, 경험 가능한 객관적 실재이지만, 하나님은 우리 눈으로 볼 수 없는, 경험 불가능한 존재다. 그럼에도 불구하고 기독교 신학은 하나님을 인간 외부에 있는 객관적 실재로 상정한다.

자연과학 역시 객관적인 실재에 대한 탐구다. 자연과학이 탐구하는 객관적인 실재는 자연질서 또는 자연만물이다. 자연질서 또는 자연만물을 인간 외부에 있는 객관적인 실재로 상정하는 자연과학은 그런 의미에서 신학과 유사점이 있다.

맥그래스에 의하면 자연과학을 접근하는 방식은 크게 두 가지다. 하나는 불신앙적 접근, 또 다른 하나는 신앙적 접근이다. 불신앙적인 접근에서 자연과학이 탐구하는 자연만물은 자충족한(self-sufficient), 우연의 산물인 반면, 신앙적인 접근에서 자연만물은 창조주 하나님에 의해 창조되고, 창조주 하나님에게 의존되어 있는 피조세계다. 피조세계는 결국 자충족한, 우연의 산물이 아니다. 도리어 자충족하지 못한, 필연의 산물이다. 창조주 하나님은 피조세계를 향한 주권적 자유를 향유하시나, 피조세계는 하나님을 향한 종속적 자유만을 향유한다.

3.2. 후험적 학문

맥그래스에 의하면 신학은 관찰과 해석으로부터 시작해서 이론에까지 이르는 후험적 학문이다. 신학자의 직접적인 관찰 대상은 신적 계시다. 신적 계시인 성경을 관찰하고 해석하고 탐구함을 통해서 신학은 신학적 이론 즉 교리를 창출한다. 그런 의미에서 신학은 주로 귀납적인 방법(inductive method)을 활용한다. 다시 말하면 신학은 신적 계시의 구체적이고 개별적인 사실들을 관찰하고 탐구하고 해석한 후에, 그 자료들과 일관되고 정합성이 있는 교리를 창출한다. 물론 일관성 있는 교리가 창출된 후에 신학은 연역적 방법론(deductive method)을 사용하여 계시의존 사색을 진행할 수 있다. 그러나 신적 계시에 대한 관찰과 해석과 탐구없이, 신학은 어떤 제1원리(the first principle)로부터 다양한 교리들을 연역해 내려고 해서는 안 된다. 그것은 어떤 제1원리 자체도 성경에 근거해야 하고, 성경에 의해 그 진리성이 정당화되어야 하기 때문이다. 그런 의미에서 신학 역시 본질상 후험적 학문이다.

마찬가지로 자연과학 역시 자연질서와 자연만물에 대한 관찰과 해석으로부터 시작하는 학문이다. 관찰과 해석을 거친 후에야 과학자들은 과학이론들을 창출할 수 있다. 따라서 과학 역시 연역적 방법론보다는 귀납적 방법론을 주로 활용한다. 어떤 의미에서 자연과학은 신학보다 더 본질적으로 귀납적 방법론에 의존한다. 그런 의미에서 자연과학 역시 본질상 후험적 학문이다.

3.3. 교리와 이론의 수정 가능성

신학이 신적 계시에 대한 관찰과 해석을 통해 창출하는 교리는 영원 불변하지 않다. 왜냐하면 신적 계시에 대한 관찰과 해석의 결과가 시대와 상황의 변화에 따라 달라질 수 있기 때문이다. 신적 계시에 대한 관찰과 해석의 결과가 달라지면, 교리도 수정될 수 있고, 수정되어야 한다. 신학이 창출하는 교리의 수정가능성은 언제나 열려 있는 가능성이다. 내용상 똑같은 교리라고 하더라도 시대에 따라 교리의 진술방법은 달라질 수 있고, 달라져야 한다.

물론 그렇다고 해서 교리의 모든 부분이 가변적이라는 말은 아니다. 그리고 교리의 내용과 진술 방식은 신적 계시에 대한 더 정확한 관찰과 해석에 기초해서만 수정되어야 한다. 예를 들어 초대교회에서 가장 널리 알려지고 보편적으로 수용되었던 사도신경의 내용은 거의 수정될 것이 없을 정도로 정확하게 신적 계시와 일치한다. 그럼에도 불구하고 사도신경의 진술 방식은 시대를 따라, 또 그 사도신경을 배우는 회중의 필요에 따라 달라질 수 있다.

니케아 신경은 어떠한가? 니케아 신경은 동방정교, 로마천주교, 개신교 등 기독교의 3대 종파가 공히 수용하는 보편교회적 신경이다. 니케아 신경은 하나님의 삼위일체성, 예수 그리스도의 신성과 인성, 성령의 신성과 인격성 등 기독교의 중심 교리에 대한 공교회적 신앙고백을 담고 있다. 그럼에도 불구하고 개혁신학 전통에 헌신하고 있는 필자의 입장에서 니케아 신경의 세례관은 수정되어야 한다고 판단된다. 특별히 "죄를 용서하시는 하나의 세례를 믿으며"라는 표현은 결코 신적 계시와 일치하지 않는다. 성경은 세례가 죄를 용서하는 것이 아니라, 예수 그리스도에 대한 믿음이 죄를 용서한다고 가르치기 때문이다. 세례는 죄사함의 조건이나 근거가 아니다. 세례는 믿음으로 죄사함 받음의 결과요 열매요 외적 공표다.

그렇다면 장로교 신앙고백의 가장 탁월한 실례인 웨스트민스터 신앙고백은 어떠한가? 사도신경의 내용은 거의 수정될 것이 없을 정도로 신적 계시와 일치하다는 것에 대부분의 정통신학자들은 동의할 것이다. 하지만 웨스트민스터 신앙고백은 여러 면에서 수정될 여지가 있다. 개혁신학과 장로교 정치에 헌신하고 있는 필자의 입장에서도 웨스트민스터 신앙고백의 지나친 안식일 엄수주의(Sabbatarianism)는 17세기라는 그 시대적 정신의 표현이지, 영구적인 절대 진리의 구현은 아니라고 보인다. 21세기의 맥락에서 웨스트민스터 신앙고백을 계승한다는 것은 그것의 모든 내용을 무비판적으로 수용하는 것이 아니다. 웨스트민스터 신앙고백이 담고 있는 복음적, 계시적 진리를 끝까지 붙들면서도, 좀 더 정확한 신적 계시의 관찰과 해석에 기초해서 지나친 안식일 엄수주의(Sabbatarianism)를 극복하는 것이다. 특정 시대, 특정 교회의 교리적 진술은 절대불변하고 포괄적인 것이 아니라, 지속적으로 테스트와 검증이 필요한 대상이다.

마찬가지로 자연질서와 자연만물에 대한 관찰과 해석의 결과로 확립된 과학이론 역시 절대불변하고 포괄적인 것이 아니다. 그 역시 지속적으로 테스트와 검증의 대상이 되어야 한다. 특히 과학철학자 토마스 쿤(Thomas Kuhn)이 주장한 것처럼, 과학이론들은 지속적인 패러다임의 전환을 경험해 왔다. 때때로 과학이론들의 패러다임 전환은 혁명적인 수준에서 이뤄지기도 한다. 과학이론의 지속적인 테스트와 검증은 과학이라는 학문 분야의 존재론적, 본질적 특징이라고 해도 과언이 아니다.

그런 의미에서 신학과 자연과학 사이에는 현저한 유사점이 있다.

4. 신학과 자연과학의 상호관계

맥그래스는 신학과 자연과학의 상호관계를 중세시대 신학과 철학의 상호관계와 유사한 방식으로 이해한다. 중세 스콜라주의 신학의 관점에서 철학은 신학의 시녀(handmaiden)였다. 다시 말하면 철학은 신학의 보조적(ancillary) 학문이었다. 신학을 보조하는 학문으로서 철학은 근본적으로 신학과 대척점에 설 수 없다. 철학은 신학의 원수나 파괴자가 아니다. 철학은 신학의 보조자이자 지지자이다. 물론 여기서 말하는 '철학'이 무신론적인 세계관으로서의 철학이 아닌 것은 분명하다. 무신론적인 세계관으로서의 철학은 유신론적인 세계관으로서의 신학의 적이지 시녀가 될 수 없는 노릇이기 때문이다.

맥그래스에 의하면 자연과학 역시 신학의 보조자, 지지자 역할을 할 수 있다. 물론 여기서 말하는 자연과학이란 무신론적, 자연주의적 세계관으로서의 자연과학이 아닌 것은 분명하다. 신학의 보조자와 지지자의 역할을 감당할 수 있는 자연과학은 자연질서와 자연만물에 대한 관찰과 해석이라는 원자료(raw data)와 그 원자료에 기초하여 확립된 과학이론들을 말한다. 물론 관찰과 해석의 단계에서 과학자의 세계관이 영향을 줄 수 있는 여지가 있음은 분명하다. 그럼에도 불구하고 무신론적 과학자와 유신론적 과학자가 함께 합의하고 동의할 수 있는 수준과 단계에서의 원자료와 과학이론은 여전히 확보 가능하다. 이런 차원에서의 자연과학은 신학에 유익을 주는 거룩한 '시녀'가 될 수 있다.

특히 신학의 세부 분야 중 신론, 그 중에서도 창조론 또는 창조신학과 관련해서 자연과학은 여러 차원에서 보조적인 자료를 제공할 수 있다. 그런 의미에서 자연과학은 필연적으로 신학에 대적한다는 근본주의적 관점에 우리는 동의할 수 없다. 무신론적, 자연주의적 세계관으로서의 과학주의(scientism)는 신학의 대적자로 남을 것이다. 그러나 자연과학의 고유한 학문적 공헌은 결코 신학의 이름으로 폄하되거나 폄훼되어서는 안 된다. 신학이 종종 철학과 역사학과 고고학과 언어학과 심리학의 도움을 받고 빚을 지는 것처럼, 신학은 종종 자연과학의 도움을 받고 빚을 질 준비가 되어 있어야 한다. 그것은 신학의 특권이자 동시에 의무다.

5.맥그래스에 대한 평가

큰 틀에서 볼 때 맥그래스는 종교개혁 이후 기독교 신학과 자연과학의 긍정적인 상호관계 즉 상보적 관계(complementary relationship)를 설정한 전통 위에 서 있다. 그것은 소위 자연질서와 자연만물을 하나님의 또 다른 책(God's another book)으로 보는 전통이다. 그 전통 위에 서서 맥그래스는 자연질서와 자연만물을 연구하는 자연과학이 성경을 연구하는 신학과 결코 대척적인 관계에 있지 않다고 확신한다. 필자가 보기에 신학과 자연과학의 상보적 관계에 대한 맥그래스의 확신은 바르다.

다만 맥그래스는 토렌스의 입장을 수용하면서 전통적인 의미에서의 자연신학을 거부한다. 전통적인 의미에서의 자연신학은 토마스 아퀴나스로부터 유래하여 라이프니츠와 윌리엄 페일리(William Paley)를 거쳐 더글라스 그로타이스(Douglas Groothuis)[21] 같은 현대의 변증가들까지 적극적으로 수용하는 입장이다. 그것은 자연질서와 자연만물에 대한 탐구를 통해서 하나님의 존재에 대한 증거 또는 지시자(pointer)를 발견할 수 있다는 관점이다. 때로 이 증거들과 지시자들은 사람들로 하여금 자연계시를 통해 드러난 하나님을 인정하고, 신앙하는 차원까지 이끌어 간다. 때로 이 증거들과 지시자들은 자연계시를 통해 드러난 하나님을 거부하는 사람들을 핑계할 수 없는(inexcusable) 상

---

21 더글라스 그로타이스, 『기독교 변증학』, 구혜선 역 (서울: 기독교문서선교회, 2015).

황으로 몰아간다.

기독교 신학과 변증학과 관련해서 전통적인 자연신학이 가진 유익은 생각보다 많다. 자연주의적 무신론, 과학주의적 무신론이 팽배한 현 시대에 전통적인 자연신학은 여전히 긍정적인 역할을 감당할 수 있다. 맥그래스가 전통적인 자연신학을 거부한 것은 비판의 여지가 있다.

6. 나가는 말

기독교 신학과 자연과학 간에 상보성(complementarity)이 있다는 맥그래스의 통찰은 새로운 것이 아니다. 그럼에도 불구하고 과거의 다른 어떤 사상가들보다 그의 통찰은 힘이 있고, 설득력이 있다. 그런 의미에서 맥그래스는 기독교 신학과 자연과학 간의 의미 있고, 상호 유익한 대화가 가능하다는 사실을 강력하게 입증했다. 특별히 그가 상당한 학문적 업적을 이룬 자연과학자였었다는 사실은 더 큰 무게로 다가온다. 고유한 학문 영역으로서의 자연과학과 무신론적인 세계관으로서의 자연주의 또는 과학주의는 예리하게 구별되어야 한다. 그리고 고유한 학문 영역으로서의 자연과학의 업적은 존중되어야 하고, 진지하게 다뤄져야 한다.

하지만 아퀴나스 류의 극대주의적 자연신학은 거부하더라도, 자연만물이 하나님의 신성과 능력을 드러내고 있고, 따라서 자연질서를 통해서 드러나는 진리를 억압하는 자들은 핑계할 수 없다는(롬 1:20) 성경의 가르침 역시 진지하게 수용되어야 한다. 그런 의미에서 자연계시를 거부한 바르트, 자연신학을 계시신학에 종속시킨 토렌스와 맥그래스도 정답은 아니다. 필자는 칼빈에 대한 바르트의 해석보다는 부르너의 해석이 옳았다고 믿는다.[22] 결론적으로 맥그래스는 자연과학과 신학의 관계라는 주제와 관련하여 우리에게 읽을거리뿐 아니라 생각할 거리를 풍성하게 제공해 주고 있다.

---

22 이것은 맥그래스 자신도 동의하는 바이다. 맥그래스의 *Emil Brunner: A Reappraisal* (Oxford: Wiley-Blackwell, 2014)을 참조하라.

06

생명공학의 도전과 생명윤리의 응전

민종기 (윤리학/조직신학)

I. 공상과학 영화 세 편: 아일랜드, 가타카와 스플라이스

요즈음 생명공학의 발전을 돌아볼 때, 이미 소개된 영화가 결코 우연이 아니라는 생각이 든다. 사실 새로운 과학적 발견에 대한 가장 빠른 정보는 논문이다. 「네이처」나 「사이언스」에는 최첨단 과학연구결과가 소개된다. 그 이후에 더 깊은 연구와 많은 정보는 여러 단행본에 담겨 발표된다. 그렇다면 영화는 어떨까? 영화는 관련 논문이나 저서가 나오지 않은 단계에서 상상을 통해 앞으로 펼쳐질 세상을 보여준다. 공상과학영화(SF Films)는 더더욱 그러하다.

많은 공상과학 영화가 있지만, 생명공학에 관련된 세 편의 영화는 다분히 예언적이다. 그중 한 영화는 2005년에 나온 "아일랜드"(The Island)이다. 이는 인간복제의 문제를 다루고 있는데, 인간 유전자 지도, 게놈(genome)을 해독한 2000년 이후, 복제된 인간을 희생시켜 장기를 교체하는 비즈니스 내용을 다룬다. '아일랜드'는 복제인간의 이상향으로 그려지지만, 사실 그곳에 가기로 당첨되는 것은 낙원행이 아닌 병든 동일유전체를 가진 인간을 위하여 희생됨을 의미한다. 이 영화는 복제인간이 도구시되는 것에 대한 인권문제를 미리 제기한다.

두 번째 영화는 1997년 작 "가타카"(Gattaca)이다. 이 공상과학영화의 리스트에 오르는 수작의 주제는 한 부모 밑에 유전자 조작으로 태어난 '사람의 아들'과 정상적인 성관계로 태어난 '신의 아들' 사이에서 발생하는 경쟁과 갈등에 관한 것이다. 열등한 유전자를 가진 주인공, 신의 아들이 사람의 아들에게만 가능한 우주비행사에 도전한다는 내용이다. 영화의 내용을 입증이라도 하듯, 2018년 중국의 생명공학자 허젠쿠이는 유전자 편집으로 에이즈에 대한 면역을 강화한 "맞춤 아이"를 탄생시켰다.

세 번째 영화는 2009년 개봉된 프랑스 영화 "스플라이스"(Splice)이다. 이 영화는 인간복제나 유전자 조작을 넘어서, 인간과 다른 동물, 즉 조류, 어류 그리고 파충류의 '유전자를 혼합'(splice)한 합성생물학의 문제를 다룬다. 영화에는 극적인 요소와 상상을 집어넣었지만 인공생명을 만들어 내는 21세기를 그리고 있으며, 생명공학의 결과물에 대한 경각심을 던진다.

인명재천(人命在天)이란 말은 이제 옛이야기가 되려고 한다. 지금 우리는 하나님의 창조 질서를 바꾸는 인간의 능력을 보고 있다. 인공생명을 만드는 합성생물학의 시대가 열리고 있는 것이다. 인간 게놈 지도를 만든 생명공학자인 크레이그 벤터(Craig Venter)는 2021년 지구상에 존재하지 않는 생물, 그리고 자손 생산 능력을 소지한 새로운 인공생명을 만들었다고 국제학술지 「셀(Cell)」에 공표하였다.[1] 현재 4차 산업혁명의 시대는 생명윤리가 생명과학의 발전을 소화하기 힘든 시대, 신앙의 성찰 없이 유전자 조작이 폭발적으로 증가하는 시대, 더 나아가 종류대로 창조된 피조물을 혼합하고 사람과 동물의 유전자를

---

1 다음을 참조하라. Craig Venter, *Life at the Speed of Light: From the Double Helix to the Dawn of Digital Life* (New York: Penguin, 2013), 김명주 역, 『인공생명의 탄생: 합성생물학은 어떻게 인공생명을 만들었는가』(서울: 바다출판사, 2018); 이현경, "자손 낳는 인공생명체 세계 첫 탄생," 동아사이언스 (2022년 3월 30일). https://www.dongascience.com/news.php?idx=45191

섞는 키메라의 시대가 왔다. 여기서는 생명공학의 진행을 정리하며 기독교 세계관적, 생명윤리적 비판을 제공하려 한다.

II. 생명공학의 첫 번째 도전, 인간복제

돌리, 영롱이, 진이, 피브로 등은 새로운 천년을 앞두고 복제된 동물로 유명해진 이름이다.[2] 돌리는 영국 로슬린 연구소에서 복제된 양으로 1997년 발표되었으며, 영롱이와 진이는 한국에서 복제된 송아지로 발표되었다. 이들이 암컷의 체세포를 떼어내 복제된 것과는 달리, 복제 생쥐 피브로는 미국 하와이에서 수컷의 체세포를 떼어내 만든 수컷 포유동물이다. 이는 생명공학이 체세포, 생식세포를 막론하고 신체 어느 부분의 세포로든 복제가 가능한 방법론적 기술까지 발전했음을 보여준다.

1. 체세포 복제와 확장된 생명공학의 능력

체세포 복제술은 혁명적인 사건이다. 이는 포유류가 성행위 없이 수태와 출산을 하도록 했기 때문이다. 이것은 또한 인간의 능력으로 생명체를 조작, 생산하여 낼 수 있는 상황에 이르게 된 것을 의미한다. 복제 양 돌리의 경우, 어미 양 A의 세포에서 핵을 채취하여 공여핵을 얻고 핵을 제거한 양 B의 수핵 난자를 만들어 전기자극을 통해 융합하여 하나의 수정란으로 발육시킨 후, 대리모 양 C의 모태에 착상시켜 얻게 된 결과물이다. 이 실험은 277번 반복하여 마침내 성공하였다.[3] 더구나 체세포 복제술은 초기에 동물의 몸에서 발생을 용이하게 하는 암컷의 유방 세포나 난소 세포를 사용하는 것에서 더 발전

2 김상득, "윤리적 관점에서 본 생명 복제" 기독교 학문연구회, 『신학과 학문: 생명복제기술의 현황과 윤리·신학적 함의』(1999, 가을), 21-22.
3 박세필, "생명체 복제는 21세기에 꿈의 기술로 각광을 받을 것인가" 기독교학문연구회, 『신학과 학문』(1999, 가을), 13-14.

하여, 피브로의 경우에는 수컷 쥐의 꼬리에서 채취한 공여핵에 수핵 난자를 융합하여 발생시켰다. 이제 발전된 피브로의 업적으로 암수를 불문하고, 또 인간을 포함한 다양한 동물의 체세포와 난자를 사용하여 배아세포를 발생시킬 수 있는 기술을 얻게 된 것이다.

　체세포 복제라는 생명공학 기술을 선호하는 이유는 이에 따라 발생할 것으로 예상되는 여러 유익과 관련된다. 멸종 위기의 희귀종도 보존할 수 있거니와 수십조 단위의 세포를 가진 동물을 다량 복제할 수 있는 능력이 갖추어지면 첫째, 인간을 위한 의약품 생산, 둘째, 각종 질병 및 불임의 치료, 셋째, 인간 장기의 대량 생산과 인간의 수명 연장, 넷째, 동식물의 품종 개량을 통한 식량문제 해결, 그리고 다섯째, 생태계 파괴로 사라지는 생물을 만들어 생태계 불균형 해소 등의 일이 가능하게 된다.[4] 신속한 동물의 복제는 식량난 해소뿐 아니라, 동물을 통한 인간 장기 대량 생산 및 유전자 변형 생체를 통한 의약품 생산 또한 가능하게 한다. 인간에게 유익을 주는 이런 연구로는, 한국과학기술원이 만든 형질전환 흑염소 메디가 백혈구 증식인자(G-CSF)를 가진 젖을 내게 함으로써 의학적 이익을 확보한 예가 있다. 또한 돌리를 복제한 윌머트(Ian Wilmut) 박사팀은 최근 사람의 유전자를 가진 "몰리"와 "폴리"의 복제에 성공함으로써 그들의 핏속에 혈액응고 단백질을 성공적으로 생산하였다.[5]

　생명공학에서 이루어 낸 복제기술이 윤리적 의문을 제공하는 새로운 장을 만들었다는 것은 대다수의 생명공학자가 동의한다. 이는 단지 동물에 관련된 유전공학의 문제가 아니라 인간복제를 포함한 전반적인 지적 생태계를 열어놓은 것이다. 이에 대하여 김상득 교수는 체세포 복제의 윤리적 의미를 다음과 같이 정리하였다. 첫째, 체외수정을 통하여 생명의 탄생을 인간이 직접 좌우할 수 있게 되었다. 둘

---

4 김영선, 『생명과 죽음: 생명 복제 시대에 대한 신학적 성찰』 (서울: 다산글방, 2002), 109-10.
5 김영선, 『생명과 죽음』 (서울: 다산글방, 2002), 125-32.

째, 정자와 난자의 결합이 없는 무성생식이 가능하다. 셋째, 유전형질이 동일한 생명체를 다량으로 만들어 내는 가능성이 열렸다. 넷째, 생명 복제술의 도움으로 태어난 존재는 그 공여핵 제공자와 같은 유전자를 가진다. 그러므로 다섯째, 생명 복제술은 이제 동물만 아니라 인간을 복제할 수 있다. 여섯째, 생명공학이 유전공학을 사용하여 인간, 동물, 그리고 인간과 동물이 섞인 키메라를 제작하는 상황에 이르렀다.[6]

2. 동물복제에서 인간복제로

동물에 대한 복제기술의 증대는 많은 발전을 이루었고, 동물복제 실험을 중단시킬 정도의 윤리적 정황도 제기되지 않았다. 그러나 동물복제를 통하여 확보된 기술이 인간복제를 위하여 사용될 수 있다는 면에서 광범위한 토론과 윤리적 성찰이 필요하다. 돌리의 복제가 277번째 성공을 이루었고, 나머지 276번의 시험 중 30%에 해당하는 분량은 기형의 문제를 발생시켰다. 대부분의 실패는 착상 단계에서 발생했다. 아울러 체세포에서 채취한 핵은 수명을 결정하는 짧은 텔로미어를 가지고 태어났기 때문에, 다른 양보다 수명이 절반밖에 되지 않았다. 아직도 미숙한 기술을 인간 배아나 수정란에 그대로 사용하는 것은 인간의 존엄에 대한 심각한 도전이 될 수 있다.[7] 돌리를 복제하였던 윌머트 자신도 인간복제에 대하여는 강한 거부감을 표명했다. 그는 인간복제가 "섬뜩한 무책임"이 될 것인데, 그 이유는 복제된 아이가 "출생한 후 며칠이 되지 않아서 사망하는" 상황을 맞기 때문이라고 주장했다. 일본의 국립전염병연구소의 연구원들에 의하면, 복제 쥐는 자연적으로 태어난 쥐들보다 짧은 수명을 보이는 생물학적 비정

---

6 김상득, "윤리적 관점에서 본 생명복제," 「신앙과 학문」, 22.

7 Francis Fukuyama, *Our Posthuman Future*, 송정화 역, 『부자의 유전자 가난한 자의 유전자』 (서울: 한국경제신문, 2003), 127.

8 John Davis, *Evangelical Ethics: Issues Facing the Church Today* (Phillipsburg: P&R Publishing Co., 2020), 287.

상성(biological abnormalities)을 보였다는 연구결과를 밝혔다.[8]

동물의 복제를 통한 완벽한 기술을 확보하였다 하더라도, 체세포 복제나 생식세포 복제를 통하여 인간을 생산하고 실험의 대상으로 삼는 것은 윤리적인 면에서 쉽게 허용할 일이 아니다. 인간복제에 대하여 강력한 반대 여론이 들끓고 있다. 돌리 양이 복제되고 난 직후, 'ABC 나이트라인'에서 시행한 찬반투표에서는 인간복제를 반대하는 사람들이 87%에 달했으며, 10명 중 6명은 동물의 복제에도 반대했다.[9] 그러나 대중의 반대 여론에도 불구하고, 기술적 가능성이 있으면 그것을 시행하려는 것이 인간의 욕망이다. '인간 배아로 복제실험을 하는 것을 금지해야 한다'라고 주장하던 황우석 전 서울대 교수도 수의대 재직 시절에 만든 인간배아 줄기세포(NT-1)에서 분화된 신경전구세포(신경계 여러 세포를 생산하는 세포)를 조작하여 2016년 10월 미국의 특허 등록을 마쳤다. 이는 2014년 인간배아 줄기세포의 제조방법으로 특허를 취득한 후에 얻은 두 번째 특허다.[10] 결국 생명공학자들은 체세포 인간복제나 생식세포 인간복제를 통하여 질병을 해결하는 돌파구를 마련하고, 장수를 이루며, 탁월한 능력을 소지한 후손 "맞춤 아기"를 만들어 내는 노력을 하고 있다. 이는 인간의 유전적 장점을 강화, 유전병을 줄이려는 노력을 통해 결국 "유전자 증강"(genetic enhancement)이라는 유혹에 마주치게 된다.[11]

3. 인간복제와 수정란의 권리

복제 양 돌리와 같은 체세포 복제가 개체의 수명을 줄이고 기형의 가능성을 높인다는 사실이 임상적으로 드러난 가운데, 생식세포의 복제를 통한 대안적 방법이 실험을 통하여 이루어지고 있다. 인간

---

9 Dalia Sussman, "Poll: Majority Opposes Cloning" in ABC News (August 16, 2001). https://abcnews.go.com/Technology/story?id=97568&page=1

10 조미현, "황우석, 인간 복제 줄기세포 미국 특허 등록"(한국경제신문, 2022. 11. 8), A1.

11 Fukuyama, Our Posthuman Future, 126.

의 배아복제 가능성은 이보다 앞선 몇 가지 동물을 대상으로 진행된 연구로 예상할 수 있었다. 이는 불임 부부의 임신을 도우려는 의학적인 동기에서 이루어졌다. 46개의 인간 염색체와 관련된 유전적 질병을 극복하기 위하여 인간복제가 시도되었다.[12] 유전병을 극복하기 위한 복제실험은 이미 상당히 진척되어, 1978년 체외수정 방식으로 루이제 브라운이 출생했다. 여기서 진일보하여 수정된 배아, 곧 수정란 (zygote)의 초기 상태에서 인위적으로 세포를 분리, 동일 유전 정보를 가진 여러 개체를 복제하는 인간 복제기술도 확보하였다.[13]

이는 인체의 발생 과정 중에서 오로지 초기 단계에서만 허용 가능한 실험으로 여겨졌다. 인간의 배아복제 방법은 수정된 인간의 배아가 모태에 착상되기 이전 14일 이내를 실험 가능한 기간으로 간주하였다. 정자와 난자가 합체되어 수정란이 되면, 그것은 하루 만에 2개의 세포로 분열되기 시작한다. 이후 3일 정도가 지나면 4개, 8개로 세포가 늘어나는 일련의 세포분열 즉 할구분할에 이른다. 이때 8개가된 세포는 '분화전능성'(totipotence)을 가지는데, 각각의 세포를 나누면 나누어진 세포 모두가 동일한 유전정보를 가진 생명체로 성장하여 8명의 인간복제가 가능하게 된다. 수정란은 5일 정도 경과하면, 16개의 할구세포가 되면서 각 세포들의 분화전능성을 상실한다. 각 세포가 특정한 인체 기관으로 발생되기 때문이다. 따라서 배아의 수정 이후 자궁에 착상되기 전인 14일 정도는 결정적으로 중요한 시간이며, 원시선이 나타나기 직전인 이때까지는 실험이 가능한 잠재적 인간이라고 보는 것이 생명 원시선설을 주장하는 학자들의 입장이다.[14]

광범위한 신학적 논쟁은 여기서 발생한다. 수정란은 언제부터 인간으로 취급되어야 하는가? 이는 인공유산, 인간복제, 유전자 편집 등

---

12 박충구, 『생명복제 생명윤리』 (서울: 가치창조, 2001), 40-42. 이상 유전자의 번호에 대응하여, 1번 전립선암과 녹내장, 2번 신경계통의 파킨슨병과 결장암, 3번 결장암, 4번 헌팅톤 병 그리고 5번 조로증 등이 발생하는 것을 발견하였다.

13 Ibid., 65-66.

14 김상득, 『생명의료 윤리학』 (서울: 철학과 현실사, 2000), 119-21; 박충구, 『생명복제 생명윤리』, 67-68.

거의 모든 생명공학과 관련된 문제다. 수정란이 인간이라고 간주하면 수정란을 조작하는 모든 생명공학은 인간 존엄성에 대한 거역이며, 생명을 손상하는 살인행위다. 그러나 초기 수정란을 잠재적 인간이라고 간주한다면, 일정 기간 동안에는 제한적으로 수정란의 분할이나 편집, 실험이 용납되는 논리적 우회로를 부여할 수 있다. 이런 맥락에서 인간의 발생단계를 수정 전, 수정 이후 전배아(pre-embryo), 그리고 배아단계로 나눈다. 김상득 교수는 전배아 단계의 발견이 인간의 체세포나 생식세포 복제를 연구하는 사람들에게는 코페르니쿠스적 발견이라고 주장한다. 그들도 14일 이후 배아단계의 실험은 인간에 대한 손상으로 생각하고 처벌의 대상으로 삼는다. 그러므로 14일 이전의 전배아 단계를 설치함으로써 인간의 배아 실험과 복제를 위한 근거로 삼는 것이 서구 생명공학계의 현실이다.[15] 이러한 전배아 단계의 수정란 실험과 조작을 위한 법적, 의학적 허용, 신학적 합리화는 이후 수많은 생명공학적 실험을 수용하는 통문이 되었다.

III. 생명공학의 두 번째 도전, 인간 유전자 편집

줄기세포 배양이나 대체장기 양산을 위하여 인간복제기술을 발전시켜왔지만, 이미 인간이 가진 병든 유전자를 편집하여 질병을 원천적으로 봉쇄하는 것도 또 다른 치유의 방법이 된다. 인간의 유전자가 파괴되었거나 변형되었다면, 근원적 회복을 위하여 유전자 편집이

---

15 김상득, 『생명의료 윤리학』, 119-20. 특별히 각주 24, 25의 자료를 참고하라. M. Mori, "On the Concept of Pre-embryo: The Basis for a New 'Copernican Revolution' in the Current View about Human Reproduction,"; J. Harris & S. Holm eds., *The Future of Human Reproduction* (Oxford: Clarendon Press, 1998), 39. 김상득 교수는 "전배아" 단계에 대한 발견을 배아학의 코페르니쿠스적 발견이라고 하는데, 이는 다분히 현재 진행되고 있는 실험이나 유전공학적 쇄도를 합리화하거나 면죄부를 주려는 것처럼 보인다. 전배아(pre-embryo)란 용어를 사용하는 것에 대한 반대 논문도 적지 않다. 그중 하나는 다음을 참고하라. D. Gareth Jones & Barbara Telfer, "Before I was an embryo, I was a pre-embryo: or was I?", *Bioethics*, January 9, 1995, 32-49.

유익할 수 있다. 이로써 병리적 영향을 미치는 유전자를 정상인 유전자와 교체하는 혜택을 볼 수 있기 때문이다. 유전자 편집 혹은 게놈 편집(genome editing)이란 "유기체의 완벽한 유전물질을 구성하는 게놈을 정밀하게 추가, 삭제, 그리고 변형을 주려는 목적으로 개발된 강력한 유전공학적 도구를 사용하는 행위"다.[16] 게놈 편집을 위한 도구로 발전된 여러 수단의 하나가 유전자가위 기술이다. 이 기술은 일정한 분량의 유전체 즉 유전 연속체(gene sequence)를 절단하는 기술이다. 여기서는 유전자 편집 기술과 그것의 생명공학적 의미를 논의하려 한다.

1. 인간 게놈 프로젝트와 유전자 조작

새로운 천년으로 들어가던 2000년 6월 26일, 프랜시스 콜린스(Francis Collins)와 크레이그 벤터(Craig Venter)는 빌 클린턴 대통령을 만났다. 이 만남은 인간 게놈(genome) 지도를 해독했다는 놀라운 발표를 하려는 것이었다. 클린턴 대통령은 당시 '오늘 우리는 생명을 창조한 신의 언어를 배우고 있다' 라고 공포했다.[17] 이는 1990년에 공식적으로 시작된 인간게놈프로젝트(HGP: Human Genome Project)의 성과를 공식화한 것이며, 그 프로젝트는 2003년에 이르러 인간 게놈 정보를 모두 알아내는 업적을 이루었다. 20년이 지난 현재, 30억 개의 DNA 염기서열 중 나머지 8%에 해당하는 약 2억 개의 정확한 순서와

---

16 The National Academies of Sciences · Engineering · Medicine, *Human Genome Editing: Science, Ethics and Governance* (Washington D.C.: The National Academies Press, 2017c), xi, 1-2.

17 게놈프로젝트의 완료는 역사적 사건이다. 기독교 윤리학자인 데이빗 거쉬(David Gushee)는 인간이 이 유전학적 언어에 대하여 21세기 내내 말하게 될 것이라고 언급한 바 있다. 다음을 참조하라. John Jefferson Davis, *Evangelical Ethics: Issues Facing the Church Today*, 3rd ed. (Phillipsburg: P&R Publishing, 2004), 275; Glenn Stassen & David Gushee, ed. *Kingdom Ethics: Following Jesus in Contemporary Context*, 신광은 · 박종금 역, 『하나님의 통치와 예수 따름의 윤리』(논산: 대장간, 2011), 339–40; 이은일, "인간 게놈의 창조자와 해독자," 『인간 게놈 해독 완료 희망의 시작인가』(서울: 한국누가회, 2000), 5.

18 곽노필, "인간 게놈 완전 해독 … 비어 있던 '8%' 20년 만에 채웠다" (한겨레, 2022년 4월 1일), https://www.hani.co.kr/arti/science/science_general/1037207.html

위치도 추가로 알아낼 수 있게 되었다.[18] 인류는 지금 자신을 구성하는 유전자 정보를 대부분 획득하였다.

'신의 언어를 배운다' 라는 말은 사실 겸손한 표현이다. 인간 신체속 유전자의 서열과 유전자의 발현을 수동적으로 이해하고 관조만 한다면 말이다. 그러나 분자생물학의 발달로 획득한 유전적 정보는 기존 생명체의 유전자를 복제, 편집, 변형시키는 데에 이용되었다. 공학, 정보처리기술, 생리학과 의학의 발전과 함께하는 기술혁신은 유전학을 유전공학으로, 생명과학을 생명공학으로 바꾸었다. 인간의 유익이라는 명분 아래 생명공학자들은 신의 언어를 배우는 것에 머물지 아니하고, 신의 언어, 신의 명령어를 조작하여 인간 자체를 변화시켰다. 즉 생명공학자들은 동식물과 인간의 유전자에 들어있는 언어를 해독한 후, 그 언어를 사용해 생명을 복제하고 새로운 식물과 유전자변형생물체(GMO)를 만들었다. 인간의 유전병을 고칠 목적으로 그 언어를 편집, 조작하여 동물 속에 인간의 장기를 만들고, 우생학적으로 우수한 인간을 만드는 "유전자 증강"(genetic enhancement)을 이루는 일에 몰입했다.[19]

생명공학의 발전을 맞이한 지금 인류는 현기증이 날 정도로 신속하고 중대한 국면에 들어서고 있다. 프랜시스 후쿠야마는 생명공학이 거절하기 어려운 혜택과 함께 도덕적 딜레마의 구름을 우리에게 드리우고 있다고 선언한다. 후쿠야마는 생명공학의 발전이 가장 부정적 테크놀로지인 핵폭탄과, 가장 유익한 발명인 컴퓨터와 인터넷의 양극단 사이 어느 지점에 위치한다고 본다.[20] 생명공학은 2000년대 초반 인간배아 복제(cloning)로 파격적인 문을 열더니, 이제는 유전자 교체

---

19 다음을 참고하라. 김응빈 · 김종우 · 방연상 · 송기원 · 이삼열, 『생명과학, 신에게 도전하다: 5개의 시선으로 읽는 유전자가위와 합성생물학』(서울: 동아시아, 2017). Jonathan Anomaly, *Creating Future People: The Ethics of Genetic Enhencement* (New York: Routridge, 2020).

20 Francis Fukuyama, *Our Posthuman Future: Consequences of the Biotechnology Revolution*, 송정화 역, 『부자의 유전자 가난한 자의 유전자』(서울: 한국경제신문, 2003), 273-74.

기술로 맞춤형 아기를 만들었고, 한 걸음 더 나아가 현재의 생태계에 존재하지 않는 생물을 만드는 합성생물학이 약진하는 상황에 이르게 되었다.

2. 크리스퍼 유전자가위 기술의 발명

버클리 대학의 제니퍼 다우드나 교수와 막스 플랑크 연구소의 에마뉘엘 샤르팡티에는 함께 2020년 말 노벨화학상 수상자가 되었다. 그들은 이미 2012년 크리스퍼 유전자가위 원천기술의 발명자였기 때문에, 그 성취를 뒤늦게 인정받은 셈이다. 사실 게놈을 편집하기 위하여 유전자가위를 사용하는 기술은 이미 이전에도 존재하였다. 수십 년에 걸쳐 사용되던 유전자가위는 "징크 핑거"나 "탈렌" 등의 기술이었다. 그러나 2012년에 개발된 "크리스퍼 유전자가위 기술"은 5,000달러를 사용하던 유전자 편집을 단 30달러에 정확하게 수행하도록 만들었다. 유전자가 조작된 실험용 쥐를 만드는 과정이 1년에서 2개월로 줄어들었다. 신속할 뿐 아니라 저렴하고 정밀한 크리스퍼 유전자가위 기술은 생명공학의 폭발적 발전을 이루는 계기를 마련했다.

크리스퍼 유전자가위 기술은 생명공학 발전의 질주를 가능하게 한 또 하나의 기술 혁명이었다. 이 기술은 원래 세균이 가진 면역반응 시스템에서 발견되었다. 세균은 자신에게 침입한 바이러스의 DNA를 절단해 자신의 유전체 내에 저장했다가 다음에 같은 유전 정보를 가진 바이러스가 침입하면 저장하고 있던 정보를 사용하여 그 DNA 염기서열을 인식하고 잘라 버림으로써 무력화시키는 시스템이다. 크리스퍼(CRISPR)라는 단어는 "간헐적으로 반복되는 회문구조 염기서열 집합체"(Clustered Regularly Interspaced Short Palindromic Repeats)라는 긴 명칭의 첫 글자를 딴 약어(acronym)다.[21] 여기서 회문구조(palindrome)란, 똑바로 읽으나 거꾸로 읽으나 같은 내용인 핵산 내의 이중 가닥을 형성한 구성이다.[22] 이 크리스퍼를 사용하면 DNA를 정확하게 확인하고 카스9(cas9) 단백질을 통하여 잘라낼 수 있다. 이것이 유전자 '가위'라고 불리는 이유는 특정 DNA의 표적을 인식하는 부분과 그 표적을 자르는 효소인 메가뉴클레아제(meganuclease), 즉 핵산분해 효소로 특정 유전자 집합을 분리해내기 때문이다.

　　DNA 연속체에서 잘라내야 할 부분을 확인하는 기술이 팬데믹 기간에 적절히 활용된 경우는 다우드나 박사의 '유전자 증폭검사'(PCR) 기술이다. 다우드나 박사 연구진은 크리스퍼 유전자가위를 사용하여 코로나19를 5분 만에 진단할 수 있는 유전자 증폭검사 기술을 개발하여 건강 검진을 위한 중요한 공헌을 했다. 이는 지금까지 나온 크리스퍼 기반 진단기술 중 가장 빠른 것으로, 기존 검사와 다르게 복잡한 장치가 필요하지 않아 학교, 사무실 등 어디서나 사용할 수 있는 장점이 있다. 이 검사법은 코로나19 바이러스에 들어있는 리보핵산(RNA) 염기 약 20개를 식별하는 방법이기도 하다. 연구진은 크리스퍼 카스13 유전자가위를 이용하는데, 피검체에 코로나19 RNA가 있다면 연구진이 주입한 가이드 RNA와 결합하여 그 즉시 절단 효소인 카스13이 RNA를 절단하면서 형광 입자를 방출하고, 이 형광 입자가 레이저를 받아 빛을 낸다. 이로써 별도의 장비 없이도 바이러스 감염, 식별이 가능하게 되었다.[23]

　　유전자가위의 사용에 있어, 크리스퍼 유전자가위 시스템 이전에 처음 사용된 기술은 징크 핑거, 곧 아연 손가락 핵산분해효소(ZFN: Zinc Finger Nuclease)이다. 이 시스템은 DNA 표적에 결합하는 징크 핑거와 DNA를 자르는 핵산분해 효소로 구성되어, 유전체의 지정된 곳만 자를 수 있도록 준비된 정밀한 도구다. 이 최초의 유전자가위가 1996년 초파리의 유전체를 편집하여 변형하는 데 성공하였다. 이후

21 송기원 엮음, 『생명과학, 신에게 도전하다: 5개의 시선으로 읽는 유전자가위와 합성생물학』, 91-93.
22 Ibid., 20-22.
23 권유진, "올해 노벨화학상 수상자, 5분 내 코로나19 감염 진단기술 개발" (중앙일보, 2020년 10월 11일).

에 발견된 탈렌 유전자가위(TALEN)도 아연 손가락보다 더 만들기 쉬운 것으로, 유전체 편집 혁명을 가속시켰다. 그러나 얼마 후 크리스퍼 유전자가위가 등장하였고, 이 방법은 곧 인간 배아의 유전자 편집을 위한 기술적 고속도로가 되었다.

3. 인간 배아 유전자 편집의 시작

징크 핑거와 탈렌이 각각 8-10개, 10-12개의 염기서열을 인식하여 잘라낼 수 있던 상황에서 발견된 크리스퍼 유전자가위는 21개의 염기서열을 인식하기 때문에, 유전자를 잘못 자를 가능성은 거의 없다. 아울러 시간과 비용을 획기적으로 감소시키는 혁신적 특성 때문에, 세계적으로 많은 벤처기업이 설립되고 투자자본이 몰리는 '크리스퍼 골드러시' 현상이 일어났다.[24]

이 기술의 결과, 세균부터 곤충, 동식물, 사람에 이르기까지 적용되지 않는 생물체가 없을 정도로 다양하게 유전자 편집을 시행하였다. 병충해에 강한 식물, 제초제를 뿌려도 죽지 않는 채소, 많은 소출을 내는 과일과 채소를 만드는 것 등이 어떤 부작용을 일으키는지 미처 알지 못한 채 시행되었다. 말라리아를 극복하는 모기의 유전자를 편집하여 개량종을 만들기 위한 실험이 5-6중의 안전을 위한 격리 속에서 진행되었고, 일반 돼지보다 근육량이 많은 개량종 돼지를 만드는 성취도 있었다. 아울러 돼지 몸에서 만들어진 인공심장을 부작용 없이 인간에게 이식하는 기술의 확보를 위한 실험, 후천성 면역결핍증에 걸린 환자의 완치를 위한 크리스퍼 유전자가위를 사용한 실험이 진행되고 부분적으로 질병의 획기적인 치료도 뒤따랐다.[25]

그러나 문제는 이제 편집된 유전자를 가진 인간, 곧 크리스퍼 인간, 크리스퍼 아기가 나오는 전례 없는 상황에 이르게 된 데에 있다.[26] 2014년 쥐의 배아를 대상으로 실험하고, 2015년 인간 유전자를 직접

---

24 송기원 엮음, 『생명과학, 신에게 도전하다』, 98-100.
25 Ibid., 110-12. 실험동물의 생산과 체세포 복제를 통한 질병의 획기적 치료는 다음을 참조하라. 전방욱, 『DNA 혁명 크리스퍼 유전자가위』, 37-93.

편집하는 상황이 곧 뒤를 이어 나타났다. 그 결과 나타난 첫째 유전자 편집 인간 실험이 2015년 4월, 규제가 느슨한 중국에서 시작되었다. 광저우의 중산대학교의 황쥔주 교수팀은 크리스퍼 유전자가위 기술을 사용하여 인간 배아의 변형을 시도하였다. 그들은 윤리적 비난을 피하려고 불임 클리닉에서 버려지는 '난자에 2개의 정자가 들어가 있는 수정란'을 사용하였고, 치명적 혈액 질환을 일으키는 유전자를 편집하였다. 그러나 86개의 배아에 유전자가위를 사용한 후 살아남은 배아 71개 중 54개를 검사했고 그중 28개가 성공적으로 절단되었음을 확인했지만, 단지 4개에 의도했던 유전자를 부가했을 뿐이었다. 이 실험은 기대에 미치지 못하는 결과를 보였다.[27]

둘째 실험은 2016년 5월 중국 광저우대학의 연구팀이 시행했다. 에이즈에 내성을 가진 인간 배아를 조작하여 유전자 변형이 가능한지 확인하려는 것이었다. 세 번째 실험은 2017년 3월 광저우대학 연구팀에 의해 행해졌는데, 정상적인 배아에서 크리스퍼 유전자가위를 사용한 편집 성공률을 조사하고자 했다. 정상 난자에 남성의 정자를 주입하여 6개의 수정란을 만들었고, 이것이 분열하기 전에 유전자교정 실험을 하였다. 이 경우는 배아의 숫자가 적어 뚜렷한 결론을 내릴 수 없었다. 이런 실험의 시간적 간격은 점점 짧아졌다. 네 번째 실험은 2017년 8월에 발표된 미국의 슈크라트 미탈리포프 박사와 한국의 김진수 박사가 배아 유전자의 변이를 겨냥한 실험이었다. 58개의 수정란에 크리스퍼 유전자가위를 통하여 편집한 결과 42개가 정상으로 복사되었고, 50% 이상이 정상적인 발생 과정을 통과했다. 다섯 번째 배아 편집의 시도는 2017년 9월 5일 첸지장(Chen Zi-Jiang)에 의하여 시행된 후, 수많은 연구자가 인간 배아에 대한 실험을 감행하였다.[28]

---

26 크리스퍼 인간, 크리스퍼 아이라는 용어는 스탠포드의 법학, 유전학 교수인 헨리 그릴리에 의하여 사용되었다. 편집 인간에 대한 지칭으로 사용되었고 그에 대한 윤리적 문제를 제기하였다. 다음을 참고하라. Henry Greely, *CRISPR People: The Science and Ethics of Editing Humans* (Cambridge: The MIT Press, 2021).

27 전방욱, 『DNA 혁명 크리스퍼 유전자가위』, 97-98.

28 Ibid., 101-13.

인간 배아의 유전자 편집 실험을 계속하는 중에도, 편집된 수정란을 모태에 착상시켜 발생 과정을 밟게 하는 것은 금기에 속하는 일이었다. 그러나 허젠쿠이는 2018년 11월 세계 최초로 유전자가위를 사용해 배아를 교정한 맞춤 아기를 탄생시켰다. 이 맞춤 아기는 에이즈 바이러스에 면역력을 가지도록 유전자가 편집되었다. 그러나 중국 정부의 조사팀은 이를 "과학계 윤리를 훼손하고 국가 관련 규정에 어긋나는 행위"로 규정하였고, 3년 징역 5억 원의 벌금을 선고하였다.[29] 2019년 12월 불법 의료행위죄가 선고된 후, 그는 3년의 형기를 마치고 2022년 4월에 출소하였다.[30]

4. 인간 유전자 증강의 유혹

인간 배아를 조작하는 실험은 공식적으로 시작된 후 아직 10년이 되지 않았다. 최초의 연구자들은 윤리적 논란을 피하려고 생존력이 없는 세포, 삼핵 접합자를 사용하였으나, 2017년 이후에는 정상적인 인간 배아를 사용한 편집이 시작됐다. 그 실험에 동원된 배아의 숫자도 처음에는 6개에 불과했던 것이 후에는 수십 개를 넘어 100개 이상으로 늘었다. 각국이 새로운 생명공학 기술을 경쟁적으로 확보하기 위해, 생명을 가위질하는 중대한 일에 별도의 규제나 윤리적 지침의 필요성을 고려하지 않았다. 지금의 인간복제, 인간배아 편집이라는 생명공학의 고개 꼭대기에서 인간 배아복제의 자동차는 클러치를 중립에 놓은 채로 "미끄러운 비탈길"을 내려가는 위태한 상태에 놓이게

---

29 고재원, "'유전자 편집 아기' 논란 중국 과학자 결국 철창 신세" (동아사이언스, 2019. 12. 30).

30 Antonio Regalado, "The creator of the CRISPR babies has been released from a Chinese prison," in *MIT Technology Review* (2022. 4. 4).

31 "미끄러운 비탈길 논증"(slippery slope argument)이란 어떤 개인이나 단체가 상대적으로 매우 사소한 일을 처음으로 시작하면서 또 다른 일을 연속적으로 일으켜 마지막에는 엄청난 재난이나 비상상태를 초래할 것이라는 예측을 할 때 주로 사용하는 변증 방법이다. 이 주장의 핵심은 충분히 숙고되지 않은 작은 시도가 의도되지 않는 결과를 초래할 것이라는 예상에서 비롯된다. 전방욱, 『DNA 혁명 크리스퍼 유전자가위』, 126-27.

되었다.[31]

생명공학은 일반화된 유전자 편집이라는 상황에서 유전자 증강이라는 새로운 영역으로 진입하고 있다. 처음에는 배아 편집에 대한 실험에 국가적 제재도 있었고, 공공의 자발적 자제와 실험하는 연구자의 양심이 정상적인 배아를 조작하는 행위를 주저하도록 만들었다. 미지의 세계에 대한 불확실성과 돌발사고의 가능성에 대한 원려(遠慮), 그리고 무엇보다 인간 배아 그 생명체로서의 존엄성에 대한 고려에도 불구하고, 실제 생명공학의 선구자들은 난치병 치료라는 명목 아래 배아 편집에 대한 금지 결정을 유보하였다. 연구자의 학문적 욕구와 의학적 치료의 중요성에 대한 인식, 투자 지원금을 받는 연구소와 경쟁적인 세계적 기관들의 정보교류, 그리고 업적에 대한 과학 저널과 미디어의 홍보를 통한 교류는 더욱 정밀한 기술 개발을 촉구하며 유전자 치유라는 상황에서 멈추지 않고 있다. 생명공학의 연구는 치유적 처방에서 질병의 예방적 조치로 강조점이 옮아가는데, 이는 유전자 편집을 통한 "유전자 증강"(genetic enhancement)으로 귀결된다. 더구나 크리스퍼 편집기술과 함께 점차 발전되는 "착상 전 유전자검사"(PGT: pre-implantation genetic testing)는 배아의 특성을 파악하게 함으로써 유전자 증강을 더욱 용이하게 만들었다. 단일유전자와 관련되어 발생하는 3,600여 가지의 유전적 질병에 대한 지식은 유전자 교체를 통한 질병 극복과 건강한 유전자 확보라는 유전자 증강의 차원이 동시에 연구되며, 유전자 치유에서 유전자 증강의 단계로 이전하게 되었다.[32]

유전자 증강에 대한 윤리적 판단에 관심을 가진 조나단 어노말리(Jonathan Anomaly) 박사에 의하면, 미래형 인간을 만드는 부모의 의도는 자녀에게 가장 건강하고 행복한 삶을 살아가도록 기회를 주는 것이다. 이는 소극적으로 병을 막는 것에서 더 나아가, 충동을 자

---

32 Jonathan Anomaly, *Creating Future People: The Ethics of Genetic Enhancement* (New York: Routledge, 2020), vii-viii.

제하고, 지성과 정서적 면에서 탁월하며, 환경을 잘 이용하여 창의적인 삶을 개척하는 인간을 만든다는 의미다. 그것은 육체적인 조건만이 아니라 정신적인 조건을 갖추도록 하는 것이다. 어노말리 박사는 자녀에게 주는 선물은 "생식을 통해 부여하는 배려"(procreative beneficence)와 함께 "생식을 통해 형성하는 애타심"(procreative altruism)이라고 한다. 이러한 우생학적 증진은 우생학적 탁월성과 함께 사회적 공헌을 위한 덕성을 확보하는 것이다. 그러므로 창조된 미래의 인간은 "인지적으로 증강된 지적인 사람, 도덕적으로 증강된 선한 사람, 미학적으로 증강된 아름다운 사람, 그리고 면역적으로 강화된 건강한 사람"[33] 이다. 그러나 어노말리 박사의 장밋빛 꿈처럼 죄에 대한 성찰 없이 유전자로 완벽한 인간을 만드는 것은 순박한 "유전자 결정론" 이다.

IV. 생명공학의 세 번째 도전, 합성생물학과 인공생명

2003년 게놈 프로젝트의 완결 이후, 인간 유전자 편집과 그 조작은 점차 그 속도가 빨라졌다. 생명공학의 혁명적 발전은 컴퓨터공학의 발전이 가져온 정보혁명과 궤를 같이하였다. 유전자에 대한 지식은 정보화되어 저장되고, 이러한 정보를 집적하여 이용하는 생물정보학이 동시에 발전하였다. 이제 생명체의 유전자가 담긴 염색체의 교정, 변형, 디자인, 그리고 설계와 합성이 이루어졌다. 현재 유전공학의 현주소는 유전자 편집을 넘어서 합성생물학에 의한 유사 인간(post-human) 혹은 인공생명의 제작에 이르고 있다. 피조물 중에 존재하지 않던 생물이 사람의 창의력에 의하여 탄생하는 상황을 맞이하고 있다.

---

33 Jonathan Anomaly, *Creating Future People*, x-xiii, 1-69.

1. 합성생물학과 새로운 생명체의 창조

2022년을 넘어서는 이 시대는 바야흐로 "합성생물학"(synthetic biology)의 시대다.[34] 합성생물학이란 생명과학의 발전과정에 공학적 관점을 도입한 학문인데, 이는 생명의 기본적 구성단위를 이루는 유전자 수준부터 직접 설계하고 합성하여 새로운 생명체를 만들어 내려는 노력이다. 합성생물학 분야는 2010년 이후의 생명과학이나 생명공학계의 가장 중요한 흐름을 형성하고 있다. 기존의 생명체에 주어진 염색체의 유전자를 그대로 사용하여 같은 생명체 여럿을 만들어 내는 기술인 생명복제 수준을 뛰어넘어, 합성생물학은 유전자 편집이나 창작으로 세상에 존재하지 않는 하나의 온전한 생명체, 혹은 그의 한 부분을 만들어 내고자 한다. 즉 생명복제나 편집에는 현존하는 생명체의 세포를 복제하거나 개량하려는 의도가 있었던 것에 비해, 합성생물학은 새로운 유전자조합을 가진 전에 없던 생명체를 만들려는 작업이다.

크레이그 벤터(Craig Venter) 박사는 이 방면의 가장 선두에 선 과학자 중 한 사람이다. 벤터 박사는 자신의 힘으로 진정한 인공생명을 창조하려고 한다.[35] 스탠포드 대학의 에릭 쿨(Eric Kool)도 함께 화학물질에서 출발하여 생명체의 구성 요소를 만들고 더 나아가 생명체를 조작하여 내는, 이른바 아래에서 위로의 접근방법을 취하고 있다.[36] 이러한 접근법은 여러 분야의 기본적 기술 발전을 배경으로 한다. 무엇보다도 축적된 유전체 정보와 이에 대한 지식, 막대한 정보를 처리할 수 있는 컴퓨터의 운용, 그리고 나노 수준의 화학적 미세 조작이 필요하다. 그러므로 합성생물학은 생명과학 기술, 정보공학, 나노기

---

34 송기원 엮음, 『생명과학, 신에게 도전하다: 5개의 시선으로 읽는 유전자가위와 합성생물학』, 24-25.

35 Craig Venter, *Life at the Speed of Light: From the Double Helix to the Dawn of Digita Life*, 김명주 역, 『인공생명의 탄생』, 204-06. 그러나 벤터의 장담에도 불구하고 아직도 고등한 인공생명의 탄생은 요원한 상태에 있으며, 그 성과도 아직 초기 단계에 머물고 있어 아직 갈 길은 요원해 보인다.

36 송기원 엮음, 『생명과학, 신에게 도전하다』, 29.

술이 이루는 융합학문의 특성을 가진다.

벤터 박사는 2010년 5월 이러한 기술을 이용한 화학적 합성 유전체를 만들며, 세포의 창조라는 업적을 담은 논문을 「사이언스」라는 잡지에 실었고, 2016년에는 유전자의 수가 500개도 되지 않는 생명체를 만들었다고 다시 「사이언스」에 발표하였다.[37] 이에 더하여 2021년 3월 29일 벤터 박사는 이제 스스로 생명을 유지할 뿐 아니라 자손 번식까지 가능한 진정한 의미의 인공생명체를 합성하였다고 국제학술지 「셀」에 발표했다.[38] 벤터 박사가 최소한의 세포(minimal cell)를 설계하였다는 주장은 소규모의 생명체를 창조했다는 의미인 한편, 창조주에 필적하는 작업을 인간이 시작했다는 벤터의 자평과 함께 주변의 비판도 함께 받았다.

연구소뿐 아니라, 2004년에는 버클리대에서 합성생물학과가 신설되고, MIT, 스탠퍼드, 하버드 등의 유수한 대학들은 이 방면의 연구와 투자에 앞장섰다. 특히 MIT는 전 세계의 일반 대학생이 참여하여 유전공학적인 기계를 만드는 대회(iGEM)[39]를 열었고, 수천의 연구자들이 모여들면서 국제적 관심이 증폭되었다. 더구나 합성생물학은 에너지, 석유 대체물질 및 고부가가치 대사산물을 얻기 위하여 대장균, 효모 등을 이용하고 슈퍼 효소와 미생물, 그리고 합성 백신을 만들어 시장의 요구에 응하고 있다.

2. 합성생물학의 다양한 접근법

생명과학자 송기원 교수는 합성생물학이 2010년 이후 생명공학계에서 가장 중요한 흐름을 이루는 최전선에 있다고 주장한다. 아직도 합성생물학은 발전과정에 있으므로 뚜렷하게 정의되지 않지만, 미국의 "대통령 직속 생명윤리 연구자문위원회"(The Presidential

---

37 Ibid., 25.
38 양병찬, "미니멀세포(minimal cell)를 만든 크레이그 벤터"(바이오토픽, 2016년 3월 25일), https://www.ibric.org/myboard/read.php?Board=news&id=270783
39 iGEM은 international Genetically Engeneered Machine competition의 줄임말이다.

Commission for the Study of Bioethical Issues)에서는 합성생물학을 "생물학, 공학, 유전학, 화학과 컴퓨터 과학의 요소를 망라하여 생긴 신흥 학문 분야로서, 인공적으로 만들어진 DNA를 통하여 새로운 생화학 시스템이나 새롭게 증강된 특성을 가진 유기체를 창조하는 것을 그 목표로 한다"라고 정의한다. 그러므로 합성생물학의 목표는 기존 생명체의 모방을 넘어 존재하지 않는 인공생명체를 합성하고 제작된 새로운 유기체를 만들어 내는 것에 있다.**40**

이러한 합성생물학에는 대체로 네 가지의 각기 구별되는 개념적 차이를 가진 분야가 있다. 첫째로는 크레이그 벤터와 에릭 쿨 교수처럼 화학물질을 만들어 그것에서 생명체의 구성 요소를 합성하고, 더 나아가 생명체까지 만드는 접근법이다. 화학물질로 시작하여 간단한 생명체의 구성 요소를 만들고 궁극적으로 생명체까지 만들어가는 방법이라는 차원에서 "아래에서 위로 향하는"(bottom-up) 접근법이다.

둘째로는 생명체를 유전자 회로로 구성된 하나의 기계 정도로 인식하고 여기에서 필요한 부분만을 분리하여 원하는 새로운 시스템을 재조합하는 방법이다. 이는 생명체를 레고 블록처럼 공학적으로 재구축하는 것을 목표로 삼는다. 이들의 접근법은 이미 존재하는 모든 생명체의 유전자를 분리한 후에 필요에 따라, 즉 가장 효율적인 유전자를 재조합하여 생산설비를 구축하는 작업을 한다는 의미에서 "위에서 아래로"(top-down)의 방법이라고 한다. 대표적인 연구자는 스탠퍼드 대학의 드루 엔디(Drew Endy)가 있다. 버클리대의 제이 키슬링(Jay Keasling)도 식물의 유익한 유전자를 미생물에 대량 삽입하여, 미생물을 미세화학 공장으로 이용하려는 연구를 진행하고 있다. 이러한 노력은 말라리아 치료 물질인 아르테미시닌을 합성하는 대장균과 효모를 만들어 낸 것으로 유명하다.**41**

세 번째의 방법은 기존의 생명체와는 완전히 화학적 조성부터 다

---

40 Presidential Commission for the Study of Bioethical Issues, "Synthetic Biology F.A.Q's" (Dec. 2010). https://bioethicsarchive.georgetown.edu/pcsbi/node/353.html
41 송기원, 『생명과학, 신에게 도전하다』, 29-31.

른 특성을 갖는 새로운 생명체를 만들려는 접근법이다. 이는 지구 상에서 벗어나 우주에서의 활동을 연구하는 "나사"(NASA: National Aeronautics and Space Administration)에서 진행 중인, 인간이 외계에서 생존 가능하도록 외계의 생태계를 만드는 테라포밍(Terra-forming)[42] 작업의 일환이다.

마지막 네 번째 방법은 합성생물학을 기존의 유전자 재조합 기술의 연장으로 이해하고 접근하는 방법이다. 그러나 현재의 생명체를 이용하여 새것을 만드는 것은 물론, 기존 생명체와 구별되는 새로운 분자들을 이용하여 존재하지 않는 생명체를 만드는 스케일이나 지향점을 고려하면 합성생물학은 기존의 유전공학이나 생명공학과는 현저히 다르다.[43]

3. 합성생물학을 향한 기대, 성취와 우려

합성생물학이 혁신 기술로 인정되면서, 미국, 유럽 등의 국가들의 선제적 투자에 힘입어 이 분야는 획기적인 발전을 이루게 되었다. 특히 복잡한 유기체를 표준화, 디지털화하고, 공학적 설계(design), 제조(build), 시험(test), 학습(learn)의 과정을 컴퓨터 가상실험(in silico)으로 짧은 시간 내에 무한 반복하여 최적의 환경을 계산하고, 비커나 플레이트 혹은 시험관(in vitro)에서 연구를 진행한 후, 실제 살아있는 개체 안에 해당 유전체를 주입하여 생산(in vivo)하게 되는 방법을 이루게 되었다. 각국은 합성생물학을 통하여 상당한 규모의 경제적 효과를 추구하게 되었는데, 이는 다양한 연구, 생산 분야에 적용이 가능하기

---

42 테라포밍(terraforming, earth-shaping)이란 단어의 뜻을 따르면 '지구의 환경을 만든다'는 의미다. 이는 달이나 다른 소행성, 혹은 가까운 혹성에 지구와 같은 환경, 즉 공기, 온도, 지형과 생태계를 조성하는 방법으로 다른 행성에서의 삶과 연구를 의도하는 아직 실질적으로 검증되지 않은 가설적인 작업이다. Ibid., 31-32.

43 이러한 주장은 현재의 합성생물학이나 기존의 유전자 재조합 기술이 인간에게 유익한 생명체를 만들어낸다는 점에서 목적이 같고, 또한 현재의 많은 기본적인 기술과 방법론-DNA 합성, 유전자 클로닝 및 변형, 염기서열을 읽어내는 DNA 시퀀싱과 핵산 중합효소 연쇄반응(PCR: Polymerase Chain Reaction)-이 구별되지 않기 때문이다. 4 번째 주장은 아직도 논쟁적이다.

때문이다. 특히 환경, 의료, 식량, 화학, 에너지 등의 영역에서 조명을 받고 있다.

최근 합성생물학 영역에서 미세플라스틱을 분해하는 미생물을 개발해 환경오염의 문제를 해결하는 기술, 모더나의 mRNA 백신 개발에서 보듯이 신속하게 핵산을 합성하여 의약품이나 백신으로 이용하는 성취, 석유에서 얻던 에너지나 화학물질을 미생물 세포에서 생산하는 연구들이 천문학적인 투자와 지원을 받으면서 부상하고 있다. 이러한 가시적 성취를 점차 목격하면서, 최근에는 바이오 분야 선도국들이 합성생물학 분야의 주도권을 쥐기 위해 바이오파운드리(biofoundry)[44] 연구개발에 신속한 투자를 확대하는 상황이다. 미국의 경우 실리콘밸리 자본이 동원된 민간 바이오파운드리가 활발하게 성장 중인데, 여기에 국가의 강력한 지원과 모험적 투자자본이 집중되고 있다. 현재 비교적 단순한 미생물의 경우 인공적 제작이 가능한 단계까지 발전한 합성생물학은 바이오파운드리의 도입으로 오랜 난제였던 속도, 규모, 불확실성 등의 한계를 극복해 바이오 제조 혁명을 견인하고 그 혁신이 가속화될 전망이다.[45]

합성생물학의 놀라운 기대와 부분적인 성취는 멋진 신세계를 우리에게 제시하는 것 같지만, 한편으로는 많은 문제를 제기하기도 한다. 2012년 6월 「네이처」에 발표된 논문은 전 세계를 경악하게 했다. 그 실례로 조류를 숙주로 하는 독감 바이러스에 합성생물학의 방법을 도입하면, 인간이 감염될 수 있는 조류독감 바이러스를 아주 쉽게 만들 수 있다는 것이다. 2005년에 실험실에서 복원된 바이러스가 있었

---

44 바이오파운드리란 합성생물학의 종합적 시스템인데, 인공지능(AI)과 정보통신기술(ICT) 등을 활용해 새로운 구조의 DNA를 설계하고, 단백질과 효소를 부품으로 이용해 자연에 없던 세포·미생물 등을 신속, 대량 생산하는 시설이다. 미국을 비롯한 각국과 생명공학을 이용한 산업체들이 이 분야의 우위를 확보하기 위해 국가적 지원과 정책적 선점을 위하여 경쟁하는 핵심 생명공학 분야다.

45 박봉현, "합성생물학의 핵심 허브: 바이오파운드리," 한국바이오협회 기관지 (2022년 8월, 161호), 1-8. 다음을 참고하라. https://www.ibric.org/myboard/read.php?Board=report&id=4284

는데, 바로 1918년에 약 5,000만 명의 생명을 앗아간 것으로 추정되는 스페인 독감 바이러스다. 이처럼 현재는 합성생물학의 기술로 바이오 테러를 위한 생물학 무기 생산이 매우 쉬워진 시대다.[46]

게다가 공공의 감시가 가능하지 않은 커뮤니티 랩과 "자발적 생물학"(DIY: Do-It-Yourself) 운동의 방향은 예측할 수가 없다. 최근 바이오 해커가 제도권 밖에서 영역을 넓히고 있는 상황에서, 정부와 감시기관의 규제가 미치지 못하고 있다. 더구나 과학기술을 맹신하는 바이오 해커와 유물론적 세계관 속에서 생명현상을 단지 정보로 파악하고 있는 연구자들의 손에 의해 인간의 한계를 넘어서는 "포스트 휴먼"(post-human)이나 "사이보그"와 같은 존재가 만들어질 수도 있다. 최근의 테슬라 CEO, 일론 머스크도 뇌와 컴퓨터의 결합을 위한 도전에 나서며, "뉴럴 링크"를 설립함으로 이러한 경향이 가시화되었다. 뉴럴 링크는 이미 2016년 7월 의학연구 회사로 캘리포니아주에 법인 등록을 마쳤고, 머스크가 직접 자금을 조달하는 등 주도적 역할을 하고 있다. 그는 인간 뇌 질환 관련 연구를 시작으로, 장차 인간의 뇌에 미세한 전자 칩을 심어 정보를 증폭시키려는 구상을 가지고 있다.[47]

V. 생명공학의 공세에 대한 세계관적 비판

지난 한 세대는 생명과학의 역사에서 괄목할 만한 전진을 이루었다. 지난 30년 동안의 생명공학 기술의 발전은 그 이전 시대 3,000년에 축적되었던 모든 기술을 뛰어넘는다. 지식과 기술은 집적되어 이제 인간복제, 유전자 편집과 증강에 이어 유전자 조합을 통한 새 생명의 창조에까지 이르게 되었다. 금세기에는 아울러 생명공학이 이룬 바이러스와 생화학무기에 의하여 인류의 생명이 도전받는 위험에 처

46 송기원, 『생명과학, 신에게 도전하다』, 42–43.
47 조은아, "인간 뇌에 전자칩 심어 정보 생각 업–다운로드," 동아일보 (2017년 3월 29일).

했다. 코로나 19로 약 7억의 인구가 질병을 앓고 700만에 이르는 희생자가 생긴 지금, 생명공학은 서서히 두려움의 대상으로 떠오른다. 키메라나 켄타우로스가 등장하는 그리스 로마 신화는 더 이상 신화가 아니다. 원숭이와 사람이 혼합된, 아버지가 사람이고 어머니가 돼지인 존재는 사람인가 짐승인가?[48] 인간의 췌장을 배양하고 있는 돼지는 어떻게, 얼마나 존엄한가?[49]

1. 유물론적 세계관과 인간의 존엄

인간이란 무엇인가? 수정란을 조작하여 인간복제를 가능하게 하고, 인간 유전자 편집을 시도하며, 나아가 인간과 동물의 유전자를 합성시키는 생명공학자들에게 사람이란 무엇인가? 인간의 본질을 물질로, 유전자를 단순히 "집적된 정보"라고 생각하면, 배아나 전배아로 실험하고 그것을 조작한다는 일은 인간의 존엄과 상관이 없다. 수정란을 유물론적인 관점에서 보거나 생화학적 물질로 환원하여 보는 시각은 모든 종류의 수정란을 이용한 시험을 가능하게 한다.[50]

에르빈 슈뢰딩거나 크레이그 벤터 등의 "유물론적 환원론자"에게 '존엄한 생명'이라는 말은 추상일 뿐이며, 생체 조작, 유전자 조작은 심각한 윤리적 성찰의 대상이 되지 않는다. 유물론적 환원주의(materialistic reductionism), 혹은 물리 · 화학적 환원주의에 기반을 둔 생명공학자에게 종교적 신비, 초자연 · 초이성적 관념론은 거추장스러운 장애물일 뿐이다.

그렇다면 인간의 존엄을 어디서 찾을 수 있는가? 물론 과학과 기

---

48 권예슬, "사람아빠, 돼지엄마 가진 '키메라 세포' 탄생," 동아사이언스 (2017년 1월 27일). https://m.dongascience.com/news.php?idx=16256

49 박광수, "돼지서 인간 췌장 생산 가능할까?" 중앙일보 (2017년 10월 25일). https://www.joongang.co.kr/article/22047583#home

50 이러한 관점은 노벨물리학상으로 빛나는 에르빈 슈뢰딩거의 생명에 대한 정의이기도 하다. 그는 생명을 물리적 정보의 차원으로 이해하였다. 이러한 입장은 합성생물학자 Craig Venter에게 이어진다. Erwin Schrödinger, *What is Life?: The Physical Aspect of the Living Cell*, 서인석 · 황상익 역, 『생명이란 무엇인가: 물리학자의 관점에서 본 생명현상』 (파주: 한울, 2021).

술, 생물학과 의학은 신비와 초자연에 대한 신앙에서 탈피하여 합리성으로 현상을 설명하려는 이성적 노력에 크게 힘입었다. 현대를 사는 우리가 과학적 공헌을 폄하할 수 없으며, 인간의 기술적 성취는 그 파괴적 측면에도 불구하고 인간의 복지에 많은 긍정적 영향을 주었음을 부인할 수 없다. 의학의 발전, 병의 치유, 공학적 성취와 테크놀로지의 발전은 우리의 생활 세계를 수많은 문명으로 채웠고, 그것을 통하여 복지와 평화, 곧 '샬롬'(shalom)을 경험하였다.

그러나 영혼이나 인간 존엄성의 발견은 과학자들에게서 나온 것이 아니다. 인간의 존엄성은 인간의 본성에 대한 검증 불가능한 종교적 가르침이나 고전적인 윤리관에 힘입은 바가 크다.[51] 아울러 기술적인 성취를 이뤄온 유물론적 생명공학은 선과 악, 가치와 존엄, 존재와 영원 등의 형이상학적 문제를 다루는 학문은 아니다. 하지만 폴 리쾨르(Paul Ricoeur)에 의하면, 우리는 인간의 지식에 다차원적 지평이 존재한다는 사실을 인정해야 하고, 그 안에 윤리적인 영역이 있다는 사실도 수긍해야 한다. 악의 문제, 죄의 문제, 그리고 발전되지 않는 인간의 윤리적 모호함(ambiguity)의 측면은 인간의 한계에 대한 인정, 곧 지적 겸손을 요청한다. 인간 성취의 위대성(偉大性, greatness)은 종종 유죄성(有罪性, guilt)과 함께 가는 경우가 많다. 생명공학의 기술적 위대성 또한 그것의 범죄성과 동행하는 경우를 발생시킬 수 있다. 생명공학의 샬롬은 종종 기술의 오용과 독재로 왜곡될 수 있는 파국의 가능성을 향해 열려 있다.[52]

생명공학은 그 자체의 논리가 아닌 다른 지혜와 윤리에 의해 조명되어야 한다. 윤리를 결여한 과학은 자기 파괴적인 결과를 가져올 수 있다. 위르겐 몰트만에 의하면, 과학과 윤리가 분열될 때, 사람은 경

51 John Haught, *Science and Faith*, 장재호 역, 『과학시대의 신앙』 (서울: 두리반, 2012), 129-35.
52 Paul Ricoeur, *History and Truth* (Evanston: Northwestern Univ. Press, 1965, 1992 4th ed.), 91-92. 한국어 역본으로 다음을 참고하라. 박건택 역, 『역사와 진리』 (서울: 솔로몬, 2006), 97-117.

이로운 진보에 경탄하고, 과학을 우상화하다가 결국 인간 자신의 파멸에 이르게 된다.[53] 생명공학의 문제를 해결할 윤리적 지렛대의 받침점은 생명공학의 자체 안에서는 찾을 수 없다. 지혜와 윤리는 생명공학 바깥에서 와야 한다. 그 이유는 생명공학이 가치중립적(value-free)이 아닌 가치연관적(value-related) 영역이기 때문이다.[54]

이러한 면에서 리쾨르는 어거스틴의 역사관을 빌려 말한다. 역사는 교향악이며, 역사는 신비다. 역사는 다차원적인 관점과 복합적 해석의 지평에서 설명되어야 한다. 하나님의 형상인 인간의 존엄성은 실험을 통해 알려진 바가 아니다. 그것은 계시에 의한 것이며, 역사에서 그 의미가 충분히 드러나지 않은 신비(mystery)라는 초자연적인 지평에 있다가 종말 이후에나 그 깊은 뜻이 드러나게 될 것이다. 신비적 차원에서 말하는 영원한 생명, 생명의 존엄성, 그리고 영생에 대한 가르침은 관찰에 근거한 과학, 가치중립적인 영역으로 환원되지 않는 부분이다.[55] 유물론은 인간 존엄에 관한 한, 든든한 기초가 아니다.

2. 진화론적 세계관과 수정란의 생명권과 인권

지난 50년 동안 낙태는 미국에서 여성의 합법적 권리였다. 그러나 2022년 6월 24일 미국의 연방대법원은 9명의 대법관 중 6명의 찬성으로, 1973년 여성의 임신중절 권리를 처음으로 인정한 "로 대 웨이드"(Roe v. Wade) 판례를 50년 만에 뒤집었다. 그러나 캘리포니아주는 2022년의 11월 중간선거를 통해 주민발의안 1, 즉 산모가 위험하지 않아도 산모에게 낙태권을 부여하고 심지어 출산 직전의 아이도

53 Jürgen Moltmann, *Wissenschaft und Weisheit*, 김균진 역, 『과학과 지혜: 자연과학과 신학의 대화를 위하여』(서울: 대한기독교서회, 2003), 199-203.
54 윤철호, 김효석 편, 『신학과 과학의 만남: 기포드 강연을 중심으로』(서울: 새물결플러스, 2021), 130-34.
55 Paul Ricoeur, *History and Truth*, 93-97.
56 다음 세대를 위한 가치관 보호 단체(TVNEXT), "새롭게 내놓은 Proposition 1 꼭 반대하세요"(September 1, 2022), 1-3. http://tvnext.org/2022/09/stop-prop-1/

낙태할 수 있는 권리를 보장하게 되었다. 이러한 발의안의 기본적 철학은 태중의 생명을 여성의 선택과 자유에 맡긴다는 것이다.[56]

인간의 생명은 무엇인가? 낙태 찬반 논쟁과 태아, 수정란의 지위에 대한 논의는 현재 생명공학 분야에 존재하는 수정란의 생명권과 인권 논의와 맞물려 있다. 인간은 생물학적으로 수정란, 전배아, 배아, 태아(fetus), 신생아, 소년, 청년, 장년, 노년의 경과를 가진다. 이러한 발생 상황에서 육체만 있거나 영혼만 존재한다는 것은 가능하지 않다. 영혼 없는 몸은 죽은 몸이기 때문이다. 또한 영·육 연속체(psycho-somatic being)인 인간은 몸 없이 인간으로 잉태되지 않기 때문이다. 수태하는 순간부터 영혼은 "즉시로 활동"(immediate animation)하며, 영혼과 육체는 동시에 존재한다. 수정되는 순간부터 정신과 육체가 공존한다면, 신생아는 생명이다. 태아나 배아 역시 생명이며, 그리고 전배아와 수정란도 생명으로 간주되어야 한다. 태중의 생명, 발생 초기의 인간은 연속선상에 있는 것이므로, 임신의 어느 시점에 육체에 영혼이 임함으로 인간이 되는 것이 아니다. 영혼주입(ensoulment)은 수태 이후가 아니며, 수태되는 순간에 일어나며, 수정과 함께 영혼과 육체의 동행이 시작된다.[57]

어머니의 태중에 있는 아이가 낙태된다 해도, 그 "태아가 생명체"라는 명제는 교회의 오랜 전통적 해석에서 밀려난 적이 없다. 아울러 태아가 수정란일 때부터 생명이라는 해석은 성경의 오랜 해석사를 대표한다. 이로부터 낙태는 인간 존엄의 포기라는 결론이 생긴다. 수정된 배아(embryo)가 2주에 이를 때까지, 8개의 세포로 분열되며 분화전능성(totipotence)을 가지는 동안에도, 개신교, 가톨릭 신학자들은 생명의 범주에서 전배아(pre-embryo)를 축출하지 않는다.[58]

---

57 이 논의는 인간 영혼의 발생에 관한 세 가지 주요 관점, 영혼선재설, 유전설 그리고 창조설 중 창조설에 기반을 두었다. 다음을 참조하라. Larry Poston & Lindsey Disney, "When Does Human Life Begin? Conception and Ensoulment," in *Bible & Religion Educator Scholarship 7* (Spring, 2010), 271-95. https://mosaic.messiah.edu/brs_ed/7.

58 민종기, "영·육 이원론의 생명윤리적 함의에 대한 연구," 한국개혁신학회 편, 『몸 죽음 생명』, 한국개혁신학회 논문집, vol. 11 (서울: 도서출판 불과구름, 2002), 58-62.

더구나 성경은 태중의 생명을 하나님의 관심 속에 창조된 존재로 보며, 태아의 존엄을 다양하게 표현한다.[59] 무엇보다도 성경은 발생 초기부터 출산에 이르기까지 태중의 생명을 분석적인 각 단계로 나누어 보지 않는다. 이러한 관점에서 보면 태아는 인간이며, 수정란은 생명의 연속선상에서 인격을 가진다. 아울러 성경은 태중의 생명을 존귀한 것으로, 하나님의 계획에 속한 것으로 보며, 하나님의 섭리 가운데 모태에서도 전적으로 보호되는 존재로 표현한다. 이러한 관점에서 볼 때, 수정란, 전배아, 배아, 태아, 신생아를 분리하여 마치 중도에 인간이 되는 것으로 볼 수 없다.

3. 상업적 시장주의의 우상화를 경계하라

현재 거대한 자본의 투자가 집중되는 영역은 생명공학의 분야이며, 그중에서도 합성생물학의 분야가 각광받고 있다. 생명복제와 유전자 편집에 이어 합성생물학의 분야는 국가마다 미래의 먹거리로 사활을 건 기업과 국제적 경쟁의 게임 체인저(game changer)로 부상하고 있다. 이에 가장 적극적인 투자국은 미국이다. 이미 민간 생명공학 기업인 '아미리스'(Amyris)는 한 주에 500개의 DNA 어셈블리, 1600개의 균주(菌株, strain) 제작, 10만 개 시료 분석이 가능한 바이오파운드리를 도입해 7년간 15개의 신약 혹은 바이오 소재의 상용화에 성공했다. 아울러 '깅코 바이오웍스'(Ginco Bioworks)는 모더나와 코로나19 백신 개발에 나서 성공했다. 영국, 덴마크, 캐나다, 중국, 일본 등의 나라들도 이 분야의 육성에 들어갔으며, 특히 중국은 지난 5년간

---

59 태아를 하나님의 피조물로 아울러 태아를 인간과 같은 연속선 상에서 표현하는 성경 구절은 다음과 같다: 시 139:13-16; 욥 31:15; 사 49:1; 렘 1:5; 암 1:13; 출 4:11; 시 127:3.

60 황인호, "바이오파운드리 강조하는 이유는 … 게임체인저," 국민일보 2022년 10월 31일. 생명공학의 발전을 도모하는 기관으로는 카이스트(KAIST), 한국생명공학연구원, 성균관대를 비롯한 학계와 연구기관이 주도하고, 민간 기업으로는 CJ제일제당, 삼성바이오로직스, 삼성바이오에피스, SK바이오사이언스, 한미사이언스, 유한양행 등의 회사가 선도하는 기업으로 부상하고 있다. https://m.kmib.co.kr/view.asp?arcid=0017620004

집중 투자한 결과 단기간에 글로벌 수준으로 진입하고 있다.[60]

현대 사회를 현기증 나게 할 정도의 합성생물학적 성취는 무엇보다도 소위 합성생물학의 결과물, 곧 새로운 세포와 유기물이다. MIT 합성생물학 센터의 크리스토퍼 보이트(Christopher Voigt) 교수는 2030년이 이르기 전에 세상을 변화시킬 다음 6가지 상업적 기술이 성취될 것이라고 예상한다. 그 첫째는 "피 흘리는 식물"을 이용한 햄버거다. 이러한 햄버거의 생산은 고기 맛을 유지함과 동시에 환경친화적으로서, 목축으로 사용하는 토지의 96퍼센트와 배출되는 이산화탄소 양의 89퍼센트를 줄일 수 있다.[61] 둘째로는 머크사(Merck & Co.)에서 개발하는 자누비아(Januvia)라는 당뇨약이다. 이 약은 화학과 생물학의 도움을 통하여 만들어 낼 수 있는데, 분자세포 내에서 약을 생산하는 합성생물학 방법을 사용한다. 치료제를 생산하는 분자는 화학자들이 열망하는 공학적 대상이다.[62] 셋째는 자이머젠(Zymergen)이 바이오 기술을 이용해 폴더블(foldable) 기기에 사용 가능한 필름을 만드는 것이다. 세포를 재조합하여 이러한 물질을 만들어 내는 작업은 컴퓨터 기기의 도움을 받아 단백질 구조를 바꾸는 나노기술을 사용하여 성공 가능성을 높인다.[63]

상용화가 가능한 위 제품들은 세포로부터 나오는 부산물을 이용한 것인 반면, 다음의 세 가지 제품은 세포 그 자체가 상품이 되는 것들이다. 첫 번째 상품은 피봇 바이오 회사에서 만들어 낸 프루븐(PROVEN)으로, 옥수수를 위한 생물학적 질소 비료다. 대부분의 화학 비료는 산업적 화학 공정을 거친 제품이지만, 프루븐은 공기 중의 질소를 붙드는 박테리아가 녹아 있는 액체 생물학 비료로서, 게놈을 변형시켜 물에 씻겨 내려가지도 않고 공기 중에 온실가스를 살포하지

61 Christopher Voigt, "Synthetic Biology 2020-2030: Six commercially-available products that are changing our world" in *Nature Communications* (2020), 1-2.

62 Voigt, "Synthetic Biology 2020-2030," 2-3.

63 최근에는 연구의 진행이 미진하여 자이머젠 회사의 기대 소득이 연기됨으로 사장이 물러나고 주가가 폭락하는 어려움을 겪었다. 이슬기, "'글로벌 큰손' 손정의도 꽂힌 자이머젠 … '반토막' 난 이유," 한경 (2021. 08. 06).

도 않는다. 이 비료는 비료의 비용을 낮추며, 그 사용범위도 꾸준히 증가하고 있다. 둘째 상품은 노바티스(Novartis) 회사에서 나오는 항암 치료제 킴리아(Kymriah)다. 이는 "꿈의 항암제"로 불리는데, 그 이유는 기존 항암요법을 포기한 혈액암 환자가 사용하여 단 1회 치료만으로 생존율을 높이고 더 나아가 완치의 기적을 줄 수도 있기 때문이다. 이는 살아있는 세포로서 2017년 미국식품의약국(FDA)의 허가를 받았다.[64] 세 번째는 칼릭스트(Calyxt) 회사에서 생산한 고올레산 콩기름 칼리노(Calyno)다. 이는 콩 게놈을 변형시켜 일반 대두보다 올레산 함량을 높인 유전자변형 제품으로, 포화지방산의 함량을 매우 낮추어 관상동맥질환의 발생 위험을 낮추고, 요리나 튀김에 오래 사용할 수 있는 산화 안정성이 월등히 높은 제품이다.[65]

　미래를 이끄는 산업의 발전을 위하여, 국가와 시장의 만남은 불가피한 일이다. 인간의 역사와 함께한 권력과 시장이 협력을 이루지 않을 수 없지만, 시장이 우상화되어 시장이 마치 모든 인간의 고통이나 사회문제를 해결할 수 있는 존재로 보는 시장주의(marketism), 혹은 시장근본주의(market fundamentalism)가 문제다. 국가의 정치적 지원과 투자는 생명공학과 합성생물학을 발전하게도 만들지만, 그러나 반대로 생명복제가 생명의 존엄을 훼손하고, 유전자 편집이 인간을 조작의 대상으로 전락시키며, 합성생물학은 어떤 부작용을 낳을지 모르는 불확실성을 안고 있다. 이는 생명공학이 샬롬의 도구로 봉사하지 않고, 기술 문명의 독재를 통하여 인간성을 파괴하는 우상이 될 수 있기 때문이다.

---

64 Voigt, "Synthetic Biology 2020-2030," 3-4.
65 Ibid., 4.

VI. 맺음말: 생명공학의 샬롬과 파국 사이에서

파국을 불러올 수 있는 핵무기가 합리적 차원에서 관리되어야 하는 것처럼, 점차 인간의 문명에 깊은 영향력을 미치는 생명공학적 성취들 또한 적합한 관리의 대상이 되어야 한다. 이러한 노력은 다차원적인 접근을 요청한다. 가장 중요하고 강력한 규제는 공공정책을 관장하는 국가에 의한 것이다. 생명공학의 선두에 선 미국의 경우는 후원자이자 규제자인 정부가 직접 앞서서 이 문제를 해결하려고 노력한다. 미 행정부 산하에 있는 "대통령 직속 생명윤리 연구자문위원회"는 책임 있는 연구의 지침을 제시하고 있다. "생명윤리 위원회"로 불리는 이 정부 단체는 의학, 과학, 윤리학, 종교, 법과 공학 분야의 전문가로 구성되어, 생명공학에 관한 정책을 자문한다.[66]

둘째로는 민간 차원에서 전문가 집단이 중심이 되어 생명공학에 대한 규제와 경고를 제공하여야 한다. 이 분야의 대표적인 운동은 생명과학 기술이 급격히 발전하던 1970년대에 열린 아실로마 국제회의다. 1975년 2월 24-27일, 캘리포니아의 아실로마(Asiloma, CA)에 모인 전 세계 150여 명의 생명과학자들은 3박 4일에 걸쳐 역사적인 모임을 개최했다. 이 회의의 대표인 폴 버그와 데이빗 볼티모어 등은 DNA 분자의 조합, 재조합이 기술적으로 가능하지만 이에 대한 적절한 안전장치가 필요하다는 데에 동의하였다.[67] 중국 학자들이 인간 배아에 유전자 편집 기술을 사용한다는 소문이 들리면서, 2015년 1월 크리스

---

66 이 기관의 설립과 활동 일반에 대하여 다음의 홈페이지를 참고하라. Presidential Commission for the Study of Bioethical Issues. https://bioethicsarchive.georgetown.edu/pcsbi/about.html

67 김동광, "기술 위험의 커뮤니케이션: 1970년대 재조합 DNA 논쟁과 아실로마 회의를 중심으로," 『기술위험의 인지와 확산구조』 (2013, 한국과학기술학회 후기 심포지엄), 21-41. 특히 24-25를 보라. https://koreascience.kr/article/CFKO200331037075860.pdf. 아울러 아실로마 회의에서 채택한 성명서는 다음의 다섯 사람의 대표 이름으로 발표되었다. "Summary Statement of the Asilomar Conference on Recombinant DNA molecules" by Paul Berg, David Baltimore, Sydney Brenner, Richard Roblin, and Maxine Singer. 발표 원문은 다음을 참조하라. https://www.uth.tmc.edu/uth_orgs/ngs/Courses/Ethics/SummaryStatement.pdf

퍼 유전자가위의 발명자 다우드나 박사와 아실로마 회의 주요 참석자인 버그와 볼티모어를 비롯한 생명과학자들, 그리고 윤리 및 법률전문가들이 미국의 나파밸리에 모여 생식세포 유전체 변형 시도에 강력한 반대를 표명하였다. 그리고 2015년 3월 「사이언스」와 「네이처」에 "유전체 공학과 생식세포 유전자변형을 위한 신중한 방법"이라는 글을 통하여 환자의 잠재적 위험성과 사회적 · 윤리적 함의에 대한 문제를 공개적으로 논의하고, 안전성과 윤리적 우려가 발생하는 경우 생식세포 변형에 대한 중지를 요청했다.[68] 아실로마 회의와 전문가 집단이 그 이후 구속력 있는 결정을 할 수는 없었으나, 75년의 결정은 국제적인 민간 전문가들이 자성을 촉구한 귀중한 사례다.

셋째로는 종교적 분야의 노력으로, 개신교와 구교 및 각 종교와 교파의 기관과 목회자 및 신학자들이 활발하게 생명공학의 미래에 대한 논의를 이어가는 방법이 있다. 이는 생명공학의 현장과 거리를 둔 비영리기관의 권고라는 면에서 객관적인 차원의 도전을 준다. 많은 기관, 시민단체와 연구소 중에 가장 활동적인 기구는 미국의 가톨릭 연구기관으로서 1972년부터 50년에 걸친 사역을 펼쳐온 전국가톨릭생명윤리센터(NCBC: National Catholic Bioethical Center)다. 이 기관은 인간의 존엄을 위하여 생명윤리 분야의 연구, 출판, 교육, 세미나와 자문을 위하여 일한다. 국내외에서도 이러한 유사한 종교기관과 시민단체가 인간의 존엄, 인권과 생명권을 옹호하기 위해 활동하고 있다.

생명공학의 빛나는 성취가 주는 샬롬에도 불구하고, 유전자 복제, 유전자 편집, 그리고 새로운 유전자의 조합과 재조합을 기반으로 한 합성생물학은 파국에 대한 우려를 감소시켜야 한다. 이를 위하여 다음의 몇 가지 사항을 고려함이 필요하다. 첫째, 우리는 세계적인 경쟁에 갇혀 그 생명공학적 작업에 대한 성찰과 윤리적 묵상을 포기하지 말아야 한다. 둘째, 우리는 유전자 변형, 조합, 혁신으로 만들어진 생

---

68 전방욱, 『DNA 혁명 크리스퍼 유전자가위: 생명 편집의 기술과 윤리, 적용과 규제 이슈』 (고양: 이상북스, 2017), 96.

물이 생식 능력까지 가진다는 점을 고려하여 그 부작용이 불가역적 (irreversible)인 위기를 만들 수 있다는 점을 고려해야 한다. 셋째, 우리는 개발된 분자생물학 지식이 생물학적 무기나 생화학무기로 쓰일 가능성이 있으며, 이는 코로나 19 이상의 역대급 재앙을 가져올 수 있음을 기억해야 한다. 넷째, 생명공학의 기술이 일반화되는 경우, 인간의 경제적, 계급적 차별이 더욱 심화될 수 있다는 점을 고려해야 한다. 다섯째, 이미 실험의 대상이 된 인간의 수정란, 동물과 식물의 유전자들은 자신의 권리를 확보하지 못하고 있으며, 미래의 우세한 세력을 확보하기 위하여 이미 그 태아, 동식물이 그 권리를 착취당한 상태임을 기억해야 한다.

그러므로 이 같은 생명공학 기술이 인류의 희망과 샬롬으로 남기 위해서는 신자와 시민과 국가와 연구 당사자의 노력이 절실히 요구된다. 생명공학의 모든 성취는 티핑 포인트(tipping point)를 지나 재앙이나 파국을 일으키는 독재나 공포의 우상이 되지 않도록, 이에 대한 부단한 비판, 감시, 규제와 금지의 대상이 되어야 한다.

07

신학적 인간론 이해에 대한 신경심리학의 도전과 함의

김경준 (임상심리학)

1. 들어가는 말

당신은 인간의 본성이 세 가지 부분, 즉 영과 혼과 육으로 구성되어 있다고 생각하는가? 또는 인간의 본성은 영과 육의 두 부분으로 되어 있다고 생각하는가? 아니면 우리 인간은 단지 육체만으로 존재한다고 생각하는가? 이 질문에 관한 내용은 조직신학의 한 분야인 인간론에서 다루어지는 인간의 구조적 본성에 관한 것이다. 인간론에서는 인간이 영과 혼과 육, 세 부분으로 구성되어 있다고 보는 관점을 삼분설(trichotomism)이라 하며, 영과 육의 두 부분으로 되어 있다고 보는 관점을 이분설(dualism, 또는 이원론이라고 번역되기도 함)이라고 한다. 또한 인간은 오직 육체만으로 구성된다고 하는 관점은 단일론(monism)이라고 부른다.

필자는 한국의 기독교인들이 이 부분에 대해 어떤 생각을 하고 있는지 알아보고자 개인적으로 카카오톡에 연결된 사람들과 그 지인들에게 간단한 설문조사를 실시하였다.[1] 그 결과 총응답자가 385명이었는데 이 중 기독교를 믿는다고 답한 322명 중에 73.0%인 235명이 인간은 영, 육, 혼 세 가지로 구성된다는 삼분설을 지지하는 것으로 나타났다. 26.7%인 86명이 인간은 영과 육 두 가지로 되어 있다는 이분설을 지지하였고, 그 나머지 0.3%, 1명만이 인간은 육체로만 되어 있다고 답했다. 이러한 각각의 비율은 천주교를 믿는다고 답한 사람들과 무교라고 답한 사람들에게서도 비슷한 경향성을 나타내었다. 흥미롭게도 불교를 믿는다고 답한 9명 중에서는 삼분설을 지지하는 비율은 66.7%인 6명이었으며 22.2%인 2명은 단일론을 지지한다고 답해타 종교와는 다른 응답 패턴을 보여주었다.[2] 이 설문조사를 토대로 볼 때 불교를 믿는 사람들을 제외한 70% 이상의 한국인들은 삼분설을 믿고 있으며 이분설을 믿는 비중은 삼분설을 믿는 사람에 비해서 약 3분의 1정도인 것을 알 수 있었다.

그러나, 조직신학자인 밀라드 에릭슨(Millard J. Erickson)은 그의 조직신학 책에서 삼분설은 초대 교회 시대의 알렉산드리아 교부들 사이에서 주로 받아들여졌던 견해이며 지금까지 동방교회에서 이 견해를 유지하고 있으나 아폴리나리우스(Apollinarius)가 이 삼분설을 그의 기독론을 구성하는 데 이용하다가 교회에서 이단으로 정죄된 후에 그 영향력은 상당히 감소하였다고 밝히고 있다.[3] 또한 에릭슨은 기독교 역사상으로 가장 많은 지지를 받은 견해는 바로 인간은 물질적 요소인 육체와 비물질적 요소인 영혼 또는 혼으로 구성되어 있다는 이분설임을 말한다.[4] 이것은 위에서 밝힌 설문조사에서 나타난 한국 기독

---

1 설문조사는 2023년 2월 초에 실시했다.
2 이 응답 패턴은 비록 다른 종교의 표본 수가 적다는 한계는 있지만, 99.9%의 신뢰수준을 가지고 통계적으로 유의미한 차이를 보여주었다.
3 Millard J. Erickson, *Introducing Christian Doctrine*, 2nd Ed. (Grand Rapids, MI: Baker Academy, 2001), 180-81. 아폴리나리우스는 그리스도에게는 육체와 혼이 있으나 인간의 영혼 대신 신의 영혼이 있다고 하여 그리스도의 완전한 인성을 부인하는 주장을 했다. 결국 그의 견해는 AD 381년 제1차 콘스탄티노플 공의회에서 이단으로 정죄되었다 (네이버 두산백과: https://terms.naver.com/entry.naver?docId=1121989&cid=40942&categoryId=33431).
4 Ibid., 181.

교인의 생각과는 상당한 거리가 있는 내용이다. 따라서 본 글에서는 삼분설과 이분설에 대하여 좀 더 자세히 고찰함과 동시에 현대의 신학계에서 삼분설을 비판하는 요지에 대해 간략히 설명하고자 한다.

한편, 구약의 히브리적인 사고방식에서는 인간의 본성을 따로 개별적인 요소로 구별하지 않고 총체적인 방식으로 이해한다고 하는 면을 부각하면서 그리스 철학의 영향에서 나온 영육 이원론의 불완전성을 극복하고자 하는 단일론이 철학자인 도예베이르트와 조직신학자인 베르까우워에 의해 주장되었다.[5] 그러나 위에서 밝힌 대로 단일론은 신학계에서 이분설에 비해 많은 지지를 받아온 것은 아니었다. 또한 단일론은 현대 자연과학에서 물리학의 발전뿐만 아니라 진화론의 영향으로 인간을 단순한 생물학적인 물질적인 존재로 축소해 버리는 관점으로 그 세력을 확장하게 되었는데 이는 많은 기독교인들에게는 받아들일 수 없는 견해였다. 그럼에도 불구하고 현대에 신경과학은 과거로부터 인간 영혼의 기능이라고 여겨져 왔던 여러 기능들, 예를 들어, 이성적 판단이나 도덕성, 또는 하나님을 찾는 종교성 등이 모두 인간 뇌의 작용이라는[6] 연구결과들을 내놓으며 인간은 영혼을 가진 존재가 아니라 단지 물질로 이루어진 육체적인 존재라는 단일론적인 물리주의(physicalism)를 확산시키고 있다. 인간을 단지 물질적인 존재로 보는 이러한 물리주의는 복잡한 존재들도 결국은 작은 원자들의 배열과 조합으로 이루어졌다는 결정론적 사고로 이어지며 환원론적 물리주의(reductive physicalism)라는 극단적 단일론 체계로 정립되었다.

한편, 기존에 영혼의 기능으로 여겨졌던 많은 특성들이 신경과학이 발전함에 따라 그것들이 뇌의 기능이라는 점이 밝혀지고 있는 점을 수용하고자 하나, 인간 존재를 단순한 원자의 조합으로 축소해 버

---

5 최홍석, 『인간론』 (서울: (주)개혁주의신행협회, 2000), 219-20.
6 Warren S. Brown & Brad D. Strawn, *The Physical Nature of Christian Life: Neuroscience, Sychology, & the Church* (New York, NY: Cambridge University Press, 2012), 30.

리는 환원론적 견해를 받아들일 수 없었던 기독교인 철학자들과 과학자들은 비환원론적 물리주의(nonreductive physicalism)라고 하는 새로운 견해를 제시하기에 이르렀다. 이에 본론에서 삼분설과 이분설에 이어 인간의 구조적 본성의 한 부분인 신학적 입장에서의 단일론을 소개한다. 그리고 과학과 철학계에서 발전하게 된 단일론적 견해인 환원적 물리주의와 그 반동으로 나타난 비환원적 물리주의를 간략하게 개관하고 평가한다. 그 후에 결론적으로 이러한 움직임에 대해 기독교 심리학자로서 가지게 되는 생각들을 정리해 보고자 한다.

2. 본론

1) 삼분설

삼분설은 간단하게 말해서 인간의 구조적 본성은 영(spirit)과 육(body)과 혼(soul), 세 가지로 구성되어 있다고 하는 견해다. 삼분설은 이러한 세 가지 영역에 대해 육체는 물질적 부분으로서 동물과 식물에도 있으며, 혼은 이성과 감성의 기능을 하는 인간과 동물에게만 존재하는 영역이며, 영은 인간에게만 존재하는 하나님에 의해 창조된 불멸의 요소라고 말하고 있다.[7] 또한 이러한 영은 인간이 영적인 일들을 알아차리고 반응할 수 있도록 하며 인격적인 특성이 혼 속에 머물도록 하는 역할을 한다고 한다.[8]

이러한 삼분설의 견해는 역사적으로 고대 그리스 철학에서부터 그 뿌리를 찾을 수 있다. 즉, 플라톤의 세계관에서 유래했다고 보는 것이다. 이 세상은 물질세계인 현상계와 신의 영역인 이데아의 두 가지로 나눌 수 있다고 하는 개념을 인간 이해에 접목해 선한 영역인 이데아는 영으로 악한 영역인 현상계는 몸으로 대치하면서 이 대립적

---

7 루이스 벌코프, 이상원, 권수경 역, 『벌코프 조직신학』 (서울: CH북스, 2017), 267.
8 최홍석, 『인간론』, 193-94.

인 관계를 로고스라고 하는 중간 존재(intermediate being)가 몸과 영혼을 중재한다고 보는 것이다.[9] 그 후 이러한 사상은 신플라톤주의자인 플로티누스(Plotinus)에 의해 기독교 교회에 영향을 끼쳤으며 이레니우스와 오리겐과 같은 알렉산드리아 학파의 초대 교회 교부들에 의해 정교화되었다. 그러나 위에서 언급한 대로 아폴리나리우스가 콘스탄티노플 공의회에서 이단으로 정죄된 후에 삼분설은 급격히 쇠퇴하게 되었다.[10] 또한 19세기에 이르러서 독일과 영국의 신학자들에 의해서 여러 가지 삼분설이 제기되기도 하였으나 신학계에서 많은 지지를 받지는 못하였다.[11]

그렇다면 삼분설을 주장하는 성경적인 근거는 어디에 있을까? 대표적인 성경 구절들은 살전 5:23, "평강의 하나님이 친히 너희를 온전히 거룩하게 하시고 또 너희의 온 영과 혼과 몸이 우리 주 예수 그리스도께서 강림하실 때에 흠 없게 보전되기를 원하노라"와 히 4:12, "하나님의 말씀은 살아 있고 활력이 있어 좌우에 날선 어떤 검보다도 예리하여 혼과 영과 및 관절과 골수를 찔러 쪼개기까지 하며 또 마음의 생각과 뜻을 판단하나니" 두 구절이다. 앞의 살전 5:23에서는 "영과 혼과 몸"이라는 표현이 나오는데 여기서 세 가지 각 단어가 접속사 "과(헬라어로는 *kai*)"로 연결되어 있으므로 영과 혼 그리고 몸이 각각 별개의 다른 실체를 가리키고 있다고 해석하는 것이다.[12] 또한 히 4:12은 "혼과 영 및 관절과 골수를 찔러 쪼개기까지 하며"라는 표현에서 혼과 영은 하나님의 말씀에 의해 두 개가 서로 다른 실체로 쪼개질 수 있는 존재로서 파악이 될 수 있으므로 혼과 영은 서로 독립적인 실체라고 보는 것이 삼분설에 대한 성경적 근거인 것이다.[13]

---

9 최홍석, 『인간론』, 191-92.
10 송인규, "삼분설에 대한 비판적 고찰(I)," 『신학정론』 20(2) (2002): 427-32.
11 루이스 벌코프, 『벌코프 조직신학』, 267.
12 최홍석, 『인간론』, 192.
13 Ibid, 197.

2) 이분설

　이분설은 간단히 말해 인간은 비물질적인 영(soul)과 물질적인 몸(body) 두 가지 요소로 구성되어 있다고 하는 주장이다. 몸은 육체적인 영역으로서 죽음으로 그 존재가 사라지는 영역이며, 이에 반해 영은 비물질적 존재로서 인간의 죽음 이후에도 살아있는 부분으로 다른 모든 피조물과 인간이 구별되는 기준이다.[14] 이러한 이분설은 주로 초대 교회 당시 서방 교회의 신학자들에 의해 주장되었는데 터툴리안이나 어거스틴과 같은 신학자들이 대표적인 사람들이며 아타나시우스와 데오도렛도 대표적으로 아폴리나리우스의 삼분설을 배격하고 이분설을 주장한 학자들이다. 또한 이분설은 아폴리나리우스가 이단으로 정죄된 이후 서방교회의 정설로 자리매김하였으며 중세 시대의 스콜라 신학과 종교개혁 시기에도 큰 변화를 겪지 않고 꾸준히 그 견해가 유지되었다.[15]

　그렇다면 이분설의 경우 성경적인 근거는 무엇인지 고찰해 보자. 송인규는 이에 대해 직접적인 증거와 간접적인 증거 두 가지로 나누어 제시하고 있다.[16] 첫째, 직접적인 증거는 인간의 창조에 관한 창 2:7 말씀, "여호와 하나님이 땅의 흙으로 사람을 지으시고 생기를 그 코에 불어넣으시니 사람이 생령이 되니라"와 인간의 죽음에 대해 묘사한 전 12:7, "흙은 여전히 땅으로 돌아가고 영은 그것을 주신 하나님께로 돌아가기 전에 기억하라"의 말씀이다. 이 두 구절에서 "흙"은 인간의 신체를 형성하는 기본 재료로서 물질적인 육체의 영역으로 제시되고 창 2:7의 "생기"(히브리어 네샤마)와 전 12:7의 "영"(히브리어 루아흐)은 동의어로서,[17] 하나님이 창조한 비물질적인 부분인 영혼을 가리킨다. 둘째, 간접적인 증거는 삼분설에서 주장하는 영과 혼이 각각 별개의 존재라고 하는 내용을 반박하는 성경 구절들로서, 이 영

---

14 Erickson, *Introducing Christian Doctrine*, 181.
15 최홍석, 『인간론』, 195-96.
16 송인규, "이분설과 영육관계 (I)," 『신학정론』 19(2) (2001): 456-60.
17 최홍석, 『인간론』, 211

과 혼의 단어가 서로 다른 성경 구절에서 교차적으로 사용되기 때문에 영과 혼은 같은 하나의 실체를 가리키는 서로 다른 두 가지 용어라고 하는 것이다. 이 내용에 대해서는 다음의 삼분설의 비판점을 다루는 단락에서 좀 더 자세히 다루어 보겠다.

한편, 이 이분설도 영과 육의 관계를 바라보는 방식에 의해서 다시 몇 가지 견해로 나누어진다. 벌코프는 기회 원인론(occasionalism), 병행론(pararellism), 그리고 실재론적 이원론으로 구별하였다. 최홍석은 크게 두 가지로 실체적 이분설(substantial-dichotomy)과 조건적 영-육 통일체로 나누었다. 에릭슨은 최홍석과 비슷하게 조건적 통일체(conditional unity)라는 용어를 사용한다. 송인규는 상호 무관론, 국지적 연결론, 기능적 전체주의(functional holism)로 나눈다. 이러한 학자들의 견해는 조금씩 차이가 있기는 하지만 전체적으로 조망해 볼 때 영혼과 육체의 관계를 플라톤이나 데카르트의 이원론(dualism)의 영향을 수용하여 육체와 영혼은 각각 독립된 실체이며 각각 하는 역할이 다르다고 하는 주장으로, 하나의 부류로 간주할 수 있다. 이때 다만 절대적으로 육체와 영혼이 서로 영향을 주고받지 않을 만큼 독립적인지, 아니면 약간의 상호 영향을 주고받는 것이라고 여기는지에 따라 학자들마다 다른 이름을 붙여 놓았다고 할 수 있겠다.

그리고 또 하나의 다른 부류는 뒤에서 다루게 될 단일론의 주장을 수용하는 것처럼 보이는 경우다. 즉 인간은 살아있는 동안에는 영혼과 육체가 서로 떼려야 뗄 수 없는 긴밀한 관계를 가진 통전적 존재이나 죽음 이후에는 육체와 영혼이 분리된다고 하는 주장이다. 최홍석의 조건적 영-육 통일체, 송인규의 기능적 전체주의, 에릭슨의 조건적 통일체(conditional unity)는 모두 이런 입장을 반영하는 부류에 해당하며 개혁주의 신학계에서 일반적으로 받아들여지는 인간의 구조적 본성에 관한 내용이다.

3) 삼분설의 신학적 비판점들

(1) 직접적 구절에 대한 해석학적 비평

이제 주류 신학계에서 삼분설이 크게 받아들여지지 않는 이유에 대해 간단히 조망해 보자. 특히 신학자들은 위에서 삼분설에 대한 설명 가운데 삼분설의 직접적 근거 구절로 제시된 살전 5:23과 히 4:12의 해석학적 오류가 있다고 지적한다. 먼저 살전 5:23의 내용부터 살펴보면, 헬라어 *kai*로 연결된 "혼과 영과 몸"의 세 가지 명사가 각각 별개의 실체들을 의미하는 것으로 해석하게 되면 다른 성경 구절의 해석에 문제가 생긴다는 것이다. 예를 들면, 눅 10:27에는 "네 마음을 다하며 목숨을 다하며 힘을 다하며 뜻을 다하여 주 너의 하나님을 사랑하고"라고 되어 있는데 여기서 마음, 목숨, 힘과 뜻의 네 가지 명사가 모두 *kai*로 연결되어 있다. 그런데 여기서 이 네 가지 명사가 모두 존재론적으로 독립적인 실체를 가리킨다고 해석하게 되면 우리 인간은 모두 네 가지로 구성되어 있다는 해석을 할 수밖에 없다. 또한, 이 구절에서 인간의 구성 요소는 살전 5:23에서 제시하는 세 가지 구성 요소와 겹치지 않는다는 문제도 발생하게 된다.[18] 따라서 살전 5:23의 "혼과 영과 몸"의 세 가지 명사를 각각 별개의 실체로 보는 삼분설적 해석은 오류가 있다 하겠다.

또한, 살전 5:23은 바울이 인간의 구조적 본성에 관해서 설명하기 위해 쓰인 구절이 아니라는 점이다. 그러므로 우리는 인간의 구조적 본성을 간접적으로 유추할 수 있는 다른 성경 구절들과 함께 이 구절을 해석해야 보다 정확한 결론을 내릴 수 있을 것이다. 신약성경, 특별히 바울서신에서 인간의 구조적 본성을 유추할 수 있는 구절들의 예는 롬 8:10, 고전 5:5, 고전 7:34, 고후 7:1, 골 2:5이 있는데 이들 구절에서는 모두 인간의 실체를 영과 육 두 가지로 제시하고 있다는 점을 주목해야 한다. 살전 5:23 한 구절만을 근거로 다른 여러 구절들과

---

18 최홍석, 『인간론』, 196-97.

는 다르게 인간이 영, 혼, 육으로 구성되어 있다고 해석하는 것은 무리한 해석이라고 하는 것이다.[19]

다음은 히 4:12의 해석학적 비판점을 살펴보자. 우선 이 구절에서 몸으로 해석 가능한 "관절과 골수를 찔러 쪼개기까지 하며"라는 표현은 실제로 관절과 골수를 쪼갠다는 뜻이 아닌 비유적인 표현이다. 그런데 같은 구절 안에 있는 혼과 영에 관해서는 동일하게 비유적으로 해석하지 않고 문자 그대로 혼과 영이 별개의 실체인 것처럼 해석하는 것은 부자연스러운 측면이 있다.[20] 또한 문법적으로 '쪼개다'라는 동사는 동명사로 표현되어 있는데, 혼과 영은 헬라어 명사의 여러 격 중에서(예를 들면 주격, 목적격 등) 소유격과 같은 의미를 갖는 속격(genitive)이라는 형태로 나타나 있기 때문에 "쪼갬이 혼과 영 사이에 이루어지는 것이 아니라 혼 안에서의 쪼갬 및 영 안에서의 쪼갬을 의미한다"[21]라는 것이다. 더 나아가 만일 히브리서 저자가 정말로 혼과 영 사이를 쪼갠다는 의미로 문장을 썼다면 이 두 명사 중간에 '~사이(between)'를 뜻하는 메탁쉬(μεταξύ)라는 부사를 넣었어야 한다는 점에서 혼과 영이 독립적 실체라는 해석은 적절치 않다.[22] 아울러 그다음 절인 히 4:13, "지으신 것이 하나도 그 앞에 나타나지 않음이 없고 우리의 결산을 받으실 이의 눈 앞에 만물이 벌거벗은 것같이 드러나느니라"와의 문맥적인 의미를 고려할 때 12절 말씀의 의미는 우리 인간의 내면은 성령의 검인 하나님의 말씀 앞에서 산산이 분해되어 심판의 날에 그 어떤 것도 숨길 수 없다는 의미이지 결코 혼과 영을 분리시킬 수 있는 실체로 파악하기 위한 구절이 아니라는 것이다.[23]

---

19 송인규, "삼분설에 대한 비판적 고찰(I)," 「신학정론」 20(2) (2002): 440-43. 롬 8:10 은 "또 그리스도께서 너희 안에 계시면 **몸**은 죄로 말미암아 죽은 것이나 **영은** 의로 말미암아 살아 있는 것이니라"라고 기록되어 있다.
20 Ibid., 447.
21 Ibid.
22 Ibid.
23 최홍석, 『인간론』, 208.

(2) 영과 혼의 교차적 사용

그다음 삼분설이 성경적인 지지를 받지 못한다는 근거는 바로 여러 성경 구절에서 혼과 영은 서로 비슷한 의미가 있으면서 혼용되어 사용되고 있다는 점이다. 사실 개역 개정 성경에서는 헬라어 영에 해당하는 프뉴마($\pi\nu\varepsilon\acute{\upsilon}\mu a$)라는 단어를 영(예: 고전 7:34), 마음(예: 눅 1:47), 영혼(예: 마 27:50), 또는 심령(예: 요 1:21)으로 번역하였으며, 혼에 해당하는 프시케($\psi\upsilon\chi\acute{\eta}$)라는 단어도 마음(예: 요 12:27), 영혼(예: 마 10:28) 등으로 번역하여 사용하고 있다. 그래서 송인규는 성경에서 영과 혼이 교차적으로 사용되는 예를 다음의 일곱 가지 영역으로 구분하여 제시하였다.[24]

첫째는 눅 1:46-47에 나오는 마리아의 찬양에서 찾아볼 수 있다. 여기서 "내 영혼($\psi\upsilon\chi\acute{\eta}$)이 주를 찬양하며 내 마음($\pi\nu\varepsilon\acute{\upsilon}\mu a$)이 하나님 내 구주를 기뻐하였음은"이라는 표현은 전형적인 병행법의 예로서 앞의 내용과 뒤의 내용이 유사한 의미가 있는 표현 방법이다. 그러므로 여기서 프시케와 프뉴마는 같은 의미로 사용되고 있음을 알 수 있다. 둘째는 인간을 묘사할 때 마 6:25, 마 10:28과 같은 구절에서는 "몸과 혼"이라는 용어를 사용하였으나, 롬 8:10, 고전 5:3등의 구절에서는 "몸과 영"으로 표현되고 있어 영과 혼은 같은 의미로 사용되고 있다는 것이다. 셋째는 인간의 감정 상태를 표현할 때 그 감정의 중심 장소를 어떤 경우에는 프쉬케(예: 요 12:27, 마음으로 번역)로, 또 어떤 경우에는 프뉴마(예: 요 13:21, 심령으로 번역)로 교차적으로 사용하고 있다. 넷째는 그리스도인 성화의 대상이 벧전 1:22에서는 "혼"인데 반해 고후 7:1에서는 "영"으로 표현된다. 다섯째는 죄의 중심이 계 18:14에서는 "혼"에 있다고 하나 시 32:2 등의 구절에서는 "영"에 있다고 표현되고 있다. 여섯째는 인간의 죽음을 표현하는 구절에서 창 35:18 등의 구절에서는 "혼"이 떠난다고 표현하고 있으나 마 27:50에서는 "영"이 떠난다고 표현하고 있다. 마지막 일곱째는 죽은 사람들

---

24 송인규, "이분설과 영육관계 (I)," 457-60.

을 가리키는 용어에서 계 6:9 등에서는 "혼"으로, 히 12:23 등의 구절에서는 "영"으로 표현하고 있다. 이렇듯 성경에서는 삼분설에서 주장하듯이 영과 혼이 서로 별개의 실체가 아닌 서로 같은 실체를 두 가지 다른 단어로 교차적으로 표현되고 있으므로 삼분설은 성경적으로 지지가 되지 않는 견해임을 알 수 있다.

4) 단일론

다음은 단일론에 관해 알아보도록 하자. 단일론은 기독교 교회가 삼분설을 배격하면서 이분설의 관점을 지향했으나 이분설도 여전히 그리스 철학의 영향 아래에서 영육 대립의 이원론적인 요소를 가지고 있음을 비판하면서 생겨났다.[25] 또한 단일론은 부분적으로는 자유주의적인 영혼불멸설에 대항하기 위한 반동으로 발생하였다. 이는 신정통주의와 신정통주의에 의해 큰 영향을 받은 1940년대에서 1960년대 사이에 일어났었던 성경 신학 운동(biblical-theology movement)에서 널리 인정되었다.[26] 한편 단일론은 성경의 단어 연구의 발전과 더불어 힘을 얻게 되었는데 그 예로 구약에서 "영과 몸"이란 표현은 인간의 본성을 두 가지 요소로 구분하는 식으로 이해할 것이 아니라 인간의 인격(personality)을 온전하게 표현하는 것으로 보아야 한다는 인식이 생겨난 것이다. 즉, 인간의 본성은 영혼에 의해 살아있는 정신신체적 통일체로서의 육체라고 이해하게 된 것이다.[27] 좀 더 구체적인 예가 이분설의 성경적 근거로 제시되고 있는 창 2:7에 등장하는 "영"에 대응하는 네페쉬라는 단어다. 네페쉬는 영뿐만 아니라, 생명, 사람, 호흡, 안 사람(inner person), 자아, 욕망, 심지어 목구멍으로도 번역될

---

25 최홍석, 『인간론』, 220-21.
26 Erickson, 182. 성경신학 운동(biblical-theology movement)이란 1940년대부터 60년대 초까지 유럽과 북미의 신학자들이 19세기와 20세기에 나타난 고전적 자유주의가 성경의 신학적 메시지를 무시하고 성경의 역사 비평(historical-criticism)의 방법에 몰두함으로 인해 생겨난 문제들을 해결하고자 칼 바르트의 신정통주의의 경향을 가지고 성서학(biblical studies)과 관련된 신학을 중점적으로 연구한 것을 말한다. https://mb-soft.com/believe/txn/bibtheol.htm
27 Ibid.

수 있는 단어로서 구약성경에 800여 회 가까이 사용되는데 그 전형적인 용례는 인간의 한 부분을 가리키는 것이 아니라 전체적인 인간 존재를 뜻하는 단어라는 것이다.[28]

한편, 창 2:7에서 "생령"은 "네페쉬 하야(נֶ֫פֶשׁ חַיָּה)"라는 히브리어로 표현되는데 창 1:20, 21, 24에서도 이 "네페쉬 하야"라는 표현이 똑같이 등장하는 바, 이때에는 생령이 아닌 "생물"로 번역되어 있다.[29] 이런 맥락에서 성경 언어학이 발전하기 전인 1769년도에 번역된 King James Version (KJV) 성경 또는 1901년 번역본인 American Standard Version(ASV)에서는 현재 한글 개역개정성경과 같이 a living soul(생령: 살아있는 영)으로 번역되어 있으나, 현대 시대에 번역된(예: New International Version(NIV, 1984), New King James Version(NKJV, 1982), Revised Standard Version(RSV, 1952)) 성경에서는 이 네페쉬 하야를 a living being(살아있는 존재)으로 번역하고 있음을 볼 수 있다. 이런 측면에서 이분설의 대표적인 성경적 근거로 제시되는 창 2:7 말씀은 단일론을 지지하는 학자들에게도 같은 근거 구절로 사용되고 있다. 이렇듯 인간의 구조적 본성을 영과 육으로 구별하는 것이 더 이상 성경적인 해석이 될 수 없다는 것이 설득력을 얻었다. 그래서 현대의 많은 신학자들은 단일론적인 생각과 이분설의 개념을 통합하여 인간이 살아있는 동안은 단일론으로 영과 육을 분리될 수 없는 통전적 존재로 이해하며, 죽음 이후에는 영과 육이 분리되어 육체는 썩어지고 영은 그리스도와 연합된다는 이분설적 주장을 하고 있다. 이러한 설명방식이 바로 위에서 이분설의 내용을 설명하는 곳에서 제시해 놓은 것처럼, 조건적 영-육 통일체, 기능적 전체주의, 조건적 통일체, 또는 쿠퍼(J. Cooper)가 제시한 통전적 이원론(holistic dualism)의 이름으로 제시되고 있다.

---

28 Joel B. Green, *Body, Soul, and Human Life: The Nature of Humanity in the Bible* (Grand Rapids, MI: Baker Academic, 2008), 54-57.

29 최홍석, 『인간론』, 212.

5) 극단적 단일론-물리주의(physicalism)

　한편 최홍석은 단일론의 입장을 취하는 학자들일지라도 인간의 구조적 본성을 논할 때 그리스 철학에 입각한 영과 육의 이원론적인 긴장이 없도록 해석하는 것을 목표로 했지, 인간에게 영과 육의 두 국면이 있다는 개념 자체를 거부하지는 않았다고 주장한다.[30] 그러나 진화론을 바탕으로 한 자연과학의 발달은 이러한 신학적인 단일론과는 다르게 인간에게 영혼은 존재하지 않고 이 세상에 존재하는 모든 것은 오직 물질뿐이라고 하는 극단적인 단일론적 입장인 물리주의라는 철학사상을 발달시켰다(과거에는 유물론이라는 용어를 사용했으나 현대에 와서 고전적인 물질의 개념이 맞지 않는 존재들이 있어 현대에는 물리주의라는 용어를 사용한다. 또한 또 다른 반대편으로 극단적인 단일론적 입장의 철학적 개념은 이 세계는 오직 비물질적인 영혼만 있다고 하는 관념론이다[31]). 물리주의는 과거에는 영혼의 기능으로 생각되어 오던 인간의 인지능력, 도덕성 및 감정과 같은 고차원적 정신적 기능들이 현대의 뇌과학이 발전함에 따라 이러한 기능들은 모두 뇌 안에서 일어나는 여러 가지 물리적인 현상들에 의해 설명이 된다고 믿기 때문에 영혼이라는 비물질적 요소를 배제한다. 더 나아가 신의 존재를 배제한 이러한 물리주의는 인간의 복잡한 기능들도 결국은 인간의 몸을 구성하는 작은 원자들의 배열과 조합에 의해 나타난다고 하는 결정론적 세계관을 가지며 환원론적 물리주의(reductive physicalism)라는 극단적 단일론 체계로 정립되었다.

6) 영혼의 기능과 현대 뇌과학의 발견

　그렇다면 이제 그동안 영혼의 기능이라고 믿어왔던 내용들을 간략히 고찰해 보자. 우선 초대교회 시대에 히포의 주교였던 교부 어거스틴은 하나님의 형상을 따라 창조된 것은 인간의 몸이 아닌 인간

---

30 최홍석, 『인간론』, 223-24.
31 https://sciencestudies.science.blog/2020/10/13/심리철학-마음에-관한-두-입장-이원론과-물리주의/

의 영혼이라고 믿었으며『영혼의 위대함』(De quantitate animae)이라
는 글에서 인간의 영혼은 모두 7가지의 수준이 있어 각각 그 기능과
활동이 있다고 하였다. 첫 번째 수준은 유한한 인간의 육체에 생명
을 주는 것이며, 두 번째 수준은 감각 기능이다. 세 번째부터 일곱 번
째 수준은 모두 이성의 능력과 관계된 것이다. 세 번째는 산만한 이성
(discursive reasoning)이라고 불리는 것으로서 예술, 질서와 법과 같은
문화적인 창조 능력을 말한다. 그리고 네 번째는 선과 악을 분별하는
도덕적인 기능을 하고, 다섯 번째는 하나님과 동행할 수 있게 하며,
여섯 번째는 사물을 분별하는 통찰력에 대한 갈망을 갖게 한다. 마지
막 일곱 번째는 이런 갈망에 대한 성취로서 최고 진리와 사물의 원동
력에 관한 묵상과 열매를 맺게 하는 것이다.[32]

한편, 칼빈이 그의 대표적 저서인『기독교강요』에서 제시한 영혼
의 기능에 대해서 살펴보자. 첫째, 영혼은 그 거소를 육체에 두며 육
체의 각 부분에 생기를 불어넣어 각 기관이 적절하게 활동할 수 있도
록 한다. 둘째, 영혼은 종교의 씨앗으로서 인간으로 하여금 하나님을
예배하고 하나님과의 연합을 갈망하도록 한다. 셋째, 영혼에는 세 가
지의 인식기능이 있는데 이들은 보편적 판단을 하는 이성, 감각 기관
으로부터 전달된 것을 이해하고 식별하는 공상력, 그리고 이성이 산
만하게 판단한 것을 집중적이고 조용하게 객관적인 눈으로 바라보게
하는 오성(悟性, 지성이라고 하기도 한다)이다. 넷째, 하나님께서는 영
혼에 의지적으로 선택할 수 있는 능력을 주셔서 선과 악을 구별하며
마땅히 추구해야 할 것을 추구하고 피해야 할 것을 피하도록 하셨다
(필자 주: 이것을 도덕성이라고 불러도 좋을 것이다).[33]

이렇듯 역사적으로 여러 신학자들이 영혼의 기능에 관하여 다양
한 견해를 피력해 왔는데 현재 풀러 신학교의 심리학부 교수들인 워

---

32 Bruno Niederbacher, "The Human Soul: Augustine's Case for SoulBody Dualism," *The
  Cambridge Companion to Augustine*, edited by David Vincent Meconi and Eleonore Stump,
  2nd ed. (Cambridge: Cambridge University Press, 2014), 125-34.
33 존 칼빈,『기독교강요(상)』(서울: 생명의 말씀사, 1989), 297-304.

런 브라운(Warren S. Brown)과 브래드 스트론(Brad D. Strawn)은 이러한 인간에게 있어 영혼의 기능이라고 여겨져 왔던 내용을 *이성(rationality)*, *관계성(relationality)*, *도덕성(morality)*, 그리고 *종교성(religiousness)*이라는 네 가지 카테고리로 정리하였다.**34** 하지만 이들은 인간의 구조적 본성에 있어서 인간에게는 영혼이 존재하지 않으며 영혼과 비슷한 기능을 하는 작용들이 우리의 뇌가 발달을 하면서 생겨난다고 하는 창발론(emergent)적 인간이해를 주장하는 학자들이다. 그래서 이들은 이 네 가지 영혼의 기능이라고 생각해 왔던 내용들이 현대의 뇌과학에서 밝혀진 연구 결과 실제로는 육체적인 뇌의 기능들이었다는 것을 체계적으로 제시하였다.**35** 그 구체적인 내용을 간략하게 소개하면 다음과 같다.

(1) 이성(rationality)

최근 뇌 질환과 같은 뇌 기능 이상과 뇌 영상 기술의 발전에 힘입은 연구들은 인간의 이성과 지성은 바로 두뇌 활동의 결과물이라는 것을 밝혀내었다. 예를 들면, 뇌의 활동을 실시간으로 측정할 수 있는 기능성 자기공명 검사(functional Magnetic Resonance Imaging: fMRI)를 통해 인간의 다양한 정신 활동은 각각 대뇌 피질(cerebral cortex)의 고유한 특정 영역에서 발생한다고 하는 사실을 알게 된 것이다.

(2) 관계성(relationality)

성부, 성자, 성령의 세 위격을 가지신 하나님께서 기본적으로 관계성을 가지고 한 분 하나님을 이루고 있다는 삼위일체의 신학은 하나님의 형상으로 지음 받은 인간의 영혼이 인간으로 하여금 하나님과의 관계 및 타인과의 관계를 추구하도록 기능한다는 자연스러운 논증을 가능케 해왔다. 인간은 태생적으로 어느 동물들보다도 깊은 사회

---

34 Warren S. Brown & Brad D. Strawn, *The Physical Nature of Christian Life*, 30.
35 Ibid., 32-46

적 관계성을 가지고 있는데 이는 언어와 다른 사람의 마음을 읽을 수 있는 능력(이를 발달심리학에서 마음 이론, theory of mind라고 부른다), 나의 행동이 어떤 사회적 결과를 낳을 것인지를 추론할 수 있는 능력 그리고 다른 사람의 감정에 공감할 수 있는 능력 등이 이런 사회적 관계 맺기를 가능하게 한다.

그러나 이러한 능력들은 관계성을 추구하는 최근의 사회 신경과학(social neuroscience) 연구에 의해서 모두 뇌의 작용이라는 것이 밝혀지고 있다. 예를 들어, 인간 두뇌의 전두엽 중앙 부위(midline portion of frontal lobes)의 손상은 도덕적인 표준이나 정상적인 사회적 통념에 따라 행동하거나 다른 사람의 안녕을 고려하는 행동을 하지 못하게 만든다. 이는 인간의 대인관계와 사회적 활동에 커다란 장애를 가져오게 되는데 알츠하이머 병이 진행되면서 나타나는 전형적인 패턴이기도 하다. 또한, 자폐증 환자들과 정상인과의 뇌 영상 비교 연구는 다른 사람들의 감정과 의도를 추론하는 능력이 전두엽 중앙 부분과 측두엽(temporal lobes)의 여러 부분의 활성화를 통해 나타난다고 하는 사실을 보여주었다.

(3) 도덕성(morality)

인간이 영혼을 가지고 있으므로 선과 악을 구별하는 도덕적 행동을 하게 된다는 것은 여러 신학자의 공통된 견해였다. 그러나 도덕성과 뇌 활동과의 관계를 연구해 온 학자들은 인간의 도덕적 추론과 도덕적 행동은 특정한 뇌 부위의 활동에 의해 좌우된다고 하는 결과들을 보여주고 있다. 초기 연구들에서 조슈아 그린(Joshua Greene)과 동료들은 도덕적 딜레마 상황을 제시하고 이를 해결하는 과정을 fMRI 영상을 통해 분석한 결과 전두엽 측면 부분(lateral parts of the frontal lobes)이 활성화되는 것을 관찰하였다. 이 부분은 사람이 심도 있는 이성적 생각을 하는 부위로 알려진 부위여서 어쩌면 당연한 결과였다. 그러나 이들은 도덕적 딜레마 상황을 해결하는 과정에서 동시에 뇌에서 감정을 인식하고 조절하는 부위 또한 함께 활성화된다고 하는 사실을 알게 되었다. 그 후 이루어진 일련의 연구를 통해 안토니오 다마시오(Anotonio Damasio)와 같은 학자는 전두엽 아래 중앙 부위(lower middle portions of the frontal lobes)의 손상이 사회적으로 용납하는 행동을 하는 것을 조절하는 부분이라는 사실을 밝혀내었을 뿐 아니라, 더 나아가 자신의 잠재적인 미래 행동을 생각할 때 나타나는 감정에 대한 피드백을 사용할 수 없게 한다는 것을 발견하였다. 또한, 어릴 때의 이 뇌 부위 손상은 어른이 돼서 양심의 가책을 느끼지 못하는 사이코패스와 같은 행동을 하게 한다는 사실도 밝혀지게 되었다.

(4) 종교성(religiousness)

흥미롭게도 침팬지에게서 단순한 사회성이나 도덕적 감정 등이 관찰된다고 한다. 그러나, 인간의 종교성이야말로 유일하게 인간에게만 나타나는 고유의 특성이라고 할 수 있다. 특히 인간들이 특별한 종교적 체험을 하는 것은 인간에게 영혼이 있다고 하는 부인하기 힘든 중요한 증거 중의 하나일 것이다. 그러나 측두엽 간질(temporal lobe epilepsy)을 가지고 있는 환자들이 발작할 때 보고되는 경험은 종교인들이 가끔 경험하는 종교적인 영적 체험과 매우 유사할 뿐만 아니라, 간질을 가지고 있지 않은 사람에게도 오른쪽 측두엽에 전자기 자극(electromagnetic stimulation)을 가하게 되면 모든 사람은 아니지만 일부의 사람들은 하나님, 또는 천사나 영혼의 현현이라고 여겨지는 존재감을 경험하는 경우가 있다. 또한, 1963년 월터 팬케(Walter Pahnke)가 그의 하버드 대학 박사논문을 위한 연구의 하나로 실시한 실험에서는 부활절 금요(Good Friday) 예배(예수님이 십자가에 못 박히신 금요일을 기념하는 부활절 직전 금요일 밤 예배)에 환각 작용이 있는 약물을 투여한 그룹 학생들의 경우 약물을 투여하지 않은 학생들과 달리 예배 중에 매우 강렬한 종교적인 경험을 했다고 하는 보고를 하여 종교적인 경험이 약물에 의해서도 유도될 수 있음을 보여주었다. 게다가 명상을 하거나 방언을 말할 때 찍은 fMRI 결과는 이러한 종교적인 경험들이 각기 다른 부위의 두뇌 활동의 결과라는 것을 보여주었다.

7) 비환원론적 물리주의(nonreductive physicalism)

위에서 워렌(Warren) 박사와 스트론(Strawn) 박사가 제시한 내용들은 결코 인간에게 영혼이 존재하지 않는다고 하는 절대적인 증거를 제시하는 것은 아니다. 단지 그동안 인간 영혼의 기능이라고 여겨졌던 것들이 많은 부분이 인간 뇌의 활동이었다는 것을 가리킬 뿐이다. 하지만 하나님의 존재를 믿지 않는 학자들은 계속해서 영혼의 존재에 반하는 축적되는 데이터를 바탕으로 환원론적 물리주의를 받아들인다. 이에 반하여 하나님을 믿는 학자들의 그룹에서는 무신론자들이 주장하는 결정론적 세계관을 받아들이지 않으면서도 현대의 뇌과학에서 가리키고 있는 영혼이 존재하지 않을 높은 가능성을 수용하기 위하여 비환원론적 물리주의(nonreductive physicalism)라고 하는 새로운 견해를 발전시켰다.

이러한 비환원론적 물리주의를 대변하는 학자는 풀러 신학교의 종교 철학 교수 낸시 머피(Nancey Murphy)다. 그녀는 우선 구약성서에서는 영과 육을 구분하는 개념은 나타나지 않으며 위에서 살펴본 단일론의 성경적 근거를 제시하는 네페쉬의 번역 오류에 관한 내용을 근거로 구약성경은 현대의 물리주의와 가까운 입장을 나타낸다고 본다. 또한, 신약성서에서도 이원론을 명확하게 지지하는 구절은 없으며 오히려 정신-육체적 통일체로서의 인간 이해와 죽지 않는 영혼이 아니라 몸의 부활을 소망하는 내용이 분명히 제시되고 있다고 주장한다.[36] 한편, 그녀는 과거에 인간 영혼의 기능으로 여겨졌던 인간의 고차원적 능력들이 단지 뇌의 원소들의 조합에 의해 나타난다는 환원론

---

36 Nancey C. Murphy, *Bodies and Souls, or Spirited Bodies? Current Issues in Theology* (Cambridge, UK: Cambridge, University Press, 2006), 17, 22.

적 물리주의 대신에 인간의 영혼이 없다면 인간의 고차원적인 능력은 부분적으로는 뇌의 작용으로 설명되지만, 전체적으로는 인간의 사회적 관계와 문화적 요소들, 그리고 우리와 하나님의 관계에 의해 설명될 수 있다고 주장한다.[37]

한편, 머피 교수는 환원적 물리주의는 원리상 인간의 모든 행동은 자연법칙에 의해 결정되어야 하기 때문에 인간의 자유의지와 도덕적 책임감마저 부인될 수밖에 없으므로 환원적 물리주의는 거부되어야 한다고 말한다.[38] 그러면서 환원적 물리주의에서 말하는 상향식 인과율(bottom-up causation)은 부분적으로 설명력을 가지지만 더 높은 차원의 개체가 가지는 행위는 그 개체와 환경의 상호작용이 영향력을 발휘하는 하향식 인과율(top-down causation 또는 downward causation)을 보인다고 말한다(그렇기에 이를 가리켜 비환원적, non-reductive라고 하는 것이다). 이에 대한 간단한 예가 바로 시계다. 단순한 시계는 작은 단순한 부품이 조립된 상태로 작동하면서 그 원리대로 시간을 알려주는 기능을 하므로 환원적(상향식 인과율)이라고 할 수 있다. 하지만 좀 더 고차원의 시계, 즉 인공위성과 통신하면서 시간을 조정할 수 있는 시계의 경우에는 외부의 요소인 인공위성과 교류하면서 스스로 시간을 조정하는 하향식 인과율을 가지게 되는 것이다.[39] 또한 그녀는 유기체의 경우 고등한 생물일수록 자기 주도성이 발달하였는데 인간이야말로 가장 최고의 자기 주도성을 가진 존재로 뇌의 신경세포에 의해 조절되는 것이 아닌 하향식 인과율을 통해 행동하기 때문에 비환원적이라고 한다. 그리고 이에 대한 좋은 예가 바로 인간의 도덕성이라고 주장한다.[40]

---

37 Nancey C. Murphy, Bodies and Souls, or Spirited Bodies?, 69-70.
38 Ibid., 72.
39 Ibid., 73, 75.
40 Ibid., 73.

8) 비환원론적 물리주의 및 단일론에 대한 비평

인간에게 영혼의 기능들이라고 믿어져 왔던 것들이 더 이상 영혼의 고유한 기능이 아니라 인간의 뇌에서 일어나는 작용이라는 현대의 뇌과학적 발견들을 기독교적인 세계관과 통합하기 위해 제시된 비환원론적 물리주의는 인간의 구조적 본성을 논하는 단일론의 한 가지 부류라고 할 수 있다. 그런 의미에서 비환원론적 물리주의에 대한 비평은 단일론에 대한 비평과 같은 맥락에서 생각할 수 있다. 단일론은 그리스 철학의 영향으로 인간을 이원론적으로 구분하여 이해하려는 경향을 극복하고 인간을 총체적이고 통합적으로 이해하는 히브리적 사상을 잘 대변한다는 점에서 신학적인 강점을 가진다. 그러나 단일론에는 기독교에서 일반적으로 받아들이고 있는 중간기 상태 교리와 양립할 수 없는 문제점을 안고 있다.[41] 중간기 상태 교리는 인간의 죽음과 부활 사이에 어떤 일이 일어나는가에 대한 설명으로서 하이델베르크 요리문답서와 웨스트민스터 신앙고백서에 잘 나타나 있다. 먼저 하이델베르크 요리문답서 제57문은, "몸이 다시 사는 것은 당신에게 어떠한 위로를 줍니까?"에 대한 답변으로서 인간이 죽은 이후에는 그의 영혼이 머리 되신 그리스도께로 올라간다고 하는 내용이며, 웨스트민스터 신앙고백서에는 32장 1절에 의인의 영혼은 죽음 이후에 거룩해진 상태로 하나님의 얼굴을 보고 그의 육체가 부활될 때를 기다린다고 하는 것이다.

이러한 인간 죽음 이후 육신으로부터 영혼이 분리되어 영혼은 하나님과 예수님께로 올라간다고 하는 중간기 상태 교리는 고후 5:8, "차라리 몸을 떠나 주와 함께 있는 그것이라"라는 말씀과 빌립보서 1:23, "차라리 세상을 떠나서 그리스도와 함께 있는 것이 훨씬 더 좋은 일이라"는 말씀을 통해 그 성경적 근거를 가진다.[42] 그러므로 인간에게 영혼이 존재하지 않는다고 하는 단일론으로는 이 중간기 상태

---

41 최홍석, 『인간론』, 228.
42 루이스 벌코프, 『벌코프 조직신학』, 948.

교리를 설명할 수가 없는 것이다.

한편, 비환원론적 물리주의는 심리학계나 신학계의 주제이기도 하지만 그 자체로 심리철학 분야에서 그 논지에 대해서 활발히 논의되고 있는 주제다. 그런데, 심리철학계에서 비환원론적 물리주의를 비판하는 데 앞장서 왔던 학자는 다름 아닌 브라운 대학교 석좌교수를 지낸 한국계 미국인 분석철학자 김재권 박사다. 환원론적 물리주의자인 김재권 박사는 그의 심신수반론(mental-physical supervenience)과 배제(exclusion) 논변을 통하여 비환원론적 물리주의의 약점을 철학적으로 비판하면서 그의 주장을 견고히 하였다. 환원론적 물리주의와 비환원론적 물리주의에 대한 논쟁은 아직도 끝나지 않고 계속되고 있으나 김재권 박사의 심신수반론[43] 과 배제 논변을 간략하게 소개하면 다음과 같다.[44]

어떤 심리적 속성 M1을 M2의 원인이라고 하고 임의의 물리적 속성 P2에 대해서 M2는 P2에 의해 수반된다고 하자(즉 심리적 속성인 M2는 물리적 속성인 P2에 의해서 나타난다는 뜻이다, cf: 이것이 심신수반론이다). 이때 심리적 속성인 M1은 M2의 수반 기초인 물리적 속성 P2의 원인이 됨으로써 M2의 원인이 된다(즉, M1은 P2의 원인이다). 이때 물리적 속성 P2는 심리적 속성 M1이 발생한 시점에서 발생하는 다른 물리적 원인인 P1을 갖는다. 그런데 이 심리적 속성 M1과 물리적 속성 P1은 같을 수가 없다. 그러므로 P2는 M1과 P1의 두 가지 별개의 원인을 갖게 된다. 따라서 M1이나 P1 둘 중 하나는 배제되어야 한다(이를 배제 논변이라고 한다). 그런데 심신수반론에 의하면 심리적 속성은 물리적 속성에 수반되므로 M1은 배제되어야 하고 P1이 남아야 한다. 그러므로 심리적 속성이 물리적 속성에 영향을 미치는 인과관계는 성립

---

43 수반(supervenience)이라는 개념은 어떤 속성이 다른 속성에 의존해서 존재한다는 뜻이다. 심신수반론이란 심리적 속성이 물리적 속성에 수반한다는 것이며 좀 더 쉬운 말로 표현하자면 어떤 심리적 특성은 어떤 다른 물리적인 특성에 의해 존재하게 된다는 것이다. 이런 측면에서 김재권 박사는 환원론적 물리주의자라고 할 수 있겠다.

44 이준효, "배제 논변과 비환원적 물리주의," 『철학논구』, 제38집, 2010, 128.

될 수 없다. 즉, 상위의 심리적 속성과 하위의 물리적 속성 사이의 인과관계에서 비환원론적 개념인 하향식 인과관계가 성립되지 않는다는 점이 증명되므로 비환원론적 물리주의는 받아들일 수 없다는 논리다.[45]

이상으로 비환원론적 물리주의와 단일론에 대한 비판점들을 간략하게 고찰하였다. 이제는 지금까지의 논의들에 대해 기독교 심리학자로서 가지는 생각들을 제시하고자 한다.

9) 인간의 구조적 본성 이론에 미치는 뇌과학의 영향과 함의

먼저 인간의 구조적 본성 이론에 있어 뇌과학의 발전은 확실하게 삼분설의 입장을 배격하게 했음을 지적할 수 있을 것 같다. 삼분설은 앞에서 살펴보았던 것처럼 역사적 맥락에서 또한 신학적으로 성경 해석학이 발전함에 따라 점차 신학적인 타당성이 배척되어 왔으나 현대의 뇌과학은 삼분설이 주장하는 인간의 이성과 감성은 육체와 별개의 존재가 아니라고 하는 점을 보다 분명히 확인시켜주고 있는 것이다. 이미 앞에서 영혼의 기능이라고 여겨졌던 이성과 지성이 뇌의 작용임을 서술하였으며 추가로 인간의 감정(emotion) 역시 두뇌의 활동에 의해 지배되고 있다[46]는 점이 밝혀져 있기 때문이다.

또한, 필자는 뇌과학이 발전함에 따라 밝혀진 영혼의 기능이라고 생각되어져 왔던 많은 것들이 두뇌 활동의 결과로 나타난다고 하는 점은 개혁주의 신학에서 정설로 받아들여지고 있는 이분설의 한 형태 즉, 영과 육은 살아있는 동안 구분되지 않는 통전적인 존재로 지내다가 죽음 이후에 육체와 영혼이 각각 분리된다고 하는 입장(예: 조건적 영-육 통일체 등)을 더욱 견고히 뒷받침해 준다고 생각한다. 이는 뇌

---

45 이 설명은 필자가 이해한 대로 가급적 쉬운 말로 풀어 쓴 것이지만, 그 이면에는 매우 어려운 철학적인 논증과 이에 대한 반론 등 복잡한 학문적인 논의들이 계속되고 있다.

46 감정(emotion)은 근육의 활동, 자율신경계 반응, 호르몬 반응의 세 가지 구성 요소로 이루어지며 공포의 감정을 예로 들면, 공포는 뇌의 중심부에 있는 편도체(amygdala)에 의해 조절된다. Cf., Neil R. Carlson, *Physiology of Behavior*, 7th ed. (New Jersey, Pearson, 2013), 360-61.

과학의 발전이 단일론적인 견해에 대한 증거들을 점점 축적해 가고는 있으나 아직 인간의 영혼이 존재하지 않는다고 하는 증거까지 제시하고 있지 않다는 점에서 더욱 그러하다. 이는 다시 말해 비환원적 물리주의를 받아들이지 않는다는 의미이기도 하다. 낸시 머피는 비환원적 물리주의를 주장하는 근거로 신약성경에서 인간의 구조적 본성이 영과 육으로 되어 있다는 점을 분명하게 제시하고 있지 못하다고 하는 점을 제시한다. 그 예로 마 10:28, "몸은 죽여도 영혼은 능히 죽이지 못하는 자들을 두려워하지 말고 오직 몸과 영혼을 능히 지옥에 멸하실 수 있는 이를 두려워하라"와 그 병행 구절인 눅 12:4-5, "몸을 죽이고 그 후에는 능히 더 못하는 자들을 두려워하지 말라 마땅히 두려워할 자를 내가 너희에게 보이리니 곧 죽인 후에 또한 지옥에 던져 넣는 권세 있는 그를 두려워하라"의 차이점에 대해 언급한다. 그녀의 주장은 누가복음에서는 예수님이 몸과 영혼을 언급하고 있지 않기 때문에 마태복음에서 표현되고 있는 몸과 영혼이 실제로 예수님이 하신 말씀이 아닐 가능성이 있다는 것이다. 그러나, 성경이 정확무오한 하나님의 말씀이라는 것을 받아들이는 신학적 입장에서 생각할 때 마태복음에서 예수님께서 몸과 영혼을 말씀하시지 않았을 가능성이 있다고 보는 견해를 받아들이기 어렵다. 오히려 누가복음에서 몸과 영혼을 구체적으로 언급하지 않았으나 마태복음의 기사를 통해서 예수님께서 실제로 영혼까지 지옥에 떨어뜨려 멸하실 수 있는 하나님에 대하여 말씀하심으로 누가복음 말씀의 의미를 더욱 자세하고 풍성하게 해석할 수 있게 된다고 하는 것이 더욱 합당한 해석일 것이라고 믿는다. 그러므로 예수님께서도 말씀하셨듯이 인간에게 영혼은 존재하나 데카르트식의 이원론이 아니라 살아있을 동안에는 육체와 완벽하게 연합되어 그 존재와 기능이 분리되지 않는다고 하는 이분설의 내용이 가장 합리적인 결론이라고 생각한다.

한편, 앞에서 언급한 설문조사와 관련하여 한국 사람들의 경우 삼분설을 지지하는 사람이 70%가 넘는다는 것은 미국 사람들과 사뭇 다른 결과다. 낸시 머피는 그의 책에서 복음주의 계통의 사람들에게 같은 질문을 했을 때 이분설과 삼분설이 서로 비슷한 비율로 응답한 다고 밝히고 있다.[47] 필자는 이러한 견해차가 한국 기독교인들이 상 담을 대하는 태도가 미국의 기독교인들보다 좀 더 부정적이라고 하는 점을 설명해 주는 데 도움이 된다고 생각한다. 삼분설을 믿는 경우 상 담과 관련하여 인간의 감정은 육체보다는 좀 더 상위의 개념으로 받 아들이긴 하지만 영혼보다는 하위의 개념을 가지기 때문에 영혼을 건 강하게 가꾸면 감정의 문제는 자연적으로 해결될 것이라고 하는 생 각을 갖기 쉽다. 따라서, 상담을 받는다고 하는 것은 불필요하며 오히 려 영적인 문제를 소홀히 하게 되는 결과를 낳는다고 생각하기 쉽다 는 것이다(물론 한국의 경우 정신병과 정신병원에 대해 매우 부정적인 낙 인 효과가 있기 때문에 상담에 대한 부정적인 태도가 있음을 부인하기 어렵 다). 그러나 지금까지 논의된 대로 뇌과학적인 연구 결과들을 토대로 인간이 살아 있는 동안에는 육체와 영혼은 분리될 수 없는 완전한 통 일체라는 입장을 공고히 한다면 상담을 대하는 태도에도 분명히 변화 가 있을 것이다. 즉, 정신적이고 감정적인 문제가 영혼에 의해 지배되 는 것이 아니라 영혼의 문제와 동일선상에 있다고 하는 점을 인식하 게 되면 상담을 통해 도움을 받는 것 또한 영적인 활동과 동일시될 수 있기 때문이다. 따라서, 기독교 심리학자인 필자는 한국의 많은 기독 교인들이 이러한 신학적인 내용에 대해 알기를 원하고 또한 학자로서 이를 널리 알리는 데 힘써야 할 사명을 굳건히 하기를 다짐해 본다.

---

47 "Nancey C. Murphy, Bodies and Souls, or Spirited Bodies?, 3" 머피는 이 질문에 대해 기독교 철학자들의 경우 흥미롭게도 이분설과 물리주의가 비슷한 응답률을 보인다고 하였고, 자유주의 신학교 학생의 경우 신입생을 제외하고는 거의 물리주의로 답 한다고 하였다.

3. 나가는 말

지금까지 인간의 조직신학 인간론에 있어 인간의 구조적 본성 이론에 대한 핵심적인 내용들, 즉 단일론, 이분설, 및 삼분설의 의미와 각각의 이론들에 대한 간략한 역사적, 신학적인 발전 과정과 논쟁점들과 비평점을 정리해 보았다. 이를 통해 한국 기독교인들이 가지고 있는 일반적인 인식과는 달리 주류 신학계에서는 삼분설은 신학적으로 많은 약점이 존재하며 인간은 육체와 영혼 두 가지로 구성된다고 하는 이분설을 지지하고 있다는 점을 알게 되었다. 또한, 이분설에도 육체와 영혼의 존재 방식과 상호작용에 대한 관계 설정에 따라 크게 두 가지 견해가 있음을 살펴보았다.

한편, 뇌과학의 발전은 역사적으로 인간 영혼의 기능이라고 믿어져 왔던 활동들이 점차 뇌 활동의 결과로 나타나고 있다는 점을 부각해 주면서 인간에게 영혼이라는 것은 존재하지 않으며 인간의 고등 작용들은 결국 작은 원소들의 결합에 의해 결정된다고 하는 환원적 물리주의를 확장시키고 있음 또한 알게 되었다. 그러나 이에 대한 반발로 기독교 진영에서는 비환원적 물리주의라는 개념을 발전시키면서 대항하려는 노력을 펼치고 있으나 아직은 여러 비판을 받으며 주류 세력으로 자리 잡고 있지 못한 실정이다.

그럼에도 불구하고 뇌과학의 발전은 신학적인 약점에 더해 과학적인 증거들이 삼분설의 견해를 지지하고 있지 않음을 보여주고 있으며 이분설 중 인간이 생존하는 기간에는 육체와 영혼은 서로 완벽하게 통일체로 존재하다가 죽음 이후에 분리된다고 하는 개혁신학적인 통전적인 이분설을 더욱 확고하게 뒷받침해 주고 있음을 보여주었다. 이를 통해 한국 기독교인들의 기독교 상담에 대한 좀 더 긍정적인 태도 변화가 있게 되기를 소망하며 글을 맺고자 한다.

08

빅뱅이론과 신학적 우주론

박창현 (입자물리학)

1. 서론

2021년 12월 25일 우리 인류는 위대한 계획을 다시 한번 실행에 옮겼다. 허블 망원경보다 더 좋아진 제임스 웹 우주 망원경(James Webb Space Telescope)을 우주에 띄운 것이다. 이번에 올려진 망원경은 그간 허블 망원경이 보지 못했던 곳들을 더 잘 관찰하기 위해 여러 개의 적외선을 탐지하는 센서를 갖추었다. 그리고 2022년 7월부터 그 자료를 세상에 공개하고 있다. 특별히 그렇게 공개된 자료 중 '딥필드(deep field)'와 관련된 자료[1]는 많은 사람들을 흥분하게 했다.

'딥필드'란 눈이나 일반 망원경으로 보기에는 아무것도 없다고 생각되는 우주 공간을 말한다. 일찍이 허블 망원경은 그 아무것도 없다고 생각되었던 곳에서 수많은 은하들을 발견했다. 그리고 이번 제임스 웹도 그 곳에서 무려 134억 년 전에 생긴(빅뱅이 일어나고 3억 년밖에 지나지 않은) 초기의 은하들을 관찰했다. 덕분에 과학자들은 더욱 빅뱅을 지지하게 되었다.

---

1 https://www.universetoday.com/159149/webb-completes-its-first-deep-field-with-nine-days-of-observing-time-what-did-it-find/

사실 '빅뱅이 맞다'는 증거들은 제임스 웹의 관찰결과 말고도 굉장히 많다. 설명하겠지만 우주 배경 복사[2] 나 적색편이[3] 들이 빅뱅을 지지하고 있다. 하지만 우리 기독교 안에는 그런 빅뱅을 믿지 않는 사람들도 굉장히 많다. '빅뱅을 제거하고 하나님의 우주를 재발견하자'[4] 고 주장하며 빅뱅의 불완전성을 지적한다. 더불어 그들은 이 우주가 137억 년짜리가 아니라 7000여 년 전에 하나님께서 창조하신 것이라고 말한다.

물론 모든 기독교인들이 그런 주장을 하는 것은 아니다. 우리 기독교 안에도 오래된 우주론을 지지하며 빅뱅을 통해 하나님께서 우주를 창조하셨다고 믿는 이들도 있다. 그리고 그들은 그들의 믿음의 당위성을 위해 성경을 재해석하려는 시도도 하고 있다. 그런데 이런 시도들이 기독교 안에서 큰 갈등들이 되고 있다.

이런 갈등들이 역사적으로는 전혀 낯설지 않다. 16세기에도 동일한 성경을 믿는 신학자들과 과학자들 사이에 큰 논쟁이 있었다. 그들의 논쟁은 '지구가 움직이는가 아니면 태양이 움직이는가'에 대한 것이었다. 지금 생각해 보면 너무 당연한 것들을 가지고 싸운 것처럼 보이지만 그 당시에는 목숨을 걸고 서로가 주장을 하며 싸웠다. 니콜라스 코페르니쿠스(Nichola Copernicus)도 그랬다. 그는 자신의 관찰결과에 대한 결론으로 지구가 움직인다고 주장했다. 하지만 대부분의 성직자들은 성경에 그렇게 기록되어 있지 않다는 이유로 그의 주장에 동의하지 않았다, 그들이 코페르니쿠스의 주장에 동의해 주지 않은 이유는 이 시편 104편과 같은 본문 때문이었다.

땅에 기초를 놓으사 영원히 흔들리지 아니하게 하셨나이다

(시편 104:5)

---

2 https://gruber.yale.edu/prize/2012-gruber-cosmology-prize
3 https://www.amnh.org/learn-teach/curriculum-collections/cosmic-horizons-book/cosmic-microwave-background-radiation
4 https://creation.kr/Cosmos/?idx=1293929&bmode=view

시편 기자가, '지구는 영원히 흔들리지 않는다'고 고백하다 보니 성경 학자들은 이 고백에 따라 '지구가 움직이는 것이 아니라 태양이 움직인다'며 천동설을 주장했다. 하지만 이 주장은 가장 어리석은 주장으로 기독교 역사에 남아있다.

왜 그들은 그런 어리석은 주장을 했던 것일까? 그 이유는 성서를 잘못 해석했기 때문이다. 어떤 사람들은 성서를 문자 그대로만 받아들여야 한다고 말한다. 맞다. 성서는 문자 그대로 받아들여야 한다. 이해되지 않는다고 무엇인가를 더하거나 빼서는 안 된다. 하지만 문자 그대로 받아들인다는 것이, 성경을 전혀 해석하지 말라는 뜻은 아니다. 우리가 성경을 문자 그대로 받아들일 때도 반드시 해석의 과정이 필요하다. 사실 설교자들도 그런 해석과정을 통해 하나님의 말씀을 선포한다. 그리고 그 해석이 잘못되면 잘못된 말씀을 전하기도 한다.

우리 모두는 이렇게 성경을 문자 그대로 받아들이면서 동시에 해석도 한다. 창세기에 대한 해석도 마찬가지다. 창세기를 문자 그대로 받아들이되 바른 해석도 해야 한다. 하지만 당황스럽게도 해석이 잘못되다 보니, 그 해석들이 천차만별이다. 어떤 이들은 창세기를 해석해 보니 젊은 우주론이 맞다고 주장하고 또 다른 이들은 자기가 해석해 보니 오래된 우주론이 맞다고 주장한다. 때문에 기독교인 사이에, 갈등 아닌 갈등이 생겼다. 그리고 그런 갈등들로 인해, 많은 성도들이 혼란을 느끼고 있다.

그럼 어떻게 해야 할까? 우리 안에 있는 이 굉장히 넓은 스펙트럼을 어떻게 잘 조화시킬 수 있을까? 과연 조화시킬 수 있을까? 개인적으로 이 질문에 대한 답을 오래 전부터 찾아왔다. 왜냐하면 필자도 한때 과학을 전공했던 과학자였고 또 현장에서 매주 설교를 하는 설교자이기 때문이다. 그래서 이 글을 통해 필자가 고민했던 것들과 내가 알고 있는 것들과 또 내가 찾은 답들을 같이 이야기하려고 한다.

우선 첫 번째로 물리학에서 말하는 빅뱅이론에 대해 자세히 살펴

보고, 두 번째로는 신학계 안에 있는 다양한 의견들을 살펴보고, 이후 빅뱅이론과 창조론의 조화 가능성에 대해 같이 나누려고 한다.

2. 빅뱅이론

2.1. 빅뱅이론의 역사

빅뱅이론의 역사는 100년 정도밖에 되지 않는다. 100년 전 아인슈타인에 의해 상대성 이론이 등장하면서 그 상대성 이론의 여러 해답들 중 하나가 빅뱅이론이었다.[5]

빅뱅이론은 등장 이후 계속 과학이 발전하고 확장되면서 지금은 대부분의 학자들이 인정하는 정설이 되었다. 빅뱅이 발전해 온 역사는 다음과 같다.[6]

시작의 시대(1917-1927): 이 시대는 상대성 원리를 이제 막 우주론에 적용해 보던 시기다.

발전의 시대(1927-1945): 이 시대는 우주의 적색편이가 발견되고, 그것들이 수학적으로 연구되던 시기다.

강화의 시대(1945-1965): 이 시대는 초기 핵합성과 방사능으로 화석의 나이를 예측하던 시기다.

수용의 시대(1965-1980): 이 시대는 정상 우주론이 몰락하고, 빅뱅이론이 받아들여진 시기다.

확장의 시대(1980-1998): 이 시대는 고에너지 이론들과 양자 효과들이 초기 우주를 설명하려고 시도하던 시기다.

---

5 Haret C. Rosu, Stefan C. Mancas, and Pisin Chen, "Barotropic FRW cosmologies with Chiellini damping in comoving time," *Modern Physics Letters A*. 30 (20) No. 20 (2015), 1550100.

6 Jean-Pierre Luminet "Lemaitre's Big Bang" arXiv:1503.08304

정밀 관찰의 시대(1998-현재): 망원경의 발달로 우주가 아주 정밀하
게 관찰되고, 그와 더불어 암흑 에너지
와 같은 새로운 문제들이 출현하는 시
기다.

우리가 알고 있는 빅뱅이론은 이런 여러 단계를 거쳐서 발전해 왔
다. 흥미롭게도 이 빅뱅이론을 처음 제안한 사람은 프랑스 물리학자
이자 가톨릭 사제였던 조르주 르메트르(Georges Lemaitre)였다.

1915년에 아인슈타인이 상대성 원리를 발표했다. 2년 뒤 그는 자
신이 제안한 그 상대성 원리를 가지고 '우리의 우주가 변하지 않는
다' 라는 가정하에 간단한 방정식을 풀었다. 하지만 그 방정식의 결과
는 오히려 아인슈타인의 가정과 다르게 우주가 변화하고 있음을 보여
주었다. 때문에 아인슈타인은 수학적 기법을 다시 동원하여 우주 상
수라는 것을 도입해야 했다.

그것을 본 알렉산더 프리드만(Alexander Friedman)은 처음부터 물
질들과 곡률들이 시간에 따라 변할 때를 가정하여 그 방정식을 다시
풀었고, 그 결과 '우주의 나이가 대략 100억 년 정도 되었을 수도 있
다' 라는 제안을 했다.

그 무렵, 은하의 적색편이 현상에 대한 아주 중요한 결과들이 관
찰되었다. 그 적색편이를 통해 에드윈 허블(Edwin Hubble)은 우리 은
하 외의 다른 은하들의 존재를 확인했다. 그는 다른 은하들의 존재를
밝히면서 그 은하들이 우리로부터 점점 멀어지고 있다는 것을 도플러
효과와 적색편이를 통해 설명했다. 그것을 본 르메트르는 허블이 사
용한 그 적색편이 현상을 팽창하는 우주로 해석하며 가속팽창 모델까
지 제안했다. '현재 우주가 팽창하고 있다면, 시간을 거꾸로 감았을
때 언젠가는 고밀도로 응축된 때가 있었을 것' 이라고 생각한 것이다.
이것이 바로 빅뱅이론의 시작이었다. 하지만 그의 그 주장은 처음에

는 인정받지 못했다. 대신 그 당시에는 아인슈타인을 필두로 '우주가 변하지 않고 항상 일정하다'는 정상 우주론이 더 인정받고 있었다.

우주가 팽창하고 있는데 정상 우주론을 믿는 것이 가능했는지 의문이 들지만 그 당시 사람들은 정상 우주론을 지지하기 위해 적색편이와 관련된 우주의 팽창 문제를, '창조장(Creation field)'이라는 용어를 사용하여 설명했다. 물질들이 끊임없이 창조장으로부터 나옴으로, 이 우주가 계속 그 상태를 유지하고 있다고 주장한 것이다. 그렇게 주장하던 사람 중에는 프레드 호일(Fred Hoyle)이 있었는데 그는 정상 우주론을 높이고 르메트르의 주장을 비웃기 위해 어느 라디오 방송에서 르메트르의 이론을 '빅뱅'이론이라고 불렀다.[7] 하지만 이 비웃으며 사용했던 용어는, 나중에 조지 가모프(George Gamow)의 언급으로 과학계에서 가장 유명한 단어가 되었다.

이 '빅뱅'이란 용어 덕분에 빅뱅이론이 가지고 있던 원래의 문제도 해결할 수 있었다. 사실 그 전까지만 해도 학자들은 우주에 존재하는 많은 화학 물질들의 기원에 대해 어떠한 힌트도 가지고 있지 않았다. 그런데 이 빅뱅이라는 용어가 초기 상태가 아주 뜨거웠을 것이라는 힌트를 주었고, 그 뜨거움이 많은 물질들을 만들어 줄 수 있음도 알게 되었다. 그러던 중 1960년 중반, 로버트 딕(Robert Dicke)과 제임스 피블스(James Peebles)는 빅뱅의 산물인 복사 에너지가 이 우주에 있어야 함을 주장했고,[8] 그들이 주장한 그 복사 에너지를 벨 연구소의 관측팀이 관측할 수 있었다.[9] 그 당시 벨 연구소에서 안테나 기술자로 일하고 있던 아르노 펜지아스(Arno Penzias)와 로버트 윌슨(Robert Wilson)은 자신들의 안테나에서 항상 잡히던 잡음을 제거하려고 여러 번 시도하고 있었다. 그런 시도에도 불구하고, 항상 3.5K 정도의 잡음

---

7 https://www.popsci.com/big-bang-term-origin-fred-hoyle/
8 Robert H. Dicke, P. James E. Peebles, Peter G. Roll, and David T. Wilkinson, "Cosmic Black-Body Radiation," *Astrophysical Journal*, vol. 142 (1965): 414.
9 https://discovery.princeton.edu/2015/11/19/cosmic-background-51-years-ago-an-accidental-discovery-sparked-a-big-bang-in-astrophysics/

이 있었는데, 그 잡음이 딕과 피블스가 찾고 있던 바로 그 복사 에너지(CMB: Cosmic Microwave Background)였다. 그 발견으로 빅뱅이론은 더욱 이론과 관찰이 잘 맞는 것으로 알려지게 되었다.

2.2. 빅뱅이론이 말하는 우주의 탄생

빅뱅 이전에 무엇이 있었는지 물리학 법칙으로는 전혀 알 수 없다. 왜냐하면 시간이라는 개념 자체가 물질의 존재와 함께 시작하다 보니 물질이 존재하지 않던 시기에는 시간이 전혀 정의될 수 없기 때문이다. 따라서 빅뱅 이전이란 개념을 물리학적으로 말한다는 것은 불가능하다. 단지 우리가 알 수 있는 것은 시간이란 개념이 물질과 같이 생긴 빅뱅 이후에 대해서 일뿐이고, 그 이후에 일어난 일들에 대해서만 말할 수 있다.

그런데 어떤 이들은 "137억 년 전에 일어난 빅뱅을 관찰할 수 없는데 그것이 진짜 일어난 사건인지 어떻게 아느냐"는 의문을 품는다. 물론 우리는 그때를 살아보지 않았기에, 정확히 알 수는 없다. 그러나 하나님께서 우리에게 지금까지 알게 해 주신 물리 법칙들로도 대충 유추할 수 있는 것들이 있다.

빅뱅 이후의 사건들에 대한 문제들을 풀 때 물리학자들은 이런 가정을 한다. "이 우주의 역사는 복사선의 시대를 거쳐, 물질의 시대, 그리고 진공의 시대로 발전했다."[10] 이렇게 가정하는 이유는, 빅뱅이 처음 생겼을 때는 아직 물질들이 생기기 전이라 복사선이 주를 이루었을 것이고, 또 곧 물질들이 생기면 복사선보다 물질들이 더 많아지게 되어 물질의 시대가 왔을 것이고, 또 그 생성된 물질들이 퍼지면서 물질들에 비해 공간들이 더 많아져 우주 곳곳에 진공들이 더 많아졌을 것이기 때문이다. 그래서 이런 가정을 가지고, 문제를 풀면, 우리는 다음과 같은 빅뱅의 타임 테이블을 얻게 된다.

---

10 https://sites.science.oregonstate.edu/~hadlekat/COURSES/ph207/bigBang/

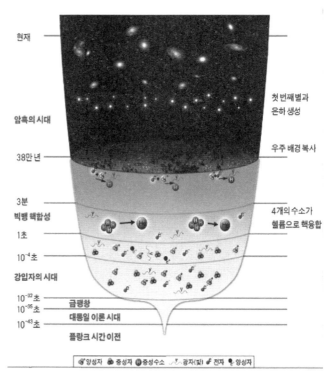

현재

첫 번째별과
은하 생성

암흑의 시대

우주 배경 복사

38만년

3분
빅뱅 핵합성

4개의 수소가
헬륨으로 핵융합

1초

10^{-4}초

강입자의 시대

10^{-32}초
10^{-35}초 급팽창
10^{-43}초 대통일 이론 시대

플랑크 시간 이전

양성자　중성자　중성수소　광자(빛)　전자　양성자

〈그림 1〉 빅뱅의 타임 테이블 A

위의 그림은 일반적으로 알려진 빅뱅의 타임 테이블이다. 사실 학자들마다 초기 상태를 어떻게 설정하느냐에 따라, 시간 간격들은 조금씩 다를 수 있다. 하지만 사건들이 일어나는 순서에는 모든 학자들이 다 동의하고 있다. 다음은 가장 최근인 2022년도에 발표된 어떤 논문에 나오는 빅뱅의 또 다른 타임 테이블이다.[11]

11 Gianluca Calcagni, Maria Grazia Di Luca, and Tom?? Fodran, "Lectures on Classical and Quantum Cosmology," arXiv:2202.13875 (2022).

온도(K)	온도(eV)	시간	거리	사건
10^{16}	10^{12}	10^{-12}s	0.2mm	실험으로 측정할 수 있는 가장 높은 에너지 상태
10^{10}	10^{5}	2 s	10^{5}km	핵의 형성과 파괴가 시작됨
10^{9}	10^{4}	200 s	10^{7}km	빛 이온의 핵 합성
10^{8}	3×10^{3}	20 min	10^{9}km	빅뱅의 핵 합성이 끝남
10^{4}	1	7.0×10^{4}yr	39 kpc	복사선과 물질이 같아지며 물질 우위가 시작됨
3000	0.3	3.8×10^{5}yr	289 kpc	CMB가 3000K으로 처음 형성되며 암흑시대가 시작함
100	10^{-2}	10^{8}yr	110 mpc	첫 번째 별의 탄생으로 암흑시대가 끝남
3	3×10^{-4}	14×10^{9}yr	14.2 Gpc	현재

〈표 1〉 빅뱅의 타임 테이블 B

빅뱅이 일어난 후 10^{-43}초를 플랑크 시간이라고 부른다. 그때의 우주 온도는 대략 10^{32}K 정도 되었을 것이라고 예측한다. 또 빅뱅이 시작하고 1초가 지나면 우주의 상태는 양자, 중성자, 전자처럼 자유롭게 움직이는 원자 성분으로 이루어진 플라즈마 상태가 되고, 3분 후부터는 수소, 헬륨, 중수소, 리튬 등과 같은 핵들이 만들어진다. 이때 우주의 가장 흔한 원자핵은 수소와 헬륨이 된다. 빅뱅 후3.8×10^{5}년 전까지는 전자도 원자핵에 구속되어 있지 않아 우주 공간을 자유롭게 날아다니게 되고, 또 광자는 자유 전자들과 자주 충돌하여 우주에서는 아무것도 볼 수 없는 기간이 지속된다. 그러다 빅뱅 후 3.8×10^{5}년 이후가 되면, 드디어 전자가 원자핵에 붙잡혀 원자 안에 머무르게 되어 우주의 온도가 더 낮아지게 되고, 이때 우주의 복사선들은 거의 사라지며 지금처럼 우주가 투명해져, 남아있는 광자들은 3000K 온도의 우주 배경 복사를 형성하게 된다. 하지만 이때도 역시 암흑 시대다. 왜냐하면 아직 우주에는 어떠한 별들도 탄생하지 않았기 때문이다. 그리고 이 암흑 시대는 1억 년까지 이어진다.

빅뱅 후 1억 년이 되면 비로소 최초의 별들이 탄생되고, 그 별들은 탄생과 소멸을 반복하며 지금과 같은 모습이 된다. 그러다 대략 45억 년 전에 태양계와 우리 지구도 탄생했다. 이것이 빅뱅이 말하는 우주와 지구 탄생의 일반적인 시나리오다.

2.3. 빅뱅이론의 과학적 근거

초기 빅뱅이론이 나왔을 때부터 많은 학자들은 이 빅뱅이론을 의심하고 비판했다. 하지만 그런 비판에도 불구하고 빅뱅이론은 지금까지 우주의 생성을 가장 잘 설명하는 이론으로 살아남았다. 그렇게 된 이유는 이 빅뱅이론을 뒷받침하는 과학적 근거들이 많기 때문이다. 물론 어떤 젊은 우주론자들은 빅뱅의 과학적 근거들을 지금도 의심한다. 그들의 의심도 나름은 일리가 있다. 그러나 지금도 그들의 그런 의심들이 잘 해결되고 있다. 일단 지금 이곳에서는 빅뱅이론의 과학적 근거들과 문제점들을 살펴보자.

2.3.1. 우주의 배경 복사(CMB)

고에너지 충돌 실험을 해 보면, 충돌과정에서 같은 양의 물질들과 반물질이 만들어진다. 때문에 빅뱅 당시에도 많은 반물질들과 물질들이 생겼을 것이라고 예측하고 있다. 하지만 그때 생성된 반물질들을 지금 전혀 관찰할 수가 없다. 때문에 어떤 이들은 이것을 바로 빅뱅이 틀린 증거라고 주장한다. 하지만 그렇게 잘 관찰할 수 없는 이유가 있었다. 그때 생성된 그 반물질들은 고물질과 합쳐져 감마선으로 소멸되어버렸기 때문이다. 덕분에 초기 우주는 감마선으로 넘쳐나게 되었고, 그 감마선들은 곧 에너지를 잃고 마이크로파로 변형되는데 그것이 바로 우리가 현재 우주에서 관찰하고 있는 우주배경복사다.

이 우주배경복사는 빅뱅이론을 연구하던 가모프에 의해 처음 제안되었다. 가모프의 연구 그룹은 빅뱅이 있었다면 앞에서의 과정처럼 이 우주 안에 5K 정도의 복사에너지가 있어야 한다고 주장했다.[12]

그리고 그들의 주장대로 1965년에 벨 연구소의 과학자들이 3.2K 정도의 마이크로파를 발견했다. 그들의 발견으로 빅뱅이론은 더욱 정설로 굳어졌다. 덕분에 이 마이크로파를 발견한 이들은 노벨상까지 받게 되었다.

현재 알려진 가장 정확한 열복사는 2.7260K이다.[13] 이 배경 복사의 특징은 아래의 그림처럼 어디를 보아도 똑같이 보인다는 것이다.

〈그림 2〉 2018년 CMB의 비등방 온도에 대한 플랑크 지도

위의 사진을 보면, 전파들이 거의 균일하게 우주에 퍼져있다는 것

---

12 https://pubs.aip.org/physicstoday/article/60/12/67/413067/Ralph-Asher-Alpher
13 D. J. Fixsen, "The Temperature of the Cosmic Microwave Background," *The Astrophysical Journal* 707, no. 2 (2009): 916-20.

을 알 수 있다. 이 전파들은 물질과 반물질로 인해 만들어진 것이다. 학자들은 이 지도를 본 후 '우주의 상태가 일정하다'고 주장하는 정상상태 우주론을 버리고 빅뱅이론을 받아들이기 시작했다.

2.3.2. 적색편이

빅뱅이론의 또 다른 증거로는 적색편이가 있다. 오래 전부터 천문학자들은 안드로메다 성운에 대한 궁금증이 있었다. 안드로메다 성운이 우리 은하 안에 있는가 있지 않은가에 대한 것이었다. 앞에서 언급한 허블도 천문학자로서 그 궁금증을 해결하고자 안드로메다 성운의 사진을 많이 찍어보았다. 그 결과 그 사진을 통해 아주 놀라운 것을 발견했다. 안드로메다 성운 안에서 변광성(밝기가 변하는 별)을 발견한 것이다. 특별히 허블이 발견한 이 별은 밝기가 주기적으로 변하고 있었고, 그 주기가 별의 광도에 비례하고 있었다. 덕분에 허블은 그 주기와 광도를 통해 그 별까지의 거리를 추정할 수 있었고 그 결과 그 안드로메다 성운이 우리 은하 밖에 있다는 것을 알게 되었다.

허블은 이후 다른 은하들과 그 은하들 안에 있는 다른 변광성들도 측정해 보았다. 그 결과 아주 놀라운 실험적 데이터를 얻을 수 있었다. 먼 거리에서 오는 빛일수록 파장이 길어지는 적색편이 현상을 발견한 것이다. 그 현상 덕분에 허블은 은하와의 거리와 그 멀어지는 상대 속도 사이에 존재하는 다음의 관계식을 얻을 수 있었다.[14]

$$V = H_0 d$$

여기에서 V는 우리로부터 멀어지는 속도이고, d는 우리로부터의 거리이며, H_0는 허블 상수이다. 허블이 발견한 이 식은 아주 놀라운 식이었다. 왜냐하면 이 식은 우주의 나이를 알려주는 식으로도 변할 수 있기 때문이다.

시간은 거리를 속도로 나누면 얻어진다. 그런데 이 식 안에 거리와 속도가 모두 들어있다. 즉 허블 상수와 속도를 알면 시간을 구할 수 있었다. 최근에 측정된 허블 상수 값은 $73\pm3kms^{-1}Mpc^{-1}$인데, 이 값을 허블의 공식에 대입해 보면, 우주의 나이로 137억 년이 나온다. 이렇게 허블 공식은 우주의 나이를 알려 주는 위대한 공식이 되었고, 빅뱅이론을 더욱 뒷받침해 주었다.

2.3.3. 수소와 헬륨의 질량비

빅뱅의 또 다른 증거는 수소와 헬륨의 질량비다. 빅뱅이 시작된 지 얼마 지나지 않아 양성자들과 중성자들이 비슷한 비율로 생성되었다. 그때 생성된 양성자들은 다시 중성자로, 또 중성자들은 다시 양성자로 계속 바뀌어 가며 서로 평형을 이루었다. 하지만 이 두 개의 과정은 서로 다른 반감기를 가지고 있어서, 시간이 지나면 지날수록 양성자들과 중성자들의 비율은 7:1로 바뀌게 되었고 온도가 더 냉각된 이후, 이 비율은 거의 고정되어 버렸다. 덕분에 양성자들과 중성자들이 다시 재결합하여 수소와 헬륨으로 전환되어서 최종적으로는 수소와 헬륨 비가 3:1이 될 것이라는 예측[15]이 있었다. 빅뱅이 맞다면 우리 우주 안에서의 수소와 헬륨의 비가 3:1일 것이라고 예측한 것이다. 그리고 놀랍게도 그 예측된 비율과 우리 우주 안에 존재하는 수소와 헬륨의 비가 완전히 일치했다. 그래서 이 우주 안에 있는 수소와 헬륨 비율은 또 다른 빅뱅의 증거가 되었다.

2.4. 아직도 해결되지 못한 빅뱅이론의 문제점들과 그에 대한 노력들

빅뱅이론을 지지하는 여러 과학적 증거들이 많다. 하지만 그럼에도 불구하고 여전히 우리가 해결하지 못하고 있는 문제들도 많다.[16]

---

14 Hubble, Edwin, "A Relation between Distance and Radial Velocity among Extra-Galactic Nebulae," *Proceedings of the National Academy of Sciences of the United States of America*, Vol. 15, Issue 3 (1929): 168-73.

15 https://www.einstein-online.info/en/spotlight/bbn/

이런 문제들 때문에 젊은 우주론을 지지하는 이들은 빅뱅이론이 틀렸다고 말한다. 그럼 이 빅뱅이론 안에는 어떤 문제점들이 있을까? 지금부터는 빅뱅이론 안에 아직도 해결되지 못한 문제점들에 대해 같이 살펴보고자 한다.

2.4.1. 암흑 물질과 암흑 에너지

빅뱅 우주론으로 해결할 수 없는 문제들 중에는 암흑 물질과 암흑 에너지 문제가 있다. 우리 우주에는 우리가 볼 수도 또 관찰할 수도 없는 것들이 있다. 실제로 어떤 물질들은 빛이 아닌 중력으로만 검출할 수 있다. 예를 들어, 어떤 나선형 은하와 그 주변을 돌고 있는 별들을 관찰할 때 그 주변 별들의 움직임을 통해 우리는 그 나선형 은하의 무게를 대충 예측할 수 있다. 하지만 실제로 관찰되는 무게와 우리의 예측 무게 사이에는 커다란 차이가 존재한다. 그 말은 보이지 않는 어떤 무거운 물질들이 그 나선형 은하 안에 더 있다는 뜻이다.[17] 그래서 그렇게 볼 수 없는 물질들을 암흑 물질이라 부르며 그 암흑 물질들이 무엇인지 아직도 연구 중에 있다.

또한 1990년대 중반쯤, 우주의 팽창 속도가 점점 더 빨라지고 있음이 알려졌다. 이런 분위기라면 곧 우주의 에너지가 고갈될 것처럼 보였다. 이 문제를 설명하기 위해, 학자들은 반중력이라는 진공 에너지 개념을 생각해냈다. 중력은 서로가 당기는 힘만 있는데, 서로 미는 반중력이 우주에 존재한다고 제안한 것이다. 그리고 우주가 팽창하면 할수록 반작용으로 반중력이 커지면서, 그 반중력이 우주를 더 빠르게 팽창시킨다고 설명했다. 그런데 이 반중력 에너지가 바로 암흑 에너지다.[18]

이 암흑 에너지 역시 우리에게 전혀 알려져 바가 없다. 또한 현대

---

16 Andrew R. Liddle, "The Early Universe," arXiv preprint astro-ph/9612093 (1996).
17 https://www.nature.com/articles/d41586-019-02603-7
18 https://iopscience.iop.org/article/10.1086/300499/fulltext/

물리학에서는 이것을 어떻게 적용해야 할지, 또 적용하면 어떻게 현대 물리학이 바뀌는지조차 모른다.

우리는 이 암흑 물질과 암흑 에너지에 대해 잘 모르는 채로 빅뱅 우주론의 문제를 해결하려고 하고 있다. 때문에 암흑 물질과 암흑 에너지에 대한 것을 설명할 수 없는 빅뱅 우주론이 과연 맞는 것인가 하는 의구심이 학자들 사이에 존재하고 있다.

2.4.2. 리튬 문제

리튬 문제는 빅뱅의 문제들 중에 수 십년 동안 전혀 풀지 못하고 있는 문제들 중 하나다. 리튬 문제의 핵심은 우주에서 관찰되는 Li^7의 양이 우리의 예상과 많이 다르다는 것이다. 학자들은 빅뱅 때 양성자와 중성자가 수소와 헬륨으로도 전환되지만 리튬으로도 전환될 수 있음을 알고 그 양들을 대략적으로 계산해 보았다. 하지만 실제 관찰된 양은 예상치의 1/3 수준이었다. 그렇기 때문에 이 문제를 여러 가지 방향으로 해결해 보려고 지금도 노력하고 있는 중이다.

그런 노력들 중 최근에 인정받고 있는 주장에는 새로운 표준 모형의 필요에 대한 주장도 있고, 또 베릴륨의 붕괴를 잘 연구하면 리튬 문제를 잘 해결할 수 있다는 주장도 있다.[19] 요즘도 이 문제를 해결하기 위한 여러 주장들이 나오고 있는 것들을 보면 조만간에 이 문제도 곧 해결될 수 있을 것이다.

2.4.3. 자기홀극(mono pole) 문제

빅뱅이 해결하지 못하는 문제 중에 자기홀극 문제도 있다. 전기의 기본 입자인 전하가 양극과 음극이 있어서 서로 다르면 잡아당기고 서로 같으면 밀어내는 것처럼 자석도 N극과 S극이 있어 똑같은 극이

---

19 Sk M. Ali, D. Gupta, K. Kundalia, Swapan K. Saha, O. Tengblad, J.D. Ovejas, A. Perea, I. Martel, J. Cederkall, J. Park, and S. Szwec, "Resonance Excitations in 7Be(*d*, *p*)8Be* to Address the Cosmological Lithium Problem," *Physical Review Letters* 128, 252701 Published 21 June 2022.

면 서로 밀어내고 다른 극이면 서로 잡아당긴다. 하지만 전하와 자석 사이에는 아주 큰 차이가 있다. 전하는 양극과 음극이 따로 존재할 수 있지만 자석은 전하와 다르게 서로 다른 극들이 따로 존재할 수 없다. 자석은 항상 N극과 S극이 같이 붙어다닌다.

학자들 사이에 이것도 큰 의문이었다. 분명 대통일 이론(GUT)으로 빅뱅 초기를 연구하면 자석들도 서로 따로 다닐 수 있고(따로 다니는 것을 모노폴이라고 부른다) 그것이 요즘도 많이 관찰되어야 한다. 심지어 이 모노폴의 질량은 양성자나 중성자의 질량보다 훨씬 크며 언제든 우리 몸을 관통하고 있어야 한다. 하지만 그런 현상을 아무도 관찰할 수 없으므로 사람들은 다시 빅뱅이론을 의심하게 되었다.

다행히도 앨런 구스(Alan Guth)에 의해 이 문제는 급팽창(인플레이션) 이론을 도입함으로 해결되었다.[20] 급팽창 이론이란 구스가 1980년대에 제안한 이론으로 갑작스러운 팽창은 모노폴의 밀도를 급격하게 줄여 그 모노폴을 찾게 될 확률을 떨어뜨렸다는 주장이다. 실제로 지금까지 우리 인류가 찾은 모노폴은 단 한 경우밖에 없다. 이 앨런 구스의 해결점은 다시 빅뱅이론을 인정하는 계기가 되었다. 또 동시에 빅뱅이론이 맞으려면 급팽창 이론이 필요하다는 사실도 알게 되었다.

2.4.4. 평탄성 문제

빅뱅이 가지고 있는 또 다른 문제는 평탄성 문제다. 우리는 초등학교 때부터 삼각형의 내각의 합을 180도라고 배운다. 하지만 그것은 평평한 면에서만 만족하는 공식이다. 공과 같은 곡면에서는 180보다 클 수 있고, 말 안장과 같은 곡면에서는 180보다 작을 수 있다. 이렇게 어떤 곡면에서 물리학을 하느냐에 따라 서로 다른 물리법칙을 써야 한다.

그럼 우리 우주는 평평할까 아니면 곡면일까? 현재까지 우리가 관

---

20 Alan H. Guth, "Eternal Inflation and its Implications," *Journal of Physics A: Mathematical and Theoretical* Vol. 40, no. 25 (2007): 6811.

찰한 우주는 평평한 우주다. 그럼 우리의 우주는 왜 평평할까? 사실 빅뱅이론은 이 질문에 대한 답을 제대로 해 줄 수 없다.

이 평탄성 문제는 우주의 초기의 아주 특별한 조건과 관련이 있다. 우리 우주가 이렇게 평평하게 된 이유는, 우주 초기 아주 특별한 초기 조건 때문이다.[21] 그런데 만약 우리의 초기 우주가 이 조건에서 조금만 벗어나도 지금의 우주가 될 수 없다. 어떤 학자들은 이 초기 조건을 연필심을 수직으로 세울 수 있는 조건과도 같다고 지적한다. 아시다시피 연필심은 끝이 뾰족해서 세울 때 조금만 기울어지면 바로 쓰러진다. 그런데 이런 평평함을 갖게 될 우주의 초기 조건도 그렇다는 것이다. 오늘날의 우주가 만들어지려면, 그 당시 우주 곡률이 정말 완벽하게 평편한 10^{-64}이어야 한다. 때문에 사람들은 이 빅뱅의 초기 조건이 너무 인위적인 것 같다고 생각했다. 얼마나 인위적이었는지 노벨 물리학상을 받은 펜지아스는 이런 이야기를 했다.

천문학은 우리를 독특한 사건, 곧 무로부터 창조된 우주로 이끄는데, 이러한 우주는 생명체를 허용하기 위해 요구되는 지극히 정교한 상태를 제공하기 위해 매우 섬세한 균형을 요구할 뿐 아니라, 또한 그 근간을 이루는 (우리가 '초자연적'이라 부를 만한) 설계도면을 필요로 한다.[22]

지금의 상태가 된 것이 초자연적으로 불릴 만큼 기적이라는 것이다. 하지만 이 문제도 역시 앨런 구스의 급팽창 이론으로 해결되었다. 급격한 팽창이 우주의 곡률을 거의 0에 가깝게 만들었고 현재에 이르도록 만들어 준 것이다. 덕분에 이 우주의 평탄성 문제가 쉽게 해결되었다.

21 https://horizon.kias.re.kr/2223/
22 존 C. 레녹스, 노동래 역, 『최초의 7일』(서울: 새물결플러스, 2011), 102.

2.4.5. 지평선 문제

앞의 그림에서 보았듯이 우리의 우주는 어느 방향을 보더라도, 거의 차이가 없다. 이것은 굉장히 신기한 현상이다. 왜냐하면 빅뱅도 폭발의 일종이기 때문이다. 일반적으로 폭발은 굉장히 산만하게 이루어진다. 때문에 상식적으로 방향마다 조금의 차이가 있어야 하고, 한 쪽 방향이 다른 쪽 방향보다 더 빠르게 멀어져야 한다. 하지만 우리의 우주는 모든 방향으로 매우 정밀하게 같다. 우리 우주의 끝과 다른 끝은 대략 200억 광년이 넘어서 아무리 빛의 속도로 가더라도 정보를 주려면 최소 200억 년이 필요해서 절대로 서로가 정보를 교환할 수가 없다. 그런데 어떻게 모든 끝이 다 같을 수 있을까? 또 어떻게 폭발이 정확히 모든 방향으로 똑같이 되었던 것일까? 이 사실은 우주를 연구하는 사람들을 불편하게 만들었고 빅뱅을 의심하게 만들었다

그런데 이 문제도 급팽창 이론의 등장으로 해결되었다.[23] 갑작스러운 인플레이션이 있다면 아무리 초기에 빅뱅과 같은 폭발이 있어 불규칙하게 되었다 하더라도 상관없다는 것이다. 이것은 부풀어 오르는 풍선에 주름이 없는 것과 같은 이치다. 급팽창 이론을 주장한 구스는 이 우주가 그 인플레이션으로 인해, 10^{25}배 정도로 갑자기 커졌기에 이런 지평선 문제도 잘 해결될 수 있었다고 주장했다.[24]

2.5. 빅뱅이론이 양산한 새로운 문제들과 그 해결 방법들

빅뱅이론을 지지하는 많은 과학적 증거들도 있지만 동시에 아직도 빅뱅이론이 설명하지 못하는 것들도 많다. 그런 문제들 중 상당수는 급팽창이론으로 해결했다. 하지만 덕분에 새로운 문제가 생겼다. 그럼 그 급팽창은 왜 어떻게 생겼는지에 대한 질문이다.

정말 급팽창의 원인은 무엇이었을까? 최근에 그것에 대한 해결방법으로, 반중력을 일으키는 암흑 에너지가 사용되기도 했다. 학자들

---

23 https://scienceon.kisti.re.kr/srch/selectPORSrchArticle.do?cn=DIKO0009082918#;
24 http://www.slac.stanford.edu/cgi-wrap/getdoc/slac-pub-2576.pdf

에 따르면 이 우주의 70%-75% 정도가 암흑 에너지라고 한다. 이 양은 우주의 초기에도 비슷한 밀도였을 것이라고 추측하고 있다. 우주 초기에 있던 그 엄청난 암흑 에너지가 우주를 지배하며 어마어마한 비율로 우주를 팽창시켰다는 것이다.

하지만 이 급팽창이 일어났다는 증거가 아직 우리에게는 없다. 때문에 급팽창에 대한 것들은 아직도 여전히 열려 있는 상태다. 그리고 정말 급팽창이 옳다면 우리는 다음과 같은 질문들에 대한 답도 찾아야 한다.

"왜 우주는 그렇게 일시적으로 암흑 에너지로 가득 찼던 것일까?"

"우주 초기 급팽창을 일으킨 그 에너지는 왜 갑자기 사라졌을까?"

이 질문에 대한 답을 찾기 위해 지금도 '상전이'와 '인플라톤'에 대한 연구가 활발하게 진행되고 있다. 예를 들어 급팽창이 갑자기 사라진 이유가 밀도 변화에 따른 상전이 현상 때문이라고 주장하는 것이다.[25] 상전이란 기체가 액체로 변하는 현상과 같은 것으로 어떤 물질이 상전이를 하면 물리적 성질이 바뀌게 된다. 수증기와 물, 그리고 얼음은 같은 물질이지만 서로 다른 상이다 보니 다른 물리적 성질을 가지고 있다. 그런데 이 암흑 에너지도 갑작스러운 밀도 변화로 인해 상전이가 발생했고, 그것이 물리적 성질을 바꾸어 더 이상 팽창하지 못하게 되었다고 설명하는 것이다.

이 급팽창에 대한 또 다른 해답으로 인플라톤과 같은 것도 있다.[26] 인플라톤이란 반중력을 일으키는 스칼라 장으로 이 인플라톤 때문에 음의 압력으로 급팽창하다가 어느 정도 팽창하면 이 인플라톤이 그 팽창을 막는다고 주장하는 것이다. 이렇게 주장하는 사람들은 빅뱅 초기에 우주에 이런 인플라톤들이 가득 차 있었을 것이라고 주장한다.

이렇게 여러 가지 방법으로 급팽창에 대한 설명을 시도하고 있다.

---

25 https://news.koreadaily.com/2024/02/16/society/opinion/20240216124440066.html
26 "Inflationary cosmology," Inflationary cosmology, Springer Berlin Heidelberg, 2008, 1-54.

그런데 이 급팽창이 가져온 또 다른 숙제들도 있다. 안드레이 린데 (Andrei Linde)는 급팽창 이론을 연구하던 중 '다중 우주'라는 것도 제안했다.[27] 다중 우주란 물을 가열하면 거품이 나오는 것처럼 우리 우주도 그런 거품 중 하나라고 주장하는 것이다. 다중 우주론에 따르면 각각의 우주는 각자의 초기 조건 때문에 각자 다른 우주로 진화하게 된다. 그러다 보니 각자의 우주는 물리 법칙도 다르고 차원도 다르고 기본 입자들의 크기나 질량도 다를 수 있어 각각의 우주끼리는 전혀 교류할 수가 없다고 말한다.

교류할 수 없는 우주가 우리에게 무슨 문제냐고 질문할지 모른다. 이 다중 우주론은 우주의 초기 조건 문제와 관련 있는 편평도 문제를 해결할 수 있는 실마리를 제공해 준다. 다중 우주에서는 '우리의 우주는 우리의 우주로 발전할 수 있는 초기 조건을 가지고 있었기에 우리의 우주가 된 것이고 만약 어떤 우주가 다른 초기 조건을 가졌다면 우리의 우주와 많이 다르든지 아니면 사라졌을 것'이라고 말한다. 때문에 일부 학자들은 편평도 문제와 관련해서 다중 우주론을 지지하고 있고 그것과 관련된 영화들도 많이 만들어 지고 있다.

2.6. 물리학에서 말하는 우주론

브라이언 그린은 우리의 우주론에 대해 이런 말을 했다.

우리는 우주의 초기 조건에 대해 전혀 아는 것이 없으며, 그것을 어떤 개념으로, 어떤 언어로 서술해야 할 지조차 모르고 있다. 분명한 것은 표준 우주론과 급팽창 이론이 황당한 초기 조건(무한대의 에너지, 무한대의 밀도, 무한대의 온도)을 전혀 다루지 못한다는 사실이다. … 우주의 초기 조건이라는 것이 과연 지금 사용되는 언어로 표현이 가능할 것인지, 우리는 그 여부조차 알 길이 없다. 이것은 마치 누군가가 상공으로 공을 던질 때, 공

---

27 Andrei Linde, "A brief history of the multiverse," arXiv:1512.01203.

을 던지려는 마음을 먹을 확률을 일반상대성이론으로 계산하려는 것과 비슷할지도 모른다. 이 세상의 어떤 이론도 그런 질문에 답을 줄 수 없다.[28]

브라이언의 이 말을 소개하는 이유는 이 말 속에 현재의 우주론에 대한 우리의 지식적 한계가 아주 잘 나타나 있기 때문이다. 브라이언의 말처럼 우리는 우주에 대해 아는 것이 거의 없다. 단지 우리 모두는 아는 척하고 있는 것뿐이다.

그럼 언젠가는 이 모든 것을 알게 될까? 사실 그것에 대해서도 굉장히 회의적이다. 그럼 결국 알 수 없으니 연구가 더 이상 필요하지 않을까? 한때 그런 유혹에 빠진 적도 있다. '어차피 알 수 없는데 꼭 연구해야 하나'라는 회의감과 무기력감에 전혀 연구를 하지 못했던 적도 있다. 그러던 중 어떤 교수로부터 이런 말을 들었다. "그곳에 진리가 있는지 없는지 잘 모르겠지만 우리가 할 수 있는 것은 우리가 볼 수 있는 곳에서라도 열심히 그 진리를 찾는 것이다. 혹시라도 신이 우리에게 그 진리를 보여 준다면 우리는 그곳에서 그 진리를 찾을 수 있을지 모른다."

이 이야기를 듣고 왜 과학을 계속 연구해야 하는지 이유를 알게 되었다. 우리는 결국 하나님의 나라가 오기 전까지 모든 것들을 거울을 보는 것처럼 볼 수밖에 없다. 하지만 그 거울 속일지라도 하나님께서는 희미하게 어떤 것들을 남겨 두셨다. 그리고 그것을 보길 원하신다. 우주론을 연구하는 과학자들의 의무는 하나님께서 보길 원하시는 것들을 보는 것이다. 그리고 그것을 통해 우주를 창조하신 하나님을 이해하는 것이다. 그것만 잘 해도 하나님께 충분히 칭찬받을 수 있다고 생각한다.

---

28 브라이언 그린, 박병철 역, 『엘리건트 유니버스』(도서출판 승산, 2010), 515-16.

3. 신학적 우주론

오랜 기간 동안 창세기 1장을 연구해 오던 학자들은 크게 젊은 우주론자들, 오래된 우주론자들, 그리고 성년 창조론자들로 나뉘어졌다. 그래서 지금부터 우리는 각각의 우주론들을 살펴보려고 한다.

3.1. 젊은 우주론

젊은 우주론을 주장하는 사람들이 주장하는 우주(지구)의 나이는 대략 1만 년 이내다. 그들이 그렇게 주장하는 근거는 성서다. 성서에 나오는 사람들의 나이를 계산해 보니 길어야 7천 년 정도라는 것이다. 그렇게 주장하는 대표적인 사람 중에는 제임스 어서(James Ussher) 주교가 있었다. 어서는 15세기 아일랜드 교회의 대주교로, 창조의 시기를 B.C. 4004년으로 잡았다. 그 외에도 70인역에 참여했던 사람들은 창조의 시기를 B.C. 5270년으로 잡았고, 요세푸스는 B.C. 5555년으로 잡았다. 이렇게 젊은 우주론을 주장하는 사람들은, 우주의 역사를 1만 년 이내로 생각하고 있다.

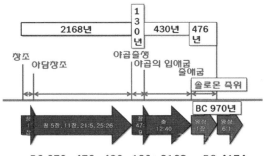

BC 970+476+430+130+2168 = BC 4174

〈표 2〉 젊은 우주론의 지구 연대[29]

---

29 https://www.newsnjoy.or.kr/news/articleView.html?idxno=198615

그들은 그렇게 주장하며 창세기 1장을 해석하는 가장 좋은 방법은 전혀 해석하지 않는 것이라고 말한다. 창세기 1장이 말하는 대로, 하루는 문자 그대로의 하루라는 것이다. 그러면서 일체의 공백이론[30] 이나, 날시대 이론[31] 등 오래된 지구와 관련된 주장을 반대하고 있다.

물론 그들의 주장에 어느 정도 동의한다. 모세는 하나님으로부터 엿새 동안 하늘과 땅과 바다가 창조되었고, 일곱째 날에는 안식하셨다는 것을 분명히 들었고 그렇게 들은 대로 기록했다. 그리고 그런 기록은 창세기가 아닌 곳에서도 이렇게 볼 수 있다.

이는 엿새 동안에 나 여호와가 하늘과 땅과 바다와 그 가운데 모든 것을 만들고 일곱째 날에 쉬었음이라 그러므로 나 여호와가 안식일을 복되게 하여 그 날을 거룩하게 하였느니라(출애굽기 20:11).

모세는 출애굽기에서도 하나님께서 7일에 걸쳐서 이 세상을 창조하셨다고 다시 한번 강조한다. 이런 것을 보면, 하나님의 의도는 우리가 창조과정이 7일 동안이었다고 이해하는 것임을 짐작하게 된다. 이것은 매 하루가 끝나고 하나님께서 '저녁이 되고 아침이 되니' 라는 말을 통해 더욱 확증된다. 때문에 젊은 우주론자들은, 성경을 근거로 우주의 나이가 대략 7000년 정도라고 주장한다. 토드 S. 비일(Todd S. Beall)과 같은 젊은 우주론을 지지하는 학자들은, 창세기 1장을 비유로 보면 안 되고, 역사로 봐야 한다고 주장한다. 창세기를 해석함에 있어, 뒷부분이 역사서이니 앞부분도 역사서로 보는 일관성이 필요하다는 것이다. 마치 우리가 책을 볼 때, 한 가지 관점으로 보는 것처럼 창세기도 그렇게 한 가지 관점에서 봐야 한다는 것이다.

실제로 우리가 책을 볼 때, 이것은 비유이고, 이것은 역사이고, 이

---

30 공백이론이란, 창세기 1장 1절과 2절 사이에 엄청난 시간 간격이 있었을 것이라고 주장하는 이론이다.
31 날시대 이론이란, 창세기 1장에 나오는 욤이 하루가 아니라, 시대라고 주장하는 이론이다.

것은 과학이라고 생각하지 않는다. 소설은 소설로 보고, 역사는 역사로 읽는 것이 일반적이다. 하지만 오래된 지구론자들은 창세기를 쪼개서 봐야 한다고 주장한다. 즉 어떤 부분은 비유로 또 어떤 부분은 역사로 봐야 한다는 것이다. 하지만 젊은 우주론자들은 그런 관점은 일관성이 결여된 관점으로 잘못된 해석이라고 말한다. 젊은 우주론자들은 신약성경 저자들의 해석을 보면 그들도 창세기를 문자 그대로 해석하고 있음을 알게 된다고 말한다. 실제로 마태복음 19장을 보면, 예수님께서 이혼문제를 언급하시며 창세기를 이렇게 인용하시는 장면이 나온다.

> 예수께서 대답하여 이르시되 사람을 지으신 이가 본래 그들을 남자와 여자로 지으시고 말씀하시기를 그러므로 사람이 그 부모를 떠나서 아내에게 합하여 그 둘이 한 몸이 될지니라 하신 것을 읽지 못하였느냐 그런즉 이제 둘이 아니요 한 몸이니 그러므로 하나님이 짝지어 주신 것을 사람이 나누지 못할지니라 하시니(마태복음 19:4-6).

이 말씀을 보면 예수님께서는 남자의 창조 이야기나 여자의 창조 이야기를 비유로 생각하지 않고 있음을 보게 된다. 남자가 부모를 떠나 그의 아내와 합하여 둘이 한 몸이 될 것이라는 말 속에서, 예수님께서도 남자와 여자의 창조 기사를 문자적으로 해석하고 있다.

바울의 서신서들에서도 비슷한 해석을 볼 수 있다. 고린도전서 11:7-12에서 바울은 여자가 남자로부터 창조되었음을 강조하며 남성의 권위를 강조한다. 고린도후서 11:3에서는 뱀이 교활한 방식으로 하와를 유혹했다는 사실도 언급을 한다. 이렇게 바울도 남자와 여자의 창조, 또 아담과 하와의 타락들을 문자 그대로 받아들이고 있다.

물론 엄밀하게 말하면, 남자와 여자의 창조나 그들의 타락를 믿는 것과 오래된 우주의 창조는 전혀 다른 관점이기도 하다. 남자와 여자의 창조나 타락은 오래된 지구와의 문제가 아니라, 진화론과 구원론의 문제다.

하지만 어떤 이들은 오래된 우주론을 주장하는 사람들을 모두 다 진화론자들이라고 오해한다. 오래된 우주론을 믿으면, 모두 진화론을 지지한다고 단순하게 생각한다. 물론 그럴 수도 있다. 그러나 오래된 우주론을 지지한다고 해서, 모두가 다 진화론자들은 아니다. 오래된 우주론을 지지하는 사람들 중에도, 하나님께서 동식물들과 사람들을 즉각적인 창조로 만드셨다고 믿는 사람들도 꽤 있다. 그래서 우리들은 그 두 가지를 구분할 필요가 있다.

3.2. 젊은 우주론이 가지고 있는 문제

역사적으로 우리 기독교(가톨릭 포함)는 과학과 많은 충돌을 해 왔다. 지구의 모양 문제에서부터 지구의 공전 문제까지 많은 충돌이 있었다. 그리고 당황스럽게도 그런 충돌들 중 대부분은 우리 기독교의 패배로 끝났다. 성경의 언급과 다르게 지구는 구형이었고, 태양이 지구를 돌고 있지 않았다.

그런 패배로 인해 일부 성서 학자들 사이에는, 성경을 문자 그대로 받아들이지 말고, 바른 해석을 통해 받아들여야 한다는 공감대가 형성되었다. 하지만 그런 의견에도 불구하고 젊은 우주론을 지지하는 사람들은 여전히 성서를 문자 그대로 받아들여야 한다고 주장하며 우주가 단 7일 만에 생겼다고 주장한다.

그럼 정말 그들의 주장만이 100% 성서적인 것일까? 사실 창세기에 나오는 이 '날(하루)'과 관련된 이런 문제 제기가 있었다. 보통 우리가 말하는 하루란 지구의 자전과 관련이 있다. 지구가 태양 주변을 돌면서 스스로 한 바퀴를 돌 때 태양이 비춰는 쪽을 낮이라고 부르고 태양이 비춰지지 않는 쪽을 밤이라고 부른다. 하지만 태양은 넷째 날 창조되었다. 그 말은 셋째 날까지는 하루를 정확히 24시간이라고 정할 수 없다는 것이다. 때문에 태양이 창조되기 전인 넷째 날 전까지의 하루는 첫 날 창조된 우주적 빛을 기준으로 하는 우주적 하루일 수 있고, 우리가 생각하는 그 24시간이 아닐 수 있다. 즉 우리의 생각보다 오랜 기간일 수도 있다는 것이다.

실제로 물리학자들과 천문학자들은 우주를 관측하고 연구한 후, 우리 우주가 137억 년 정도 되었다고 말하고 있다. 또한 지질학자들은 우리 지구 안에 있는 화석들과 지층 연구를 통해 우리 지구도 대략 45억 년이 되었다고 말하고 있다.

과거 천동설 지동설 때처럼 큰 충돌이 다시 생겼다. 그럼에도 어떤 젊은 우주론자들은 그래도 천동설이나 지동설 때보다는 상황이 좋다고 이야기한다. 왜냐하면 우주의 나이가 천동설 지동설 때처럼 직접적인 관찰을 할 수 있는 것이 아니고, 또 빅뱅이론 안에 여러 문제점들도 보이기 때문이다.

그러나 지금 관찰할 수 없다고, 영원히 관찰할 수 없는 것이 아니다. 우리의 과학 기술은 현재 굉장히 빠른 속도로 발전하고 있다. 이 속도로 가면 우리는 몇 년 안에 하나님의 허락하심을 통해 빅뱅 초기까지도 확인할 수 있게 된다. 그리고 어쩌면 그때 우리는 또 다시 망신당할 수도 있다. 때문에 우리는 그 상황을 미리 대비해서 준비해 놓아야 할 필요가 있다. 천동설 지동설 때처럼 성서를 다시 해석함으로 미리 대비하는 것이 어쩌면 우리의 미래를 위해 더 유익할 수 있다.

3.3. 오래된 우주론

오래된 우주론을 주장하는 사람들은 일반적으로 창세기 1장에 나오는 창조기사를 고대 이스라엘 사람들이 이해하는 방식으로 기록된 것이라고 생각하고 있다. 즉 우주가 실제로 7일 동안 창조된 것이 아니라, 하나님께서 고대 이스라엘 사람들을 이해시키기 위해, 그들의 말과 그들의 지식으로 설명하다 보니, 그런 방식으로 설명되었다는 것이다.

오래된 우주론을 지지하는 리처드 E. 에이버벡(Richard E. Averbeck)은 말하길, 창세기에 나오는 7일 구조는 하나님께서 이스라엘이 준수하기를 원하셨던 일주일의 삶에서부터 나왔다고 이야기한다.[32] 7일이 실재가 아니라 유비였다는 것이다.

그럼 왜 하나님께서는 우주의 창조를 7일 동안 하셨다고 말한 것일까? 우리는 이 7이라는 숫자에 대해 많은 의문을 갖고 있다. 왜냐하면 이 7이라는 숫자는 자연에서 흔히 볼 수 있는 숫자가 아니기 때문이다. 자연에서 볼 수 있는 숫자는 우리 몸에서 볼 수 있는 숫자나, 천체에서 볼 수 있는 숫자들이다. 예를 들어, 2(눈과 귀), 5(손가락과 발가락), 10(손가락과 발가락의 합), 12(1년 열두달)와 같은 숫자들이다. 때문에 이 7이라는 숫자는 굉장히 낯설다.

하지만 역사적으로 고대 근동에서는 이 7이라는 숫자가 보편적이었다. 우가리트 문학이나 길가메시 서사시를 보면 그곳에서도 7일이라는 숫자 표현이 나온다. 즉 이 7이라는 날짜는 고대 근동 사람들에게 중요한 숫자였던 것이다. 따라서 오래된 우주론을 주장하는 학자들은 이 7일 창조가 실재가 아니라 비유이며 고대 근동 주민들을 위한 하나님의 설명 방식일 뿐이라는 것이다. 실제로 많은 구약 학자들이 이 주장에 동의하고 있다.

3.4. 오래된 우주론이 가지고 있는 문제

많은 학자들이 우리가 만약 창세기의 7일을 유비로 해석한다면 창세기 1장과 '현대 과학'의 모순이 해결될 것이라고 이야기한다. 그래서 날시대 이론과 같은 것으로 그 7일을 유비적으로 해석하려고 시도하고 있다.

날시대 이론이란, 창세기 1장에 나오는 하루(욤)를 '시대'라고 해석하는 것이다. 실제로 성경의 다른 곳에서는 이 '욤'을 긴 시대로 쓰

---

32 빅터 P. 해밀턴 외 8명, 최정호 역, 『창조 기사 논쟁』(새물결플러스, 2016), 62.

고 있다. 하지만 이런 주장에는 심각한 문제가 있다. '욤'이 긴 시대라고 번역될 때는 욤을 복수로 쓸 때뿐이다. 창세기 1장에서 나오는 '욤'은 전부 단수다. 따라서 창세기 1장에서 나오는 '욤'은 '하루'로 번역되는 것이 맞다. 아무리 오래된 우주를 주장하고 싶어도 진리에 어긋나게 주장해서는 안 된다.

다행히 오래된 우주를 지지하는 사람들도, 넘지 않으려고 하는 선들이 있음을 본다. 자신의 주장을 합리화하기 위해 히브리어 문법에도 어긋난 주장을 하려 하지는 않는다. 또 빅뱅이 자연 스스로 발생한 것이라는 주장도 하지 않는다. 빅뱅도 하나님의 말씀으로 이루어진 것이라고 고백한다. 그리고 오래된 우주와 함께 진화를 지지하더라도 아담의 역사성에 대해서는 의심하지 않는다. 아담에 대해 재해석을 할지언정, 아담의 존재가 허구라고 생각하지 않는다. 그런 해석의 일환으로 어떤 이들은 아담과 하와를 하나님께서 처음으로 관계를 맺은 두 유인원이나, 두 유인원 그룹이라고 말하기도 한다. 하지만 이것은 성경이 제시하지 않은 또 다른 이야기들을 만들어 내는 치명적인 약점을 가지고 있다.

이렇게 오래된 우주론을 지지하는 이들도 창조주 하나님과 아담의 창조 이야기를 어떻게든 보존하려고 한다. 하지만 젊은 우주론자들은 오래된 우주론이 과연 아담의 이야기들과 창조주 하나님을 담을 수 있을지 의심한다. 그들은 말하길, 오래된 우주론을 주장하면 반드시 진화론과 아담의 창조 이전에 죽음을 인정할 수밖에 없고 그렇게 된다면, 마지막 아담으로서 예수님을 인정하지 않게 된다고 말한다. 그러다 보니 일부 신자들은 과학적 사실을 믿지 않으려 하고 무조건적으로 오래된 우주론에 대한 반감부터 가지게 되었다. 오래된 우주론을 말하면 신앙이 없는 사람으로 생각하게 되었다.

언젠가 필자가 어떤 신학교에서 오래된 우주론과 관련된 세미나를 한 적이 있었다. 그때 이런 질문이 들어왔다. "목사님은 목회를 하

면서 어떻게 오래된 우주론을 이야기할 수 있나요?" 목회자는 오래된
우주론의 어떠한 것도 이야기하면 안 된다는 뉘앙스였다. 이 정도로
일반 신자들 사이에는 오래된 우주론에 대한 굉장한 반감이 있고 그
것을 믿으면 제대로 된 신앙생활을 하지 않는 것이라는 편견이 있다.
그래서 오래된 우주론을 주장하는 사람들은 성도들의 이런 생각에 대
해 어떻게 하면 성서적인 방법을 제시할 수 있는지 고민해야 한다. 그
렇지 않으면 오래된 우주론은 진화론을 인정하며 예수 그리스도를 부
인하는 이론으로 낙인찍히게 될 것이다.

3.5. 성년 창조론

4세기에 시리아에 살았던 에프렘(Ephrem the Syrian)은 이런 말을
했다.

> 창조되는 데는 1분도 지나지 않았지만, 풀들은 마치 자란 지 수개월이 지
> 난 것처럼 보였다. 마찬가지로 나무들도 땅에서 솟아난 지 비록 하루밖에
> 되지 않았지만, 수십 년은 족히 지나 완전히 자란 듯 보였으며, 열매도 이
> 미 나뭇가지에 맺혀 있었다. 풀들은 이틀이 지난 뒤에 창조될 동물들을 위
> 한 먹이로 마련되었다. 4일 뒤에 낙원에서 쫓겨날 아담과 그의 후손이 먹
> 을 새로운 곡식들도 그렇게 준비되었다.[33]

그런데 자연만 그렇게 다 자란 형태로 창조된 것이 아니었다. 아
담과 하와도 아이로 창조되지 않았고, 성인으로 창조되었다. 모든 만
물이 다 그런 모양으로 창조되었다. 하지만 우리는 우주나 지구의 창
조를 생각할 때는 하나님께서 137억 년짜리 우주와 45억 년짜리 지구
를 창조하셨다는 생각을 하지 못한다. 그것은 잘못된 접근이다. 모든
만물이 성년으로 창조되었다면 우리의 우주와 우리의 지구도 나이를
먹을 만큼 먹은 우주와 지구로 창조될 수 있다. 그리고 그렇게 주장하

---

33 빅터 P. 해밀턴 외 8명, 최정호 역, 『창조 기사 논쟁』(새물결플러스, 2016), 465.

는 것을 성년 창조론이라고 말한다.

필자는 성년 창조론을 지지하는 입장이다. 성년 창조론을 주장하는 이유는, 지금까지 나온 여러 이론 중에 성년 창조론이야말로 성서와 과학적 주장을 한 데 아우를 수 있는 이론처럼 보이기 때문이다. 젊은 우주론자들이 주장하는 것처럼, 1만 년 이내로 창조되었다고 말할 수도 있고, 또 우리의 우주가 137억 년 되었다고 말할 수 있기 때문이다.

3.6. 성년 창조론이 가지고 있는 문제들

성년 창조론도 많은 비판을 받아왔다. 그중 가장 일반적인 비판은 '왜 하나님께서 그렇게 쓸데없는 짓을 하시겠는가?'이다. 왜 하나님께서 이 우주를 137억 년짜리로 창조하셨고, 왜 지구를 45억 년짜리로 창조하셨을까?

그에 대한 답은 모든 만물을 어느 정도 나이가 있게 창조하신 이유와 같다. 지구의 모든 생태계가 잘 돌아가려면, 어느 정도 시간이 흐른 모습으로 창조되어야 한다. 그것은 우주의 물리법칙도 마찬가지다. 우주의 물리법칙이 잘 돌아가게 하기 위해 우리는 잘 모르지만 하나님에게는 137억 년짜리 우주가 필요했을 것이다. 그것이 우리 눈에는 쓸데없어 보이는 일일지라도, 하나님에게는 필요한 일이었을 것이다. 그래서 창조를 연구하는 우주 과학자들은 바로 그 부분에 집중해야 한다. "왜 우리에게 137억 년짜리 우주와 이런 물리법칙이 필요했을까?" 그것이 창조론을 믿는 과학자들에게 필요한 질문이라고 생각한다.

4. 빅뱅이론과 신학적 우주론의 타협 가능성

앞에서 본 것처럼 성년 우주론은 빅뱅 우주론과 신학적 우주론에 대한 타협 가능성을 가지고 있다. 하지만 성년 우주론이 정답은 아니라고 생각한다. 과학과 신학이 발달하면서 더 좋은 대안들이 나올 수 있다. 하지만 그 대안들도 역시 정답은 아닐 것이다. 왜냐하면 육체를 가진 우리들이 하나님의 일에 대해 정확히 아는 것이 애초에 불가능하기 때문이다.

과학이 신학으로부터 분리되면서 과학자들은 과학을 통해 창조주를 증명하고 싶어 했다. 그런데 정말 과학으로 창조주를 증명할 수 있을까? 아리스토텔레스는 물리학이 신을 증명해 줄 수 있다고 보았지만 양자 물리학자인 한스 페터 뒤르(Hans Peter Dürr)는 불가능하다고 생각했다. 한스에 따르면 과학이란 사물이나 현상을 분리하고 구별하고 분석하고 그것들 사이에 어떤 관계를 묻는 것인데, 그런 방법으로는 신을 알 수 없다는 것이다.[34] 하지만 그런 그의 지적에도 불구하고 많은 과학자들이 지금도 과학이라는 도구를 통해 신을 찾으려 한다.

하지만 과학이라는 도구로 창조주를 찾는 것은 불가능하다. 우리의 이해는 하나님께서 당신을 계시하시는 그 수준까지만 도달할 수 있다. 하나님께서 감추시면 아무것도 발견하거나 발명할 수 없다. 우리는 단지 신이 남겨 놓은 그 흔적들만 확인할 수 있을 뿐이다.

다행히도 이 세상 모든 것들 속에는 다 신의 흔적이 있다. 왜냐하면 이 세상은 하나님에 의해서 만들어졌기 때문이다. 따라서 우리들은 자연을 보며 그런 신의 흔적들을 찾을 수 있다.

성서를 통한 신의 이해도 마찬가지다. 우리는 성서를 통해 신을 얼마나 정확히 알 수 있을까? 성서는 하나님의 모든 속성을 다 담고 있을까? 창세기에는 창조 과정에 대한 모든 정보들이 다 담겨 있을까? 아니다. 예수님께서 우리에게 성령을 보내 주신 이유는 성경 속에

---

34 한스 페터 뒤르 외 4명, 여상훈 역, 『신 인간 과학』(도서출판 싱크스마트, 2018), 43.

모든 것들이 다 담겨 있지 않기 때문이다.

그럼 창세기는 우리에게 무엇을 가르쳐 줄 수 있는가? 창세기는 우주가 어떻게 창조되었는지를 알려 주는 것이 아니라 하나님께서 존재하시며 그 하나님께서 우주를 창조하셨다는 것을 알려 주는 것이다. 창세기는 이 세상을 향한 하나님의 목적을 위한 책이다. 그런데 바로 그 목적이 인간이었고, 생명 탄생이었다.

실제로 창세기를 통해 우리가 확실히 알게 되는 것은 하나님께서 천지를 창조하셨다는 것이며, 그 분은 다른 신이 아니라 야훼 하나님이시고, 모세의 하나님이시자 이스라엘의 하나님이시며, 유일하신 하나님이라는 것이다. 사실 이것은 다른 고대 근동 민족들이 주장하는 것과 충돌되는 주장이었다.

창세기는 하나님이 다른 일반 창조물들과 다르다고 말하며 사람들이 믿는 범신론을 부인하고 있다. 또한 창세기를 읽다 보면, 우리는 하나님께서 당신의 피조세계에 깊이 개입하시는 장면들을 보게 되는데, 그것은 이신론도 틀렸음을 알게 해 준다. 또 창세기를 통해 우리는 우리와 하나님이 얼마나 다른지도 알게 된다. 하나님은 다른 민족들의 신과 다르게 '성'을 가지고 있지 않다. 하나님은 남성도 아니고 여성도 아니다. '성'은 오직 피조물들에게만 있다. 그리고 또 우리는 우리가 누구인지도 알게 된다. 창세기는 아담이 땅의 흙으로 만들어졌으며 하나님의 숨결이 담긴 존재라고 이야기하며, 인간이 창조세계의 일부이지만 다른 동물이나 혹은 무생물들과는 아주 많이 다른 존재임을 알려 준다. 그리고 하와를 아담의 옆구리로부터 만들었다고 말하며, 남성과 여성 사이에 동등성과 상호성이 있음을 보여 준다. 아울러 창세기는 인간의 시작과 함께 그들과 관련하여 세워진 세 가지 제도(안식일, 결혼, 일)의 기원도 알려준다. 하나님은 당신의 창조 행위를 통해 안식일을 만드셨다. 그리고 창세기 2:15에서는, '경작하고 지키게' 하기 위해 아담을 동산에 두셨다(노동은 죄에 대한 결과가 아니다). 또 결혼과 성도 타락 이전에 하나님께서 그들에게 주셨다. 창세기는 이렇게 인간과 관련된 제도의 기원을 설명한다.

이것이 바로 창세기가 우리에게 알려주는 것들이다. 하지만 어떤 이들은 우리가 이것 외에 더 많은 것들을 창세기에서 알 수 있다고 감히 말한다. 하나님의 창조 원리를 인간의 언어로 다 담을 수 있고, 그 것을 구체적으로 설명할 수 있으며, 그래서 다 이해할 수 있다고도 말한다. 하지만 그것은 하나님의 창조를 너무 수준 낮게 보는 것이다. 하나님의 창조를 너무 단순하게 보는 것이다.

하나님의 창조는 우리가 생각하는 것보다 훨씬 더 복잡하다. 그래서 주님이 다시 오실 때까지 아무도 이해할 수 없다. 그런 관점에서 보면, 오래된 우주나 젊은 우주에 대한 논쟁이 무의미할 수 있다. 엉뚱한 것을 가지고 우리들끼리 싸우는 것일 수 있다.

우리는 절대로 서로 싸울 필요가 없다. 오래된 우주를 지지하든 젊은 우주를 지지하든, 우리 모두는 이 세상이 하나님의 피조물인 것을 고백하면 된다. 방법론은 하나님의 영역이다. 하나님께서 허락하시는 부분까지만 이해하면 된다. 그것이 창조를 바라보는 바른 관점이다.

5. 결론

케네스 J. 터너(Kenneth J. Turner)는 매 학기 구약 강의 때마다 이런 말을 학생들에게 한다고 한다.

단지 진화론자들과 싸우기 위해 창세기 1장을 공부한다면 마귀가 우리를 삼키려는 그 지점에서 정확히 당하게 될 거에요.[35]

---

35 빅터 P. 해밀턴 외 8명, 최정호 역, 『창조 기사 논쟁』 (새물결플러스, 2016), 414.

창조론의 핵심 주제는 하나님이다. 창조 이야기는 이 세상을 창조하신 하나님께서 어떻게 우리 인간들과 관계를 맺게 된 것인가에 대한 이야기다. 때문에 우리는 창조 이야기를 모두 마칠 때 예배로 마쳐야 한다. 우리가 만약 창조주 하나님에 대한 이야기를 듣고 알게 되었을 때, 그 창조주 하나님께 예배드리고 싶은 마음이 생기지 않는다면, 우리는 창조주 하나님에 대해 완전히 잘못 알게 된 것이다.

그런 관점에서 우리는 우리 스스로에게 이런 질문을 던져봐야 한다. 하나님께서 빅뱅을 통해 이 세상을 창조하셨다고 해도 그 하나님께 예배를 드릴 수 있는가? 만약 그렇다면 그 사람은 빅뱅으로 이 세상을 창조하신 하나님을 믿어도 상관없다. 하지만 그것이 불편하다면, 그 사람은 7일 동안 온 우주를 창조하신 하나님을 믿으면 된다. 사실 그것이 고대근동 사람들이 믿기를 원했던 하나님의 계획이었다.

어떤 방법의 창조론을 지지하든, 우리가 그 하나님을 예배의 대상으로 믿는다면, 창세기에 나타난 창조기사는 잘 작동되고 있는 것이다. 그래서 기대하는 것은 앞으로도 많은 논쟁들이 있겠지만, 우리가 서로의 다름을 인정하고 서로 존중하며 하나님에 대한 예배로 마칠 수 있다면 하나님께서 이런 일들을 통해 영광받으실 줄 믿는다. 그리고 그 언젠가 우리 눈의 비늘이 벗겨져서 모든 것들을 이해할 수 있는 날들이 반드시 오게 될 줄 믿는다.

09

진화인가, 창조인가? 여기에 답이 있습니다

김명용 (조직신학)

서 언

다윈(C. Darwin)이 1859년 『종의 기원』(*On the Origin of Species*)을 출간하면서 진화론과 창조론의 갈등은 시작되었다. 이 갈등은 시간이 지나면서 더 깊어졌고 이 갈등과 관련한 다양한 이론들이 등장하게 되었다. 창조론을 배격한 무신론적 진화론이 등장했고, 이 무신론적 진화론에 강력히 저항한 창조과학이 등장했다. 창조론과 진화론을 조화하려는 이론도 등장했는데, 복음주의자들에 의해 등장한 오래된 지구론과, 학문적인 과학과 신학을 강조하는 기독교인들이 선호하는 이론인 유신진화론이 그것이다. 이 네 가지 이론은 오늘날까지 갈등을 일으키면서 서로의 정당성을 주장하고 있다. 어느 이론이 맞는 것일까? 답은 이 네 가지 이론이 모두 틀렸다는 것이다. 왜 틀렸을까? 그러면 바른 답은 무엇일까? 진화인가, 창조인가? 이 오래된 주제에 대한 답은 하나님의 계속적 창조론에 있다. 왜 그러할까? 하나님의 계속적 창조론이란 도대체 어떤 이론일까?

Ⅰ. 진화론은 과학인가?

많은 사람들은 진화론을 과학이라고 생각한다. 그런 이유로 진화론에 대해 이의를 제기하면 과학에 이의를 제기하는 것으로 생각하고 매우 불쾌하게 생각한다. 진화론에 이의를 제기하면 이 사람은 비과학적인 사고를 하는 사람이라고 판단하고 거리를 두려고 하는 사람들도 많다. 긴 세월 동안 창조과학이 진화론에 대해 이의를 제기하고 비판했기 때문에, '사이비 과학으로 판명된 창조과학을 또 변호하려고 하는 것이 아닌가?'라고 판단하는 사람도 많다. 특히 학문적 영역에서 진화론에 이의를 제기하면 학문의 세계에서 퇴출시켜야 한다는 분위기도 상당히 강하다. 이런 반응을 하는 사람들은 진화론을 과학과 일치시키는 사람들이다.

그런데 우선 정확하게 알아야 하는 것은 진화론은 과학적 발견에 대한 물질주의적, 유물론적 해석이다. 물론 이 해석이 맞을 수 있다. 그러나 해석이라는 점을 먼저 유념해야 한다. 다른 해석의 가능성도 있을 수 있다. 진화론이 과학이라는 것은 과학적 발견에 대한 물질주의적 유물론적 해석을 과학이라고 규정하는 것과 같다. 이 해석을 받아들이기 어려웠기 때문에 창조과학이 등장한 것으로 보인다. 그러나 창조과학의 길은 바른 길이 아니다. 창조과학은 과학에 대한 해석의 오류를 지적하고 파헤치기보다는, 과학적 발견 자체에 대한 공격에 초점을 맞춤으로 사이비 과학으로 전락하는 비극을 맞이했다. 과학적 발견은 오류가 있을 수 있다. 후기의 발견이 그 이전의 발견을 뒤집을 수 있다. 과학적 발견은 후세대의 연구를 향해 열려져 있는 발견이다. 그럼에도 불구하고 과학적 발견은 매우 많은 진실을 지니고 있다. 우리는 과학적 발견을 존중해야 한다. 창조과학처럼 과학적 발견을 부정하고 왜곡하는 일은 바른 일이 아니다. 그 길은 정통 과학계와 충돌을 일으킬 것이고, 기독교가 공적인 세계와는 동떨어진 게토 지역에 머물게 되는 비극으로 가는 것이다.

그러나 창조과학이 진화론에 대해 엄청난 불편함을 느낀 이유를 깊이 생각해야 한다. 그 이유는 진화론이 기독교의 생명이라고 할 수 있는 창조론을 붕괴시키고 있기 때문이다. 진화론은 사도신경의 첫째 항목을 부정하는 이론이다. 하나님이 전능하시고 천지를 창조하셨다는 사도신경의 첫째 항목은 결코 부정될 수 없는 기독교 신앙의 뼈대다. 유신진화론은 진화론과 조화하려고 노력했지만 결국 진화론과 타협한 이론으로 보인다. 유신진화론은 진화론을 과학으로 인정하고(이것을 인정했다는 것은 진화론이 진실이라고 믿었다는 것을 의미한다), 진화론과 타협함으로 말미암아 사도신경의 첫째 항목을 부정하거나 거대하게 수정해야 하는 심각한 상황을 만들었다.

유신진화론은 하나님이 홀로 세상을 창조하셨다는 성경의 선포와 정면으로 충돌한다. 하나님이 홀로 전능한 말씀으로 세상을 창조하셨다는 것은 성경이 계속 강조하는 메시지의 핵심이다. 유신진화론은 이 성경의 선포를 버리고, 진화론을 진리로 믿는 길로 걸어간 슬픈 이론이다. 비록 학문적인 기독교 과학자들이나 학문적인 기독교 신학자들이 많이 선호하는 이론이지만 이 이론은 성경의 가르침과 크게 충돌된다. 이 이론을 받아들이면 기독교는 성경에 기초한 기독교에서 세상 학문에 기초한 종교로 그 특징이 바뀔 것이다.

진화론은 과학적 발견에 대한 물질주의적, 유물론적 해석이다. 그런데 중요한 것은 다른 해석의 가능성도 있다는 점이다. 과학적 발견을 창조론적 시각에서 해석할 가능성도 있다는 점이다. 최근의 과학적 발견은 이 해석의 가능성을 크게 열고 있다. 우리가 가야 할 바른 길은 과학과 대립하고 충돌해서 사이비 과학으로 가는 길(창조과학의 길)도 아니고, 진화론과 타협해서 기독교 신앙의 뼈대를 허물고 성경적 기독교를 떠날 위험이 있는 길(유신진화론의 길)도 아니다. 우주와 생명체의 역사에 대한 최근의 과학적 발견은 진화론적으로 해석하는 것이 바른 해석이 아니라는 과학적 증거들이 수없이 등장하고 있다. 이 새로운 정황을 세계의 첨단의 과학자들이 알기 시작했다. 우리가 가야 할 길은 사이비 과학을 발전시키는 길이 아니고, 오늘의 첨단의 과학이 발견한 새로운 진실을 기초로 우주와 생명체의 역사에 대한 바른 해석을 하는 길이다.

안토니 플루(Antony Flew)는 신이 없다는 글을 써서 세계적 명성을 얻은 학자였다. 플루는 오늘의 무신론적 진화론의 대표 인물인 도킨스(R. Dawkins)의 스승의 그룹에 있었던 학자였다. 그런데 신이 없다는 글로 세계적 명성을 얻었던 플루가 2007년 죽기 전에 마지막으로 남긴 책은 신이 있다는 책이었다.1 플루는 과거 신이 없다는 주장을 할 때는 당시까지의 과학적 발견을 근거로 이성적으로 판단할 때 신이 없다가 옳았지만, 최근의 과학의 발견들을 이성적으로 판단할 때, 명백히 신이 있다는 것을 지시하고 있다고 주장했다. 이 플루의 주장은 옳다. 최근의 과학은 과거의 과학이 아니다. 오늘의 과학적 발견들은 무신론적 진화론이 더는 작동할 수 없도록 만들고 있다. 왜 그러할까?

II. 진화론을 붕괴시킬 수 있는 최근의 과학적 발견들

A. 보이지 않는 세계를 발견한 오늘의 양자역학

우주는 원자로 구성되어 있다는 것이 오랫동안의 물리학계의 정설이었다. 우주가 원자로 구성되어 있다는 말은 우주가 물질로 구성되어 있다는 말과 같은 말이다. 신이나 귀신이나 영적인 존재들, 영혼과 같은 것은 없다. 이유는 우주가 물질로만 구성되어 있기 때문이다. 물질로만 구성된 세계에 진화가 일어났다면 그것은 물질이나 이 우주

---

1 A. Flew, *There is A God How the world's most notorious atheist changed his mind* (New York: HarperCollins, 2007).

안에 존재하는 물질 상호 간의 인력 같은 것이 서로 연결되어 진화가 일어난 것이다. 우주가 원자로만 구성되어 있다는 유물론적 물리학과 우주와 생명체가 물질에 의해 진화가 일어났다는 진화론이라는 유물론은 같은 토양 위에 있는 이론들이다.

그런데 우주가 원자로 구성되어 있다는 주장은 이제는 더 이상 유효하지 않다. 원자 안에는 양성자와 중성자가 있고, 또 전자가 있다는 것을 알게 되었기 때문이다. 그리고 더욱 작은 소립자들인 쿼크(quark)가 6개가 있고, 렙톤(lepton)이 6개가 있다. 2012년에는 힉스보손(higgsboson)이 발견되었다. 그리고 이 우주에는 중력과 전자기력과 강한 핵력과 약한 핵력이 있다. 이것들이 우주를 구성하는 요소라는 것이 발견되었다. 세계의 물리학이 엄청나게 발전한 것이다. 우주를 구성하는 것은 13개의 소립자들과 4개의 힘인 것이다. 그러나 이 모든 것들은 여전히 물질적인 어떤 것들이다. 엄청난 미시세계의 것들을 발견한 것에 대해 경탄할 수는 있지만, 신학적으로는 아직 어떤 변화를 일으킬 만한 것이 발견된 것은 아니었다.

그런데 이 엄청나게 작은 소립자들이 양자파동(요동)에서 생겨난다는 것도 발견되었다. 이것은 신학적으로 매우 중요한 것이었다. 이유는 세상의 모든 것의 근원은 하나님이라고 신학이 주장했는데, 양자파동이라는 질량도 없는 곳에서부터 소립자들이 등장한다는 것을 세계의 과학이 알게 되었기 때문이다. 세계의 무신론자들은 쾌재를 올렸고, 기독교 신학자들은 심각한 곤경에 처하게 되었다. 우주가 저절로 물질을 만들어 내는 것이었다. 신이 존재하고 있는 것이 아니었다. 어머니인 우주가 저절로 모든 것을 만들고 있는 것이었다.

그런데 더욱 중요한 것이 발견되었다. 이 중요하고 중요한 것은 1998년 이스라엘의 와이즈만 과학원(Weizmann Institute of Science)의 헤이블럼(M. Heiblum) 교수팀에서 실험을 통해 발견한 것인데, 양자파동이 의식에 의해 붕괴되고 소립자가 탄생한다는 것이었다. 이 실험은 「네이처(Nature)」가 '물리학 역사에서 가장 아름다운 실험'이라고 극찬한 실험이었다.[2] 이 실험은 그 이후 세계 많은 곳에서 실험이 이루어졌고 마침내 과학적 정설이 되었다. 양자역학의 선구자인 막스 플랑크(Max Planck)는 오래 전에 우주의 근원(matrix)이 의식과 정보일 것으로 추론했고, 그 이후 수많은 양자역학의 선구자들이 주장했던 내용이었다. 이것이 실험적으로 입증된 것이었다.

오늘의 양자역학의 첨단의 과학자들은 우주의 근원이 의식과 정보일 것으로 믿고 있다. 이 의식과 정보가 양자파동을 붕괴시키고 물질을 탄생시킨 것이다. 우주에는 물질만 있는 것이 아니다. 물질 배후에는 보이지 않는 의식과 정보가 존재하고 있다. 토마스 네이글 (Thomas Nagel)은 『정신과 우주』(Mind and Cosmos)라는 책을 저술하면서 신다윈주의자들의 자연에 대한 관점은 거의 확실하게 오류라는 부제를 붙였다.[3] 이유는 자연이 물질로만 구성되어 있지 않기 때문이다. 진화론은 자연이 물질로만 구성되어 있다는 물질주의적 이해에 기초하고 있다. 그런데 물질이 아닌 세계가 있다는 것을 양자역학이 발견한 것이다.

그러면 이 물질이 아닌 세계는 무엇일까? 아미트 고스와미(Amit Goswami)라는 오레곤 대학의 양자물리학자는 『영혼의 물리학』 (Physics of the Soul)이라는 유명한 책을 저술했다.[4] 물리학과 영혼이 연결된 이 유명한 책을 소개하는 글에 "신에 대한 과학의 재발견"(A Scientific Rediscovery of God)이라는 표현이 등장했다. 정말 양자역학이 신을 발견한 것일까? 2016년 세계의 첨단의 양자물리학자들이 캐나다 밴프(Banff)에서 모였다. 이때 이들은 우주적 정신(Cosmic

---

2 Nature vol. 391 (1998, 2), 871-874.

3 T. Nagel, Mind and Cosmos, Why The Materialist Neo-Darwinian Concept of Nature is Almost Certainly False (Oxford: Oxford University Press, 2012).

4 Amit Goswami는 The Selfaware Universe (1993), Physics of the Soul (2000), God is not dead (2008) 등 많은 양자 물리학 책을 저술하면서, 우주의 근원에 영이 있고 신이 있다는 것을 밝혔다. Amit Goswami의 종교적 배경은 힌두교이다.

Mind)에 대해 토론하기 시작했다. 물질적 우주의 근원에 우주적 정신이 있는 것이 아닐까라는 토론이었다. 의식과 신의 존재를 연구한 신학자 모어랜드(J. P. Moreland)는 그의 책 『의식과 하나님의 존재』(*Consciousness and the Existence of God*, 2009)에서 '의식으로부터의 신 논증'이 가능하다고 밝혔다. 과학과 신학 분야의 세계적 권위를 갖고 있는 옥스퍼드(Oxford)의 신학자 케이스(Ward Keith)는 양자역학이 신으로 가는 길을 열고 있다는 데에 동의했다.[5]

우주적 정신은 하나님의 영일 것이다. 지구가 태양을 돌고 달이 지구를 도는 것은 중력에 의한 것만이 아닐 것이다. 그 배후에는 하나님의 영이 존재할 것이다. 하나님의 영의 힘이 우주를 지탱하는 힘일 것이다. 오늘의 양자역학은 보이지 않는 세계의 경계에 도달한 것으로 보인다. 그리고 양자역학이 발견하고 있는 보이지 않는 세계는, 이 세상이 물질로만 구성되어 있고 물질에 의해서만 진화가 이루어졌다는 진화론적 세계관이 더 이상 유효하지 않다는 것을 강하게 암시하고 있다.

B. 세포 속의 천문학적 정보를 발견한 분자 생물학

오늘의 분자 생물학은 세포 속에 존재하는 천문학적 정보를 발견했다. 세포를 구성하는 기본 단위인 아미노산은 20개의 서로 다른 종류가 존재한다. 이 아미노산이 정확하게 그 자리에 존재해야 최소 단위의 생명체가 존재할 수 있는 최소한의 기초가 마련된다. 이 문제를 깊이 연구한 더글러스 엑스(Douglas Axe)에 의하면 최초의 세포에 평균 150개의 아미노산으로 된 단백질이 최소한 250개가 필요하기 때문에 이에 필요한 정보는 10의 사만 일천 승이다. 이는 우연에 의해 최초의 가장 간단한 세포가 형성될 가능성은 10의 사만 일천 승 분의

---

5 김명용, 『과학시대의 창조론』(서울: 온신학출판사, 2020), 29-32.
6 김명용, 『진화인가, 창조인가? 최근의 과학적 발견과 신학이 내린 새로운 결론』(서울: 온신학출판사, 2022), 189-195.

일이라는 뜻이다. 이 말의 뜻은 자연 상태에서 우연히 세포가 만들어질 가능성은 전혀 없다는 뜻이다.[6]

자연 상태에서 세포가 우연히 만들어질 가능성이 전혀 없다는 놀라운 진실이 세계에 본격적으로 알려진 계기는 스티븐 마이어(Stephen Meyer)가 2009년 『세포 속의 시그니처』(Signature in the Cell)라는 대단히 중요한 책을 출간하면서부터다. 물론 마이어 이전에 영국 캠브리지(Cambridge)의 저명한 학자 프레드 호일(Fred Hoyel)이 우연히 최초의 세포가 만들어질 가능성은 10의 4만 승 분의 일이라고 주장한 바 있다. 그런데 이 주장이 분자 생물학의 발전으로 명확하게 밝혀진 것이다. 그런데 더 최근의 연구는 우연에 의해 생명체가 등장할 가능성이 전혀 없다는 연구가 미국의 세계적 나노 학자 제임스 투어(James Tour)에 의해 밝혀졌다. 2020년 출간된 『생명 기원에 대한 신비』(The Mystery of Life's Origin)라는 책에서 투어는 우연에 의해 생명이 탄생될 가능성은 10의 790억 승 분의 일이라고 밝혔다.[7] 이 말의 뜻은 10의 790억 승의 정보가 있어야 생명체가 존재할 수 있었을 것이라는 말이다. 생명체가 우연에 의해 존재할 가능성은 절대로 없다는 말이다.

이 어마어마한 정보는 어디서 왔을까? 물리적 힘이나 화학적 힘이 정보를 창출했을까? 지금도 우연에 의해 정보가 만들어질 수 있다고 상상하는 어리석은 무신론적 과학자들이 있다. 그들은 물리적 힘이나 화학적 힘이 정보를 만들었을 것으로 상상한다. 그런데 유념해야 하는 중요한 것은 힘은 정보를 만들지 못한다는 점이다. 특별히 유념해야 하는 것은 복잡한 정보는 힘이 결단코 만들지 못한다는 점이다! 『세포 속의 시그니처』를 쓴 마이어에 의하면 진화론은 세포 속의 천문학적 정보의 출처를 밝히는 데 실패했다. 이 말은 오늘의 분자 생물학이 진화론을 허물고 있다는 뜻이다. 진화론은 정보 문제에 걸려 붕

---

7 James M. Tour, "We are still cluless about the Origin of life", Discovery Institute(ed.), *The Mystery of Life's Origin* (Seatle: Discovery Institute Press, 2020), 342.

괴하고 있다.

마이어에 의하면 정보는 어떤 지성적 존재로부터 오는 것이다. 지성이 정보를 만들지, 중력이나 인력 같은 세상 속의 힘들이 만들 수 있는 것이 아니다. 거대한 건축물의 정보는 설계도 속에 있다. 그런데 중력이 설계도를 만들 수 있을까? 아니면 토네이도가 불어오면 설계도가 만들어질까? 토네이도가 불어오면 존재하던 정보도 흩어져서 없어진다. 세상 속의 힘들은 정보를 만드는 존재가 아니다. 세포 속에도 거대한 건축물 이상의 설계도가 존재한다. 이 설계도는 지성적인 존재에 의해 만들어진 것이다. 오늘의 최고의 신학자 위르겐 몰트만(Jürgen Moltmann)에 의하면 이 정보는 하나님의 영(Gottes Geist)으로부터 온 것이다. 생명체의 설계도는 하나님의 영으로부터 온 것이다.[8] 그리고 설계도대로 조립한 것도 하나님의 영으로부터 오는 신비한 창조적 힘일 것이다.

C. 정교하게 조율된 우주(A Fine-Tuned Universe)

우주가 정교하게 조율되어 있다는 것은 오늘의 천체 물리학의 놀라운 발견이다. 설계론을 사이비 과학이라고 정죄하던 정통 물리학계가, 정교하게 조율된 우주 개념을 과학적 진실로 받아들인 것은 이율배반적이고 놀라운 일이다. 설계론과 정교하게 조율된 우주라는 오늘의 과학적 이론 사이에 어떠한 차이가 있는 것일까? 설계론은 신을 끌어들이는 이론이기 때문에 사이비 과학이고, 우주가 정교하게 조율된 것은 우연에 의해 일어난 것이기 때문에 과학적인가?

우주가 정교하게 조율된 것은 우연에 의해 일어날 가능성이 없다. 정말 과학적으로 생각한다면 우주의 정교하게 조율됨은 우연에 의해 일어날 가능성이 없다고 판단해야 한다. 무신론적 과학자들이 과학계에 너무나 많이 있기 때문에 우주의 정교하게 조율됨을 우연에 의한

---

8 J. Moltmann, *Gott in der Schöpfung*, 김균진 역, 『창조 안에 계신 하나님』(서울: 기독교서회, 2017), 318.

것이라고 강변하고 있지만 너무나도 설득력이 떨어진다.[9]

태양을 생각해 보자. 태양은 수소 핵 융합 발전소다. 수소 핵 융합 발전소를 만드는 것은 세계의 꿈이다. 그 이유는 수소 핵 융합 발전소의 건립을 성공하면 세계의 에너지 문제를 순식간에 해결할 수 있기 때문이다. 수소 핵 융합 발전은 청정 에너지의 탄생을 의미하고, 원자력 핵 발전소와는 비교할 수 없는 어마어마한 에너지를 창출해내기 때문이다. 그러나 아직 세계는 이 수소 핵 융합 발전에 성공하지 못하고 있다. 세계 최고의 지성과 과학자들이 연구하고 실험하고 있어도 아직은 길이 멀어 보인다. 한국의 케이-스타(K-STAR)는 고온의 플라즈마를 만들어 30초 동안 존재하게 해서 세계에 이 분야에서 가장 앞서가는 기술을 갖고 있다. 고온의 플라즈마는 수소 핵 융합 발전의 첫 단계일 뿐이다.

어마어마한 수소 핵 융합 발전소인 태양이 우연히 존재하게 되었을까? 우선 대단히 복잡한 수소 핵 융합 발전을 위한 설계도가 있어야 한다. 태양의 수소 핵 융합 발전을 위해서는 이천만 도가 넘는 플라즈마가 있어야 한다. 이 고온의 플라즈마가 있어야 수소 핵 융합이 일어난다. 그리고 핵 융합이 일어나면 엄청난 에너지가 나오는데 그 에너지를 일정하게 통제해야 할 것이다. 그것이 일정하게 통제되지 않으면 지구는 그 날로 파멸을 맞이할 것이다. 우리가 강에서 보는 수력 발전소 가운데 우연히 생겨난 것이 있는가? 중력이나 전자기력 같은 세상에 존재하는 힘들이 수력 발전소를 만든 경우를 본 적이 있는가? 태양은 어마어마하게 정교하게 조율된 항성이다. 이 태양이 우연히

---

9 정교하게 조율된 우주라는 놀라운 진실의 천문학적 발견은 설계자인 신을 요청하는 이론이다. 그러나 무신론적 진화론자들은 우연히 정교하게 조율된 우주가 존재할 수 있다는 것을 이론적으로 주장하기 위해서 다중우주론을 언급하고 있다. 그러나 다중우주론은 또 다른 어마어마한 정교하게 조율된 우주를 가정하는 이론이기 때문에 무신론을 입증하지 못하고 더 장엄한 신의 존재를 드러내는 이론이다. 다중우주론은 신의 장엄함을 더 하는 이론이다. 이에 대해 다음을 참고하라. 김명용, 『진화인가, 창조인가?』, 157-163. 물론 다중우주론은 가설의 차원을 벗어나지 못하고 있는 이론인 까닭으로 진정한 학문적 토론의 대상이 되기 어렵다.

존재할 가능성은 지구 상의 생명체가 우연히 존재할 가능성에 비교할 수 있다. 태양의 존재를 위해서는 10의 790억 승을 넘는 정보가 있어야 할 것이다. 이 정보가 우연히 창출될 가능성은 없다! "하늘이 하나님의 영광을 선포하고 궁창이 그 손으로 하신 일을 나타내는도다"(시 19:1).

생명체에만 천문학적 정보가 있는 것이 아니다. 우주 안에는 어마어마한 천문학적 정보가 있다. 우주의 정교하게 조율됨은 우주 안에 존재하는 천문학적 정보와 상응하는 개념이다. 최초의 빅뱅이 일어나고 난 후 38만 년이 지난 후에 우주에 등장한 최초의 빛을 발견한 사람들은 모두 노벨상을 받았다. 과학적 용어로 우주 배경 복사(cosmic microwave background)의 발견이다. 조지 스무트 3세(Jeorge Smoot III)는 이 우주 배경 복사를 더욱 깊이 연구해서 2006년 노벨상을 받았다.[10] 그런데 스무트는 이 우주 배경 복사에 매우 미세한 패턴들이 있다는 것을 발견했다. 10만 분의 일의 차이로 존재하는 이 미세한 패턴을 발견했는데, 우주가 이 패턴대로 오늘날 존재하고 있는 것이었다. 우주의 설계도라는 것을 스무트는 알았다. 스무트가 말한, '당신이 종교를 갖고 있다면 여기서 신의 얼굴을 보게 될 것'이라는 것은, 이곳에서 신의 우주 설계도를 발견할 것이라는 뜻이었다. 우주는 우연히 존재하고 있는 것이 아니다.

태양은 우주의 먼지가 모인 곳에서 우연히 창발한 항성이 아니다. 태양은 성운이 모인 곳에서 하나님께서 창조하신 항성이다. 성운이 모이도록 한 것도 하나님의 창조적 활동일 것이다. 태양과 같이 복잡하고 복잡한 정보를 가진 항성이 우연히 존재할 가능성은 없다. 태양계의 존재도 마찬가지다. 지구라는 별도 우연히 생겨난 별이 아니다. 지구는 매우 희귀한 별이다. 지구가 존재하기 위해서는 끝없이 많

---

10 조지 스무트 3세는 COBE 팀의 대표로 2006년 "우주 마이크로파 배경의 비등방성의 발견"으로 존 메더와 함께 2006년 노벨상을 받았다. 물리학계의 표준이론인 빅뱅이론에서는 이 비등방성이 발전해서 오늘의 우주를 만들었다고 보고 있다.

은 복잡한 정보가 있어야 한다. 지구의 존재는 정보의 극치이고 신비의 극치이다. 우연히 지구가 존재할 가능성은 없다. 우주는 처음부터 우리가 올 것임을 어쩌면 알고 있었던 것 같다고 말한 프리먼 다이슨(Freeman John Dyson)의 말도 유념할 필요가 있다. 우주의 초기 조건들이 이미 지구에 인간이 출현하도록 필요한 놀라운 조건들을 채우고 있었기 때문이다.[11]

아랍 에미레이트의 두바이에 있는 세계에서 가장 높은 건물인 부르즈 할리파는 163층 828m의 대단히 높은 건축물인데 한국의 삼성물산이 시공을 맡아 성공적으로 건축한 건물이다. 그런데 이 부르즈 할리파가 우연히 두바이에 생겨났다고 하면 정신이 이상한 사람일 것이다. 그런데 이 우주는 부르즈 할리파와는 정말 비교가 안 되는 어마어마한 건축물이다. 부르즈 할리파의 역학 관계에 약간의 실수가 있었으면 그 건물은 붕괴할 것이다. 우주도 마찬가지다. 소위 우주상수라는 숫자는 우주라는 건축물이 존재하기 위한 필수적인 숫자다. 이 숫자에 약간의 변화만 있어도 우주는 붕괴한다. 중력이나 핵력의 약간의 변화, 양성자와 중성자의 크기의 약간의 변화 등, 미세한 변화만 있어도 우주가 붕괴한다는 것을 오늘의 물리학자들은 알고 있다. 우주의 정교하게 조율됨은 이 우주상수와 깊은 관계가 있다. 부르즈 할리파의 정교하게 조율됨도 설계에 있어서의 역학관계의 정교하게 조율됨과 관계되어 있다. 부르즈 할리파의 존재와 우주의 존재가 무엇이 다를까? 우주는 부르즈 할리파와는 비교가 안 되는 더욱 어마어마하고 정교하게 조율된 건축물이다. 우주의 정교하게 조율됨은 하나님의 창조를 지시하고 있다. "집마다 집 지은 이가 있듯이 만물을 지으신 이는 하나님이시니라"(히 3:4).

---

11 다음의 책도 참고하라. P. Davis, *The Goldilocks Enigma: Why is the Universe just for Life* (London: Allen Lae, 2006).

D. 캄브리아기(cambrian)의 생명체 대폭발

선캄브리아기의 지층에는 아무것도 없는데 왜 캄브리아기의 지층에는 엄청난 생명체가 갑자기 폭발적으로 나타났을까? 캄브리아기의 생명체 대폭발의 사건이 진화론에 제기하는 질문이다. 진화론은 생명체가 조금씩 조금씩(step by step), 돌연변이와 자연선택의 과정을 통해 진화했다는 이론이다. 그런데 생명체가 본격적으로 나타나는 캄브리아기에 삼엽충을 비롯한 오늘의 생명체의 다수의 문들(phyla)이 중간 단계는 전혀 없이 갑자기 등장한 것이다. 수만 개의 중간 단계가 있어야 하는데, 아무것도 없는 것이다. 이것이 과학의 진실이고, 화석학의 진실이다.

『종의 기원』을 쓴 다윈은 영국의 웨일즈 지방의 캄브리아기의 화석을 알고 있었다. 이 캄브리아기의 화석은 자신의 이론을 붕괴시킬 수 있다는 것도 알고 있었다. 그러나 그는 확신을 가지고 있었다. 화석이 더 많이 발견되면 자신의 이론이 입증될 것이라고 믿었다. 그런데 20세기 초 캐나다 록키 산맥의 혈암층에서 엄청난 양의 캄브리아기의 화석이 발견되었다. 그러나 결과는 다윈이 기대한 것과는 정반대였다. 아래 지층인 선캄브리아기의 화석에는 아무것도 없는데 캄브리아기의 화석에는 엄청난 생명체가 완전한 모습으로 폭발적으로 등장한 것이다. 캐나다 혈암층의 캄브리아기 화석의 전문가인 캠브리지 대학의 고생물학자 모리스(S. C. Morris)는 캄브리아기의 화석을 연구하면서 무신론적 진화론이 오류임을 즉시 알았다.[12]

일반인들 중에는 화석이 많이 발굴되면 창조론은 무너지고, 진화론이 입증될 것이라고 생각하는 사람들이 많다. 이런 거짓 주장을 지금도 하고 있는 무신론적 진화론자들 역시 많다. 그러나 화석의 발견은 진화론에 치명타를 날리고 있다. 1980년 대에 중국 서남부 윈난성

---

12 Morris는 캄브리아기 화석 연구의 세계적 권위자이다. 그는 캄브리아기 화석을 연구하면서 진화가 하나님의 창조라고 파악했다. 더 나아가서 지구상에 인간의 출현은 필연적(inevitable)이라고 밝혔다. 참고하라. S. C. Morris, *Life's Solution: Inevitable Humans in a lonely Universe* (Cambridge: Cambridge University Press, 2003).

에서 또 엄청난 캄브리아기의 화석이 발견되었다. 이 화석 연구는 지금도 계속되고 있다. 쳉지앙 화석으로 불리는 이 화석은 그 양과 질에 있어서 가장 많고 획기적인 것이었다. 그런데 이 화석 연구의 전문학자인 중국인 쳉(Chen J. Y.) 교수는 진화론을 비판하면서, 화석의 발견에서 알게 된 것은 진화론이 주장하는 진화의 나무는 틀렸고, 오히려 거꾸로 현상이 맞다는 것이었다. 거꾸로 현상이라는 것은 완전한 생명체가 먼저 등장하고, 거기에서부터 변화되는 것들이 나타난다는 것이었다. 이것이 화석이 얘기하는 진실이고 과학적 발견이 언급하는 진실이다.[13]

급해진 무신론적 진화론자들은 이 새로운 발견을 진화론적으로 새롭게 해석해야 하는 어려운 과제를 안고 씨름하게 되었다. 이 곤경의 결과로 나온 이론이 하버드 대학의 고생물학자였던 굴드(Stephen Jay Gould)가 주장한 단속평형설(punctuated equilibrium)이었다. 단속평형설이란 진화가 상당한 기간 동안은 진행되지 않고 평형으로 가다가 진화가 일어날 때는 급속하게 빠른 속도로 일어난다는 이론이다.[14] 굴드가 이 단속평형설을 발표하자 무신론적 진화론자들은 살길을 찾았다고 생각하고 이 이론을 세계에 퍼뜨리기 시작했다. 한동안 이 이론이 세계에 크게 영향을 미쳤고, 신학자들까지 이 이론을 언급하면서 캄브리아기의 생명체 대폭발은 진화론을 붕괴시킬 수 있는 이론이 아니라고 주장하는 코메디 같은 상황이 연출되었다.

그러나 단속평형설은 굴드가 고생물학계에 갖고 있었던 엄청난 권위와 위상 때문에 일시적으로 힘을 발휘한 것뿐이지 과학적 진실도 아니고, 진화론을 살리는 이론도 아니었다. 이유는 진화론은 진화가 스텝 바이 스텝으로 점진적으로 돌연변이와 자연선택으로 일어난다

---

13 이론 물리화학자 이재신은 분자 생물학과 화석의 기록이 진화론을 위기에 빠뜨리고 있다고 과학적으로 명쾌하게 설명하고 있다. 이재신, 『진화는 가고 설계가 온다』(서울: 겨울나무, 2017), 46–79.

14 단속평형설의 오류에 대해서는 다음을 참고하라. 김명용, 『과학시대의 창조론』, 97–102.

는 이론인데, 진화가 갑자기 급속도로 일어난다면 정통 다윈주의 진화론의 골격을 부수는 행위이기 때문이었다. 또 그렇게 급속도로 일어났다면 진화론보다 창조론이 입증될 가능성이 매우 커지기 때문이었다. 굴드의 단속평형설은 그가 세상을 떠나면서 그의 이론의 힘도 사라져갔다. 대신 선캄브리아기에 어떠한 중간 단계를 발견하고자 하는 노력이 진화론자들에 의해 끊임없이 이루어졌다. 그러나 발견하지 못한 것이 오늘의 과학과 화석학의 진실이다. 물론 어떤 것들을 발견한 것이 있는데 연결 고리로 보기에는 너무나 가능성이 없는 것들이어서 무신론적 진화론적 과학자들까지도 언급하지 못하고 있다.

다급해진 무신론적 진화론자들은 급속도로 일어난 진화에 대해 새로운 해석을 만들기 시작했다. 이 새로운 해석은 진화의 시간을 엄청나게 단축하는 것인데, 진화가 점진적으로 일어나지만 몇 백만 년이면 충분히 새로운 종이 탄생할 수 있다는 식의 해석이다. 이 해석은 과학적으로 거의 불가능한 해석으로, 일종의 사이비 해석이라고 평가할 수 있는데, 무신론적 진화론자들은 자신들이 사이비 과학으로 가는 길을 부끄러움도 없이 걸어가고 있다. 그러나 2016년 세계 최고 수준의 고생물학자 및 생물학자가 모인 영국 런던의 왕립학회(Royal Society)에서 개회 강연을 한 오스트리아 빈 대학의 유명한 교수 게르트 뮐러(Gerd Müller)는 정통 다윈주의의 돌연변이와 자연선택의 매커니즘으로 복잡한 생명체의 갑작스러운 탄생을 설명하는 것은 완전히 불가능하다고 정확하고 바르게 언급했다.

오늘의 무신론적 진화론의 대표적 인물인 도킨스는 눈의 진화가 50만 년 만에도 탄생할 수 있다는 너무나도 비과학적인 주장을 씩씩하게 하고 있다.[15] 눈의 진화가 50만 년 만에 일어났다면 그것은 거의 하나님의 창조 사역이 분명한데, 어떻게 돌연변이와 자연선택이라는 진화론의 매커니즘으로 탄생이 가능하단 말일까? 도킨스에 의하면

---

15 도킨스의 이와 같은 주장과 이에 대한 비판을 위해 '도킨스 진화론의 오류와 허구'에 대해 자세히 언급한 다음의 책을 참고하라. 김명용, 『진화인가, 창조인가?』, 135-141.

덩어리 상태의 반투명한 젤리 같은 것이 빛을 감지하게 시작하면 바늘구멍 같은 눈이 되고, 이내 겹눈이나 카메라 눈이 탄생한다는 것이다. 그러나 눈에 있는 정보의 복잡성은 현재 인간이 만든 모든 설계도를 합친 것보다 더욱 복잡한데, 우연에 의해 그 짧은 기간 동안 진화가 정말 가능할까?

기린의 목이 길어진 것도, 추정하건대 오카피 같은 동물에서 유전자가 한 개 변이가 일어나면 이내 목이 길어져서 짧은 시간 만에 기린이 탄생할 수 있다고 도킨스는 주장했다. 그런데 오카피의 뼈 유전자 한 개만 변하면 기린이 정말 될까? 피부의 유전자도 변해야 하고, 피부의 유전자도 내부 피부 유전자와 외부 피부 유전자가 다를 것인데 그 모든 것이 변해야 하고, 혈관의 유전자도 변해야 하고, 신경의 유전자도 변해야 하고, 뇌세포도 변해야 하고, 목이 길어지면 무게가 무거운 까닭으로 허리뼈의 유전자도 변해야 하고, 다리뼈의 유전자도 변해야 하고, 심장이나 허파의 유전자도 변해야 할 것이다. 몸무게가 달라졌는데 심장과 허파가 그대로 있으면 얼마 지나지 않아 심장과 허파는 망가질 것이다. 그런 까닭에 한두 개의 유전자에 변이가 일어나면 그 생명체는 불구가 되든지 죽는다. 생명체는 매우 정교하게 조율되어 있기 때문에 유전자의 변이는 이내 심각하게 위험한 상황을 만든다. 도킨스가 이와 같은 허술한 주장을 다급하게 하는 것은 화석의 증거가 진화론을 입증시키는 것이 아니라 진화론을 파괴시키고 있기 때문일 것이다.

캄브리아기의 생명체 대폭발은 고아 유전자의 대폭발이기도 하다. 마이어에 의하면 캄브리아기는 정보의 대폭발의 시대다. 진화를 설명하려면 유전자의 출처를 설명해야 하다. 그런데 그 엄청난 고아 유전자들은 어디서 왔단 말인가? 유전자뿐만 아니라 생명체 안에는 엄청난 정보가 있다. 그 엄청난 정보가 어디서 왔단 말인가? 2013년 뉴욕 타임즈의 베스트 셀러가 된 마이어의 책, 『다윈의 의문』

(*Darwin's Doubt*)은 이 문제를 과학적으로 제기한 매우 중요한 저술이다. 마이어에 의하면 진화론은 정보 문제에 대해 아무것도 말하지 못하는 심각하게 결함이 있는 이론이다. 진화론은 과학적 발견을 잘못 설명하고 있는 이론이다. 물질은 정보를 만들지 못한다. 정보는 인격적 존재에 의해 만들어지는 것이다. 진화론은 정보의 문제에 걸려 붕괴할 것이다.

마이어에 의하면 오늘의 과학적 발견들은 신의 존재 가설에 힘을 실어주고 있다. 정교하게 조율된 우주라는 천체물리학의 발견, 세포 속의 천문학적 정보를 발견한 분자 생물학의 발견, 캄브리아기의 화석의 발견과 갑작스러운 생명체의 출현이라는 과학적 진실들은 신을 향한 길을 열고 있다. 마이어는 이런 과학적 진실들을 기초로『신 가설의 회귀』(*The Return of God Hypothesis*)라는 매우 중요한 책을 2020년 출간했다.

E. 강한 창발(strong emergence)의 불가능성과 최근의 뇌 과학의 발견

무신론적 과학철학자 대니얼 데닛(Daniel Dennett)의 책『박테리아에서 바흐까지, 다시 박테리아로』(*From Bacteria to Bach and Back*)가 한국어로 번역 출간되었다. 데닛은 강한 창발의 가능성을 믿고 있는 과학철학자다. 그런 까닭에 바흐(Bach)의 위대한 음악도 박테리아에서 진화되어 만들어진 것이라고 부끄러운 줄도 모르고 씩씩하게 언급하고 있는 것이다. 아마 이 책을 읽는 많은 사람들도 그것이 맞다고 생각하면서 인간의 존엄성을 모르는 한심한 길로 가게 될 것이다. 인간이 박테리아에서 왔고 다시 박테리아로 돌아간다면 인간의 존엄성은 어디 있는 것일까? 허무한 자연주의 과학은 허무한 철학을 만들고 인간을 허무한 세계관 속에서 살아가게 만들 것이다.

데닛의 심각한 오류는 인간의 정신이 뇌에서 창발한다고 생각하는 오류다. 이 오류는 거의 모든 무신론적 과학자들이 범하는 오류이기도 하다. 인간의 뇌에서 인간의 의식과 정신이 창발한다는 것을 강한 창발이라고 한다. 그런데 이 강한 창발은 거짓이다. 이유는 지금까지 그 어떤 과학적 실험에서도 밝히지 못했기 때문이다. 인간의 정신이나 의식의 존재는 아직까지 과학적으로는 완전한 신비(mystery)다.

수소와 산소가 모여서 물이 된다. H^2와 O가 합쳐서 물인 H^2O가 되는 것이다. 무신론적 과학자들에 의하면 물의 특성은 수소나 산소의 특성과는 완전히 다르다. 그런데 수소 분자 둘과 산소 분자 하나가 만나니까 전혀 다른 물이 된 것처럼, 인간의 뇌의 전기 반응이 전기 반응과는 전혀 다른 인간의 정신과 의식을 만든다는 것이다. 그런데 이 논리는 완전한 거짓이다. 이유는 수소와 산소가 만나 물이 되었을 때, 물은 여전히 물질이다. 물질인 수소와 물질인 산소가 물질인 물을 만든 것이다. 그리고 물을 다시 분해하면 수소 두 분자와 산소 한 분자로 분해된다. 그러나 뇌의 전기 반응에 의해 정신이 생겨났다는 것은 완전히 다르다. 뇌의 전기 반응은 물질적 반응이다. 그런데 물질적 반응에서 어떻게 물질이 아닌 정신이 등장한단 말인가? 수소와 산소가 만나 물이 된 것은 물질이 물질과 만나 다른 물질이 된 것이다. 그리고 분해하면 다시 원래의 물질로 돌아간다. 그런데 정신을 분해하면 전기 반응이 나오는가? 바흐의 음악을 분해하면 전기 반응으로 회귀하는 것인가?

인간의 정신이 만든 놀라운 것들이 많다. 헤밍웨이(E. Hemingway)의 소설 『노인과 바다』(The Old Man and the Sea)는 대단한 역작이다. 그런데 『노인과 바다』를 분해하면 전기 반응으로 회귀하는가? 무신론적 과학자들은 인간의 정신도 물질에 불과하다는 참담한 전제를 아직도 고수하고 있다. 그런데 인간의 정신은 물질이 아니다. 그것은 하나님의 형상으로서의 인간이 지닌 본질적인 어떤 것이고, 보이지 않는 어떤 것이지만, 물리적으로 보이지 않는 것뿐이지 실존하고 있는 어떤 것이다. 동물들도 의식을 갖고 있지만, 동물의 의식은 인간의 의식과는 질적으로 큰 차이가 있다. 동물에게는 시간 개념이 없다. 추상적인 사고를 하지 못한다. 미래를 생각하고 영생을 생각하고, 신의 존재를 생각할 수 있는 존재는 인간뿐이다. 그런 까닭에 성경은 인간만을 하나님의 형상으로 규정하고 있는 것이다.

강한 창발은 거짓말이다. AI가 인간을 지배하는 세계가 올 것이라는 미래 학자들의 말도 거짓이다. AI가 인간을 지배하는 시대가 올 것이라고 언급하는 미래 학자들은 일반적으로 강한 창발을 믿고 있는 무신론자들이다. 특이점(Singularity)의 시기가 지나면 AI가 인간의 능력을 추월하고 AI가 세계를 지배하는 진화의 다음 단계가 온다는 가설은 거짓 이론에서 나온 거짓 가설이다. 이유는 강한 창발은 없기 때문이다. AI는 컴퓨터와 같은 기계다. 느끼고 사랑하고 영생을 생각하는 정신을 가진 존재가 아니다. 인간의 뇌에서 일어나는 전기 반응은 뇌가 스스로 일으키는 경우도 있고, 인간의 정신이 인간의 뇌를 사용할 때 일어나는 현상이기도 하다.

뇌가 스스로 일으키는 전기 반응은 수없이 많다. 그러나 우리는 잠들었을 때는 그 전기 반응이 무엇인지 전혀 모른다. 잠을 잘 때도 뇌는 끝없이 전기 반응을 하고 있다. 그러나 우리는 그것이 무엇인지 전혀 모른다. 이것은 뇌와 의식이 구분된다는 의미다. 뇌의 전기 반응과 의식을 동일시하면 안 된다. 이 동일시는 물질만 있다고 믿고 있는 진화론자들이 흔히 범하는 오류다. 꿈은 뇌 안에서 일어나는 전기 반응을 인간의 의식이 약간 깨어서 읽기 시작했을 때의 일이다. 인간의 정신은 전기 반응을 읽어내는 능력이 있다. 이것은 인간이 책의 문자들을 읽어내는 능력을 갖고 있는 것과 유사하다. 꿈이 뒤죽박죽인 이유는 뇌의 전기 반응이 뒤죽박죽으로 일어나기 때문이다. 꿈에 약간의 스토리가 생기는 것은 의식이 약간 깨어나 있기 때문이다. 인간의

---

16 Yair Pinto, Edward H. F. de Haan, Victo A. F. Lamme, "The split brain phenomenon revisited: a single conscious agent with split perception", in: *Trends in cognitive science* 21(11), 835-837, 2017.

뇌와 정신은 하나의 통일체이지만 둘 사이는 구분된다. 차이는 정신은 물질이 아니고 뇌는 물질이다. 인간의 정신은 뇌 안의 전기 반응을 읽어내고 사용한다. 둘은 상호 간에 깊은 영향을 주고받지만, 그러나 물질이 정신을 창발시키는 것은 아니다.

2017년 발표된 네덜란드 암스테르담 대학의 야일 핀토(Yair Pinto) 교수팀의 뇌 분리 실험은 엄청난 철학적 신학적 함의를 지닌 실험이었다.[16] 뇌 분리 실험은 매우 예외적 정황에서 일어나는 실험이다. 심한 간질 환자들의 생명을 구하기 위해서 좌뇌와 우뇌를 연결하는 신경다발을 끊어야 하는 경우가 있는데 이 경우에 뇌 분리 실험이 가능하다. 좌뇌와 우뇌를 분리하면 어떻게 될까? 그동안의 정설은 뇌를 분리하면 두 개의 의식이 생긴다는 것이었다. 좌뇌와 우뇌를 분리했을 때 의식이 둘이 생긴다면 뇌의 전기 반응에서 의식이 창발된다는 강한 창발은 과학적 근거를 갖게 된다. 그런데 이 실험이 노벨상을 수상한 스페리(Roger Sperry)에 의해 행해졌는데, 스페리에 의하면 두 개의 의식이 존재한다는 것이었다. 뇌 분리가 일어난 환자는 지퍼를 한 손은 올리려고 하는데, 다른 손은 내리려고 한다는 것이었다. 스페리의 뇌 분리 실험은 진화론적 과학의 정당성을 의미하는 것이었고, 인간의 정신도 물질에 불과하다는 것을 의미하는 것이었다. 강한 창발은 뇌 과학적으로 입증되는 것이었다. 스페리의 실험은 세계의 철학을 진화론적으로 바꾸는 엄청난 힘을 지녔고, 신학까지도 진화론으로 회귀시키는 영향을 발휘했다.

그런데 2017년의 야일 핀토 교수팀의 뇌 분리 실험은 스페리의 실험을 완전히 뒤집는 실험이었다. 대규모로 뇌 분리 실험이 이루어진 이 실험에서 핀토 교수팀은 뇌가 분리된 환자들도 한결같이 의식은 하나라는 놀라운 결과를 발표했다. 물론 뇌 분리로 인한 약간의 불편함은 있었지만 걷는 것이나 말하는 것이나 계산하는 것이나 토론하는 것에도 의식이 전혀 분리되지 않고 하나였다는 것이다. 심지어는 운전에도 문제가 없었다는 것이다. 이 실험으로 스페리의 실험은 더 이상 뇌 과학적으로 유효한 실험의 자격을 잃게 되었다.

뇌가 분리되었는데도 왜 의식은 하나일까? 그것은 좌뇌와 우뇌의 보고를 받고 있는 하나의 의식이 있기 때문일 것이다. 뇌와는 구별되는 의식의 존재가 핀토 교수팀의 실험으로 추론되고 있는 것이다. 핀토 교수팀의 발표 이후 뇌 과학계는 좌뇌와 우뇌를 잇는 신경 다발 외에 좌뇌와 우뇌를 연결하는 다른 어떤 것이 있을 수 있다는 관점으로 설명을 시도하고 있는데, 이것은 꼭 캄브리아기에 생명체가 대폭발한 현상에서 설명이 궁해지니까 단속평형설을 들고 나온 굴드의 주장과 유사한 느낌을 준다. 좌뇌와 우뇌를 연결하는 신경다발이 끊어졌다면, 그리고 의식이 뇌에서 창발하는 것이 맞다면, 의식의 혼란은 필연적일 것이다.

야일 핀토 교수팀의 뇌 분리 실험은 뇌 과학 실험을 통해 영혼의 존재를 추론한 펜필드(Penfield)의 실험과 연결된다.[17] 펜필드에 의하면 오늘날 뇌의 각 부분은 그 기능이 거의 완전히 해독되었다. 펜필드는 뇌에 전기 자극을 주어 손을 올리는 실험을 했다. 손 올림과 관련된 곳에 전기 자극을 주었더니 자연스럽게 실험에 참가한 사람은 손을 올렸다. 그런데 이 실험을 반복하는 가운데 갑자기 실험에 참가한 사람이 손을 올리지 않는 것이었다. 왜 손을 올리지 않느냐고 물었더니 올리기 싫다는 것이었다. 지금까지는 잘 올리지 않았느냐고 물었더니, 나는 올린 적이 없다는 것이었다. 당신이 올린 것뿐이라는 것이었다. 펜필드는 이와 유사한 실험을 반복하면서 뇌와는 구별되는 자아가 있다는 것을 뇌 과학적으로 알게 되었다.[18] 펜필드는 자신의 실험은 영혼의 존재를 입증하는 실험으로 사용할 수 있을 것이라고 밝혔다.

---

17 W. Penfield, *Mystery of the Mind* (Princeton: Princeton University Press, 1975), 87.
18 Ibid, 75–76.
19 최근(2019)의 스원번의 『우리는 몸일까 영혼일까?』(*Are We Bodies or Souls?*)라는 저술도 매우 가치 있는 저술이다.

뇌가 의식을 만들고 정신을 만든다는 강한 창발은 거짓이다. 옥스포드의 철학자 스윈번(R. Swinburne)은 『정신과 뇌 그리고 자유의지』(*Mind, Brain and Freewill*, 2013)라는 책에서 정신은 물질적인 발생들(physical events)과는 구별되는 실체라고 바르게 밝혔다.[19] 인간은 영혼과 육체를 가진 존재로 처음부터 탄생하는 것이다. 『박테리아에서 바흐까지 그리고 다시 박테리아로』를 언급한 데닛은 틀린 무신론적 과학을 선전하는 과학철학자다. 인간의 의식이나 정신, 영혼은 물질이 아니다. 그런데 오늘의 양자역학이 보이지 않는 세계를 발견한 것은 뇌 과학 연구에도 새로운 장을 열 것이다. 양자역학이 발견한 물질의 근원에 정신이 있고, 물질이 이 정신에 반응한다는 것은 인간의 뇌 배후에 정신이 있고, 이 정신이 주는 정보에 따라 물질인 뇌의 전기반응이 일어난다고 해석할 수 있다.

2020년 노벨 물리학상을 받은 펜로즈(R. Penrose)는 양자 뇌의 가능성을 언급했다. 펜로즈의 시각은 정보가 뇌를 사용하고 있다는 관점인데, 강한 창발을 언급하는 무신론적 진화론자들과는 매우 다른 시각이다. 오늘날 뇌에 대한 연구는 새로운 시대를 맞이한 것으로 보인다. 과거처럼 뇌에서 정신이 창발할 것이라는 틀린 믿음을 가지고 연구하는 사람들도 여전히 많다. 그러나 이 믿음은 과학적으로 전혀 입증되지 않았고, 앞으로도 입증되지 않을 것이다. 반면, 의식이나 정신은 뇌와 구별되는 실체가 아닌가를 인식하기 시작한 과학자들도 많아지고 있다.[20] 성경적 시각은 후자의 경우와 공명하고 있는 것으로 보인다.

---

20 2020년 노벨상 수상자 로저 펜로즈(Roger Penrose)의 유명한 책 『황제의 새 마음』(*The Emperor's New Mind*)은 매우 관심이 가는 중요한 책이다. 이 책에서 펜로즈는 인공지능에서 진행 중인 마음(mind) 만들기 작업은 마치 안데르센의 동화 "임금님의 보이지 않는 새 옷"에서 불가능한 작업을 하고 있는 엉터리 재단사와 크게 다를 바 없다고 주장했다. 이 주장은 옳은 주장이다.

III. 하나님의 계속적 창조(Creatio Continua)

최근의 과학적 발견들이 진화론과 심각한 충돌을 하고 있다는 것을 위에서 밝혔다. 자연의 역사에 대한 바른 해석은 진화론적 해석이 아니다. 그렇다면 어떤 해석의 길로 가는 것이 자연의 역사에 대한 바른 길일까?

A. 창조과학의 젊은 지구론과 복음주의의 오래된 지구론의 오류

근본주의 신학은 성경의 절대무오의 신념을 갖고 있다. 성경의 절대무오의 교리 속에는 과학적 무오에 대한 신념도 포함되어 있다. 창조과학의 신학적 배경은 근본주의 신학이다. 창조과학은 성경에 대한 문자적 해석에 기초해서 지구와 우주의 역사를 6천 년에서 1만 년으로 추론했다. 세상의 과학이 주장하는 지구의 역사가 46억 년이라는 것은 틀린 것이다. 우주의 역사가 138억 년이라는 것은 더욱 틀린 것이다. 창조과학이 젊은 지구라고 표현하는 것은 지구의 나이나 우주의 나이가 세상 과학이 언급하는 것과는 비교도 안 될 정도로 어리다는 의미다. 창조과학은 자신들의 주장을 입증하기 위해 다양한 방식으로 정통적인 과학의 방법론에 이의를 제기했고, 인간과 공룡이 함께 살았다는 기괴한 이론까지 발표했다. 창조과학이 정통적인 과학의 방법론과 결과를 모두 비틀고 자신들의 특이한 과학적 이론을 발전시킨 까닭으로 창조과학은 정통 과학계에서 사이비 과학으로 낙인찍히게 되었다.

창조과학은 세상과 모든 생명체가 창조되었다는 것을 강조하려는 운동이다. 이 창조과학이 주장한 것 가운데 옳은 것들도 매우 많다. 생명체가 우연히 존재할 수 없다는 것을 논증한 과학적 노력이나 진화론의 오류를 지적한 많은 것들 가운데 정당한 것들이 많이 있다. 그럼에도 불구하고 창조과학은 성경의 과학적 무오에 대한 신념 때문에 끊임없이 세상의 과학적 발견들을 비판하고 비트는 심각한 오류를 범한다. 창조과학이 말하는 과학은 성경적 과학인데 문제는 성경의 과학이 무오한 과학인가에 있다.

복음주의자들 가운데는 근본주의자들과는 달리 성경과 과학을 조화시키려는 경향을 나타내는 사람들이 많다. 근본주의자들이 과학과 성경이 일치하지 않으면 과학을 비판하는 반면, 이들은 과학적 발견들을 수용하고 성경과 조화시키고자 한다. 이들에 의하면 창세기 1장의 하루는 오늘의 24시간이 아니다. 태양의 창조가 넷째 날에 이루어지기 때문에, 그 이전에 등장하는 하루는 어떤 기간으로 봐야 한다는 것이다. 이들에 의하면 창세기 1장의 하루는 하나님의 시간으로서의 하루인데, 1억 년이 될 수도 있고, 10억 년이 될 수도 있다. 이렇게 6시대의 창조론으로 창세기 1장을 재해석해서 오늘의 과학적 발견과 비교해 보면 매우 유사하다는 것이다. 아직도 차이가 있지만 그것은 세상의 과학이 아직 완전하지 못하기 때문이고, 세상의 과학이 완전한 단계에 이르면 성경과 일치할 것이라는 것이 이들의 주장이다. 이런 관점에서 보면 지구와 우주의 역사는 오래 되었다. 그런 까닭에 이들은 오래된 지구론을 주장하는 사람들로 평가되고 있다.[21]

이들의 주장은 근본주의자들에 의해 심한 비판을 받고 있다. 이들은 과학과 타협하기 위해 성경을 왜곡했다고 근본주의자들은 강력하게 비판했다. 버나드 램(Bernard Ramm)의 지역 홍수론이 대표적인 것이다. 램은 온 지면을 덮었다는 노아 홍수의 보도를 온 세상을 덮었다가 아닌 메소포타미아 지역을 덮었다는 관점으로 해석했다. 램의 성경과 과학의 조화에 대한 이론은 현대 과학을 수용하려는 긍정적인 차원에도 불구하고 성경을 왜곡하고 비틀었다는 비판을 받게 되었다.

창조과학의 젊은 지구론이나 복음주의자들의 오래된 지구론은 모

---

21 캐나다 밴쿠버 기독교 세계관 대학원의 양승훈 교수가 출간한 『창조연대 논쟁』은 오래된 지구론을 주장하는 책이다. 그는 창조과학의 젊은 지구론의 과학적 오류를 자세하게 지적했다.

두 잘못된 이론이다. 이유는 젊은 지구론은 성경의 과학을 계속 주장하기 위해 정통 과학의 주장을 비판하고 왜곡한 것이 오류이고, 오래된 지구론은 지구의 역사가 오래되었다는 것이 오류가 아니라, 오래된 지구론을 주장하기 위해 성경에 대한 해석을 비틀고 있기 때문이다. 두 이론이 공통으로 갖고 있는 오류는 성경의 과학이 무오하다는 신념이다. 성경의 과학이 무오하다는 신념은 '오직 성경으로'(sola scriptura)를 외친 종교 개혁자들의 가르침도 아니고, 오늘의 발전된 성서학의 가르침도 아니다. 그것은 17세기의 옛 정통주의자들이 주장한 것이고, 20세기부터 미국에 상당한 영향을 미친 근본주의자들의 주장일 뿐이다.

종교 개혁자 칼뱅(J. Calvin)은 창세기 1장을 설명하면서 창세기 1장이 천문학을 계시한 글이 아니라고 말했다.[22] 칼뱅은 이미 토성이 달보다 크다는 것을 알고 있었다. 칼뱅은 당시의 천문학의 발전을 알고 있었다. 창 1:16의 두 큰 발광체는 태양과 달일 것이다. 천문학적 발견과 비교하면 성경의 내용은 틀린 것이다. 그러나 칼뱅은 성경 기자가 당시의 사람들의 눈높이에서 하나님의 창조에 대한 엄청난 계시를 전하고 있다고 생각했다. 칼뱅은 평범한 사람들의 평범한 보통학교에서 성경 기자가 하나님의 창조의 계시를 전하고 있음을 강조했다. 이 강조는 오늘의 근본주의자들의 성경관과 오래된 지구론을 주장하는 복음주의자들의 성경관과는 상당한 차이가 있다.

창세기 1장에는 고대인의 우주관이 등장하고 있다. 이것은 오늘의 발전된 학문적 신학이 잘 알고 있다. 고대인의 우주관에 의하면 지구는 평평하고 땅 밑에 기둥이 있고(삼상 2:8), 땅을 받치는 주춧돌이 있다(욥 38:6). 성경의 우주관은 오늘의 우주관이 아니다. 하늘의 궁창은 하늘에 있는 투명한 막이다. 그 막에 별들이 붙어 있다. 창세기 1장에는 지구 중심의 우주관이 등장한다. 태양을 창조하기 이전에 이미 지구가 있고 땅이 있고 물이 있다. 이것은 오늘의 과학과는 매우 다르

---

22 김선권 『칼뱅과 자연신학』, 온신학 제 8집(2022), 46-51.

다. 태양이 창조되기 이전에 이미 지구에는 채소도 있고 나무도 있다. 풀과 씨 맺는 채소 열매 맺는 나무가 태양이 창조되기 전에 창조되었다는(창 1:12) 것을 유념해야 한다. 태양과 달과 별들은 그 후에 창조된다. 이것은 우리가 사는 땅이 먼저 있었을 것으로 생각했던 고대인의 우주관을 반영한다.

창조과학의 젊은 지구론이나 복음주의자들의 오래된 지구론 모두 성경에 대한 기본적인 이해에 큰 문제가 있다.[23] 성경을 보는 성서관의 오류가 심각하기 때문에 그다음의 모든 문제에 심각한 오류가 발생하는 것이다. 그런데 성경은 고대인의 우주관이 있음에도 불구하고 영원한 하나님의 계시다. 성경에는 신적인 차원과 인간적인 차원이 있다는 20세기 신학의 교부 칼 바르트(K. Barth)의 가르침을 유념할 필요가 있다. 바르트에 의하면 창세기 1장은 중동 지역의 가짜 창세기를 부수고 영원한 진짜 창세기를 계시한 책이다.[24] 비록 고대인의 우주관을 배경으로 하고 있지만, 창세기 1장은 영원한 진짜 창세기가 계시된 책이다. 고대인의 우주관이 있다고 해서 창세기 1장을 고대의 인간의 말로 오해하면 안 된다. 바벨론 지역에 널리 퍼져 있었던 에누마 엘리쉬(enuma elish)에 있는 마르둑(Marduck) 창조신화는 창세기 1장과 대립적 위치에 있었던 창조 이야기다.

마르둑 창조신화에 의하면 태초에 마르둑이 천지를 창조한다. 그러나 창세기 1장에는 하나님께서 홀로 창조하신다. 전능한 하나님의 주권적 창조가 창세기 1장의 핵심이다. 마르둑 창조신화에는 신들의 전쟁이 나오고 마르둑에 대적해서 싸우다 죽은 여신 티아맛(Tiamat)의 몸을 갈라서 하늘과 땅을 만든다. 그러나 창세기 1장에는 신들의 싸움이 없다. 오직 하나님 한 분뿐이시다. 중동 지역에는 태양과 별들은 모두 신적인 존재였다. 애굽의 태양신은 엄청난 영향을 미친 신이었다. 바벨론 지역의 점성술 역시 대단했다. 그런데 창세기 1장은 당

---

23 이 오류에 대한 자세한 내용은 다음을 참고하라. 김명용, 『진화인가, 창조인가?』, 171-182.
24 김명용, 『칼 바르트의 신학』(서울: 이레서원, 2007), 201-211.

시 중동 지역에서 신적인 존재로 숭배되던 모든 것들을 피조물로 격하시키고 있다. 물신, 땅신, 하늘신도 존재했지만 창세기 1장은 이 모든 신적 존재들을 피조물로 격하시키고 있다. 진짜 창세기가 창세기 1장에 전개되고 있는 것이다. 마르둑 창조신화에 의하면 인간은 신의 노역을 대신하기 위한 존재로 창조되었다. 마르둑은 하급신들이 맡고 있었던 노역을 대신할 존재로 티아맛 편에 있었던 신인 킹구(Kingu)를 죽여 그 피로 사람을 만들었다. 그러나 창세기 1장은 인간은 하나님의 형상으로 지음을 받은 존귀한 존재다. 다스리라는 표현은 가히 하나님의 계시의 엄청남을 나타낸다. 당시에 다스리는 존재는 왕이다. 그런데 왕에게 해당되는 다스림이라는 표현이 사람에게 적용되고 있는 것이다.

고대의 창조신화들은 깊은 정치종교적 의미를 지니고 있음을 학자들이 발견했다. 바벨론의 신의 보이는 현현이 바벨론의 왕이다. 인간이 신들의 노역을 위한 종으로 창조되었다는 것은 인간이 신의 현현인 바벨론의 왕의 종으 것이다. 매해 정월 초하루 축재 때, 이 마르둑 창조신화는 계속적으로 백성들에게 암기된다. 그것은 수로를 쌓고 성을 쌓고 왕을 위한 모든 노역이 태어날 때부터의 운명이라는 것을 가르치는 엄청난 의미를 지닌 신화인 것이다. 그런데 창세기 1장은 이 신화를 박살내는 진정한 창세기다. 인간이 하나님의 형상이라는 것은 왕 같은 존재라는 의미를 지니는데, 이것은 당시에 상상도 할 수 없는 인간에 대한 계시가 계시되었다고 해야 할 것이다. 당시의 바벨론의 지배계층의 관점에서 보면 창세기 1장은 엄청난 불온 문서일 것이다.

창세기 1장은 진짜 창세기의 계시다. 하나님께서 물의 범람을 막고 인간이 살만한 땅을 만들어 주셨다는 것을 계시하고 있고, 채소와 열매 맺는 나무와 인간에게 필요한 모든 먹을 것들을 주셨다는 것을 계시하고 있고, 중동 지역에 가득 차 있는 태양신 별신, 하늘신, 땅신,

물신이 없고 모두 피조물이라는 것을 계시하고 있고, 창조는 전능하신 하나님의 말씀으로 이루어졌음을 강조하고 있고, 인간은 하나님의 형상으로 왕 같은 존재라는 것을 계시하는 꿈에도 상상할 수 없는 계시를 열어보이는 책이다. 바르트에 의하면 창세기 1장은 가짜 창세기들을 부수고 진짜 창세기를 계시한 책이다.

B. 유신진화론의 오류와 하나님의 계속적 창조론

유신진화론은 진화를 과학적 진실로 인정하고, 진화를 하나님의 창조의 방법으로 보려는 이론이다. 이 이론은 피에르 떼이야르 드 샤르댕(Pierre Teilhard de Chardin)에 의해 체계화되어 세계에 알려졌는데, 오늘날에는 인간 게놈 연구의 책임자였던 콜린스(F. Collins)에 의해 많이 알려지게 되었다. 그러나 샤르댕과 콜린스뿐만 아니라 폴킹혼(J. Polkinghorne)이나 모리스(S. C. Morris), 맥그래스(A. McGrath) 같은 과학과 신학 분야의 중요한 인물들이 이 이론을 주장하고 있다. 유신진화론은 진화의 역사에 하나님이 어떤 방식으로 개입했느냐에 따라 다양한 유신진화론이 있다.

이 다양한 유신진화론을 일일이 평가하는 것보다 유신진화론 전체를 평가하면, 유신진화론은 어떤 유신진화론이든 진화를 진실로 받아들이고 있다는 데 근본적인 문제가 있다. 진화를 진실로 받아들인다는 것은 물질에 의한 진화를 사실로 받아들인다는 것인데, 세상을 홀로 창조하셨다는 성경의 정신과 깊이 충돌된다. "나 여호와가 말하노라 나는 만물을 지은 여호와라 나와 함께 한 자 없이 홀로 하늘을 폈으며 땅을 베풀었고"(사 44:24). 유신진화론은 '나 외에 다른 신을 네게 두지 말라'는 첫째 계명과 심각하게 충돌할 위험이 있다. 우상을 신으로 섬기는 것이나 물질이 만물을 만들었다는 진화론이나 하나님 아닌 어떤 것이 우리의 존재와 삶의 근거라는 점에서 유사한 특징이 있다.

유신진화론을 받아들이게 되면 득보다 실이 더 많다. 득은 오늘의 과학과 충돌하지 않고 살아갈 수 있다는 점일 것이고, 실은 전통적으로 내려오던 기독교의 전통 신앙을 심각하게 수정해야 한다는 점이다. 어쩌면 성경적 기독교는 붕괴하고, 과학에 기반한 새로운 기독교를 만들어야 할 가능성이 생긴다. 창조론뿐만 아니라 인간론, 죄론, 속죄론 등 엄청나게 많은 기독교 교리를 과학에 맞추어 수정해야 한다. 종교 개혁자들이 강조한 '오직 성경으로' (sola scriptura), '오직 은혜로' (sola gratia), '오직 믿음으로' (sola fide)의 교리는 무너질 가능성이 많다.

유신진화론을 주장하는 사람들은 그 이론의 결과가 얼마나 심각한지를 모르고 주장하는 사람들도 많다. 그러나 그 이론은 진화론을 진실로 받아들이기 때문에 완전히 다른 기독교가 등장할 가능성이 매우 높다. 이런 변화된 현실은 특히 과정신학(process theology) 안에서 많이 발견할 수 있다. 속죄론 없는 기독교가 탄생할 가능성도 있다. 사실상 기독교가 아닌 어떤 새로운 종교가 기독교를 대신할 가능성도 있다. 오늘의 무신론적 진화론은 인간에게 자유의지가 없다는 주장을 공공연하게 언급하고 있다. 영혼도 없고, 자유의지도 없는 인간에게 속죄를 위해 예수께서 오셨다는 것을 어불성설이다. 속죄론은 고대인의 종교적, 제의적 신화로 전락할 것이다.

유신진화론은 무신론적 진화론자들에게도 비판의 대상이다. 진화론의 본질은 물질이 스스로 만물을 만들었다는 이론이고, 어떠한 보이지 않는 손도 없이 물질만에 의한 진화가 핵심인데, 근거도 없이 신이 그 속에 숨어있다고 억지를 쓴다고 비판하는 것이다. 유신진화론을 선전하는 콜린스의 유명한 책 『신의 언어』(The Language of God)를 읽어보면 하나님의 숨어있는 손이 있는 것에 대한 과학적 근거는 전혀 나오지 않는다. 그의 주장은 모든 것이 물질에 의해 진화되었는데, 나는 그 속에서 하나님의 창조를 느낀다는 관점인데, 이것은 자신의 주관적 관점을 언급한 것뿐이지, 객관적으로 진화가 하나님의 창조라는 과학적 근거를 언급한 것이 아니다. 무신론적 진화론자 도킨스(R. Dawkins)는 유신진화론은 허구라고 일축했다.

유신진화론의 장점은 진화를 하나님의 창조와 연관해서 생각했다는 점에 있다. 그런데 이때 하나님의 창조행위를 진화론의 틀 속에 가둔 것이 이 이론의 심각한 문제점이다. 진화론이 하나님의 계속적 창조를 오해했다는 것을 몰랐던 것 역시 이 이론의 근본적 약점이다. 최근의 과학의 새로운 발견들이 속속 드러내고 있는 것은, 돌연변이와 자연선택이라는 진화론의 메커니즘을 통한 진화는 불가능하다는 것이다. 이것은 이미 언급한 것처럼 2016년 세계의 최고의 고생물학자와 생물학자들이 모인 영국 런던의 왕립학회(Royal Society)에서 개회 강연을 한 빈(Wien) 대학의 교수 게르트 뮐러(Gerd M?ller)의 강연에 분명히 나타난다. 뮐러에 의하면 오늘날 알게 된 생명체의 복잡성은 돌연변이와 자연선택이라는 다윈주의 매커니즘으로는 결코 해명할 수 없다고 밝혔다. 유신진화론자들은 최근의 과학의 새로운 발견들을 더 유념하고 깊이 연구해야 한다. 물질주의자인 진화론자들의 잘못된 해석을 따르면 안 된다. 진화는 진화가 아니었고, 하나님의 계속적 창조였다. 하나님의 계속적 창조라는 틀을 갖고 자연의 역사를 바라보면, 자연의 역사가 진화가 아니고 하나님의 계속적 창조라는 것을 이내 알 수 있다. 진화론이라는 유물론의 안경을 벗는 것이 우선적으로 중요하다. 하나님이 만물을 홀로 창조하셨다는 성경의 관점을 가지고 오늘의 과학적 발견과 대화하면, 하나님의 계속적 창조가 답이라는 것을 알 수 있다.

성경은 하나님의 계속적 창조를 향해 열려 있는 책이다. 창세기 1장은 인간 창조가 있을 때까지 창조사역이 계속되었음을 언급하고 있다. 예일대학의 유명한 과학자 벤자민 스틸맨(Benjamin Stillman)은 창세기 1장은 하나님의 계속적 창조를 계시한다고 언급하며, '하나님의 계속적 창조'라는 용어를 사용했다.[25] 창조는 한날 한시에 이루어진 창조가 아니다. 유명한 신학자 어거스틴(Augustinus)은 한순간 창조가 이루어지지 않았음에 대해 심각하게 고민했다. 창세기 1장은 한순간에 이루어진 창조를 계시하는 책이 아니다. 창세기 2장의 창조 이야기도 마찬가지다. 하나님이 인간을 창조하실 때에 흙으로 빚는 토기장이의 수고를 하고 있음을 알 수 있다. 성경의 새 창조에 대한 계시는 하나님의 창조 사역이 미래의 완성을 향해 열려 있음을 나타낸다. 몰트만(J. Moltmann)에 의하면 하나님의 창조는 태초의 창조와 계속적 창조와 종말론적 창조가 있다.[26] 그에 의하면 태초의 창조는 종말론적 창조를 향해 열려 있는 창조다.[27]

태초의 창조는 오늘의 과학적 시각에서는 빅뱅일 수 있다. 이 태초의 창조는 시간과 공간을 창조하신 하나님의 창조 사역이다. 4차원의 세계는 태초의 창조를 통해 만들어졌다.[28] 하나님의 계속적 창조는 4차원의 세계 안에서 계속 창조하는 하나님의 창조 사역이다. 양자역학이 밝히고 있는 우주의 근원이 의식과 정보라는 것은 하나님의 말씀과 하나님의 영이 우주 변화와 창조의 근원이라는 말이다. 정교하게 조율된 우주는 하나님의 지혜와 능력이 아니고는 절대 불가능한 일이다. 우연히 이런 우주가 만들어질 수 있다는 것은 어마어마한 거

---

25 Benjamin Stillman은 1829년 예일대(Yale)에서 행한 강연인 Outline of the Course of Geological Lectures 에서 'progressive creation'라는 표현을 사용했고, 다른 곳에서는 'successive creation'라는 용어를 사용했다. 그에 의하면 인간 창조가 완성될 때까지 하나님의 창조는 계속되고 있었다. Benjamin Stillman은 오래된 지구론을 주장한 복음주의자들에게도 영향을 미쳤다.

26 J. Moltmann, 『창조 안에 계신 하나님』, 118-165; 311-322.

27 종말론적 창조를 향해 열려 있는 창조라는 개념은 불완전한 창조라는 개념이 아니다. 하나님의 창조는 각 순간마다 완전한 창조였다. 인간 창조 역시 완전한 창조였다. 그러나 인간 창조는 그리스도를 향한 창조였고, 인간의 미래는 부활하신 그리스도와 같은 모습으로, 영광의 육체를 갖은 부활이다. 열려 있는 창조의 의미는 이 미래의 영광의 창조를 향해 열려 있다는 뜻이다. 우주도 영광의 하나님 나라를 향해 열려 있다.

28 성경은 고대인의 우주관을 배경으로 하나님의 창조를 언급하고 있기 때문에, 오늘의 과학적 이론을 성경에서 직접적으로 찾으려는 것은 위험한 시도이다. 그러나 오늘의 과학적 발견과 성경과 대화할 때 태초의 창조가 시간과 공간을 창조한, 즉 4차원의 세계를 창조한 하나님의 창조로 해석할 수 있다.

짓이다. 가장 단순한 세포 속에도 10의 790억 승의 정보가 있다는 투어(J. Tour)의 주장은 생명체가 하나님으로부터 오는 정보에 기초해서 만들어졌다는 것을 강하게 암시한다. 성경의 말씀을 통한 창조는 과학적으로는 정보에 의한 창조로 해석될 수 있다.

강한 창발(strong emergence)은 과학적으로 불가능하다. 인간이 지닌 영적 특성은 물질에서 창발한 것이 아니다. 그것은 하나님에게서 온 것이다. 인간에게는 물리적 차원에서는 보이지 않는 의식과 자아가 있다. 이 자아는 영혼일 것이다. 양자 뇌에 관한 최근의 언급들은 물질주의적 뇌 과학과는 다른 차원을 여는 뇌 과학으로 보인다. 인간의 의식과 정신은 뇌세포 간의 전기작용에서 창발하는 것이 아니다. 사람이 컴퓨터를 사용하는 것과 마찬가지로 인간의 자아와 정신이 뇌라는 양자 컴퓨터를 사용하고 있을 가능성이 높다. 유신진화론은 진화론을 받아들임으로 말미암아 인간의 영혼에 대해서도 언급할 수 없게 되었고, 인간과 동물을 동일 선상에서 언급할 수밖에 없는 상황 때문에, 성경적 인간론을 크게 수정해야 하는 곤경을 만들었다. 인간이 하나님의 형상이라는 성경의 계시는 진화론적 인간 이해와는 대립하는 인간의 존엄성에 대한 특별한 계시다.

결 언

진화론은 과학에 대한 물질주의적 유물론적 해석인데, 이 해석은 잘못되었다.

최근의 중요한 과학적 발견들은 우주와 생명체에 대한 물질주의적, 유물론적 해석의 한계를 잘 밝혀주고 있다. 양자역학은 보이지 않는 세계를 발견했고, 세계의 근원이 물질이라는 종래의 관점을 뒤엎었다. 세계의 근원은 의식이고 정보인데, 이 의식과 정보는 하나님의 말씀과 하나님의 영일 가능성이 크다.

캄브리아기에 갑자기 폭발적으로 등장한 생명체들은 다윈의 진화론의 기둥을 부수고 있다. 캄브리아기의 생명체 대폭발은 캄브리아기의 정보의 대폭발이다. 생명체 속에 존재하는 천문학적 정보는 하나님의 창조를 언급하지 않고는 설명이 어렵다.

우주가 정교하게 조율되어 있다는 것을 밝힌 오늘의 천체물리학은 신으로 가는 길을 열고 있는 것으로 보인다. 우주 안에 천문학적인 정보가 있고, 이 천문학적인 정보에 기초해서 우주가 정교하게 조율되어 있다면, 신의 창조 외에 다른 합리적으로 납득할 수 있는 답은 없을 것이다.

굴드의 단속평형론은 곤궁 속에서 나온 궁색한 이론으로 더는 작동할 수 있는 이론이 아니다. 뇌 분리된 사람이 하나의 의식만 있는 이유는 뇌와는 구별되는 자아 혹은 영혼이 있기 때문이다. 이것을 부정하기 위한 무신론적 뇌 과학자들의 잡스러운 설명 역시 곤궁에서 나온 궁색한 설명으로 보인다. 인간에게는 자아가 있고 영혼이 있다. 그리고 우주와 생명체들은 진화된 것이 아니고 창조된 것이다.

하나님의 창조는 태초의 창조와 계속적 창조와 종말론적 창조가 있다. 진화론은 하나님의 계속적 창조를 오해한 이론이다. 최근까지의 과학적 발견들에 기초한 자연의 역사에 대한 바른 해석은 진화론이 아니고 하나님의 계속적 창조론이다. 하나님의 계속적 창조론은 과학과 대결하는 이론이 아니다. 과학적 발견들에 대해 무신론적 진화론이 잘못 해석한 것을 고친 이론이고, 바르게 해석한 이론이다.

10

창조론과 진화론 설문조사 분석 결과 및 제언들

김태두 (가족사역학/성경적 상담학), 김경준 (임상 심리학)

I. 들어가는 말

21세기 과학의 눈부신 발전과 4차 디지털 산업혁명은 그 편리함과 더불어 기독교에 엄청난 도전이 되고 있다. 그중 대표적인 도전은 "과학적 무신론"일 것이다. 특별히 명성이 있는 과학자란 이름을 빌려 "무신론적 진화론"을 주장하며, 기독교를 공격하는 그들의 파괴적인 영향력은 종교적 영역을 넘어, 사회 전반에 독버섯처럼 번져 나가고 있다.[1]

설상가상으로 소위 복음주의 진영에서 활동하는 사람 중에도 "유신진화론"(Theistic Evolution)을 주장하는 사람들이 적지 않음을 볼 때 안타까움을 금하지 않을 수 없다.[2]

---

1 김정형은 "현대 과학과 기술[의] 놀라운 발전"으로 말미암아 적지 않은 사람들이 "세속주의, 유물론, 무신론의 이데올로기를 수용하고 있다"라고 말한다. 그는 이런 도전들이 "세계관," "인간관," 그리고 "과학적 무신론"이라고 이해한다. 김정형, "과학 시대의 도전과 기독교교육의 과제,"「한국기독교신학논총」110: 323-28.

2 '유신진화론'에 대한 비판적인 대표적인 책은 Wayne Grudem and J. P. Moreland, et al. *Theistic Evolution: A Scientific, hilosophical, and Theological Critique* (Wheaton: Crossway, 2017), 33-82, 783-972를 참고하라. 참조, 박찬호, "유신진화론에 대한 웨인 그루뎀의 비판,"「조직신학연구」34(2020): 108-37.

이러한 시대적 현실에 직면하여, 다음 세대들을 대상으로 실시한 "창조론과 진화론에 대한 설문조사"를 통해 차세대들의 인식을 분석하고, 가정과 교회에서 '창조론적 신앙교육'을 어떻게 가르치고 전수할 것인가를 고민하고 연구하는 것은 매우 유익한 일일 것이다.

본고에서 우리는 크게 세 부분으로 연구를 진행할 것이다. 첫째로 선행연구, 설문의 조사 대상, 설문지 구성, 연구 방법, 설문지 응답자의 인구 사회학적 특성을 다룰 것이다. 둘째는 연구 결과에 대한 논의로서, 진화론과 창조론에 대한 태도 및 내용 이해, 그리고 학교와 교회에서의 진화론과 창조론 교육 및 갈등을 연구 분석할 것이다. 마지막으로 위의 연구 분석을 토대로 신학적 성찰(theological reflection)과 몇 가지 제언을 하며 이 소논문을 마무리할 것이다.

II. 본 론

1. 선행 연구 고찰

이번의 설문조사와 관련한 선행연구는 그리 많지 않은데 특별히 미주지역에서는 더욱 그러하다. 한국의 경우 유사한 몇몇 연구를 학술지와 학위논문에서 더러 찾아볼 수 있다. 김미연과 신인철(2009)은 "고등학생들의 진화론에 대한 인식 조사"를 실시한 바 있다.[3] 204명의 고등학교 1, 2학년을 중심으로 한 설문에서, 이 중 65.8%(133명)가 진화론을 학교 공교육 과정에서 학습했으며, 창조론은 65.2%(122명)가 종교 기관을 중심으로 사교육을 통해 이루어진 것으로 조사되었다. 또한, 창조론을 알고 있던 학생들은 116명이었는데 그중 64명(55.2%)이 창조론을 수용했으며, 이는 전체적으로는 31.4%를 차지하였다. 그럼에도 이러한 결과는 이전의 설문조사 연구들보다 상대적

---

3 김미연, 신인철, "고등학생들의 진화론에 대한 인식 조사," 「한국생물교육학회」, 2009, 37(3), 299-308.

으로 높은 것으로 파악되었다.[4] 하지만 전체 응답자 중 68.6% 학생들이 진화론을 수용하면서도 "진화론이 사실이다"고 받아들인 학생들은 전체 응답자 중 47.0%였다. 그리고 전체 응답자 중 31.4% 학생들이 창조론을 수용하였음에도 "창조론이 사실이다"는 질문에 동의한 학생들은 전체의 24.5%였다. 이는 진화론과 창조론에 대한 정확한 인지 정도에 기인한 것으로 분석할 수 있었다. 한편, 창조론 수용과 믿음은 정비례했고, 진화론 수용도가 높을수록 종교적 믿음은 낮았다. 아울러 창조론 수용이 높을수록 창조론과 진화론 둘 사이에 대한 갈등의 수준이 높아지는 것으로 분석되어 이에 대한 대응책이 요구됨을 볼 수 있다.

김선영(2014)은 "고등학생들의 진화론에 관한 이해도, 진화 수용 및 과학의 본성에 관한 조사: 기독교 및 비기독교 학생들의 비교"를 연구한 바 있다.[5] 160명의 고등학교 2학년이 조사에 참여했는데, 이중 크리스천은 25명(16%)이었다. 연구 결과에 의하면, "종교는 [기독교] 학생들의 진화 지식에 대한 이해도, 진화 수용 및 진화와 관련한 과학의 본성 이해도에 통계적으로 유의미한 영향"을 미친 것으로 나타났다. 이 연구에서 "진화와 관련한 본성 이해도"와 "진화 수용"이 가장 강한 상관관계가 있었고, 가장 강력한 예측 변인으로 파악되었다. 즉 "과학의 인식론적 [관점]"(Scientific Epistemological Views)보다는 진화와 관련한 '과학 본성'(the Nature of Science) 교육의 중요성이 필요함을 알 수 있었다. 그러므로 김선영은 "종교적 관점과 더불어 과학적

---

4 김미연과 신인철의 연구에 의하면, 정완호, 차희영, "고등학생들의 유전과 진화에 대한 오개념," 「한국과학교육학회지」, 1994, 14(2), 170-83에서는 19.4%가 창조론을 수용하였다. 이미숙, 이길재, "과학사에 근거한 학생들의 진화개념 분석," 「한국과학교육학회지」, 2006, 26(1), 25-39에서는 18.2%를, 이주아 et al., "그림 카드를 이용한 중학생의 진화에 대한 오개념 분석," 「청람과학교육연구논총」, 2005, 15(1), 51-59에서는 10%의 학생들이 창조론을 수용하는 것으로 나타났다.

5 Sun Young Kim, "High School Students' Understanding and Acceptance of the Theory of Evolution, and Nature of Science: The Comparison of Christian vs. non-Christian," *Teacher Education Research* (2014), 53(2), 221-30.

6 김선영, "고등학생의 인식론적 신념과 진화수용 및 진화지식과의 관련성," *Journal of the Korean Association for Science Education*, 2015, 35(2), 259-65.

이론으로서의 진화에 대한 논의"가 필요함을 제언하고 있다. 또 다른 연구에서 김선영은 "기독 학생들의 진화지식(ECK), 진화수용(MATE), 진화와 관련한 과학의 본성(ENOS)의 점수가 비기독 학생에 비해 통계적으로 유의미하게 낮았으며($p < .05$)" 하지만 "과학에 관한 인식론적 신념(SEVs)의 점수"는 양자 간 차이가 없음을 파악했다.[6]

한편, 고등학생에 관한 설문조사는 아니지만, 박창성은 "창조론-진화론 교육이 개인 신앙과 교회에 미치는 영향에 관한 통계 분석"에서 미국과 한국의 창조론-진화론 교육을 분석한 바 있다.[7] 이 분석에 의하면 미국에서는 창조론을 믿는 비율이 40%(2019 Gallup 조사)인 반면에, 유신진화론은 33% 그리고 진화론은 22%로 점점 증가 추세에 있었다. 여기서 매 주일 예배에 출석하는 사람들의 경우 창조론을 수용하는 비율이 68%로 월등하게 높았으며(유신진화론 수용은 26%, 진화론은 3%), 특히 개신교(창조론 수용 56%)가 천주교(34%)나 무교(14%)에 비해 창조론을 더 많이 수용하는 것으로 나타났다. 반면 종교가 없는 경우는 59%가 진화론을 수용하였고, 고등교육을 받은 사람일수록 유신진화론이나 진화론을 더 수용하는 것으로 파악되었다. 한국 갤럽의 1984년부터 2014년까지 통계 분석에 의하면, 창조론은 갈수록 줄어들고(46% → 34%), 진화론이 급격히 증가하는 것으로 나타났다(28% → 52%). 이는 미국에 비해 기독교 교육의 상대적 빈곤과 공교육에서 창조론 교육의 원천적 봉쇄, 기독교적 토양의 상대적 빈약함과 기독교인의 수가 감소하는 현상과 관련이 있는 것으로 분석되었다. 특별히 위의 고등학교 설문조사와 같이 기독교가(75%) 상대적으로 천주교보다(42%) 창조론을 더 수용하는 것으로 나타났고, 남성에(26%) 비해 여성들이(37%) 더 창조론을 믿었으며, 종교와 상관없이 전체적으로는 연령대가 낮을수록 진화론이 창조론보다 더 우세한 것으로 파악되었다(예: 19~29세, 창조론: 30%; 진화론: 63%). 이러한 통계분석에 대하여

---

7 박창성, "창조론-진화론 교육이 개인 신앙과 교회에 미치는 영향에 관한 통계 분석," *Origin Research Journal*, 2023, vol.3, no.1.

박창성은 "가정과 교회에서 창조론 교육을 강화"할 것을 제언하며, 아울러 "미국과 같이 창조론 교과서를 제작하여 학교"에서 가르칠 수 있도록 노력해야 할 것을 주문하고 있다.[8]

2. 설문조사 대상

본 연구는 미주 지역 초등학교 고학년인 4학년부터 고등학생까지 기독교인 자녀들과 1세대 부모들을 대상으로 연구자의 인적 인맥을 활용하여 편의 추출방식[9]으로 설문 조사를 시행하였다. 설문조사는 2022년 7월 16일부터 9월 12일까지 진행되었으며 본 연구의 설문에 응답한 부모는 총 91명, 자녀는 총 95명이었다. 그러나 자녀의 경우 대학교 3학년 이상인 사례 3명은 제외하고 총 92명의 자료를 대상으로 분석하였다. 특히, 설문을 조사한 시기가 고등학교를 졸업한 학생들이 아직 대학 교육을 시작하지 않은 시기여서 이들을 13학년으로 조사 대상에 포함했음을 밝혀 둔다.

3. 설문지 구성

본 연구에 사용한 설문지는 크게 3부분으로 구성하였다. 첫 번째 부분에서는 일반적인 진화론과 창조론의 태도와 내용에 대해 질문하는 내용으로 구성되었으며 특히 진화론과 창조론의 내용을 묻는 질문은 김미현, 신현철이 고등학생들의 진화론에 대한 인식 조사 연구(2009)[10]에서 사용한 척도를 인용하였다. 그러나 원 연구의 진화론(4문

---

8 여기서 "학교"라 함은 공립학교가 아닌 "대안 학교"나 미국적 개념의 "기독교 학교"를 의미한다고 이해할 수 있다.

9 전체 조사 대상을 모두 조사할 수 없기 때문에 사회과학에서는 표본 조사(sampling)를 통한 통계연구를 주로 사용하게 되는데 이때 표본을 얻기 위해 여러 가지 방식이 사용된다. 대표적인 방식이 단순 무작위 추출법(simple random sampling)으로 이는 전체 모집단의 숫자가 적은 경우에 적합하다. 그 외에 여러가지 표본 추출 방법이 있는데 본 연구에서 사용한 편의 추출 방식은 정교한 연구가 아닌 경우 연구자의 네트워크를 통해 설문 응답을 받는 방식으로 진행되며 표본 추출에 따른 오차가 커지는 단점이 있으나 전체 모집단의 개략적인 특성을 파악하는 데 유용한 표집 방법이다.

10 김미현, 신현철, "고등학생들의 진화론에 대한 인식 조사," 299-308.

항)과 창조론(3문항)의 내용에 대한 크론바하(Cronbach) α 신뢰도 계수[11]는 각각 .818과 .852로 조사되었으나 본 연구에서 Cronbach α 계수는 각각 .785와 .616으로 나타나 비교적 양호한 신뢰도를 보여주었음에도 불구하고 창조론의 내용에 대한 신뢰도는 원논문의 신뢰도보다 상당히 낮은 수준을 나타내었다. 특히, 자녀와 부모를 따로 분리하여 신뢰도를 측정하면 자녀들의 신뢰도는 더 낮게 나타나는데 이는 아마도 미국에서 배운 진화론의 내용이 한국에서 가르치는 내용과 비슷하지만, 미국에서 자라면서 신앙생활을 해온 자녀들의 경우는 미국교회를 다니거나 한인교회의 영어사역(English Ministry) 예배에 참여하기 때문에 기독교 문화가 한국과 다르기 때문으로 추측된다. 한편, 설문지의 두 번째 부분은 학교와 교회에서의 진화론과 창조론에 대한 교육과 갈등에 관한 내용으로 구성되었으며, 세 번째 부분은 응답자의 인적 사항을 묻는 질문으로 구성하였다.

4. 연구 방법

본 연구의 설문지는 구글 폼(Google Form)의 온라인 설문 형식으로 자료를 수집하여 마이크로소프트사의 Excel 프로그램을 이용하여 데이터를 정리한 후 SPSS 29.0 for Windows 통계프로그램을 이용하여 데이터를 분석하였다. 응답자의 인구 사회학적 특성을 분석하기 위해 빈도 분석 및 교차분석[12] 을 실시하였다. 자녀들의 진화론과 창조론에 대한 태도 및 내용 이해 그리고 가치관의 갈등에 관한 내용을 분석하기 위해 빈도분석, 상관분석[13], 단순회귀분석[14]을 실시하였다. 부모 세대와의 차이점이 있는지를 분석하기 위해 $\chi2$ 검증[15], t-검증[16] 등을 실시하였다.

---

11 크론바하 알파라고 읽는 신뢰도 계수로서 설문조사에서 각각의 설문조사 항목들이 서로 얼마나 일관되게 조사하고자 하는 내용을 측정하고 있는가를 나타낸다. 0에서 1까지의 숫자로 표시되며 1에 가까울수록 그 설문지의 신뢰도가 높은 것이다. 보통 0.6 또는 0.7 이상일 때 신뢰도가 높다고 본다.

5. 응답자의 인구 사회학적 특성

설문조사에 응답한 성별은 자녀의 경우 남자가 40명(43.5%), 여자가 50명(54.3%)이었으며 무응답자가 2명(2.2%)으로 나타났으며 부모의 경우 남자가 28명(30.8%), 여자가 61명(67.0%) 그리고 무응답자가 역시 2명(2.2%) 있었다. 현재 거주지는 자녀의 경우 미국 중남부가 62명(67.4%)으로 가장 많았고 부모의 경우는 미국 서부에 거주하는 사람이 60명(65.9%)로 나타났다. 상대적으로 미국 동부에 거주하는 비율은 적었다(표1).

12 빈도분석이란 측정하고자 하는 변수가 가진 범주들에 사례 수와 전체 대비 비율을 측정하는 방법이며 교차분석은 두 개의 변수 사이의 연관성을 알아보기 위해 교차표를 만들어 분석하는 방법을 말한다.

13 상관분석이란 두 가지의 변수 간에 서로 얼마나 강한 직선적인 연관성이 있는가를 분석하는 방법으로 상관관계의 크기를 −1 부터 1 사이의 숫자로 나타낸다. −1 또는 1에 가까울수록 두 변수 간에 더 큰 상관관계가 있는 것으로 판단하며 양수는 정적 상관관계, 음수는 부적 상관관계를 의미한다.

14 단순회귀분석이란 원인을 제공하는 한 가지 단일 변수가 다른 한 변수에 얼마나 많은 영향을 끼치는가를 분석하는, 즉 인과관계를 파악하는 분석 방법을 말하며 이 방법에 의해 영향을 끼치는 변수(독립변수라고 한다)가 다른 변수(영향을 받는 변수를 종속변수라고 한다)에 몇 %의 영향을 미치는가를 파악할 수도 있다(이를 설명력이라고 한다).

15 카이스퀘어 검증이라고 읽으며 카이제곱 검증이라고도 하는 분석 방법으로서 두 변수 사이에 얻어진(또는 관찰된) 빈도의 분포가 기대되는 빈도의 분포와 같은지 다른지를 판별하는 가설검증 방법을 말한다.

16 t-검증 이란 두 집단 사이에 검증하고자 하는 변수의 평균 점수가 통계적으로 서로 같은지 혹은 다른지를 판별하는 가설검증 방법을 말한다.

		자녀		부모		전체	
		N	%	N	%	N	%
성별	남자	40	43.5%	28	30.8%	68	37.2%
	여자	50	54.3%	61	67.0%	111	60.7%
	무응답	2	2.2%	2	2.2%	2	1.1%
전체		92	100.0%	91	100.0%	183	100.0%
거주지	미 동부	1	1.1%	13	14.3%	13	7.1%
	미 서부	29	31.5%	60	65.9%	89	48.6%
	미 중남부	62	67.4%	18	19.8%	80	43.7%
전체		92	100.0%	91	100.0%	183	100.0%

〈표 1〉 부모/자녀×성별 및 거주지에 대한 교차분석

**연구의 한계: 설문조사시 한 가정에 함께 생활하는 자녀와 부모를 동시에 설문조사를 실시하는 데 어려움이 있어, 설문 응답자에서 자녀와 부모는 실제의 부모와 자녀 관계를 의미하는 것이 아님.

설문조사 응답자 중 자녀들은 10~12학년의 경우가 가장 많은 42명(45.7%)을 나타내었다. 미국에 거주한 기간은 11년~15년 사이가 46명(50.0%)을 차지하였다. 또한 대부분의 자녀들은 공립학교에 재학 중이었다(81명, 88%). 미국에서 출생한 자녀가 69명(69.6%)으로 조사되었다(〈표 2〉).

6. 연구 결과 및 논의

(1) 진화론과 창조론에 대한 태도 및 내용이해

자녀들의 경우 '당신은 "하나님의 형상"(창 1:26-27)대로 지음 받은 고귀한 존재이며 첫 인류인 아담의 후손임을 믿나요?' 라는 질문에 강한 찬성이라고 응답한 비율은 51명(55.4%), 찬성이라고 응답한 비율이 32명(34.8%)을 나타내어 자신이 하나님의 자녀라고 믿고 있는 비율은 90.2%를 나타내었다(부모의 경우는 97.8%였다). 한편, '당신은 진화론이 더 과학적이고 창조론은 비과학적 종교적 신화라고 생각하나요?' 라는 물음에 강한 반대는 22명(23.9%), 반대 28명(30.4%), 중립

학년	N	%	미국거주기간	N	%
4-6학년	7	7.6%	5년 이하	10	10.9%
7-9학년	35	38.0%	6년-10년	11	12.0%
10-12학년	42	45.7%	11년-15년	46	50.0%
13학년	8	8.7%	16년 이상	25	27.2%
계	92	100.0%	계	92	100.0%
학교종류	N	%	미국출생여부	N	%
차터스쿨	4	4.3%	No	28	30.4%
기독교학교	6	6.5%			
사립학교	1	1.1%	Yes	64	69.6%
공립학교	81	88.0%			
계	92	100.0%	계	92	100.0%

〈표 2〉 자녀의 인구사회학적 정보

30명(32.6%), 찬성 11명(12.0%), 강한 찬성 1명(1.1%)를 나타내어 진화론이 비과학적이고 창조론이 종교적 신화가 아니라고 생각하는 자녀들의 비율은 54.3%에 그쳤다. 우려스러운 점은 이 질문에 중립이라고 응답한 비율이 가장 높았다는 점이다. 부모의 경우에는 같은 질문에서 강한 반대 74명(81.3%), 반대 11명(12.1%), 중립 3명(3.3%), 찬성 2명(2.2%), 강한 찬성 1명(1.1%)으로 나타나 통계적으로 99.9%의 신뢰수준에서 부모 자녀 간의 인식 차이가 뚜렷하게 나타났다($\chi 2$ = 63.90, $p < .001$, 〈표 3〉 참조). 그럼에도 불구하고 다행스러운 점은 자녀들에 있어서 자신이 하나님의 자녀라고 믿는 믿음과 진화론이 과학적이라고 믿는다는 부분과의 상관관계 분석에서 r = -.398 ($p < .001$)의 부적 상관을 보여주었다. 이는 자신이 하나님의 자녀라고 믿는 정도가 강할수록 진화론이 더 과학적이며 창조론은 비과학적 종교적 신화라고 생각하지 않는다는 뜻이다. 그렇지만 상관관계의 강도는 부모 세대의 r = -.429 ($p < .001$)보다는 더 낮았다.

구분	자녀		부모		전체	
	N	%	N	%	N	%
강한반대	22	23.9%	74	81.3%	96	52.5%
반대	28	30.4%	11	12.1%	39	21.3%
중립	30	32.6%	3	3.3%	33	18.0%
찬성	11	12.0%	2	2.2%	13	7.0%
강한찬성	1	1.1%	1	1.1%	2	1.1%
전체	92	100.0%	91	100.0%	183	100.0%
$\chi2 = 63.90, p < .001$						

〈표 3〉 부모/자녀×진화론이 더 과학적이고 창조론은 비과학적 종교적 신화라고 생각하는가에 대한 교차분석

　　아래 〈표 4〉에서는 자녀들의 진화론과 창조론의 기초 내용에 대한 응답 결과를 제시하고 있다. 1번 질문, '단세포 생물에서 고등 생물로 진화하였다고 생각하는가?'에 34명(37%)의 자녀들이 강한 반대로 답하였으며 20명(21.7%)은 반대의 입장을 표하였다. 또한, 두 번째 질문, '지구가 탄생할 때의 환경 조건이 생명체를 만들게 하였다고 생각하는가?'에 대한 질문에는 31명(33.7%)의 자녀들이 반대, 22명(23.9%)은 강한 반대라고 답하였다. 그러나 세 번째 질문, '화석 기록이 오늘날 살아있는 모든 생명체가 과거와 공통조상을 가진다는 것을 보여준다고 생각하는가?'에는 중립이라고 답한 자녀들이 39명(42.4%)이나 되었고 찬성이라고 응답한 자녀들도 29명(31.5%)이나 있었다. 그리고 4번 질문인 '상동기관이 진화의 증거라고 생각하는가?'에서도 찬성이 27명(29.3%), 중립 23명(25%)으로 54.3%의 자녀가 상동기관이 진화의 증거라고 생각하고 있는 것으로 나타났다.

구분	강한 반대	반대	중립	찬성	강한 찬성
창조론 1. 당신은 원시 지구에서 아주 간단한 단세포 생물이 우연히 생겨나 그것들이 오랜 시간이 지나며 조금씩 복잡하고 다양한 생물이 되었다고 생각하나요?	34 (37.0)	20 (21.7)	25 (27.2)	13 (14.1)	0 (0.0)
2. 당신은 지구가 생성될 당시의 대기와 물 등의 조건이 생명체를 만들게 하였다고 생각하나요?	22 (23.9)	31 (33.7)	22 (23.9)	10 (10.9)	7 (7.6)
3. 당신은 화석기록은 오늘날 살아있는 모든 생물체가 과거와 공통조상을 가진다는 것을 보여준다고 생각하나요?	11 (12.0)	11 (12.0)	39 (42.4)	29 (31.5)	2 (2.2)
4. 당신은 상동기관(박쥐의 날개, 사람의 팔, 고래의 앞 지느러미와 같이 겉모양과 기능은 다르지만 골격의 구조가 비슷한 기관)은 진화의 증거라고 생각하나요?	12 (13.0)	27 (29.3)	23 (25.0)	27 (29.3)	3 (3.3)
중립 당신은 어떤 누구도 지구와 생명의 기원을 목격한 사람이 없기 때문에 창조론이나 진화론의 그릇됨을 증명할 수 없다고 생각하나요?	14 (15.2)	28 (30.4)	24 (26.1)	13 (14.1)	13 (14.1)
진화론 1. 당신은 시간을 초월하여 종의 다양성은 창조주에 의해 만들어졌고 우연에 기인한 것이 아니라고 생각하나요?	2 (2.2)	2 (2.2)	13 (14.1)	27 (29.3)	48 (52.2)
2. 당신은 생물은 신에 의한 초자연적인 계획에 의해 종류대로 만들어졌으므로 중간형태의 전이 화석은 존재하지 않는다고 생각하나요?	1 (1.1)	12 (13.0)	41 (44.6)	21 (22.8)	17 (18.5)
3. 당신은 골격의 구조가 같다는 것은 동일한 설계자에 의해 설계되었다는 것을 의미한다고 생각하나요?	2 (2.2)	3 (3.3)	21 (22.8)	48 (52.2)	18 (19.6)

〈표 4〉 진화론과 창조론의 내용에 대한 자녀들의 응답 빈도 분석

이 결과를 수치상으로 나타내기 위해 강한 반대를 1점, 강한 찬성을 5점 척도로 변환하여 진화론 내용 각 질문에 대한 평균 점수를 계산해 보면 1번 질문의 평균 점수는 2.18점, 2번 질문은 2.45점, 3번 질문은 3.00점, 4번 질문은 2.80점이다. 이 네 문항의 전체 평균, 즉 전반적인 진화론의 내용에 동의하는 점수는 2.61점으로 나타나 대체로 자녀들은 진화론의 내용에 반대하지만, 중립적인 입장에 좀 더 가까운 것으로 파악되었다. 이 결과는 부모들의 응답과 매우 큰 차이를 보여주었다. 부모들의 진화론 내용에 대한 평균 점수는 1.54점으로 대부분 진화론 내용에 대해 반대하는 입장을 견지하고 있음을 나타내었다. 평균 차이를 검증하는 *t*-분석 결과 부모와 자녀들의 전반적 진화론 내용에 대한 동의 점수는 유의수준 99.9%의 확률로 통계적으로 유의미한 차이를 보여 주었으며, 모든 각 세부 문항에서도 부모와 자녀들의 평균점수는 유의수준 99.9%의 확률로 부모들의 진화론에 대한 입장은 자녀들보다 부정적이었다.

창조론의 내용에 대한 1번 질문, '종의 다양성이 창조에 의한 것'이라는 생각에 절반이 넘는 48명(52.2%)이 강한 찬성이라고 응답하였으며 찬성이라고 응답한 자녀들도 27명(29.3%)이었다. 그러나 2번 질문, '창조로 인해 중간 단계의 화석이 존재하지 않는다고 생각하는가?'에 대한 질문에서는 중립이라고 응답한 자녀들이 절반에 가까운 41명(44.6%)이었다. 한편, 3번 질문, '골격 구조가 같다는 것은 동일한 설계자의 작품임을 반영하는 것이라고 생각하는가?'에 대한 것은 과반이 넘는 48명(52.2%)이 찬성이라고 답하였다. 이를 수치상으로 나타내면 창조론 1번 문항의 평균 점수는 4.27 점, 2번 문항은 3.45점, 3번 문항은 3.84 점이며 전반적인 창조론의 내용을 나타내는 3문항의 합계 평균 점수는 3.85 점으로 나타났다. 창조론을 받아들이는 것과 진화론을 받아들이는 것은 반비례의 관계에 있다는 것을 전제로 이 점수와 위의 진화론 전체에 대한 점수를 비교해 보면 중립 입장 3

점을 기준으로 편차가 창조론은 0.85점이고 진화론은 0.39점으로 자녀들은 진화론을 거부하는 것보다 더 창조론을 수용하는 것으로 파악된다.

이를 다시 해석하면 크리스천 자녀들은 창조론을 전반적으로 믿고 있으나 학교에서 과학 시간에 배우는 진화론에 대해서는 강하게 반대하지 않는 태도를 보인다고 볼 수 있다. 이는 창조론 내용 2번 질문이 과학 시간에 다루는 화석에 대한 내용이 포함되었는데 이 문제의 평균 점수가 과학적인 내용이 전혀 없는 1번 질문의 높은 평균 점수 4.27 점보다 매우 낮은 점수인 3.45 점을 나타낸 것을 볼 때 우리 자녀들이 학교에서 배우는 진화론의 내용에 많은 영향을 받고 있음을 알 수 있었다. 한편, 부모들과 자녀들의 창조론에 대한 생각은 역시 부모들의 점수가 t-분석 결과 유의수준 99.9%의 확률로 통계적으로 유의미하게 높은 것으로 나타났다(전체적 창조론의 내용에 동의하는 평균 점수는 부모의 경우 4.36점으로 자녀들의 3.85점보다 현저하게 높았다).

한편, 진화론과 창조론의 내용에 동의하는 정도는 자녀들의 학년이나 미국에 거주한 기간, 가정예배의 빈도, 출석교회의 크기와는 아무런 상관관계를 보이지 않았다. 또한, 성별에 따라 그리고 미국에서 출생한 경우와 그렇지 않은 경우에 진화론과 창조론의 내용에 동의하는 정도는 모두 유의미한 차이가 나타나지 않았다.

(2) 학교와 교회에서의 진화론과 창조론 교육과 갈등

자녀들은 4학년 이전에 이미 진화론에 대해 학교에서 배웠다는 응답이 20명(21.7%)이나 되었으며, 대체로 6학년(14명, 15.2%)과 7학년(20명, 21.7%) 때에 처음 학교에서 진화론을 배우는 것으로 나타났다. 그리고 '학교에서 진화론을 배울 때 성경에서 배운 창조론과 가치관의 혼돈을 경험한 적이 있는가' 하는 질문에 대해 28명(30.4%)이 찬성을, 16명(17.4%)이 강한 찬성이라고 응답하여 거의 절반가량의 자

녀들이 학교에서 진화론을 배우면서 성경에서 말하는 창조론의 가치
관과 충돌하면서 정신적인 혼란을 경험하고 있음을 알 수 있었다. 이
러한 정신적인 혼란은 또한 진화론의 내용에 동의하는 정도에 99%의
유의수준을 가지고 통계적으로 유의미한 정적인 상관관계를 보여 주
어($r = .294, p < .01$) 진화론의 내용에 동의하면 할수록 창조론과 진
화론 간의 가치관 충돌로 인한 정신적 혼돈이 증가함을 알 수 있었다.
그러나 창조론의 내용에 동의하는 정도와 정신적인 혼돈 간의 상관관
계는 95%의 유의수준을 가지고 통계적으로 유의미한 부적 상관관계
를 나타내어($r = -.237, p < .05$) 창조론의 내용에 동의하면 할수록 정
신적인 혼돈을 덜 경험하는 것을 알 수 있었다.

　'그러한 가치관의 혼돈 때에 어떻게 하였는가'에 대한 질문에 38
명(41.3%)의 자녀들이 종교와 생물시간은 다르다고 체념했다는 응답
을 선택하였으며, 그냥 무시하고 지나갔다는 응답도 29명(31.5%)이나
되었으며 부모님이나 교회와 상담을 했다는 응답은 7명(7.6%)에 그쳤
다. 진화론과 창조론의 가치관 혼돈에 대해 자녀들은 소극적인 대처
를 주로 하고 있음이 드러나, 2세 자녀들과 이 문제에 대해 보다 적극
적으로 소통해야 할 필요성을 보여주었다.

　'학교에서 가르치는 진화론이 자신의 믿음을 약화시킨다고 생각
하는가?' 라는 질문에 자녀들은 강한 반대에 21명(22.8%) 및 반대에
28명(30.4%)이 응답하여 진화론의 가르침에도 불구하고 믿음을 굳건
히 지키고 있는 자녀들이 절반을 넘는 것을 보여주었다. 그러나 학교
에서 진화론을 배우면서 성경에서 말하는 창조론의 가치관과 충돌하
면서 정신적인 혼란을 경험하는 정도와 이 질문의 상관관계를 보면
99.9%의 유의수준을 가지고 통계적으로 유의미한 정적인 상관관계
를 나타내어 ($r = .638, p < .001$) 혼란을 경험하는 정도가 강할수록
진화론의 가르침이 자신의 믿음을 약화시킨다고 생각하는 것을 보여
주었다.

이에 더하여 혼돈의 정도가 얼마나 자신의 믿음을 약화시킨다고 생각하는가에 대한 영향력을 조사하기 위하여 회귀분석을 실시한 결과 99.9%의 유의수준을 가지고 가치관 혼돈은 자신의 믿음을 약화시킨다고 생각하는 것에 21.1%의 영향력을 미치는 것으로 파악되었다. 게다가 자녀들은 교회에서 구체적으로 창조론과 진화론을 배워본 적이 있는가에 대한 질문에 긍정 답변은 45.6%(찬성 38.0%, 강한 찬성 7.6%)에 그쳤다. 교회에서 자녀들에게 진화론과 창조론에 대해 구체적인 가르침을 주어 정신적인 혼돈을 경험하는 것을 낮추기 위한 방안을 모색하는 것이 자녀들의 믿음을 지키는 데 매우 중요한 과업임을 알 수 있었다.

7. 신학적 성찰과 제언

노먼 가이슬러(Norman Geisler)는 21세기에 기독교에 대한 도전을 세 가지로 압축해서 언급한 바 있다. 즉 기독교는 "상대주의 시대(a relativistic age)에 절대적 메시지를 선포하며, 다원주의 시대(a pluralistic world)에 배타적 메시지를 선포하며, 자연주의적 세상(a naturalistic mindset)에 초자연주의적 세상을 확증"하는 사명이 있다는 것이다.[17] 창조론과 진화론 논쟁과 관련하여, 자연주의에 근거한 유물론적 진화론(혹은 무신론적 진화론)은 과학적 검증이 된 '과학적 사실'이라는 과분한 대접을 받으며 기독교에 커다란 적이 되어 왔다. 이러한 시대적 도전에 직면하여, 금번에 우리는 창조와 진화에 관한 이해를 돕기 위해 미국 주요 지역의 재미 한인 중, 고등학생들과 학부모들을 대상으로 설문조사 후 연구 분석을 하였다. 이를 마무리하면서 우리는 신학적 성찰과 몇 가지 제언을 하려고 한다.

---

17 Norman L. Geisler, "Proclaiming the Changeless Truth in These Changing Times," *Southwestern Journal of Theology* 55:1(Fall, 2012): 37.

(1) 교회와 목회자 역할의 중요성

위의 연구 분석 결과 절반에 가까운 자녀들이 학교에서 진화론을 과학적 사실이라고 배우면서 교회에서 배운 창조론의 내용과 충돌하는 가운데 정신적인 혼란을 경험하고 있으며 이것이 자신의 믿음을 약화시키는 요인이 되고 있다는 점은 목회자들이 먼저 '무신론적[유물론적] 진화론'의 심각성을 깨닫고 배우면서, 더욱 더 교회에서 진화론의 허구성과 "성경적 창조론"을 설교하고 가르치며 부모들과 자녀들을 훈련시켜 주어야 한다는 점을 일깨워 준다.[18] 왜냐하면, 미국의 공립학교에서 크리스천 과학 교사들이 진화론으로 구성된 교과서를 가르칠 때, 창조론도 곁들여 가르쳐 균형감 있는 시각을 제공해 주려 해도 연방 대법원은 수정헌법 1조의 "정교분리조항"을 인용하여 오직 진화론만을 가르치도록 일관된 판결을 하고 있기 때문이다.[19]

연방 대법원의 판결을 보면 "진화론/창조론이 문제가 되었을 때는 … 진화론을 하나의 종교로 보지 않고[과학으로 본다] … 반진화론

---

18 여기서 "성경적 창조론"이라 함은 "창조과학"(Scientific Creation or Creation Science)을 의미하지 않는다. 이는 유신진화론, 무신론적 진화론, 과학적 무신론을 배격하면서, 성경에서 가르치는 창조론을 받아들임을 의미한다. 특별히 창세기 1-11장의 역사성(historicity)을 인정하고 믿으면서, 한편으로는 올바른 과학은 하나님의 창조를 더욱 풍성하게 해석하고 증거하는 도구로 사용될 수 있음에 열려 있음을 말한다. 여기서 진화론이 과학이라는 태도는 수용하지 않는다. 또한 성경 66권은 다양한 장르로 구성되어 있기에 이에 따른 적실한 해석이 필요함을 인정하고, 또한 유기적 영감설을 믿으며, 문자적 해석으로 모든 성경을 해석하려는 시도를 지양한다. 인간은 무한하시고 전지전능하신 하나님이 계시하신 만큼만 이해할 수 있는 유한한 존재임을 자각하고 인정하며, 참된 과학적 연구와 발견은 (무신론적 과학자들은 제외) 하나님의 우주적 창조를 더 입증함을 수용하는 신앙교육을 함의한다.

19 참조, 오시진, "미국 학교 내 종교교육과 종교의 자유에 대한 연구,"「법학연구」제21권 제3호, 2013, 165-68; 창조론과 진화론에 대한 공립학교에서 과학교육에 대한 법정 공방과 그 결과들은 다음을 참조하라. Norman Geisler, *Creation & the Courts: Eighty Years of Conflict in the Classroom and the Courtroom* (Wheaton: Crossway Books, 2007); Francis J. Beckwith, *Law, Darwinism, & Public Education: The Establishment Clause and the Challenge of Intelligent Design* (Lanham, MD: Rowman & Littlefield Publishers, 2003); Christian Young and Mark Largent, *Evolution and Creationism: A Documentary and Reference Guide* (Westport, CT: Greenwood Press, 2007), 261-89; Eugenie C. Scott, *Evolution VS. Creationism: An Introduction* (Westport, CT: Greenwood Publishing Group, 2004); 박창성, "창조론-진화론 교육이 개인 신앙과 교회에 미치는 영향에 관한 통계 분석," *Origin Research Journal* (2023), vol. 3, no.1, 78-85.

적 법률이나 방침들은 일관되게 위헌 판결"을 내려왔다.[20] 다시 말해서 진화론은 하나의 입증된 과학적 사실로서 공립학교 교과과정에서 배우는 데 문제가 없지만, 창조론과 관련된 가르침은 위헌이라는 것이다. 이러한 판례는 100% 위헌 결정이 나와 앞으로도 수정헌법 1조를 수정(amend)하지 않는 한, 진화론/창조론 문제가 주(State) 대법원에서 승소한다 해도 연방 대법원에서 100% 위헌 결정을 받을 수밖에 없다는 서글픈 사실을 말해준다. 이러한 미국의 상황 가운데서 성경에서 가르치는 창조론을 믿고 가르치는 교회와 성도들은 우리 자녀들에게 창조론을 어떻게 가르칠 것인가에 대한 커다란 숙제를 안고 있다.[21]

우선 교회의 목회자들과 평신도 지도자들에게 창조론과 진화론에 대한 교육이 시급함을 우리는 주지해야 할 것이다. 특별히, 많은 목회자들이 바쁜 목회 전선에서 개인적으로 창조론과 진화론에 대한 최근의 많은 정보를 연구하기란 사실상 불가능하다. 그러므로 이 분야에 신실한 전문가 크리스천들이나 신학교 교수들의 도움이 필요하다. 창조론과 진화론 전체를 아우르는 개요와 논쟁이 되는 구체적인 내용들을 일목요연하게 정리해서 가르쳐야 한다. 그래서 끊임없이 바쁜 목회자들이 창조론과 진화론에 대한 로드맵을 갖고 목회 현장에서 적용할 수 있도록 도와줘야 한다.[22]

---

20 오시진, "미국 학교 내 종교교육과 종교의 자유에 대한 연구," 168.
21 이는 미국만의 상황이 아니라 한국은 물론 기독교에 우호적인 서방세계를 비롯하여, 유물론적 공산주의 국가나 반기독교적 국가들을 포함한 전 세계적 상황이다. 이러한 현상은 국가라는 제도적 장치를 이용하여 하나님의 창조와 타락한 인류를 향한 구원의 복음을 가로막고 있는 것이다.
22 '창조'를 주장하는 이론들은 크게 네 가지로 볼 수 있다. 창조과학에서 주장하는 젊은 지구 창조론(Young Earth Creationism), 오래된 지구 창조론(Old Earth Creationism [Progressive]), 유신진화론(Theistic Evolution), 그리고 지적설계론(Intelligent Design Theory) 등이다. 참조, J. B. Stump, ed. *Four Views on Creation, Evolution, and Intelligent Design* (Grand Rapids: Zondervan, 2017).
23 케네스 매튜스는 "창세기는 복잡한 문예적 작품(a complex literary composition)으로서 대칭적 통일성을 가지면서도 다양한 장르들(예컨대, 내러티브, 족보, 그리고 시적 가사)을 갖는다"고 말한다. Kenneth A. Mathews, Genesis 1-1:26, vol. 1A. NAC (Nashville: B & H Publishers, 1996), 25.

특별히 "창조과학"(creation science)의 창조 기사에 대한 문자적 해석(literal interpretation)의 한계와 함께,[23] 기독교에 더 큰 부정적 영향력을 끼칠 수 있는 "유신진화론"(theistic evolution)에 대한 정확한 이해와 가르침이 절실히 필요하다. 왜냐하면 대부분의 유신진화론자는 창세기 1~2장을 창조에 대한 찬송시나 고대 근동의(Ancient Near East) 창조 신화 정도로 받아들이며 역사성(historicity)을 배격하기 때문이다.[24] 더 나아가서 이들은 창세기 1-11장의 역사성을 거부한다. 하지만 창세기 1~3장의 창조, 타락, 그리고 구속의 신학적 틀과 메시지는 성경 66권의 기본을 이루는 매우 중요한 부분이다.[25] 하나님의 창조에 대한 과학과의 소통과 통합을 위해 신적인 저작인 성경을(딤후 3:16; 벧후 1:21; cf. 마 5:17~18; 계 22:18~19) 과학적 발견에 종속시키는 행위는 용납할 수 없다. 인간의 과학적 연구는 창조 세계의 원저

---

24 Gordon J. Wenham, *Genesis 1-15*, vol.1, WBC (Waco, TX: Word Books, 1987), xlvii-l. 웬함은 창세기 1~3장의 서론적 해석에서, 창조 기사는 고대 근동 아시아 (Ancient Near East: 이후로 ANE) 신화들과는 현저히 다르게 성경적인 설명(account)으로 변혁(transformed)되고 그 신화들의 의미들이 급진적으로 수정되고 (altering) 수용되었음을 다음과 같이 설득력 있게 주장하고 있다. "(1) ANE 신화는 다신교지만 창세기 1~3엔 삼위일체시요 유일하시고 전지전능하신 하나님의 통일성(the unity of God)을 말하며, 특히 ANE에서 숭배하는 '해와 달과 별들과 바다의 괴물들'은 신적인 존재가 아니고 단지 피조물임을 선포한다. (2) ANE 신화는 이미 존재하는 물질에 대한 질서 부여나, 그 물질들이 영원하다는 주장에 반하여, 창세기 1:1은 '태초에 하나님이 천지를 창조하시니라'라고 선포하며(무에서 유를 창조: *ex nihilo*) ANE 신화를 반대한다. (3) ANE 신화에서는 인간은 신의 음식을 제공하기 위해 다신들에 의해 만들어졌지만, 성경은 인간을 하나님의 형상대로 지음 받은 창조의 면류관(the climax of creation)이라고 선포한다. 또한 하나님은 인간을 위해 식물들을 음식으로 준비하셨다(창 1:29). 같은 맥락에서, 창세기 2장을 보면 하나님은 에덴동산을 지으셔서 거할 곳과 동물들을 지으시고 아담에게 아내를 주시는 등 인간의 복지(welfare)를 제공하셨다. (4) 바벨론 전통에는 매달의 7, 14, 19, 21, 28째 날은 불행한 날로 간주되었으나, 창세기는 매주 7일째는 거룩하고 하나님께 거룩하게 구별되었고 안식의 날이라고 선언한다(창 2:1-3). (5) 메소포타미안의 사가(saga)에는 '아다파'(*Adapa*)가 자신의 개인적인 신의 경고를 받고 하늘의 명령을 어기고 생명의 빵과 물을 거부하였다고 말한다. 하지만 성경은 아담의 타락이 하나님의 금지명령에 대한 불순종의 죄악이라고 분명히 말한다는 점에서 다르다." 이처럼 하나님은 ANE의 창조에 대한 세계관을 당대의 청중들에게 "인간 수준의 언어"로 낮추어 소통하시지만, 하나님의 천지창조와 아담과 하와의 창조, 문화명령, 창조 세계에 나타난 신성, 안식일의 거룩함과 쉼 등에서 ANE가 흉내 낼 수 없는 유일무이하고 전지전능하신 우주 만물의 창조주로서 독특하게(unique) 창조를 선포하셨고 그대로 이뤄짐을 볼 수 있다.

자이신 하나님의 창조물(창 1:1; 시 19:1; 33:6, 9; 사 40:26~28; 요 1:1-3; 계 4:11; 6:10)에 대한 연구로서 무한하시고 전지전능하신(omniscience and omnipotence) 하나님 것의 일부를 발견한 사실이기 때문에 대등한 관계가 될 수 없기 때문이다.[26]

또한 창세기 6장의 노아의 홍수를 거부한다면 이를 언급하신 예수 그리스도의 성경관 역시 부정하게 되는 우를 범하게 된다.[27] 더구나 창세기 11장의 셈 가족의 족보에서 셈의 후손으로 데라의 아들인 아브람(창 11:27-31)의 등장은 창세기 12장의 아브람의 신적 소명(Divine Calling: 창 12:1-3)과 그를 기반으로 한 하나님과 아브라함 언약의 골격인데 이를 허물게 된다. 사실 아브라함 언약(Abrahamic Covenant)은 구약 전체에 흐르는 하나님과의 구원의 언약의 초석이기에, 창세기 1-11장을 거부하는 유신진화론자들은 자신들의 개인적인 신앙은 물론 저들의 주장에 심각한 자충수를 두고 있음을 알아야 할 것이다.

(2) 가정에서 부모들의 신앙전수 역할의 중요성

신적 기관(divine institution)으로서 교회와 목회자들의 역할 못지않

---

25 "창조, 타락, 구속"의 큰 틀은 신, 구약 성경을 관통하는 메시지이며, 어거스틴부터, 마틴 루터나 존 칼빈 등 종교 개혁가들과 그 후예들에게 전해져 온 기독교 역사와 맥을 같이 하는 핵심적인 내용이다. 하지만 현대에 와서 포스트모더니즘적 상대주의와 탈 구성주의, 종교 다원주의와 세속화는 절대 진리인 성경의 권위에 다양한 간계로 도전해 오고 있다. 유신진화론의 창세기 1-11장의 역사성(historicity) 부인도 이와 맥락을 같이 하고 있음을 간과해서는 안 될 것이다. "창조, 타락, 구속"에 대해서는 Nancy Pearcey, *Total Truth: Liberating Christianity from Its Cultural Captivity* (Wheaton: Crossway, 2005), 134를 참조.

26 이런 점에서 '입자물리학자'인 박창현의 다음 주장을 귀담아들을 필요가 있다. 즉 "과학이라는 도구로 창조주를 찾는 것은 불가능하다. 우리의 이해는 하나님께서 당신을 계시(revelation)하시는 그 수준까지만 도달할 수 있다. 하나님께서 감추시면 아무것도 발견하거나 발명할 수 없다. 우리는 단지 신이 남겨 놓은 그 흔적들만 확인할 수 있을 뿐이다. 다행히도 이 세상에 모든 것들 속에는 다 신의 흔적이 있다." 본 책의 박창현, "빅뱅 이론과 신학적 우주론," 부분 중 '빅뱅 이론과 신학적 우주론의 타협의 가능성'을 참조하라.

27 예수 그리스도는 마태복음 24:36-41에서 '노아의 홍수 사건'을 종말론적으로 해석하면서, 말세지말(末世之末)을 사는 성도들에게 예수 그리스도의 재림이 필연적으로 일어날 것임을 천명하고 있다. 사도 베드로 역시 동일한 선상에서 '노아의 홍수 사건'을 이해하고 있다(벧후 2:5). 이처럼 유신진화론자들이 창세기 1-11장의 역사성을 믿지 않는다면 엄청난 오류에 빠지게 된다.

게 중요한 것은 또 하나의 신적 기관인 가정에서 부모들의 역할이다. 특별히 일주일에 겨우 몇 시간 모이는 주일학교에 자녀의 신앙교육, 특히 창조에 대한 교육을 전폭적으로 맡긴다는 것은 무리수가 있다. 절대다수의 시간을 가정에서 보내는 자녀들에게 창조론적 신앙전수는 필수 불가결한 요소다. 성경은 부모가 자녀의 신앙 성숙을 위해 제일 중요한 교육가(primary educator)라고 여러 곳에서 강조하고 있다.[28] 설문조사 결과 나타난 부모들이 지닌 진화론에 대한 부정적인 태도와 창조론에 대한 높은 믿음이 자녀들에게 그대로 전수되지 못하고 과반수의 자녀가 상동기관이 진화의 증거라고 생각하는 등 진화론에 대해 보다 중립적인 입장을 많이 나타내고 있는 것은 부모들의 신앙전수 역할을 상기시키는 데 도전을 주고 있다. 특별히 '창조론적 신앙'은 성장기에 있는 자녀들에게 '성경적 세계관'을 함양시키는 데 가장 근본이 되는 내용임을 명심하고 반드시 실천해야 할 것이다. 성경은 창세기 1:1부터 창조주 하나님에 대한 선포로 시작하여, 지금도 창조의 동력인 말씀으로 이 창조 세계를 붙드시고 운행하시는 창조주 하나님(히 1:3), 그리고 창조주이자 구속주(the LORD of Redemption)의 재림과 심판 그리고 새 하늘과 새 땅의 도래로 이어지는 창조에 관한 기사로 관통되어 있다. 창조주 하나님은 종말에 "만물을 새롭게 하시는 분"이시며, "알파와 오메가"이시며, "처음과 나중"이시다(계 21:5-6; 22:13).

이천 년 이상 디아스포라(διασπορά : diaspora; dispersed; scattered)로 살아온 유대인들이 하나님의 "언약 백성"으로서의 정체성(창 18:19; 출 19:5-6; cf: 벧전 2:9)을 유지하면서 전 세계적으로 전방위적인 영역에서 영향력을 행사할 수 있는 비결은 바로 회당과 가정을 중심으로 한 말씀(토라) 교육을 통한 신앙교육에 사활을 건 덕분이다. 특별히 "쉐마 이스라엘"(신 6:4-5)로 대변되는 선민 이스라엘의 신앙교육은 가정을 중심으로 집중적으로 이루어졌으며, 이것이 회당으로 확

---

28 Rob Rienow, *Visionary Parenting* (Nashville: Randal House, 2009), 9-16.

대되었다. 이 쉐마 이스라엘엔 유일신 사상을 중심으로 모세 오경은 물론 구약 전체의 핵심적인 신학인 창조주 하나님에 대한 경외와 예배, 순종과 헌신 그리고 이웃 사랑을 통한 "열방의 빛"으로 하나님의 영광을 선포하 는 것이었다(사 42:6; cf: 사 11:9; 합 2:14). 이러한 신앙적 유산을 유대인들은 디아스포라로 살면서 철저히 지켰고 자녀들에게 전수하였다. 이런 "쉐마 이스라엘"의 신앙은 포스트모던적 상대주의 시대, 종교 다원주의와 자연주의적 과학주의의 맹목적 우상화 시대에 절대적으로 필요한 신앙임을 크리스천 부모들은 깨어 경성하여 부지런히 자녀들에게 성경이 가르치는 '창조론'을 가르쳐야만 한다. 이처럼 신앙교육에서 가정의 중요성을 인식한 마틴 루터는 "크리스천 권속을 하나님 아래서 가족과 가정의 견고한 성경적 기반"이자 "신성한 기관"이라 강조했다.[29] 루터는 말하기를 "가족은 최고의 전략적 장소로서 가족 내에서 사랑과 믿음의 행위들이 실천됨으로 세속의 업무들이 바로 종교적 소명으로 변혁될 수 있다"라고 역설했고 또한 스스로 실천적인 삶을 살았다.[30]

(3) 성경적 세계관(Worldview) 교육의 중요성

성경적 세계관을 가르치기 위한 그 출발점은 창조주 하나님과 그의 창조 세계에 대한 가르침일 것이다. 왜냐하면, "창조에 대한 성경의 가르침들은 기독교 세계관의 기초를 제공하며, 동시에 기독교적 교육의 출발점이기도 하다. 성경이 말하는 창조론에 대한 우리들의 관심도 창조가 기독교적 세계관의 기초를 이루기 때문"일 것이다.[31] 여기서 세계관이란 "세상을 바라보는(looking at) 하나의 방식"[32]이며, "이 [세계관]을 통해 세상과 우리의 소명 그리고 그 세상에 담긴 미래를 보는 하나의 준거틀(framework) 혹은 근본적인 신념

---

29 Gerald Strauss, *Luther's House of Learning: Introduction of the Young in the German Reformation* (Baltimore: The Johns Hopkins University Press, 1978), 108-31.

30 William H. Lazareth, *Luther on the Christian Home: An Application of the Social Ethics of the Reformation* (Philadelphia: Muhlenberg Press, 1960), 142, 148.

들"**33** 로 정의할 수도 있다. 이를 좀 더 기독교적으로 소급하면, 세계관이란 "하나님과 세상과 그리고 인간의 하나님과 세상과의 관계에 대한 매우 중요한 접근"이라고 볼 수 있다.**34** 하나님께서 첫 사람 아담과 하와를 "하나님의 형상"(창 1:26-27)으로 창조하심과 '문화명령'(cultural mandate; 창 1:28)의 핵심적인 내용 중의 하나는 "언약적 관계"(covenant relationship)이다. 수직적으로는 인간과 하나님의 언약적 관계로서 "하나님의 자녀 됨"(sonship)과 수평적으로는 '인간과 자연과의 언약적 관계' 그리고 창조 세계를 하나님의 선한 "청지기"로서(servant kingship) 섬기고 다스리는 "신적 소명"으로서 "문화명령"과 관련이 있다.**35**

오늘날 우리는(자녀들 포함) 포스트모더니즘적 상대주의(relativism), 다원주의(pluralism), 그리고 자연주의적 세상(a naturalistic mindset)에서 끊임없이 세속주의적 도전을 받으며 신앙생활을 하고 있다. 그중에서 과학의 발전과 디지털 혁명은 성경적 세계관을 포기하도록 강요하고 있다. 특별히 성경적 세계관 형성의 초석과 같은 "성경적 창조론"에 대한 "과학적 무신론"과 "무신론적 진화론"자들 그리고 "유신진화론"자들의 도전을 받고 있다. 이러한 도전들

---

31 양승훈 원저, 장승기, 이화진, 서진, 진형근 편저, 『기독 교사와 학생을 위한 창조론 탐구 학습』(서울: 좋은 씨앗, 2010), 9.

32 Nancy Pearcey, *Total Truth: Liberating Christianity from Its Cultural Captivity* (Wheaton: Crossway, 2013), 23.

33 James W. Sire, *The Universe Next Door: A Basic Worldview Catalog,* 6th ed. (Downers Grove: IVP Academic, 2020), 5. Recite from James H. Olthuis, "On Worldviews," in *Stained Glass: Worldviews and Social Science.*

34 David Noebel and Chuck Edwards, *Worldviews in Focus: Thinking like a Christian, Understanding and Living a Biblical Worldview* (Nashville: Broadman and Holman, 2002), 4.

35 참조, Peter J. Gentry and Stephen J. Wellum, *Kingdom through Covenant: A Biblical-Theological Understanding of the Covenant*, 2nd ed. (Wheaton: Crossway, 1982), 174-77, 235-37; Kenneth A. Mathews, *Genesis 1-11:26,* NAC, vol. 1A (Nashville: Broadman & Holman, 1996), 163-72; Millard J. Erickson, *Christian Theology* (Grand Rapids: Baker Book House, 1985), 510; John M. Frame, *The Doctrine of the Christian Life* (Phillipsburg, NJ: P & R Publishing, 2008), 307; Paul Taidoo Kim, "Family in the Covenant: A Biblical-Theological Perspective on Redemption" (Ph.D. diss., Southwestern Baptist Theological Seminary, 2020), 65-71.

은 두 가지 범주 즉 '하나님'과 그분의 "창조 세계" 특별히 '인간'에 관한 것으로 요약할 수 있다. 이러한 시대적 상황에서 '성경적 세계 관'(biblical worldview)으로 우리 자녀들을 훈련하려는 노력이 절실히 요청된다.

그렇다면 어떻게 가정에서 성경적인 세계관을 계발시켜 줄 수 있을 것인가? 이러한 가르침은 교회와 가정이 연대하여 함께 노력해야만 더욱 효율적으로 될 것이다. 첫째로는 자녀들에게 문화 속에 세계관이 어떻게 내장되어 있는가(embedded)를 가르쳐 줘야 한다. 특히 창조와 진화와 관련된 공교육의 현실에서 존 듀이의 실용주의 철학과 인본주의자들이 장악한 교육과 사법 시스템 등에 대한 반기독교적인 세속적 영향력을 알려줘야 한다.[36] 그러기에 사도 바울은 "우리의 싸우는 무기는 육신에 속한 것이 아니요 오직 어떤 견고한 진도 무너뜨리는 하나님의 능력이라 모든 이론을 무너뜨리며 하나님을 아는 것을 대적하여 높아진 것을 다 무너뜨리고 모든 생각을 사로잡아 그리스도에게 복종하게 하니"(고후 10:4-5)라고 권면하고 있다. 특별히 과학이란 이름을 빌려 기독교를 공격하는 "과학적 무신론자들"에 대한 모순과 허구를 가르쳐 줘야 한다. 그럴 뿐만 아니라 복음주의 내에서 활동하는 "유신진화론"자들이 창세기 1-11장의 역사성을 부인하고, 기독교의 초석을 허무는 신학들을 경계하고 올바르게 성경을 가르쳐 주어야만 할 것이다.

둘째로는 자녀들에게 성경의 절대 진리(absolute truth)를 제대로 가르쳐 줘야 한다. 성서비평학이나, 자유주의적 신학이 아닌 종교개혁가들이 주창한 "오직 성경으로"(*Sola Scriptura*) 돌아가서, 성경이 곧 하나님의 말씀이 되게 하고(*autopistia*: trustworthy in and of itself), 성령님께서 직접 증거하심으로 어떤 일치나 협의가 교회적으로 필요 없는 말씀을 가르쳐야 한다(*Testimonium Spiritus Sancti Internum*)[37]. 이는

---

36 참조, 조경민, "듀이의 다원주의 수용과 그 의의," 「사회와 철학」 제22집 (2011, 10), 247-78.

신학교 교수들과 교회의 목회자들의 역할이 중대함을 다시금 깨닫게 한다. 마틴 루터는 말하기를 "인문주의 학문(헬라어, 히브리어, 라틴어 연구 중심의)이 쇠락하여 피폐해졌다면, 신학도 외면당하고 폐허 위에 놓였을 [것이다]. 하나님께서 언어와 학문의 융성과 번영을 통해 미리 길을 예비해 두지 않으셨다면 하나님의 위대한 계시도 일어나지 않았 [을 것이다]. 세례 요한이 그리스도가 오실 길을 예비했듯이, 언어와 학문은 [종교개혁] 신학의 길을 닦아 놓았[다]" **38** 라고 역설한 바 있다. 이처럼 우리에게는 히브리어와 헬라어 원어 교육과 더불어 복음적인 해석학의 중요성이 그 어느 시대보다 절실히 필요한 때에 살고 있다 는 자각과 이에 따른 실천적 행동이 필요하다고 본다.

III. 나가는 말

우리는 지금까지 '창조와 진화에 대한 설문조사'를 근거로 진화 론이 우리 자녀들의 공교육 교육과정에 미치는 영향과 교회와 우리의 신앙생활 그리고 사회 전반에 미치는 반기독교적인 영향력들을 살펴 보았다. 이러한 연구 결과는 미국 내 공교육의 교과과정이 세속주의 적 영향과 연방 대법원의 수정헌법 1조에 근거한 '정교분리정책'을 토대로 진화론 교육만이 과학교육에만 허용되는 현실에 어떻게 대처 해야 할 것인가에 숙제를 안고 있다는 것이다.

설문조사 결과에 의하면, 절반가량의 학생들이 학교에서 진화론 을 배우면서 창조론의 가치관과 충돌하면서 정신적인 혼란을 경험

---

37 Fred G. Zaspel, *The Theology of B. B. Warfield: A Systematic Summary* (Wheaton: Crossway Books, 2010), 154; cf. 존 칼빈은 "성경은 하나님으로부터 그 권위(authority) 를 가지며, 교회로부터 오지 않는다"라며 만약 "성경의 권위(credibility)가 교회의 판결 (judgement)에서부터 온다고 한다면 이는 사악한 거짓(wicked falsehood)"이라고 단호히 역설하였다. John Calvin, *Institutes of the Christian Religion*, ed. John T. McNeill (Philadelphia: The Westminster Press, 1960), 74.
38 스콧 헨드릭스, 손성현 역, 『마르틴 루터: 새 시대를 펼친 비전의 개혁자』 (서울: IVP, 2015), 350.

(47.8%)하는 것으로 나타났다. 또한 진화론에 동의할수록 정신적인 혼돈이 증가하였고, 창조론에 동의할수록 정신적인 혼돈은 덜 경험하는 것으로 나타났다. 이런 상황에서 학교에서 진화론의 가르침이 자신의 믿음을 약화시키냐는 질문엔 53.2%의 자녀들이 반대하여 믿음을 굳건히 지키고 있음을 볼 수 있었다. 하지만 혼란을 경험할수록 진화론의 가르침이 자신의 믿음을 약화시킨다고 생각하는 것을 볼 수 있다. 뿐만 아니라 41.3% 학생들이 종교와 과학시간은 다르다고 체념하였고 그냥 무시하고 지나쳤다는 응답도 31.5%나 되었다. 교회에서 상담하였다는 응답은 7.6%에 그쳐 2세 자녀들과 이에 대한 소통과 교육이 절실함을 알 수 있었다. 특별히 교회에서 구체적으로 창조론과 진화론에 대해 배운 학생들은 45.6%에 그쳐 교회에서 목회자들의 역할이 큼을 확인할 수 있었다. 한편 부모들은 진화론에 93.4%가 부정적이었으며(자녀들은 54.3%) 창조론을 더 신뢰하는 것으로 나타났다. 이러한 부모들의 창조론 신앙교육이 가정에서 잘 전수될 수 있도록 교회와 부모들이 연대하여 협력하는 방안이 중요함을 알 수 있었다.

이러한 분석을 근거로 하여, 우리는 신학적 성찰과 함께 3가지로 제언을 하였다. 첫째는 교회와 목회자들 역할의 중요성에 대한 것이다. 영적인 지도력을 가진 목회자들이 21세기 과학 시대의 도전에서 "무신론적 과학자들"과 "유물론적 진화론"은 기독교의 가장 큰 적 중에 하나임을 명심하고 이에 대한 연구와 대응책이 절실히 요구됨을 역설하였다. 또한, 유신론적 진화론 역시 주의를 요하는 관점임을 살펴보았다. 둘째로, 가정에서 부모들이 창조론적 신앙을 전수하는 역할의 중요성이다. "쉐마 이스라엘"(신 6:4-5)의 신앙은 가정에서 전적으로 이뤄지면서 회당으로 확대된 사실은 시사하는 점이 크다. 즉 자녀의 신앙교육은 가정에서 시작하여 교회로 확대된다는 사실이다. 마지막으로 성경적 세계관을 부지런히 자녀들에게 가르쳐야 함을 주장하였다. 이러한 성경적 세계관의 핵심은 "창조, 타락, 구속"의 큰 준거 틀 안에서 이뤄지며, 그 시작과 끝은 하나님의 창조와 회복에 있음을 교회와 가정에서 부단히 가르쳐야 할 것이다.

11

21세기 신학과 과학의 새로운 관계 정립을 향하여

김정형 (조직신학/철학적신학)

I. 서론

고대 교부 시대부터 아우구스티누스를 비롯한 대 사상가들이 당대 과학의 지식과 통찰을 무시하지 않고 진지하게 고려했지만, 신학과 과학의 관계 문제가 기독교 사상사에서 본격적으로 대두하기 시작한 것은 근대 과학 혁명 이후라고 할 수 있다. 한편 서구 기독교 전통에서 지난 수백 년간 신학과 과학의 관계 문제를 다뤄온 데 반해, 한국 기독교에서 이 문제를 진지하게 다루기 시작한 것은 불과 40여 년 전인 1980년대 초반이다. 아쉬운 점은 비단 신학과 과학의 문제를 다룬 기간이 짧다는 사실뿐 아니라, 신학과 과학의 관계를 바라보는 다양한 건전한 관점이 한국 교회에 소개되지 못하고 '창조과학'(creation science) 혹은 '과학적 창조설'(scientific creationism)[1] 이라는 이름의 특정한 한 입장이 많은 한국 그리스도인들의 뇌리에 각인되었다는 점이다. 물론 그동안 다른 관점을 소개하려는 시도가

---

1 이 글에서 필자는 신준호 박사의 제안에 따라 'creationism'을 '창조설'로 번역하고, 'the doctrine of creation'을 '창조론'으로 번역한다.

적지 않았으며, 이 점에서 우리는 21세기 신학과 과학의 새로운 관계 정립에 대한 희망을 발견할 수 있다.

이 장에서 필자는 오늘날 신학과 과학의 관계를 새롭게 정립하는 과제와 관련해서 몇 가지 방향을 제시하고자 한다. 첫 번째는 과학적 무신론의 도전 앞에서 과학적 무신론과 같은 오류를 범하고 있는 과학적 창조설의 잘못된 접근방법을 반성하고 극복하는 것이다. 두 번째는 창세기를 새롭게 읽는 것이다. 세 번째는 과학 시대를 위해 기독교 창조신학 곧 창조론을 새롭게 쓰는 것이다. 네 번째는 창조자와 세계의 관계 역사에 관한 신학적 이야기의 큰 품 안에 과학을 품는 '자연의 신학'을 전개하는 것이다.[2]

II. 과학적 창조설을 넘어서

최근 세계 신학을 괴롭히는 문제 중 하나는 소위 '과학적 무신론'의 득세다. 과학의 권위에 호소하여 과학이 무신론을 지지한다는 주장을 펼치는 과학적 무신론의 등장은 이미 수세기 전부터 있었던 일이지만, 과학적 무신론이 지금처럼 공세적이고 공개적으로 대중 앞에 모습을 드러낸 것은 21세기에 접어들어 벌어진 일이다. 특히 21세기 초반 한국 사회에서 과학적 무신론의 커밍아웃은 한국 기독교에 대한 사회적 불신의 증대와 함께 반기독교 사회운동의 중요한 분기점이 되었다. 그렇다면 우리는 과학적 무신론의 도전 앞에서 창조주 하나님에 대한 신앙을 어떻게 증언할 수 있을까?

사실 무신론을 과학적으로 입증하는 것이 불가능하다는 점에서 '과학적 무신론'(scientific atheism)은 잘못된 명칭이다. "과학은 어떤

---

2 아래 내용은 필자가 최근 출간한 다음 글을 이 책의 취지에 맞추어 수정 보완한 것이다. "과학적 무신론의 도전과 창조론의 미래," 「선교와 신학」 48 (2019. 6), 111-41. 이 내용은 같은 해 출간된 단행본 『창조론: 과학 시대 창조 신앙』 (서울: 새물결플러스, 2019)의 여러 부분에 흩어져 수록되어 있다.

경우에도 무신론을 지지하거나 정당화하지 않는다는 사실을 기억할 필요가 있다. '과학적 무신론'은 말하자면 자체 모순된 표현이다. 무신론은 과학적 근거를 갖지 않기 때문이다."[3] 그렇지만 과학적 무신론자들이 자신들의 무신론적 이데올로기의 근거로 내세우는 과학 자체는 현대 과학의 그것과 별반 다르지 않다. 다른 한편, 하나님의 창조 활동 역시 과학적으로 입증하는 것이 불가능하다는 점에서 '창조 과학'과 '과학적 창조설' 또한 자기 모순적인 명칭이다. 그뿐 아니라, 과학적 무신론자들과 달리 과학적 창조설 주창자들이 그들의 근거로 제시하는 과학은 현대 과학과 상당히 상충한다. 결국 과학적 창조설이 주장하는 과학은 현대 과학을 당연하게 받아들이는 현대인에게는 설득력을 갖기 어려울 것이다.[4] 이러한 이유에서 필자는 과학적 무신론의 도전 앞에서 창조 신앙을 증거하기 위해 과학적 창조설을 내세우는 것보다 더 나쁜 전략은 없다고 생각한다. 그럼에도 여전히 한국 교회의 많은 그리스도인이 과학적 창조설을 맹목적으로 고수하고 있는 것은 안타까운 현실이다.

17세기 과학 혁명 이후 현대 과학은 서구 전통의 유신론적 세계관과는 구분되는 나름의 세계관을 전제하고 있는 것으로 보인다. 흔히 이것은 '자연주의적'(naturalistic) 세계관이라고 불린다. 이것은 자연 속에 '마치 하나님이 없는 것처럼'(*etsi deus non daretur*) 보인다는 점에서 착안하여, 자연의 과정에 (소위 기적이라고 불리는) 초자연적 존재의 어떠한 객관적인 간섭도 존재하지 않는다는 작업가설을 기본 바탕으로 한다. 휘튼대학교의 철학 교수 폴 드 브리스(Paul de Vries)는 이

---

3 김정형, "과학 시대의 도전과 기독교교육의 과제,"「한국기독교신학논총」110 (2018, 10), 340.
4 과학적 창조설의 과학적 오류와 관련해서 우리는 과학적 창조설이 단순히 다윈의 진화론과만 충돌하는 것이 아니라, 지질학, 지구과학, 천문학, 고생물학, 고고학 등 많은 다른 분과 학문과도 충돌하고 있다는 점은 기억할 필요가 있다. 아울러 창조과학이 성경의 창조 기사를 과학적으로 증명하려는 시도가 과학자 공동체 안에서는 사실상 거의 받아들여지지 않고 있다는 사실 역시 지적할 필요가 있다. 말하자면, 오늘날 대다수 과학자는 과학적 창조설 주창자들의 주장이 과학적으로 설득력이 없다고 여길 뿐 아니라, 그다지 언급할 필요조차 느끼지 못하고 있다는 사실은 분명해 보인다.

것을 '방법론적 자연주의'(methodological naturalism)라고 명명하고, 초자연적 존재를 전면 부정하는 '형이상적 자연주의'(metaphysical naturalism)와 이것을 구분한다.[5]

과학은 본질적으로 "방법론적 자연주의"를 전제한다. 자연과학은 이 같은 방법론적 자기제한을 통해 자연 세계에 대한 놀라운 이해를 발전시켰다. 하지만 자연과학의 비약적 발전이 자연과학의 탐구영역 "밖에" 초자연적 영역이 존재할 가능성을 부정하지는 못한다. 과학적 탐구의 전제로서 방법론적 자연주의는 초자연적 존재가 실제로 존재하지 않는다는 "형이상학적 자연주의"와는 구분되며, 전자로부터 후자가 필연적으로 도출되는 것도 아니다. 방법론적 자연주의의 전제 위에서 자연현상에 대한 자연주의적 설명이론을 구축한 다음 거기에서부터 초자연적인 존재를 부정하는 형이상학적 자연주의를 끌어내는 것은 순환논증의 오류를 범하고 있다고 볼 수 있다.[6]

요컨대, 방법론적 자연주의와 형이상학적 자연주의의 구분에 대한 명확한 이해만 갖고 있어도 우리는 과학을 무신론의 근거로 끌어들이는 과학적 무신론자들의 핵심 주장을 논박할 수 있다. 여기에서 우리는 과학적 무신론을 넘어설 수 있는 중요한 디딤돌을 발견한다.

---

5 휘튼대학교의 철학 교수 폴 드 브리스(Paul de Vries)가 1986년 논문에서 '방법론적 자연주의'라는 문구를 처음 활자화된 형태로 사용하기까지의 간략한 배경과 이후 이 문구를 둘러싼 찬반 논쟁에 대한 간단한 소개와 관련하여 다음 글을 참고하라. Harry Lee Poe and Chelsea Rose Mytyk, "From Scientific Method to Methodological Naturalism: The Evolution of an Idea," *Perspectives on Science and Christian Faith* 59, no. 3 (September, 2007), 213.

6 김정형, "무신론적 진화론에 대한 기독교신학의 이중적 응답," 「신학사상」 167 (2014, 12), 125-26. 사실 방법론적 자연주의는 초자연적 존재의 예측 불가능한 간섭을 부정하기보다는, 자연 세계의 일관성, 자연법칙의 보편성을 가정한다. 초자연적 존재를 부정하는 형이상학적 자연주의는 초자연적 존재를 상정하는 유신론과 절대 양립 불가능한 입장이다. 하지만 자연 세계의 일관성, 자연법칙의 보편성은 창조주 하나님의 신실성에 대한 유신론적 신념과 공명한다는 점에서, 방법론적 자연주의는 유신론과 충분히 양립 가능하다. 거꾸로, 하나님의 신실성에 대한 유신론적 신념이 자연 세계의 일관성과 자연법칙의 보편성에 대한 생각을 지지함으로써, 방법론적 자연주의에 기초한 현대 자연과학 발전의 밑바탕이 되었다고도 말할 수 있다.

그런데 우리가 과학적 무신론의 도전 앞에서 과학적 창조설을 대안으로 제시할 때, 방법론적 자연주의와 형이상학적 자연주의의 구분에 호소하여 과학적 무신론을 논박하는 우리의 논리가 무용지물이 되어 버린다. 창조설은 방법론적 자연주의의 한계 안에서 자연 세계를 탐구하는 현대 과학과, 자연 세계의 궁극적 근원과 목적으로서 초월적인 창조주 하나님에 대한 창조신앙을 동일한 지평에서 혼합함으로써 자기모순을 초래하기 때문이다. 방법론적 자연주의와 형이상학적 자연주의의 구분을 염두에 둘 때, 과학적 창조론 역시 과학적 무신론과 마찬가지로 범주 혼동의 오류를 범하고 있다.

만약 우리가 방법론적 자연주의와 형이상학적 자연주의의 구분을 과학적 무신론의 도전에 응답하는 핵심 논거로 삼는다면, 우리는 과학적 창조설과는 다른 입장을 가져야 한다. 이 지점에서 우리는 과학 전공자가 아닌 그리스도인이 자신의 전공 분야가 아닌 현대 과학이론에 대해 섣불리 반대 의견을 개진하는 것이 전혀 설득력을 가질 수 없다는 사실을 기억할 필요가 있다. 또한 성서적 근거에서 기독교 창조신앙의 핵심 진리가 세계 기원의 문제보다 창조자 하나님의 성품과 의도에 초점을 맞추고 있다는 사실을 염두에 둔다면, 과학적 창조설의 주장이 단순히 과학적으로 설득력이 없다는 사실 이전에 더 근원적인 차원에서 기독교 창조신앙의 핵심과 별로 관계가 없다는 사실을 우리는 깨달을 수 있다.[7] 우리는 과학적 창조설의 낡은 성경해석과 왜곡된 창조신앙을 반성하고 극복하기 위해서라도 먼저 우리의 창조신앙의 원천인 성경과 복음으로 돌아가서 기독교 창조신학의 핵심 진리를 명확히 밝힐 필요가 있다. 그 후에야 비로소 우리는 현대 과학과 의미 있는 새로운 관계 정립을 시도할 수 있을 것이다.

---

7 어떤 면에서 현대 과학과 기독교 신학의 대화에 있어 가장 큰 문제는 과학의 이름으로 무신론을 주장하는 무신론자들이 아니라, 낡은 성경해석과 왜곡된 창조신앙을 고집하며 현대 과학과 정당성 없는 전투를 치르고 있는 그리스도인들 편에 있다고 말할 수도 있을 것이다. 로널드 넘버스는 풍부한 사료를 바탕으로 창조설의 역사를 보다 객관적인 입장에서 소개하고 있다. Ronald Numbers, *The Creationists: From Scientific Creationism to Intelligent Design*, 신준호 역, 『창조론자들』(서울: 새물결플러스, 2016).

III. 창세기의 창조신앙 새롭게 읽기

21세기 신학과 과학의 새로운 관계가 지난 세기 창조과학 혹은 과학적 창조설의 입장을 극복하고 앞으로 나아가기 위해서 반드시 선행되어야 할 필수 과제 중 하나는 성경 특히 창세기에 담긴 창조신앙의 핵심을 다시 새롭게 읽는 것이다. 이것이 두 번째 과제다.

현대 과학에 대한 기본적인 지식을 가진 사람이라면 대부분 창세기 1장이 현대 과학의 지식과 조화하기 어렵다는 판단을 내릴 것이다. 창조의 기간뿐 아니라, 창조의 순서, 창조된 우주와 지구의 모습 등 거의 모든 부분에서 창세기의 기술이 현대 과학 지식과 모순되기 때문이다. 창세기 1장에서 묘사된 창조세계의 모습을 그림으로 그려 본다면, 그 그림은 우리가 현대 과학을 통해 알고 있는 세계와 많은 차이를 보여줄 것이다.[8] 대표적인 차이점 중 하나는 해와 달과 별의 위치다. 창세기 1장의 우주 그림에서는 해와 달과 별이 지구 대기 위의 궁창 아래를 움직이고 있고, 그 궁창 위에는 물이 갇혀 있다.[9] 오늘날 현대 과학의 상식에 비추어 이해할 수 없는 창세기의 이러한 우주 그림을 하나님의 영원한 진리에 속한다고 생각할 수 있을까? 아니면, 지금 묘사한 이 그림이 창세기 1장의 우주를 제대로 묘사하지 못하고 있다고 말해야 할까? 만약 이 두 가지 대답을 모두 거부한다면, 우리는 창세기 1장의 우주 그림을 어떻게 받아들일 수 있을까? 이 고대의 낡은 우주 그림(혹은 세계관) 때문에 성경은 오류가 있고 따라서 정확무오한 하나님의 말씀이 아니라고 말해야 하는가?

---

8 구글 이미지 홈페이지에서 "genesis cosmology"를 입력하면 창세기의 우주를 그린 다양한 이미지들을 발견할 수 있다. 그중에서 "Ancient Hebrew Conception of the Universe"라는 제목의 이미지를 보라(2022년 12월 28일 접속).

9 창세기의 이후 이야기와 연결해서 생각해 보면, 해와 달과 별 위에 있던 많은 물이 노아의 홍수 때 지표면에 부어졌다. 어떤 창조설 주창자들은 말세에 있을 7년 대환란을 통해 이 물층이 다시 회복될 것이라고 기대한다. 대표적인 창조과학자인 헨리 모리스의 다음 두 논문을 참고하라. Henry Morris, "Biblical Creationism and Modern Science," *Bibliotheca Sacra* 125, no. 497 (1968), 20-28; "Biblical Eschatology and Modern Science," *Bibliotheca Sacra* 125, no. 500 (1968), 291-99.

우리는 창세기 1장이 현대 과학이 발전하기 이전의 세계관, 구체적으로는 고대 근동의 세계관을 반영하고 있음을 솔직하게 인정할 필요가 있다.[10] 하나님의 말씀으로서 성경의 권위를 인정하는 그리스도인 중에 하나님의 무오한 진리 외에 인간적인 다른 무엇이 성경 속에 담겨 있다는 사실에 거부감을 느끼는 사람이 적지 않다. 그래서 일부 창조설 주창자들은 고대 근동의 세계관을 포함하여 성경 속에 담긴 모든 것이 하나님의 진리라고 주장한다. 하지만 성경이 증언하는 창조주 하나님에 대한 신학적 진리와 성경에 내포된 고대 근동의 세계관을 혼동해서 두 가지 모두를 신적 진리로 간주할 경우, 역으로 고대 근동의 세계관에 대한 현대 과학의 논박이 창조주 하나님에 대한 성경의 신학적 진리 주장마저 부정하는 결과로 이어질 우려가 있다는 사실을 기억할 필요가 있다.

성경의 창조 이야기를 올바르게 해석하기 위해서는 창세기 1장이 기록될 당시의 역사적 배경에 대한 역사비평 연구의 도움을 받을 필요가 있다. 사실 19세기 후반 길가메시 서사시가 처음 발견되고 번역되어 소개되었을 때 많은 사람은 그 서사시 속에서 창세기와 유사한 이야기들을 발견하고 충격을 받았다. 그 후로 이와 유사한 이야기들이 다른 문명권에서도 발견되어 창세기에 대한 전통적인 문자주의적 해석에 상당한 이의가 제기되기도 했다. 여전히 성경의 이야기와 고대 근동의 많은 이야기 사이에 상당한 유사점이 있다는 사실은 성경을 믿는 많은 그리스도인에게 상당한 충격으로 남아 있다. 하지만 조금만 다르게 생각하면, 성경 속에 성경이 기록되던 시대의 흔적이 남아 있다는 사실은 너무나 당연하다. 성경은 저 너머 초월적 세상의 일을 초월적 언어로 기술한 책이 아니라, 이 세상의 일을 이 세상의 언어로 기술한 책이기 때문이다. 칼뱅의 표현을 빌리면, 하나님께서는 이 땅 백성에게 자신의 영원한 진리를 전달하기 위해 그들의 눈높이

---

10 John H. Walton, *Genesis 1 as Ancient Cosmology*, 강성열 역, 『창세기 1장과 고대 근동 우주론』 (서울: 새물결플러스, 2017), 13-14 참고.

에 맞는 언어를 사용하셨다.[11] 오늘날 대다수 구약학자는 창세기 1장이 기원전 6세기 바빌로니아 포로기에 작성되었다고 본다. 그렇다면 창세기 본문 안에 고대 근동의 세계관 곧 당대의 자연과학적 지식이 녹아 있다는 사실은 성경의 권위를 부정하는 근거가 되기보다는, 오히려 당시 사람들에게 눈높이를 맞추시는 하나님의 배려와 은총의 표현으로 이해될 수 있다. 여기에 더하여 고대 근동의 문서들과 창세기 본문을 꼼꼼하게 비교 분석하며 연구한 학자들은 그것들 사이의 유사점에도 불구하고 확고한 유일신 신앙 등 창세기에 담긴 신학적 메시지의 독특성을 더욱 분명하게 확인해 주었으며, 이로 인해 성경의 권위가 이전보다 더 확고한 기반 위에 서게 되었다고 평가할 수 있다.

창세기의 창조 이야기를 올바르게 해석하기 위해서는 이상의 역사적 연구에 더하여 창세기 본문에 대한 문학적 연구가 매우 중요하다. 창세기의 문학 유형 분석에 따르면, 창세기 1-11장은 주로 내러티브(narrative)와 계보(geneology)라는 두 가지 양식으로 구성되어 있다. 특별히 창세기 1-2장은 내러티브가 중심을 이루고 있다. 하지만 학자들 사이에 내러티브 개념을 규정하는 문제를 두고 여전히 많은 논의가 진행 중이다. 민담(saga), 전설(legend), 신화(myth), 민간설화(folktale), 기원론(etiology), 이야기(story), 신학적 내러티브(theological narrative) 등의 개념들이 언급되고 있는데, 몇몇 구약학자들은 이 중에서 이야기(story) 개념을 가장 선호한다.[12] 창세기 1-2장의 문학 양식에 대한 구약학자들의 치열한 논쟁을 보면서 아직 보편적인 공감대가 없다는 점에 아쉬움을 느낄 수도 있지만, 구약학자들의 시각은 창세기 1-2장을 단순히 역사나 과학의 관점에서 바라보는 시각과는 확실히 다르다는 점에서 오늘날 한국 교회에 시사하는 바가 적지 않다. 왜냐하면 아직 한국 교회 안에는 성경을 문학적 관점에서도 읽을 수 있

---

11 필자는 다른 글에서 존 칼뱅의 성경 영감 이해에 호소하면서 이러한 주장을 조금 더 자세하게 발전시켰다. 김정형, "과학 시대의 도전과 기독교교육의 과제," 340.
12 Bruce C. Birch et als., *A Theological Introduction to the Old Testament*, 차준희 역, 『신학의 렌즈로 본 구약개관』 (서울: 새물결플러스, 2016), 73.

다는 주장에 반발하는 사람들이 많이 있기 때문이다.

　19세기 말 본격화된 자료 비평은 창세기 1-2장 안에 독립적으로 전승되어 오던 두 개의 창조 기사(1:1-2:4a; 2:4b-25)가 결합해 있다는 흥미로운 사실을 발견했다. 두 창조 기사는 구조, 문체, 어휘, 강조점 등에 있어서 중요한 차이를 보이고 있는데, 첫 번째 창조 기사는 제사장 문서(P), 두 번째 창조 기사는 야훼 문서(J)로 분류된다. 많은 구약학자는 P문서의 기원을 기원전 6세기 바빌로니아 포로기에서, J문서의 기원을 그 이전 다윗과 솔로몬 시대에서 찾는다. 물론 구두 전승 과정은 그것보다 훨씬 이전으로 거슬러 올라갈 수 있을 것이다. 창세기 안에 독립적인 전승사를 가진 두 개의 창조 기사가 함께 포함되어 있다는 사실은 창세기 해석에 흥미로운 단초를 제공한다. 두 창조 기사가 하나의 정경 안에 연속성을 가진 것으로 편집되어 있다는 사실에서 두 이야기를 별개로 읽기보다는 상호 연관 속에서 읽는 것이 당연히 바람직하지만, 동시에 두 기사 사이의 중요한 차이점들과 심지어는 모순점들을 그냥 무시하고 넘어가는 것은 바람직하지 않을 것이다.

　그런 점에서 첫 번째 창조 기사를 두 번째 창조 기사 및 이후의 모든 성경 이야기로부터 '잠시' 떼어놓고 하나의 독립적인, 자체 완결적 이야기로 읽어볼 수도 있지 않을까? 첫 번째 창조 기사(창 1:1-2:4a)를 하나의 자기 완결적 구조를 가진 본문으로 보고 다시 읽어본다면, 이 본문은 우리에게 하나의 찬송시처럼 다가온다. 혹시 이 본문이 애초부터 단순히 태초의 과거에 대한 역사적 혹은 과학적 진술을 담고 있기보다는, 당시 사람들이 유일하신 하나님을 온 세상 만물의 창조주로 고백하고 노래하는 송영이었다고 보는 것은 지나친 추측일까?[13] 한편, 첫 번째 창조 기사를 하나의 자기 완결적 구조를 가진 본문으로

---

13 이 찬송시가 정경 안에서 맨 앞쪽에 위치한다는 점에서 특별히 중요한 신학적 의미가 덧입혀져 있다는 사실은 분명하다. 비록 성경 본문의 정경상 위치를 함부로 변경하는 것은 결코 바람직하지 않지만, 이 찬송시를 시편 중 하나로 보고 해석하면 새로운 느낌으로 읽을 수 있을 것이다.

보고 다시 읽어본다면, 우리는 그 속에 태초의 창조부터 시작해서 종말에 있을 창조의 완성 곧 새 창조의 그 날까지 하나님의 세계 경륜 전체가 담긴 것으로 해석해 볼 수 있다.[14] 이처럼 창세기 1장 본문에 대해서 근대 역사나 근대 과학의 관점을 잠시 내려놓고 이 본문을 하나의 탁월한 문학작품으로 읽게 된다면, 이 본문은 우리에게 전혀 새로운 의미로 다가올 것이다.

요컨대, 우리는 성경 속에 고대 근동의 세계관 혹은 우주 그림이 담겨 있다는 사실을 인정하고 받아들이는 데 주저할 필요가 없다. 오히려 고대 근동의 우주 그림을 현대 과학과 억지로 조화시키려는 과학적 창조설 주창자들의 주장은 결국 성경이 어떤 책인지에 대한 몰이해를 반영하고 있으며, 나아가서는 성경이 전하고자 하는 핵심 메시지를 왜곡하는 결과를 가져올 뿐이다. 우주와 인류의 창조에 관한 창세기의 기술이 과연 우주와 인류의 과거 역사에 대한 정확무오한 과학적, 역사적 진리를 우리에게 전달하려는 목적이 있었을까? 창세기 저자는 과학적, 역사적 진리보다 더 중요한 다른 메시지를 전달하기 위해서 당시의 일반적인 상식, 즉 고대 근동의 최고의 과학과 역사 이해를 매개로 활용하고 있었던 것은 아닐까?

이렇게 본다면, 창세기 저자의 궁극적인 목적은 우주와 인류의 과거에 관한 정확한 과학이론이나 역사 이론을 제시하는 데 있지 않고, 당대 최고의(혹은 가장 일반적인) 과학이론과 역사 이론을 매개로 창조주 하나님의 유일성을 역설하는 데 있었다. 말하자면, 창세기 저자가 당대의 상식에 관해 의심할 수도 있었다고 추정할 근거는 전혀 없지만, 당대의 상식이 후대에 거짓으로 드러난다고 해서 창세기 저자가 주장하려고 했던 신학적 주장까지 타당성을 잃는 것은 아니다. 다시 말해, 창세기 저자는 우주의 기원에 대한 과학적 혹은 역사적 기술의

---

14 흥미롭게도, 위르겐 몰트만은 창조의 모든 활동이 안식일을 위해 이루어졌다고 주장하면서, 창세기 2:1-3에 대한 종말론적 해석을 제시한다. Jürgen Moltmann, *God in Creation: A New Theology of Creation and the Spirit of God* (Minneapolis: Fortress, 1993), 277 이하 참고.

형식을 빌려서 하나님과 창조 세계의 근본 관계에 대한 신학적 주장을 펼치고 있다고 해석할 수 있다. 이런 관점에서 볼 때, 비록 우주 그림이 나중에 달라진다고 하더라도, 창세기가 여전히 창조신앙의 핵심 진리에 관한 한 정확하고 무오한 하나님의 말씀이라고 우리는 고백할 수 있다.

따라서 창세기 1장의 신학적 주장뿐 아니라 그 우주적 세계관 역시 하나님의 영원한 진리에 속한다고 고집하기보다는, 창세기 1장에 고대 근동의 세계관이 녹아있음을 솔직하게 인정하고 성경 기자가 당시 사람들의 통상적인 지식을 매개로 하여 온 세상 만물을 창조한 유일하신 하나님에 대한 장엄한 선언을 본문 속에 기술하고 있다고 설명하는 것이 더 설득력이 있다. 창세기 기자는 창조주 하나님에 대한 신학적 관점과 자연 세계에 대한 당대의 과학적 지식을 결합하여 동시대의 독자들에게 피조물을 신성시하는 우상숭배의 모든 토대를 무너뜨리고 유일하시고 자유로우시고 자비로우신 창조주 하나님에 대한 참된 창조신앙을 역설했다. 월터 브루그만을 포함해 몇몇 저명한 구약학자들은 최근 공저에서 다음과 같이 기술하고 있다:

> 창세기 1–11장에 등장하는 모든 내용이 세계에 관한 오늘날의 지식과 전부 일치하지 않는다는 점이 명백해짐에 따라 몇 가지 난제가 발생한다. … 현대인들은 세계의 기원, 발전, 특성에 관한 과학적 사실들을 배워왔다. 이러한 지식(예를 들어, 빛의 속성, 지구의 나이)은 과거의 성서 저자들로서는 도저히 꿈도 꿀 수 없는 것들이었다. 우리는 시간이 흐름에 따라 이용 가능해진 부가적인 지식들(예를 들어, 진화의 형태들)을 편견 없이 다 받아들여야만 하고, 그것들을 신학적이고 고백적인 증언들과 통합시켜야만 한다. … 창세기는 세계의 진상을 탐구하는 데 있어 신학적 지식과 과학적 지식을 통합시켜주는 방법을 보여주는 중요한 패러다임을 제시한다.[15]

---

15 Bruce Birch et als., 『신학의 렌즈로 본 구약개관』, 69. 이 책의 67–89쪽의 내용은 창세기 본문에 대한 최근까지의 비평적 연구를 개관하는 것뿐 아니라, 창조신학적 관점에서 창세기 1–3장에 대한 매우 흥미로운 해석을 제시하고 있다.

여기에서 우리에게 중요한 것은 창세기 기자가 활용한 고대 근동의 우주 그림의 지속적 타당성이 아니라, 창세기 기자가 자신의 신학적 관점과 당대의 과학적 지식을 통합한 방식이다. 이 점에서 창세기 기자는 창조신학을 재구성하는 후대 모든 신학자의 원형이라고 말할 수 있다. 그렇다면 오늘날 신학과 과학의 대화가 추구해야 할 과제는 창세기 기자가 증언하고 있는 창조주 하나님에 관한 핵심 진리를 최근 과학 지식과 통합하여 현대인에게 제시하는 것이다.

IV. 과학 시대를 위한 창조론 다시 쓰기

21세기 신학과 과학의 새로운 관계 정립을 위한 세 번째 과제는 기독교 전통의 창조론을 과학 시대를 살아가는 현대인들이 이해할 수 있는 언어로 번역하는 일, 혹은 다시 고쳐 쓰는 일이다.[16]

과학 시대를 위해 창조론을 다시 쓰기 위해서는 먼저 신학의 과제와 방법을 다시 생각할 필요가 있다. 기독교 신학의 근본 규범은 예수 그리스도의 복음이다. 과학과 신학의 대화에서 이 예수 그리스도의 복음은 우리에게 고유한 세계관을 제시해 준다. 예수 그리스도의 복음은 우리가 속한 이 세계가 하나님이 무로부터 창조하시고 사랑으로 돌보고 계신 선한 세계이며, 지금은 죄와 악과 죽음의 세력 아래 신음하고 있지만 결국에는 하나님이 새 창조를 통해 구원하고 완성하실 세계임을 우리에게 알려준다. 말하자면, 예수 그리스도의 복음 안에서 우리는 창조에서부터 종말에 이르는 큰 그림을 발견할 수 있다. 하지만 그 그림의 세부 내용 중 상당 부분은 흐릿하게 남아 있다. 이것은 예수 그리스도의 복음 외에 현대 과학 등 다른 학문이 하나님의 세계에 대한 온전한 이해에 공헌할 수 있는 여지를 허용해 준다. 이것

---

16 박영식이 펴낸 『창조의 신학』 (서울: 동연, 2018)은 국내에 소개된 관련 저서들을 두루 참고하여, 과학 시대를 위한 창조론 재구성 과제를 상당히 성공적으로 수행했다.

은 성경의 명제들을 교리신학의 근본 토대로 삼는 정통주의나 근본주의 신학의 접근법과는 많은 차이가 있다. 성경의 명제들이 역사적, 과학적 진리로 이해될 경우, 성경에 기록된 진술들이 오늘날 현대 역사학이나 자연과학을 통해 밝혀지는 사실들과 충돌하게 될 때 불가피하게 양자택일의 난관에 부딪힌다. 하지만 성경의 명제들이 아니라 성경 전체를 관통하며 그 아래에 도도히 자리하고 있는 광맥으로서 예수 그리스도의 복음을 신학의 근본 규범으로 삼을 경우, 일치든 충돌이든 현대 과학과 기독교 신학의 직접적인 접촉은 피할 수 있다.

20세기의 교부 칼 바르트(Karl Barth)는 흔히 예수 그리스도를 통해 하나님을 아는 지식을 배타적으로 강조한 나머지 인간의 경험이나 이성을 통해 하나님을 알 수 있는 가능성을 철저하게 부정했다는 평가를 받는다. 그 대표적인 근거로 자연 신학에 대한 에밀 브룬너(Emil Brunner)와의 논쟁이 자주 언급된다. 하지만 브룬너와의 논쟁 당시 자연 신학에 대한 바르트의 신랄한 비판은 당시의 역사적 상황에 비추어 이해할 필요가 있다. 바르트가 말년에 쓴 화해론에서 일반 계시의 가능성을 열어두는 언급을 재차 반복했다는 점 역시 진지하게 고려할 필요가 있다. 또한 바르트의 탁월한 제자 중 하나이자 지난 세기 스코틀랜드를 대표하는 신학자 토마스 토랜스(Thomas F. Torrance)는 바르트의 그리스도 중심적 신학 방법 안에 자연과학 등을 통한 일반 계시를 통합할 수 있는 가능성을 모색했다. 토랜스는 자신의 이러한 시도를 '새로운 자연신학'(new natural theology) 혹은 '재구성된 자연신학'(reformulated natural theology)이라고 명명함으로써, 바르트의 계시신학 체계 안에서 신학과 과학의 유의미한 대화와 통합의 길을 열었다는 평가를 받는다.[17] 바르트의 신학 전통을 존중하는 개혁신학의 입장에서 볼 때 토랜스의 이 같은 시도는 매우 의미 있다.[18]

한편, 과학 시대를 위한 창조론을 본격적으로 재구성하기에 앞서

---

17 Thomas Torrance, "Problem of Natural Theology in the Thought of Karl Barth," *Religious Studies* 6-2 (1970), 129.

우리는 기독교 창조신앙에 대한 두 가지 잘못된 생각을 바로잡을 필요가 있다. 첫째는 창조신앙을 세상의 기원에 관한 기원론적 설명과 혼동하는 잘못이고, 둘째는 교의학적인 관점에서 창조신앙을 다루는 창조론(the doctrine of creation)을 창조과학의 창조설(creationism)과 혼동하는 잘못이다.

먼저, 창조신앙과 관련해서 다음 두 질문을 생각해 보자. 첫 번째 질문은 이것이다. 하나님의 창조 활동은 이미 완결되었는가? 아니면 아직 계속 진행 중인가? 7일간의 창조를 묘사하고 있는 창세기의 첫 번째 창조 기사와 관련해서 생각할 때, 여러분이 이 글을 읽고 있는 오늘은 며칠째라고 생각하는가? 창세기 2장의 인간 창조는 첫 번째 안식일 이전 사건인가, 이후 사건인가? 두 번째 질문은 이것이다. 창조신앙의 성경적 근거를 어디에서 발견할 수 있는가? 창세기가 없었다면 창조신앙은 불가능했을까?

이 두 질문은 오늘날 많은 그리스도인이 창조에 대해 가진 고정관념을 드러내는 데 유용하다. 그것은 하나님의 창조 활동이 태초 곧 오랜 과거에 이미 완결되었고, 온 우주는 그때 이후로 변함없이 곧 태초의 모습 그대로 존속한다는 생각이다. 이것은 창조신앙을 이미 완결된 세계 창조의 태초 기원에 대한 믿음과 동일시하는 생각이다. 하지만 창조에 대한 성경의 증언은 이것과 다르다. 성경은 하나님의 창조 활동이 아직 끝나지 않았고 지금도 여전히 계속되고 있다고 증언하고 있다. 성경은 하나님이 태초에 세상을 무로부터 만드셨을 뿐 아니라

---

18 기독교에 있어 창조 신앙은 절대적인 중요성을 가진다. 흔히 기독교는 구원 종교라고 말하고, 기독교 신앙을 구속 신앙으로 규정하기도 하지만, 이것은 기독교의 본질에 대한 협소한 이해를 반영하고 있다. 창조 신앙 없이 구원(구속) 신앙은 왜곡될 수밖에 없다. 오늘날 구약성서와 신약성서 연구뿐 아니라 신학 전반에서 창조와 구원의 관계에 대한 근본적인 재검토가 이루어지고 있다. 20세기 초 구약신학의 출발점에는 게르하르트 폰 라트의 구속사 신학이 자리하고 있었다. 하지만 20세기 말부터 구약신학은 구속사 중심 패러다임에서 창조 중심의 패러다임으로 중요한 전환을 진행하고 있다. 신구약 전반에 걸쳐 지혜문학에 대한 유례없는 관심은 이 패러다임 전환의 한 단면이다. Walter Brueggemann, "The Loss and Recovery of Creation in Old Testament Theology," *Theology Today* 53, no 2 (1996): 177-90.

그 후로 지금까지 쉬지 않고 새 일을 창조하시고 있다고 증언한다. 창조주 하나님에 대한 신앙고백으로서 창조신앙은 태초의 과거뿐 아니라 지금도 살아계시는 하나님의 계속적 창조 활동에 대한 믿음이다.[19] 그런 점에서 창조신앙은 과거에만 집중하는 기원론적 설명과 다르다.

다음으로, 한국 교회 안에서 창조신앙은 창세기 본문에 대한 문자주의적 해석에 기초한 창조과학의 과학적 창조설을 가리킬 때가 많다. 그런데 창세기 본문에 대한 기원론적인 해석에서 출발해서 그것을 과학적으로 입증하려고 노력하는 창조과학의 창조설(creationism)과, 창조주 하나님과 피조된 세상의 보편적인 관계를 다루는 교리신학의 창조론(the doctrine of creation)이 전혀 다른 사상이라는 사실을 알고 있는 사람은 그렇게 많지 않은 것 같다. 아마도 이것은 국내 창조과학자들이 'creationism'을 '창조설'이 아니라 '창조론'으로 번역한 것 때문에 빚어진 오해와 혼동이 아닌가 추정된다. 이 때문에 일부 창조신학자들은 교리신학 혹은 조직신학의 창조론을 창조과학의 창조설과 구분하기 위해 '창조교리', '창조신학', '창조신앙' 등의 표현을 선호하는데, 이것은 충분히 이해할 만한 일이다. 창조설이 창세기 본문에 대한 문자주의적 해석을 고수하며 앞서 말한 기원론의 범주를 벗어나지 못하고 있다면, 창조론의 창조신앙 혹은 창조신학은 세상의 과거 이야기가 아니라 무로부터 세상을 창조하셨고 지금도 창조하고 계시며 언젠가 창조를 완성하셔서 "만유의 주로서 만유 가운데 계실"(고전 15:28) 창조주 삼위일체 하나님께 초점을 맞춤으로써 기원론의 범주를 훌쩍 넘어서 있다.

이러한 맥락에서 기원전 6세기경 창세기 창조 기사가 기록되기 훨씬 이전부터 이스라엘 하나님을 세상을 창조하신 유일하신 하나님을 예배했다는 사실은 창세기에 모든 초점을 맞춤으로써 편협한 창조론

---

19 루터교 성서신학자 테렌스 프렛하임은 구약성서의 창조론을 소개하면서 창조의 시작(originating creation), 창조의 계속(continuing creation), 창조의 완성(completing creation)을 말한다. Terrence E. Fretheim, *God and World in the Old Testament: A Relational Theology of Creation* (Nashville: Abingdon, 2005), 5-9.

의 한계를 벗어나지 못하고 있는 많은 그리스도인에게 큰 도전이 될 것이다. 어떤 면에서 보면, 창조신앙의 성경적 뿌리는 창세기가 아니라 오히려 출애굽기에서 발견된다. 출애굽기에서 분명하게 선포되는 유일신 신앙은 다른 모든 우상을 피조물의 지위로 상대화시키는 창조신앙의 진정한 토대가 된다. 그뿐 아니라, 바빌로니아에 포로로 잡혀간 유다 백성들에게 그들을 구원하실 하나님이 만물을 창조하신 유일하신 하나님이라고 반복해서 선포하는 이사야 본문(특히 40-55장)은 구약성경에서 창조신앙과 구속신앙이 얼마나 서로 긴밀하게 연결되어 있는지를 실감 나게 보여준다. 여기에 창조 세계에 대한 세세한 관찰로부터 하나님의 지혜를 들여다보는 지혜 문서 역시 창조신앙을 증언하는 중요한 근거가 된다. 요컨대, 창세기가 창조신앙의 중요한 근거 본문이기는 하지만, 창세기가 없었다 하더라도 창조신앙은 여전히 굳건했을 것이다. 우리는 창조신앙을 올바르게 정립하기 위해서 창세기에만 집중하는 태도를 지양해야 한다. 창조신앙의 근거를 창세기에서만 찾으려고 할 경우, 우리는 전통적인 창조신앙의 중요한 차원들을 놓쳐버리게 될 수도 있기 때문이다.[20]

지금까지 논의한 내용을 바탕으로 과학 시대를 위해 창조론을 다시 쓰려고 할 때, 우리는 서로 연관되지만 동시에 서로 구분되는 창조의 세 가지 다른 차원을 생각해 볼 수 있다. 첫째는 하나님이 세상을 만드시는 창조 활동이고, 둘째는 창조주 하나님과 피조된 세상 사이의 관계이고, 셋째는 하나님의 창조 활동의 결과가 만들어지는 세상이다. 창조의 이 세 가지 차원 중에서 기독교 창조신앙은 기본적으로 처음 두 가지 차원, 곧 하나님이 세상을 만드시는 창조 활동과 창조주

---

20 예를 들어, 창세기에 관한 최근 연구에서 흥미로운 점 중 하나는 창세기 1장이 무로부터의 창조(creatio ex nihilo) 교리의 근거 본문이 되지 못한다는 주장이 일반적으로 받아들여지고 있다는 사실이다. 무로부터의 창조 교리는 전통적인 기독교 창조신앙에서 매우 중요한 항목인데, 만약 창세기 1장에서 성경적 근거가 불확실하다고 결론이 난다면 우리는 이 교리의 성경적 근거를 어디에서 찾을 수 있을까? 구약성경의 창조신학의 풍성함에 관해서는 Bernhard W. Anderson, ed., *Creation in the Old Testament* (Minneapolis: Fortress, 1984)에 수록된 여러 구약학자의 글을 참고하라.

하나님과 피조된 세상 사이의 관계에 집중한다. 한편, 17세기 과학 혁명 이후 출현한 현대 과학은 창조의 세 번째 측면 곧 하나님의 창조 활동의 결과 만들어진 자연현상을 집중적으로 탐구한다. 물론 현대 과학은 창조주 하나님에 대한 어떤 언급도 배제한 상태에서 자연 세계의 사실과 인과관계를 탐구한다. 따라서 자연과학을 통해 하나님의 존재를 증명한다거나 논박하는 시도는 앞서도 언급했듯이 범주 혼동의 오류를 피하기 어렵다.

다른 한편, 창조의 처음 두 가지 차원 곧 하나님의 창조 활동 및 창조주 하나님과 피조 세계 사이의 관계에 관한 신앙이 하나님의 창조 활동의 결과 만들어진 세상의 모습에 대해서 나름의 함의를 가질 수 있다. 예를 들면, 하나님의 신실하신 성품은 자연법칙의 규칙성을 내포하고, 새 일을 행하시는 하나님의 역동적인 섭리는 생명현상의 창조성을 내포하고, 하나님의 지혜는 자연 세계의 오묘한 질서를 내포한다. 말하자면, 창조의 세 가지 차원은 서로 뗄 수 없는 관계 속에 있으며, 창조의 세 번째 차원 곧 하나님의 창조 활동의 결과 만들어진 자연 세계의 모습을 집중적으로 탐구하는 오늘날의 자연과학은 비록 간접적이나마 창조신앙과 불가분의 관계에 놓여 있다. 바로 이 접촉점이 창조신앙과 자연과학이 서로 만나 대화를 나눌 수 있고 또 대화를 나누어야 하는 지점이다. 여기에서 이루어지는 신학과 과학의 대화는 우리에게 이전에 보지 못했던 새로운 진리의 빛들을 많이 가져다준다. 통상적인 자연과학자들과 달리 창조신앙의 관점에서 자연과학적 탐구의 결과들을 살펴보면, 그 속에서 창조주 하나님에 관한 놀라운 진리를 새롭게 깨닫게 된다. 반대로 자연과학적 탐구 결과를 진지하게 고려하면서 전통적인 기독교 신앙을 반성적으로 성찰할 경우, 우리는 우리가 물려받은 전통 속에서 포함되어 있던 잘못된 선입견과 편견을 깨닫는 기회를 얻기도 한다. 요컨대, 21세기 신학은 과학과의 대화를 통해서 얻을 수 있는 것이 매우 많다.

창조신앙은 기독교가 역사적으로 출현한 이후부터, 아니 출애굽 이후 야훼 신앙이 이스라엘 백성의 삶을 규정하기 이전부터 지금까지 언제나 변함없이 중요한 위치를 차지하고 있었다. 다만, 시대와 문화가 달라지고 세계관이 변하면서 창조신앙을 표현하는 방식에도 많은 변화가 있었다. 모든 시대의 신학자들은 당대의 세계관을 진지하게 성찰하면서 창조신앙의 핵심을 그 시대에 맞게 새롭게 고백하고 선포할 의무가 있다. 오늘 우리 역시 우리 시대를 지배하는 과학적 세계관을 진지하게 고려하면서 성경적 창조신앙을 새로운 언어로 재구성함으로써 과학적 세계관 속에 살아가는 현대인들에게 창조신앙을 설득력 있게 선포할 필요가 있다. 과학 시대에 창조신앙을 고백하고 선포하는 새로운 언어를 찾는 과정 중에 일부 그리스도인들은 소위 신학적 패러다임의 전환을 경험할 수도 있다. 과학 혁명의 경우에도 그러했듯이, 신학의 여정에서도 패러다임의 전환은 대체로 상당한 내적 갈등과 고민을 동반한다. 하지만 그 결과는 산고의 그것처럼 매우 의미 있는 열매일 것이다.

기독교 창조신앙은 근본적으로 온 세상 만물을 창조하시고 섭리하시는 창조주 하나님에 대한 송영인 동시에, 온 세상 만물이 오로지 하나님의 선한 의지에 의해 존재하는 한갓 피조물에 불과함을 인정하는 신앙고백이다. 물론 이 신앙고백은 세상과 인간의 궁극적 기원이 하나님에게 있음을 내포하고 있다. 하나님은 온 세상의 알파와 오메가, 처음과 마지막이다. 이것이 참된 의미의 기독교 창조신앙과 창조신학의 핵심이며, 참된 신학적 의미에서의 창조론의 중심 내용이다. 하지만 하나님이 온 세상의 궁극적 기원이 되신다는 우리의 신앙고백은 우주와 인간의 시간적 기원을 추적하는 역사적, 과학적 연구와 다른 차원에 있다는 사실을 망각해서는 안 된다. 하나님은 하늘에 계시고, 우리는 땅에 있다. 하늘에 계신 창조주 하나님에 대한 신앙고백과 땅에서 펼쳐진 우주와 생명의 역사에 대한 과학적 지식은 서로 연관되어 있기는 하지만, 차원이 다른 두 영역을 대상으로 하고 있다. 필자는 프린스턴 신학자 다니엘 밀리오리(Daniel Migliore)의 다음 진술에 전적으로 공감한다.

> 진화론과 창조자 하나님에 대한 신앙을 동시에 지지하는 것은 가능하며 본질적으로 전혀 비일관적이지 않다. 하나님의 창조 활동의 기간과 단계와 과정에 대해 우리의 과거의 가정이 아무리 광범위하게 수정된다 하더라도, 이것은 창조자 하나님에 대한 우리 신앙의 중심적 주장에는 본질적 영향을 미치지 못한다.[21]

요컨대, 창조주 하나님에 대한 우리의 신앙은 그 핵심 내용에 있어 현대 과학이 밝혀낸 우주와 생명의 역사에 대한 오늘날의 지식과 충돌할 수 없다. 신학과 과학이 서로 다른 영역의 담론이기 때문이다. 동시에 하나님이 창조하신 자연 세계에 대한 자연과학의 발견과 통찰을 창조주 하나님에 대한 신학적 이해 속에 의미 있게 통합할 수 있는 가능성 역시 열려 있다.

V. '자연신학'을 넘어 '자연의 신학'으로

21세기 신학과 과학의 새로운 관계 정립을 위해 우리가 추구해야 할 네 번째 과제는, 과학을 단지 신학적 주장의 근거로 삼는 전통적 '자연신학'(natural theology)을 넘어서 창조자와 세계의 역사에 관한 거대한 신학적 이야기 속에 과학을 품는 '자연의 신학'(theology of nature)을 전개하는 것이다.

20세기 후반 종교와 과학의 대화에 공헌한 공로로 1999년 템플

---

21 Daniel Migliore, 신옥수 백충현 공역, 『기독교조직신학개론』 (전면개정판; 서울: 새물결플러스, 2012), 202.

턴상을 받은 이안 바버(Ian G. Barbour)는 자신의 저서 『과학이 종교를 만날 때』에서 종교(특히 기독교 신학)와 과학의 관계 유형을 갈등(conflict), 독립(independence), 대화(dialogue), 통합(integration) 등 크게 네 가지로 구분한다.[22] 그리고 마지막 통합 유형 안에 자연 신학(natural theology), 자연의 신학(theology of nature), 체계적 종합(systematic synthesis) 등 세 가지 세부 유형을 구분한다. 바버가 구분한 이상의 네 가지 관계 유형을 상호 배타적으로 이해할 필요는 없다. 어떤 면에서는 기독교 신학과 현대 과학의 만남에서 주제에 따라서 이 네 가지 관계 유형이 각기 필요할 수도 있기 때문이다. 말하자면, 신학과 과학의 관계를 주제와 상관없이 획일적으로 확정하는 것은 위험할 수도 있다. 다만, 각 유형에 대한 바버의 분석을 따른다면, 신학과 과학 사이에 어느 정도 '독립'이 보장되고 '대화'가 시작된 이후에는, 네 번째 '통합' 모델 중에서도 특별히 '자연의 신학'이 기독교 창조신앙의 핵심 진리를 보존하면서도 현대 과학과 유의미한 대화의 창구를 열어줄 수 있는 가장 유력한 모델로 보인다.

바버는 과학적 창조설(창조과학)과 과학적 무신론을 네 가지 유형 중 첫 번째 곧 갈등 유형에 포함시킨다. 우리는 창조과학의 문자주의적 성서해석 및 과학적 무신론의 무신론적 이데올로기에 대한 진지한 반성을 통해 신학과 과학이 갈등 관계에 있다고 보는 대중적인 견해를 극복할 필요가 있다. 그런 점에서 신학과 과학의 언어가 다르고, 신학과 과학의 주된 연구대상과 탐구방법이 구분된다고 보는 두 번째 독립 유형은 그 자체로 상당한 타당성을 가진다. 하나님은 자연과

---

22 Ian Barbour, *When Science Meets Religion*, 이철우 역, 『과학이 종교를 만날 때』(서울: 김영사, 2003), 27–75을 보라. 테드 피터스는 과학주의, 과학 제국주의, 교회 권위주의, 과학적 창조론, 두 언어 이론, 가설적 공명, 윤리적 중첩, 뉴에이지 영성 등 과학과 종교를 연결하는 보다 다양한 방식을 소개한다. Ted Peters, *Science, Theology, and Ethics* (Aldershot: Ashgate, 2003), 16-22. 비슷한 내용의 글이 테드 피터스 편, 『과학과 종교: 새로운 공명』(서울: 동연, 2002), 32–49에 한국어로 번역되어 있다. 이 밖에도 과학과 종교를 관련시키는 방식에 대한 다른 분류방식이 많이 있지만, 필자가 판단하기에 바버의 유형은 여전히 유효하고 많은 타당성을 지니고 있다.

학의 탐구영역 밖에 계시므로, 하나님을 아는 지식에 관한 한 자연과
학은 권위 있는 어떤 말도 할 수 없다. 한편, 신학 연구의 핵심 내용은
이 세상이 아니라 이 세상을 창조하시고 구원하시는 하나님이기 때문
에, 신학은 하나님을 아는 지식에 관한 한 권위 있는 주장을 펼칠 수
는 있어도 하나님이 창조하신 세상의 모습에 대해서는 자연과학의 고
유한 권위를 인정할 필요가 있다.[23] 다만, 신학과 과학이 구분되는 지
점을 지나치게 강조하다 보면, 신학과 과학을 서로 아무 관련이 없는
별개의 학문으로 보는 잘못된 생각이 발전할 수도 있다. 하지만 신학
이 하나님이 창조했다고 선언하는 창조 세계와 과학이 연구하는 자연
세계가 이원론적으로 구분된 별개의 세계가 아니고 하나의 세계, 하
나의 실재라는 인식은, 신학과 과학이 서로 완전히 독립되어 있다기
보다는 모종의 방식으로 상호 연결되어 있음을 내포한다.

그렇다면 우리는 서로 독립된 영역에 대해 서로 구분된 언어를 사
용한다는 점에서 신학과 과학의 고유한 독립성과 타당성을 인정하는
한편, 두 학문이 서로 만나는 지점에서 대화를 시도할 필요가 있다.
그리고 이러한 대화 작업이 진행되는 가운데, 신학과 과학 사이에 모
종의 통합이 가능해질 수도 있다. 예를 들어, 현대 과학과 기독교 신
학 사이에 상호 공명하는 주장들이 있다는 사실은 매우 흥미롭다. 시
간의 시작(t=0)을 암시하는 빅뱅이론과 무로부터의 창조에 대한 기독
교 교리 사이에는 의미심장한 조화가 있다.[24] 또한 우주와 생명의 진
화 역사에 대한 현대 과학의 주장은 하나님의 계속적 창조에 대한 성
경의 주장과 조우하는 측면이 많이 있다. 우주의 미세조정과 인류 원
리(anthropic principle) 등에 대한 현대 과학의 통찰은 창조주 하나님의

---

23 다른 글에서 필자는 성경과 자연의 '두 책 이론'을 가져와 이와 거의 동일한 주장을 펼쳤
   다. 김정형, "과학 시대의 도전과 기독교교육의 과제," 341.
24 스티븐 호킹이 양자 우주론을 통해 최초의 특이점(t=0)을 과학적으로 설명함으로써 "시
   공간은 유한하지만 경계가 없고 따라서 시공간의 시작, 우주 창조의 순간이 없을 가능성"
   을 역설하는 데 많은 힘을 쏟은 것은 최초의 특이점(t=0)이 가진 유신론적 함의를 인식하
   고 있었기 때문으로 보인다. Stephen Hawking, *A Brief History of Time: From the Big Bang to
   Black Holes*, 현정준 역, 『시간의 역사』 (서울: 삼성출판사, 1995), 176 참고.

정교한 우주 창조 및 우주 속 인간의 특별한 위상에 대한 성경의 증언과 공명하는 부분이 많이 있다.[25]

과학과 신학의 상호 대화를 통한 통합의 모델에 관해서는 조금 더 상세한 논의가 필요하다. 통합 모델 안에서 바버가 언급하는 첫 번째 세부 유형은 현대 과학으로부터 신학적 결론을 추론하는 자연신학(natural theology)이다. 바버는 자연신학을 "하나님의 존재가 자연에 내재한 설계의 증거에 의해 유추되거나 뒷받침될 수 있으며 과학은 우리가 설계의 증거를 깨닫게 한다는 주장"으로 정의한다.[26] 하지만 하나님을 아는 지식의 궁극적인 토대가 자연이나 이성이나 경험이 아니라 복음과 계시와 성경에 있다면, 굳이 자연신학적 접근방법이 필요하지 않다.

바버가 언급하는 신학과 과학의 통합 모델의 또 다른 유형은 체계적 종합(systematic synthesis)인데,[27] 이것은 기존의 잘 확립된 형이상학의 토대 위에서 과학과 신학의 통합을 시도하는 것을 말한다. 바버 자신은 이 입장을 취하는데, 알프레드 노스 화이트헤드(Alfred North Whitehead) 이후 발전된 과정철학을 기반으로 해서 현대 과학과 기독교 신학의 많은 주장을 통합할 수 있다고 주장한다. 하지만 이 접근방법에 따르면, 기독교 신학의 핵심 주장 가운데 일부가 기존 형이상학의 틀에 맞추어지면서 왜곡될 소지가 다분하다. 예를 들면, 과정사상을 무로부터의 창조 교리나 삼위일체 교리와 통합하는 일은 쉽지 않아 보인다. 또한 이러한 접근방법은 신학의 근본 규범을 복음이나 성경이나 계시가 아니라 철학이나 이성이나 경험에서 찾는다는 점에서

---

25 이와 관련해서 우주의 미세조정에서 출발하는 새로운 형태의 자연신학을 제안하는 알리스터 맥그래스의 주장은 경청할 만하다. Alister McGrath, *A Fine-Tuned Universe: The Quest for God in Science and Theology* (Louisville: Westminster John Knox, 2009). 물론 과학과 신학 사이에는 공명하는 부분만 있는 것은 아니다. 특별히 우주의 암울한 미래에 대한 현대 과학자들의 전망은 새 창조의 미래를 소망하는 기독교의 전망과 긴장 관계에 있다. 김정형, "종말론과 과학의 대화," 한국조직신학회 편, 『종말론』(서울: 대한기독교서회, 2012), 285-86 참고.
26 바버, 『과학이 종교를 만날 때』, 59.
27 Ibid., 70 이하.

전통적인 신학 방법과 맞지 않는다.

바버가 언급하는 신학과 과학의 통합의 마지막(바버의 기술에서는 두 번째로 언급되고 있는) 유형은 자연의 신학(theology of nature) 모델이다.[28] 바버의 정의에 따르면, 자연의 신학은 "역사적 계시와 종교적 경험에 기초한 전통 안에서, 자연에 관한 신학적 신념들을 현대 과학의 관점에서 재구성하는 비판적 성찰"이다.[29] 여기에서는 "창조, 섭리, 인간 본성에 관한 전통적인 생각들이 근거가 명확한 과학이론과 일관성 있게 보이도록 조정되지만, 그 생각들이 과학으로부터 주로 비롯되는 것은 아니다."[30] 이렇게 볼 때, 자연의 신학 모델은 하나님을 아는 지식의 근거를 복음과 계시와 성경에 두면서도 과학의 발전을 긍정적으로 수용할 수 있는 최선의 방안이다. 간단히 말하면, 신학의 고유한 주장의 근거는 복음과 계시와 성경이다. 복음과 계시와 성경은 창조자와 구속자이신 삼위일체 하나님에 대한 권위 있는 지식을 제공한다. 반면, 과학은 하나님이 창조하신 세계의 역사와 현상에 대해 권위 있는 설명을 제공한다. 신학자는 하나님의 창조 세계의 신비를 밝혀주는 과학의 발견과 이론을 적극적으로 환영하고 그것을 자신의 신학적 작업 속에 통합시킬 수 있다. 이 과정에서 신학자는 과거 전통의 그릇된 세계관을 수정할 수 있고, 그럼으로써 하나님의 창조와 구원에 대한 보다 온전한 이해에 다가갈 수 있다.

요컨대, 21세기 과학과 신학의 대화는 한편으로는 과학을 하나님의 진리의 한 영역으로 인정하면서, 다른 한편으로는 일부 과학자들의 무신론적, 환원주의적 이데올로기를 배격하는 이중적 접근 방식을 취해야 한다. 우리는 '모든 진리는 하나님의 진리다!'라는 확고한 신념 아래 과학과 신학 사이의 갈등과 배척을 조장하는 모든 시도를 극복하는 한편, 창조주 하나님과 창조 세계 사이의 무한한 질적 차이를

---

28 Ibid., 65 이하.
29 Ian Barbour, *Religion and Science: Historical and Contemporary Issues* (New York: HarperCollins, 1997), 360.
30 Ibid., 360.

강조하면서 신학과 과학의 각기 독립적인 영역을 인정할 필요가 있다. 나아가 과학이 탐구하는 세계가 하나님이 창조하신 세계와 다르지 않고 세계를 탐구하는 과학자가 하나님이 창조하신 인간이라는 인식 속에서 신학과 과학의 대화 가능성을 열어두고, 궁극적으로는 과학이 제공하는 지식을 창조주 하나님을 아는 지식에 간접적으로 활용하는 방안을 적극적으로 모색할 필요가 있다. 이와 같은 전략에 기초한 자연의 신학은 과학 시대를 살아가는 이들에게 기독교의 복음을 이해 가능한 언어로 전달하는 데 중요한 공헌을 할 것이다.

VI. 마무리하며

지금까지의 논의를 요약하자면, 21세기 신학과 과학의 새로운 관계 정립을 위해 우리는 방법론적 자연주의와 형이상학적 자연주의의 구분을 통해 과학적 무신론의 도전을 무력화시키는 한편, 현대 과학 이론은 물론 성경의 복음에 역행하는 과학적 창조설의 오류를 극복해야 한다. 또한 창세기 1장을 비롯하여 기독교 창조신앙의 근본 토대가 되는 성경 구절을 역사비평적, 문학비평적, 신학적 관점에서 올바르게 해석해야 하고, 현대 과학과 상호 발전적인 동시에 상호 비판적인 대화를 통해서(기원론이나 창조설과는 구분되는) 신학적 창조론을 자연의 신학의 관점에서 발전시켜야 한다. 다시 말해, 한편으로는 일부 과학자들의 반기독교적이고 무신론적인 이데올로기는 단호하게 배격하되 현대 과학의 공헌과 가치는 인정할 필요가 있다. 다른 한편으로는 우리가 이제껏 그릇된 방식으로 대응해 왔던 과거 잘못을 솔직하게 인정하고 다시 성서와 복음 전통으로 돌아가 기독교 창조신앙의 근본적인 토대와 내용을 명료하게 만드는 데 온 힘을 기울이는 것이 필요하다.